U0117407

歷屆詩題便覽

總　編　纂　　林正三

執行編輯　　許惠玟

助理編輯　黃仁富　李國昌

校　　對　王　前　甄寶玉

　　　　　黃仁富　李國昌

臺灣瀛社詩學會叢書

文史哲出版社印行

目　次

歷屆詩題便覽

凡　例

一、　同一題詩作，於最初之〈花朝後一日瀛社初集席上聯句用柏梁體〉、〈瀛社雅集即事〉及〈閏花朝〉二題，就所搜得之作品全數收錄，冀望由詩作中，勾勒出當初參與創社成員之身影。其後者爲省篇幅，於每題詩作節錄前一至二首，以見其一斑，又每題詩題之下列有該期作者名錄，係就目前可見報刊雜誌詳細羅列，然該期或有缺張者，抑或標示不清者，故作者名錄不盡齊全，待來日有新出土之資料，再予以增補。自 3746 號之後已有詞宗評選，故只列出掄元之作，惟掄元之作雖非「瀛社」社員，仍錄其作，並於註解中說明。其他詩作若非「瀛社」社員者，則不錄名。又該報刊眉之號數及日期，偶有誤標情形，概依其次序收錄（以見報先後爲序）。文字若有脫落或模糊不清者，以「○」標示。

二、　集中作者姓名，明知爲手民誤植者，逕與改正。如「倪登玉」作「倨登玉」、「李紹唐」作「李紹棠」、「李劍楲」作「李劍晃」者是。又作者姓名如魏潤庵、卓夢庵、李嘯庵之「庵」字，唱榜記名時，有作「菴」字者，一律改成「庵」字，以求統一。

三、　集中音義俱同之字，部分電腦字形所無，一律改成常用之字，以利繕打。如「徧」作「遍」、「烟」作「煙」、「堦」作「階」、「邨」作「村」等是。

四、　本《歷屆詩題便覽》戰前與戰後之編輯整理，爲爭取時效，分由二組人員擔任，故體例上雖力求統一，然亦免略有差異。又早期資料難尋，故力求其詳；近年來多已建檔，故稍從簡略。且《臺灣日日新報》發行既久，字跡模糊難辨者極多，繕打時雖已多方斟酌，並運用粗淺之詩學常識交相比勘，惟魯魚莫辨之情況，仍所難免，尚祈讀者曲諒。

五、 詩作內文於句尾加雙引號「』」者，為一首之終了，蓋因同一作者而有數首，恐讀者誤判，故為之區隔。

六、 光復初期之社課作品，向未有書報期刊為之登載，且社方亦未予保存，如個人未加梓行，則已湮沒難尋。本表所輯最早作品，乃係錄自魏壬貴《淡如吟草》民國三十九年之〈桃花源〉一首，其後至四十二年之《詩文之友》及四十四年《中華詩苑》等期刊相繼問世，始連續性登載其上，然亦非歷屆詩題皆有見刊，故僅就目前蒐得資料進行整理。待往後如更有所得，再行增補。史料之徵集，原是持續性之工作，本版初成，期望能夠陸續增補，得以益趨完整。

七、 由於《詩文之友》與《中華詩苑》登載時間略有先後，且有積數屆詩稿同期刊出之情況，故詩作次序偶有錯置情形，本書以見刊或蒐得詩刊先後為序，與實際例會之先後略有出入。

八、 同題詩作之作者姓名如多次出現者，為省篇幅，單錄其先見者，餘不贅。

九、 集中所指《擊鉢錄》為八十八年（成立九十週年）以前之社課，《題襟錄》為之後之社課。

十、 下輯所錄為白光復以來之社課題目之見於載籍者，然仍有諸多未曾出土，此蓋雅會當時未有報紙期刊以為之登載，或主其事者未寄稿刊登之緣故。歷屆社課作品，原無專人負責整理，個人入社也晚，且初始亦未曾措意於此，而任其流失，於今欲再蒐集，已杳不可得。就個人記憶所及，民國七、八十年代之作品即有：〈初冬書懷〉、〈十月梅〉、〈問梅〉、〈冬暖〉、〈花市〉、〈畫蟹〉、〈賞春〉、〈冬遊稻江城〉、〈書香社會〉、〈江城初夏〉、〈光復卅四週年〉、〈賄選〉、〈仲冬雅集〉、〈五日湘江懷古〉、〈早颱〉、〈冬防〉、〈掃毒〉、〈反賄選〉、〈搓圓夜〉、〈冬吟白雪詩〉、〈江城秋思〉、〈茗談〉……。不可謂不多，實乃我會及地方文史極大之損失。

上輯：日治時期

見報日期	詩　題	詞宗	掄元	詩　作　本　文
臺灣日日新報 3256 42.03.11	花朝後一日瀛社初集席上聯句用柏梁體			吟壇倡設賴經營--郭鶴汀　（鏡蓉） 桃花春水尋鷗盟--安江五溪（日人） 四海之內皆弟兄--林香祖　（湘沅） 誰向澤潞論詩兵--石川柳城（日人） 八代旁參唐宋明--伊藤壺溪（日人） 直步蘭亭舊有名--李曉山　（毓淇） 文字緣深軒冕輕--楊嘯霞　（仲佐） 文明盛世蘊華菁--周紹基　（笏臣） 珍饈羅例盤玉晶--林清月 座中有客守硜硜--陳子清　（水泉） 三日廚娘學作羹--陳德義 春雷一響轉龍晴--黃丹五　（應麟） 忽逢海客談蓬瀛--陳蕈軒　（采臣） 福臺新詠集群英--李金燦　（蒸業） 遺烈于今有定評--林石崖　（佛國） 騷壇吟詠費殫精--王自新 禿筆聊揮與競爭--倪炳煌　（希昶） 未墜文風學代耕--張古桐　（幼岩） 權築詩城當酒城--林　松　（凌霜） 半日暢飲玉壺清--李謀卿　（延猷） 詞壇筆陣氣橫行--黃玉階 有人作賦妙張紘--陳其春 春陰畫閣燕鶯迎--王雲滄　（少濤） 吟風叶律似調箏--王采甫 詩才俊逸仰長卿--陳進卿　（德銘） 宴罷歸來雨乍晴--林曉邨　（摶秋） 風雅緣慳為遠征--羅蕉麓　（秀惠） 如刀發硎見光瑩--山口東軒（日人） 群賢畢至渾年庚--洪逸雅　（以南） 從古說詩本性情--謝秋涫 畢竟無心歌鹿鳴--中瀨溫岳（日人） 萬道毫光筆底呈--李漢如　（少潮）

見報日期	詩　　題	詞　宗	搰　元	詩　作　本　文
				高朋滿座盡簪纓--葉惟精　　（鍊金） 淡蕩春風拂酒旌--林子楨 求友歌詩類囀鶯--顏笏山 爲壯吟腸把酒傾--黃石崚　　（贊鈞） 一字推敲愧賈生--陳培三　　（廷植） 作不成詩盡一舷--謝　斌 餘威震座尙轟轟--張雪舫　　（清燕） 儀秦舌辯逞縱橫--謝雪漁　　（汝銓） 版圖初闢憶神鯨--何誥庭　　（承恩） 恰值今宵月魄盈--王小愚　　（毓卿） 李杜詩交意自誠--黃桂舟　　（水沛） 推敲兩字費心縈--李如圭　　（聯璧） 從此士風步二程--尤于樵 拈來妙句本天成--李逸濤　　（書） 雄辯高談四座驚--李伯棠　　（敏恭） 徵逐紛紜似射正--陳醉痴　　（永錫） 載賡周雅樂吹笙--陳祚年　　（篁竹） 一庭花木發新榮--尾崎白水　（泉） 譜出天風破浪聲--張伯厚　　（家坤） 雅望同爲國幹楨--村田天民（日人） 俯視淡江水一泓--張小山　　（振東） 飛鳥未能心怦怦--莊鶴如
3260 42.03.16	瀛社雅集即事[1]	得紘字	陳其春	騷壇瀛北起蜚聲，才藻何人繼杜紘。 已許拋磚爲引玉，他時車笠莫寒盟。
		得庚字	逸雅 洪以南	滿天星月伴長庚，桃李芳菲會北城。 結得騷壇成鼎足，春風舊雨一詩盟[2]。
		得橫字	謝雪漁	詞壇此日訂新盟，白戰爭將筆陣橫。 咳嗽九天珠玉落。淋漓一座雨風生。 藉扶海嶠衰文運，備採輶軒到俗情。 韻事當年曾不減，浪吟教憶赤崁城[3]。

---

[1] 附記：瀛社之設，係以互相觀摩爲宗旨，故不評甲乙，而以先成者爲序，續登報端，以質諸同好，又惠寄珠玉，以祝瀛社成立者，該稿謹爲保存，後當刊出。

[2] 自註：「我臺南有南社，中有櫟社，故及。」

[3] 自註：「余在南時，曾附浪吟詩社之末，故及。」

見報日期	詩　題	詞宗　掄元		詩　作　本　文
		得晶字	林清月	雲陰江樹不晶晶，此日鶯鳴求友生。 莫笑烹飪無好味，酸鹹初試學調羹。
		得盈字	筱川 王毓卿	屈指滄桑十五更，知交寥落悵生平。 何期此日開佳會，墨客騷人四座盈。 旗亭雅集締詩盟，末席叨陪與有榮。 已過花朝剛一日，幸逢逸客證三生。 以文會友群賢至，即景聯吟好句盈。 最是惱人二月候，霎時陰雨霎時晴。
3261 42.03.17	瀛社雅集即事	得旌字	林子楨	登樓雅集樂昇平，細雨霏霏濕錦旌。 滿座賓朋皆俊傑，文風從此起東瀛。
		得晴字	狆鵬 林摶秋	吟壇初建萃群英，振起文風四海名。 倚馬才長龍鳳吐，登雲足捷斗星賡。 蘭亭盛事今重見，滕閣芳型此日成。 雅會欣逢羞附驥，舊新樓雨詠春晴。
		得爭字	倪炳煌	瀛東特樹一詩旌，卻惹騷人盡感情。 盟酒傾樽欣暢酌，興酣筆隊逐群爭。 功名勢利懶相爭，筆陣文場喜縱橫。 草就兩行濃淡墨，聊參騷友結書盟。
		得正字	醉痴 陳永錫	花朝節後過春正，結社共賡鳴盛聲。 淡北人文多薈萃，愧余學囀似新鶯。
		得呈字	少潮 李漢如	風嫋香煙瑞靄呈，雲衢天籟闃無聲。 偶然墨客開吟社，會得群仙下玉京。 魂壘琴樽銷韻府，喌啾鶯燕滯春城。 南豐我為能詩謬，羞向騷壇說姓名。
3262 42.03.18	瀛社雅集即事	得征字	蕉麓 羅秀惠	緣慳鴻雪滯遄征，軌繼騷風愛雅盟。 從此登洲士向學，莫教謔浪父嘲傖。
		得轟字	雪舫 張清燕	遠山眉黛露新晴，桃李爭春盡向榮。 會得群仙來玉宇，滿樓風雨作雷轟。
		得情字	謝秋涫	吟社初登學囀鶯，澀喉纔放一聲聲。 自憐么小難鳴盛，亦切嚶嚶求友情。
		得晴字	丹五 黃應麟	文甲旗亭集俊英，聯詩分韻酒杯傾。 座中儘有如龍士，破壁伊誰為點晴。
		得舠字	謝　斌	個人不及多人樂，獨酌何如共舉舠。 盛會今宵徵一句，春山春水各舒情。

見報日期	詩題	詞宗	掄元	詩作本文
		得瓊字	乃蘭 許梓桑	詩中字字盡瑤瓊，逸韻鏗鏘筆陣橫。絕勝蘭亭修禊事，好將瀛社競齊名。
3263 42.03.19	瀛社雅集即事	得兄字	香祖 林湘沅	每思和盛共鳴聲，今日詞壇幸告成。同志勉為一分子，修盟敦敘十年兄。盧前王後期無忝，驥尾龍頭記得清[4]。此後風騷能繼振，論功應首謝宣城。
		得傾字	石崚 黃贊鈞	紅羊劫後文章冷，何幸騷壇此日成。未掃閒軒翻蠹卷，先攜禿筆赴鷗盟。滿堂舊雨兼新雨，一片吟聲和鉢聲。天遣北瀛風雅振，旗亭夜月酒杯傾。
		得京字	沈相其	吟壇樹幟逞豪情，吐鳳雕龍莫與京。滿紙珠璣光燦爛，洛陽聲價重連城。
		得丁字	許招春	入座春風筆底生，吟成擲地韻丁丁。彬彬多士誇斑馬，敢向腰間曳短兵。
		得驚字	何秀山	大開瀛社聚群英，韻事留題雅頌聲。筆穎生花詞藻富，搜奇得句鬼神驚。
3264 42.03.20	瀛社雅集即事	得笙字	篇竹 陳祚年	文壇健將倡詩盟，萃野歌章叶奏笙。白首馮唐參在閣，青年元敬共登瀛。應知高士殷懸榻，猶恐老娘誚倒繃。千載蘭亭今又遇，駑駘也向博勞鳴。
		得輕字	嘯霞 楊仲佐	艷陽天氣半陰晴，片片飛花水面輕。絕好因時開勝會，招邀多士類登瀛。
		得誠字	桂舟 黃水沛	淡社風流久擅名，詞壇繼起似登瀛。堂前對酒人將醉，簾外催詩雨有情。探得驪珠驚四座，附來驥尾慰三生。畫樓此夜初敲鉢，共獻心香一瓣誠。
		得縈字	李聯璧	騷壇倡設集群英，雅會今宵詩酒縈。敢謂陳思能入室，還祈學士共登瀛。霜髭撚斷吟初就，銅鉢敲殘醉欲醒。海嶠文風由此振，好將佳句詠昇平。
3265 42.03.21		得精字	王自新	芳辰纔過百花生，濟濟同為復社盟。竊喜許隨風雅侶，推敲從此得專精。

---

[4] 自註：「是日拈鬮分擔例會事務，雪漁居首，余殿後。」

見報日期	詩　　題	詞　宗	掄　元	詩　作　本　文
	瀛社雅集即事	得行字	黃玉階	宏開吟社集群英，共頌昇平教化行。 從此藝林添韻事，扢揚風雅暢幽情。」 翰墨姻緣結契誠，高吟逸韻遏雲行。 不須詞句工雕琢，信手拈來妙諦成。
		得纓字	惟精 葉鍊金	盛會何須效絕纓，聯成吟社主文衡。 非關詞藻爭炫耀，聊學鶯鳴求友生。」 風雅詩亡歌濯纓，以兮爲讀樹先聲。 淡江騷客吟新集，定卜雞林播盛名。」 投筆非同奮請纓，騷壇健將倡詩盟。 淡江文幟從茲豎，莫讓旗亭獨擅名。
		得卿字	陳進卿	宏開吟社煥文明，共譜熙朝雅頌聲。 決勝詞壇多健將，詩成叉手敵飛卿。」 題橋豪氣羨長卿，雅集叨陪韻共賡。 搜索枯腸聊塞責，敢將瓦缶引瑤瓊。
3267 42.03.24	瀛社雅集即事	得耕字	古桐 張幼巖	十載東游盡筆耕，眼前春色動詩情。 騷人北地聯吟社，麗澤他山亦附盟。
		得生字	陳廷植	吟壇此日宴群英，妙手空空落筆成。 敢擬詠觴追逸少，自知體格遜長卿。 西園繪畫曾留蹟，東閣延賓亦貯名。 倘得和聲鳴盛世，青袍應不誤儒生。
		得營字	鶴汀 郭鏡蓉	不分少長許同盟，二月春光滿榻生。 詩賦昇平成雅頌，筵羅山海富蓬瀛。 高風蓮社望風繼，昔日蘭亭此日情。 翰墨有緣真勝會，瀕江會後又經營。
		得泓字	小山 張振東	婢學夫人不識兵，愧無十載讀葩經。 群公咳嗽落珠玉，沁我詩脾冰一泓。
		得程字	尤子樵	騷壇樹幟各標名，一片昇平雅頌聲。 歌罷陽春人盡醉，東山月上送歸程。
3269 42.03.26	瀛社雅集即事	得鶯字	顏笏山	邀陪名士賦同聲，笑語歡呼類燕鶯。 且莫拈毫傾斗酒，罰金谷數急詩成。」 矻矻終年藉舌耕，伊吾渾似語流鶯。 聯吟雅集抒詞藻，擲地猶聞金石聲。
		得硜字	子清 陳水泉	振起風騷社結成，琳琅滿紙韻硜硜。 推敲得句方狂喜，撚斷吟髭已數莖。

見報日期	詩題	詞宗掄元		詩作本文
		得菁字	周笏臣	標幟文壇各擅名，士多濟濟莪菁菁。吟餘醉後饒豪興，直作和聲盛世鳴。
		得名字	李毓淇	春風二月會東瀛，同是承平雅頌聲。深愧江郎才已盡，拈題聊附柏梁名。
		得英字	李金燦	縱橫拔幟自登瀛，虎踞龍蟠四座驚。點綴風雲能際會，飄然氣格冠群英。
3271 42.03.28	瀛社雅集即事	得評字	石崖 林靖	天心未忍斯文喪，又見群仙會玉京。萬道文光齊射斗，千秋韻事繼登瀛。詞章固有清奇判，次第何須甲乙評。我是新鶯初出谷，也隨鸞鳳學和鳴。
		得驚字	李敏恭	煙花月雨會群英，詩滿騷壇酒滿觥。漫道蘭亭賢畢集，吟魂入夢覺心驚。
		得清字	李延猷	春光滿座帶杯傾，共赴華筵談轉清。韻事騷風從此盛，有誰盡醉有誰醒。
		得衡字	蓮槎 歐陽朝煌	海角高賢逸興清，騰蛟起鳳話文衡。義同蓮社臨諸子，節屆花朝晉後庚。簾外雨絲添藻思，座中雪調唱新聲。從茲更勵勵村志，賞析時聞興有成。
3273 42.03.31	瀛社雅集即事	得箏字	王采甫	欲維風雅結詩盟，慚愧當年學撫箏。調久不彈疏指法，卻難譜出舊時聲。
		得迎字	少濤 王雲滄	騷壇樹幟壯逢迎，天意留春未放晴。蓬島神仙新入會，霓裳同日詠登瀛。」牛耳登壇倡主盟，春官桃李滿春城。詩王詩伯詩天子，雄視全臺日送迎。」會友詞壇載酒迎，醉春待月到深更。姮娥應恐騷人笑，一夜清陰未肯明。」瀛社締吟盟，聯翩倒屣迎。鴻才逢一笑，魚雅訂三生。筆陣調儒將，雄談縱酒兵。花朝春似海，爛醉和更更。
		得瀛字	陳蕈溪	洛陽曾說會耆英，騷雅而今屬北瀛。自信未能憐我拙，下風願拜老先生。」玉山淡社舊聞名，壇坫風流憶老成。傳得一燈衣鉢在，東瀛人是小蓬瀛。

見報日期	詩題	詞宗	掄元	詩作本文
3274 42.04.01	瀛社雅集即事	得聲字	張子厚	愛聽群歌白雪清，分明翰苑試蜚聲。 忽來走馬新詩客，北紀南袁盡弟兄。』 相求同氣應同聲，分韻從無上下平。 怪底英雄都入殼[5]，一齊低首拜長庚。
		得成字	李逸濤	群仙抗手下蓬瀛，珠玉隨風咳唾成。 我亦雲中舊雞犬，猶來海上訂鷗盟。』 大雅扶輪仗老成，中原旗鼓漫相爭。 香山韻事君知否，留取新聲頌太平。
		得羹字	陳德義	淡北詩壇喜告成，自憐後至得加盟。 一時鹿宴歌周雅，末席旁參饗太羹。
		得更字	問漁 林知義	唐時氣度宋時更，領略詩醇悟定評。 雅會欲陪嗟病作，眾仙同日詠登瀛。
		得平字	讓六 陳直卿	春風桃李締詩盟，雅會無緣筆有情。 遙試新鶯歌一囀，同聲鳴盛答昇平。
		得怦字	莊鶴如	聯吟席上和鶯鳴，逸韻鏗然求友聲。 雅集群賢開北宴，輕裘獨我向南征。 每懷附驥愁無分，不料贖貂幸有名[6]。 閱遍玲瓏珠玉句，溯洄秋水意怦怦。
		得萃字	蔡石奇	盛宴宏開媲野苹，衣冠濟濟萃群英。 東羅碩彥窮三島，北建騷壇共一盟。 欲藉磋磨求實益，非爭勝負釣虛聲。 欣逢雅會偏逃席，恐罰巨杯詠不成。
3275 42.04.02	瀛社雅集即事		陳任	聞結騷壇葵向傾，愧余疏拙忝詩盟。 祇因攻玉他山助，同譜和聲頌太平。』 杏花春雨訂新盟，詩社今朝鼎足成。 從此以文資會友，學純意氣自和平。
		得鯨字	何誥庭	天開宏運護東瀛，擊鉢居然雅頌聲。 李杜文章光萬丈，王楊詩體重連城。 駑駘何幸隨群驥，大海終當奉一鯨。 擱筆為吟弇山句，瓣香私淑不勝情。

---

[5] 編按：「殼」字疑為「殻」字之誤。
[6] 編按：「贖」字疑為「續」字之誤。

見報日期	詩　　題	詞　宗	掄　元	詩　　作　　本　　文
		得鵒字	蘭溪 黃菊如	雅集詞曹社號瀛，春風佈煖叫倉鵒。 旗亭唱玉新聲響，酒閣聯珠健筆橫。 黃絹字傳清麗句，碧紗籠得潔光晶。 三唐文物今欣見，滿紙琳琅勝譜箏。
			顏雲年	天使文星聚北城，翩翩裙屐訂新盟。 情深知己渾賓主，交到忘形勝弟兄。 把酒消愁歌慷慨，分題競賦筆縱橫。 太平吟詠儒生事，不讓蘭亭獨占名。
			聯五 林益岳	雄開筆陣勢縱橫，落紙雲煙出語驚。 同詠霓裳從此始，紫衣濟濟步登瀛。
3276 42.04.03	瀛社雅集即事	得城字	林凌霜	無邊花鳥鬧春城，入座春光映酒觥。 我願大家拚一醉，千秋長此寄騷情。
		得盟字	安江五溪	未到西湖福已清，海天風月樂浮生。 不妨綠鬢存癡興，但要紅裙補艷情。 愁外杏花尋酒伴，意中春水訂鷗盟。 年來消受此閒趣，聽雨聯吟坐五更。
		得兵字	石川戈足	一掃三軍筆亦兵，風流不讓謝宣城。 交[7]壇已有金蘭契，詩國可無牛耳盟。 萬象森羅拱北斗，百川湊合瀉南瀛。 太平歌頌和偓篌，吹破邊雲笳鼓聲[8]。
		得鳴字	中瀨溫岳	鳶飛戾天自和鳴，游魚躍淵水又清。 解網三面姦宄熄，門無守犬絕鼓聲。 戶戶不鎖夜為市，老幼垂橐行千里。 美人摘茶白雲間，田畯牧牛南薰裡。 寒村到處有序庠，絃歌洋洋鄒魯鄉。 淡北文人剏瀛社，歲時會吟是高雅。 罇前分韻聯唾珠，戛然成音欺游夏。 中秋清興可聖知，山肩簪盍月明時。
		得明字	伊藤壺溪	揚文會後久寒盟，詩社新開據祖瀛。 大雅扶輪推老輩，盛時徵俗到新聲。 韻同千古唯風味，人似六朝多逸情。 且喜良辰趁佳約，勝游莫更負清明[9]。

---

[7] 編者按：「交」字疑為「文」字之誤。
[8] 自註：「時匪賊逞毒焰於蕃疆，督憲出兵追討，請降者甚眾矣。」

見報日期	詩　　題	詞　宗	掄　元	詩　作　本　文
3278 42.04.07	瀛社雅集即事		藏拙山人	瀛壖詠事久無聲，此日尋詩始築城。 得韻成吟分雅俗，投名入社費經營。 群修宿禊全人性，合敘流觴曲水情。 待到搜齊集樂府，婆娑洋上見文明。」 邀來詞客日營營，爲仰瀛洲學士名。 入雅出風稱賦手，洞天福地快吟情。 誰家筆下三江水，獨冠壇中五字城。 臺島當年文物藪，請看鳴盛律和聲。
	和瀛社即事 二首		永清 朱四海	從古能詩獨擅名，結成蓮社半耆英。 即今濟濟逢時彥，譜出維新雅頌聲。」 眾仙同日集蓬瀛，初唱霓裳曲一聲。 勝會難逢慚莫赴，小樓靜坐獨關情。
	和瀛社即事		晏如 林超英	瀛東勝日萃群英，雅詠投壺繪太平。 情逸恰宜雲共上，詞修每與水同清。 不教和璧拋磚去，要好琴材就客評。 莫笑雕蟲成小技，唐虞上世重歌賡。」 瀛社曾開第一程，維新感舊不勝情。 句如擲地聲俱振，篇在揮毫玉始成。 淡水神交君子友，崑山牙拍古人名。 誰云李杜文章古，海外於今有繼聲。」 郢歌也愛和同聲，況繼群仙此步瀛。 入拍最難逢識曲，未知誰是玉堂英。
	祝瀛社成立		朱四維	櫟南詩社久心傾，鼎足成三賴北瀛。 報紙題吟添韻事，旗亭貰酒集群英。 文風鼓吹敷全島，詞藻流傳遍兩京。 堪笑黜華書李諤，君臣喜起載歌賡。
3284 42.04.14	閨花朝 限虞韻（以 先成爲序）		謝汝銓	韻事重循古浙吳，小園春色二分逾。 祝花今不復多語，但願年年發滿株。」 一幅春風撲蜨圖，美人嬌態倩重摹。 誰憐薄命痴兒女，淚灑荒墳對白榆[10]。

---

[9] 以上瀛社第一集完稿。
[10] 自註：「是日清明故及。」

見報日期	詩　　題	詞　宗	掄　　元	詩　作　　本　　文
			洪以南	又著春風羅綺襦，重來撲蜨足清娛。花神縱有情癡在，桃李也應兩度鬚。』春又正中花又鬚，花添春色五分無。勸農試看慈姑實，曾否十三子一株[11]。
			林湘沅	兩度欣逢花誕日，爲花嵩祝更提壺。賜詩讀罷依桐樹，細數曾添一葉無。
			李逸濤	翩翩蛺蝶倩風扶，尋得舊香興更娛。爲問西來散花女，今番春色十分無[12]』新痕舊影兩模糊，瓊宴重開興不孤。蝶友蜂交應賀汝，幾時設帨又懸弧。』重邀春色入皇都，姹紫嫣紅認故吾。欲把名花比傾國，文姬今日返強胡。
			謝秋涫	兩逢花誕醉千壺，況復清明佳節俱。撲蝶重從荒塚過，茫茫何處辨賢愚。
3285 42.04.15	閏花朝 限虞韻		莊玉波	鶴會重臨興不孤[13]，曾添春色十分無。今朝縱使唐皇在，應否御書又寫圖[14]。留得東皇暫駐駒，紅桃又散北城隅。今朝重祝百花誕，再現牟尼一串珠。
			黃菊如	歡敲蝶板小天酥，春色二分遍五都。桐葉亦知佳節重，挺青吐翠鳳城隅。』序節先占碧梧，春郊蓬煖燕呼雛。聽鶯撲蝶參差會，重上花村訪紫姑。
			陳其春	春色二分滿紫衢，百花爛熳草蘼蕪。招邀撲蝶重尋約，不計風光換也無。
			倪炳煌	花生再度慶嵩呼，撲蝶重盟信足娛。仍是平分春色日，不妨遊賞更提壺。』蠶市重開景不殊，百花競發更堪娛。一番別有一番趣，勿道者番趣較輸。

---

[11]自註：「慈姑，蒔之別名。」
[12]自註：「黃莘田〈詠花朝〉有『十分明月五分春』之句故云。」
[13]自註：「九龍崗每年二月十五節日有鶴來會，多者成十，少者一二。」
[14]自註：「花朝日太宗有寫御書圖。」

見報日期	詩　　題	詞　宗　掄　元	詩　作　本　文
		李金燦	群芳宴罷月初逾，又慶懸弧繡圃區。 天意欲添香國富，再加春色一分乎。」 重逢桃李出牆隅，佳節前番今不殊。 歲序紛延花事好，故教香圃再懸弧。
3286 42.04.16	閏花朝 限虞韻	沈相其	重慶花朝興不孤，及時玩賞喜提壺。 者番穠豔如前否，取次芬芳勝舊乎。 兩度湯晨滋玉露，十分春色浥香酥。 回頭好景誠難遇，笑倩東風著意扶。
		許梓桑	二月光陰過隙駒，芳辰再閏轉星樞。 春凝積雨留寒氣，柳裊清煙雜草蕪。 喜聽鸝歌曾兩度，歡敲蝶板認前途。 花朝令序開吟會，掃石題詩愧負吾。
		許招春	理數盈虛本不誣，羲和尚象闡包符。 花朝兩度欣佳節，一樣韶華色與俱。
		陳進卿	歸奇數在仲春符，依舊花朝景可娛。 試問前番花競放，今時曾似昔時無。」 花朝記得節纔逾，又遇良辰意快愉。 百卉芳菲今尚在，依然撲蝶戲春衢。」 葉添第二數庭梧，華誕重逢興不孤。 脫令春光惟九十，再過半月落紅鋪。
		黃玉階	尋芳誕日日相符，漫說一年兩度無。 撲蝶會圖應再繪，休嗤依樣畫葫蘆。」 百花競放尚繁蕪，金谷瓊筵嵩又呼。 回首誕辰剛匝月，賀詩前稿記模糊。
3287 42.04.17	閏花朝 限虞韻	蔡步蟾	二月錦城似畫圖，花朝風景妙難摹。 海棠睡起顏增艷，碧草滋蔓色遠鋪。 弄蝶紛飛春駐腳，遊蜂爭喜蜜含腴。 前番佳節欣重賞，莫惹騷人笑我迂。」 春光瞥眼漫平蕪，二月花朝過莫須。 詎料鴻鈞輪歲序，閏餘芳信箇中符。」 九十春光半運樞，花朝兩屆更堪娛。 那知前度探消息，還慶良辰記故吾。

見報日期	詩　　題	詞宗掄元	詩　　作　　本　　文
		蔡景福	綺羅春色艷平蕪，杜宇聲聲夾道呼。喚起更番好花信，重逢佳節倍觀娛。瞥眼光陰似隙駒，艷陽風景嘆須臾。花朝幸喜今重見，惹得騷人翰墨娛。
		何榮峰	花開春色滿芳衢，積閏歸餘過白駒。真是韶華好令節，回頭勝景記前途。
		蔡鳳儀	斗指兩辰數合符，天教佳節勝金吾。風光滿面花朝日，怎奈重逢詩酒娛。奇數積分不舛殊，花朝又閏合祥符。釀成天氣晴陰候，畫出春山錦繡圖。
3288 42.04.08	閏花朝 限虞韻	賴拱辰	憑眺春光繞綠蕪，今朝令節盡歡娛。鴻鈞氣轉花風閏，雅客重陪將伯呼。
		林搏秋	光陰梭箭速春駒，此月花朝前月符。撲蝶踏青騷客興，重裝杖履步郊郛。傷春情重愛春娛，難挽韶光駐嶺湖。且喜花朝添一閏，奚妨應候撚吟鬚。
		周紹基	漏洩春光去後圖，天教月閏景尤殊。唐宮翦綵應添韻，荊楚餞花且復娛。蝶使重勞邀彼美，蜂媒再約訂佳姝。催開無俟宣明詔，萬紫千紅滿帝都。
		王毓卿	重復買春醉玉壺，花朝令節紀蒼梧。芳菲桃李仍如昨，風景依稀去月符。花朝猶憶駛如駒，佳節重逢氣候殊。雅會首開先一日，寫成尺幅賞春圖。
		王自新	嫩葉新添井畔梧，鬻囂市又鬧村姑。賜詩也識恩榮大，爭奈寒酸一小儒。
3289 42.04.09	閏花朝 限虞韻	陳永錫	百花誕日復嵩呼，春色平分強半逾。香國修齡又晉一，依然設帨屬桃奴。重開蝶會繪新圖，漫說良辰轉眼無。春半芳菲猶不減，後遊應擬前遊途。
		吳壽星	韶光荏苒倩誰圖，兩度祝花興不孤。但願年年如此日，風流相賞共提壺。
		林子楨	芳筵重為祝花敷，吟詠清談一日娛。蜂蝶亦如因賀至，飛飛常在小墻隅。

見報日期	詩　　題	詞　宗　掄　元	詩　作　本　文
		李延猷	重邀撲蝶上平蕪，又是清明萬象蘇。柳綠桃紅依舊笑，添將春色十分無。
		歐陽朝煌	花朝節已過斯須，又報重來鯤海隅。九十春光添百二，李桃依舊笑耶無。
3290 42.04.21	閏花朝 限虞韻	陳德義	歲歲花朝報海隅，今年逢閏景偏殊。鶯鶑撲蝶繞經月，勝會重來熟也無？
		羅秀惠	風信廿四添番無，今年春光百二都。最難中和佳節續[15]，合繪花笑清明圖[16]』辰月風光卯月符，千紅重繪千秋圖。清明日又花生日，桃李華添一笑無。』李桃綠笑更紅腴，禁籞依然剪綵娛。傳信番風延緩否，清明佳節後先無。那煩複疊催花詔，怪底重描撲蜨圖。加意春光成百二，天公得不換人虞。』冀莢繞周花又蘇，不煩剪綵幻榮枯。十分春色幾番信，初度芳辰續命符。一日會逢雙令節，萬華巧湊千秋圖。香風廿四輪過半，重約裙釵撲蝶無。
		林荿士	花朝過眼又重符，一路鶯花夢未殊。葩萼還含新宿露，芬芳不減舊來途。春風有意留香圃，好景多情入畫圖。知是湯筵開盛會，綠陰濃處競提壺。
		高峻極	二度春遊出北衢，揚鞭拍馬任馳驅。飄飄綠柳凝煙醉，冉冉芳花滯露濡。載酒坐茵來陌畔，邀賓步陣往山隅。行看景色依然好，越壁登高笑攜扶。』重邀撲蝶上平蕪，廿四番風添也無。士女依然來拾翠，山前山後笑聲噳。
		顏笏山	猶憶花生日已逾，清明佳節復相符。前盟撲蝶還仍舊，風景依然信不殊。

[15] 自註：「花朝曰中和節。」
[16] 自註：「本江總詩體首二字平仄互易。」

見報日期	詩　　題	詞宗	掄元	詩　作　本　文
3291 42.04.22	閏花朝 限虞韻		陳廷植	一番時節一番娛，勝會重開撲蝶圖。 回首前期剛匝月，未知春色有添無。」 花月重生驗井梧，陰陽冷暖略懸殊。 唐臣若遇今朝節，再賜瓊筵萬歲呼。
			陳祚年	百花兩度慶懸弧，撲蝶重開興不枯。 況復清明同此日，春光豈減舊時乎。」 二分春色隙添駒，花節重逢景不殊。 老子降生纔匝月，道家依舊下南膜。
			王采甫	二分春到恰相符，再遇花朝令不殊。 未解宋官當此日，可曾重舉勸農無。」 百花競放纔須臾，匝月又逢撲蝶娛。 何幸賞春人復會，依然故事續詩圖。
			謝式潢	十分春色遍芳衢，拾翠重來日已哺。 撲蝶會過陳迹在，今朝仍繡餞花圖。
			林　松	仲春一半入皇都，繾綣東君景不殊。 未忍煙花下三月，依留十二番風無。
			李毓淇	同是百花生日日，紅深綠淺映城隅。 竊疑勸稼土官長，重到農郊有也無。
			李敏恭	己開柳眼數庭梧，二月風光兩度蘇。 莫笑玉樓人半醉，杏花村裡早騰觚。
3293 42.04.24	閏花朝 限虞韻		李漢如	朱英合朔巧相須，濃馥芬芳尚暗鋪。 杏姊桃姨應絮語，今番春色十分俱。
			張清燕	桐葉也知節已殊，散花大女卜雲衢。 人間天子風流甚，重製新詩賜老儒。
			朱四海	寒食初過檻外趨，二分春色未全殊。 芳辰再祝花生日，拾翠佳人笑我無。
			顏雲年	絕好花辰月夕圖，一而為甚再堪娛。 幾番風信添春色，數到埖賫驗井梧。 續命買絲頻剪綵，重看撲蝶約提壺。 酒香況值清明節，不復桃花咒上虞。」 二月復來轉斗樞，紛紛撲蝶約相符。 杖頭未放三分足，不信今朝看有無。
			李聯璧	百花爛漫映庭梧，召我陽春詩酒娛。 前度人家曾撲蜨，者番煙景又相符。」 仲春一葉長青梧，煙景加添入畫圖。 此度風光前度勝，花朝節與清明俱。

見報日期	詩題	詞宗	掄元	詩作本文
			王慶忠	二分春色滿皇都，前度花朝今豈無。 寄語東京撲蜨會，好將勝事兩回圖。』 春光淡蕩最堪娛，覽勝尋芳共入吳。 知是百花重衍慶，林園多少醉人扶。
3294 42.04.25	閏花朝 限虞韻		黃水沛	曉來忘卻春猶半，莫葉驚看一色殊。 重捲珠簾問花使，今朝競放有耶無。』 又是百花生日日，二分春色滿平蕪。 一枝願藉丹青筆，重繪佳人撲蝶圖。
			陳任	一年蜨會兩番娛，春色猶留景象殊。 時序遷流週復始，鶯聲韻事巧相符。』 撲蜨復來興未殊，一年兩度漫云孤。 百花巧值重生日，聯袂遨遊快步趨。
			張振東	還教春色滿皇都，撲蝶芳辰會彼姝。 記否唐宮添逸韻，也曾剪綵兩番無。
			張幼巖	百花重慶生辰日，知閏何煩卜井梧。 仍是尋芳勞蝶使，春光前度得留無。』 百花仙子群相呼，人世芳辰過也無。 胡似唐宮催詔降，仍教春色滿皇都。
			郭鏡蓉	序仍建卯節偏殊，循例踏青笑彼姝。 不道春光經二月，百花生日又歡呼。』 過了春中日不殊，游情依舊付奚奴。 今朝花似前番好，重備詩家筆墨壺。
			黃應麟	東皇司令駐春衢，兩度花朝景恰符。 桃李芳菲仍未歇，踏青士女自歡娛。
3295 42.04.27	閏花朝 限虞韻		楊仲佐	慶祝花辰剛匝月，百花今日又懸弧。 紅桃已復添春色，綠柳也應兩度鬚。
			林超英	名園早覺聽鶯呼，羨煞風光次第模。 二月桃花三月柳，一般春色莫糊塗。
			張家坤	千紅萬紫總成株，轉眼春光入畫圖。 佳節頻添風信好，百花輝映似連珠。』 柳綠桃紅更足娛，辟疆昨約蓄醍醐。 主賓兩度懂唐俗，士女常言步淅都。』 提月風光寧苦短，望春信息若嫌紆。 百花競在非婪尾，觸詠今朝不可無。

見報日期	詩　　題	詞　宗	掄　元	詩　作　　本　　文
			林知義	重向花前醉一壺，月圓如鏡露如珠。 滿園春色仍留住，深淺依然爲繪圖。
			劉鐵士	百花生日兩度須，重敲蝶板數花鬚。 黃楊厄爲添春色，試問倒長一寸無。
			葉鍊金	花朝月夕已堪娛，況復月圓花誕俱。 難得重逢花月好，花痕月影兩清腴[17]。』 一歲中和兩節符，誰云重見花朝無。 二分春色知猶在，綠柳紅桃尙麗都。
			陳鎭印	序值春中節更殊，北徵大慶載祥符。 金華殿上御筵賜，爭說當時鑒古圖。
3296 42.04.28	閏花朝 限虞韻		謝　斌	撲蝶招邀上綠蕪，重來春色倍堪娛。 爲花再祝無沽處，權把茶壺當酒壺。
			陳采臣	酴醾風信轉皇都，桃李清明笑不殊。 今日百花又生日，可曾贏得賜詩無。
			黃贊鈞	令節重逢興不孤，十千酒罷復來酤。 東皇有意留春駐，合繪百花添壽圖。』 合繪百花添壽圖，淺江深紫錦重鋪。 攜來殘酒爲花祝，宿醉問花醒也無。』 宿醉問花醒也無，重來東閣數花鬚。 回頭前夢渾如昨，又看佳人撲蜨娛。』 又看佳人撲蜨娛，紛紛花片下芳蕪。 青餘冀葉春猶半，令節重逢興不孤[18]。
			王少濤	寵荷東皇啓瑞圖，重遊香艷鬥祥符。 花朝雙度春如海，萬綠千紅更可娛。』 綺羅香絢踏青圖，天爲花朝閏也乎。 紅紫勾留春不老，綠楊樓外管絃娛。
			劉朝英	今番花似前番好，佳節重逢興不孤。 豈是尋芳羞撲蝶，欣教草剪未盈樞。』 重逢花勝景，紫艷滿皇都。 曾候回車賞，何須擊鼓呼。 聞鶯將擲柳，撲蝶復提壺。 屐齒苔痕在，春城處處菰。

---

[17]編者按：「腴」字疑爲「腴」字之誤。
[18]自註：「用轆轤體。」

見報日期	詩題	詞宗	掄元	詩作本文
3297 42.04.29	閏花朝 限虞韻		伊藤壺溪	周歲開花鳥自呼，南瀛真個是蓬壺。但因古曆傳佳節，重祭芳神憶聖湖[19]。
			蔡石奇	桐葉徵知雅節符，香鄰兩度慶嵩呼。辛夷再吐生花筆，續繪群芳介壽圖。
			陳水泉	芳園華誕日重符，春序平分半月逾。李婢桃奴仍設帨，蜂銜燕賀又歡呼。』 花朝日恰清明符，置閏未曾兩節俱。倒數桐添第二葉，採蓬桃[20]菜又爭趨。
			尤子樵	唐宮重慶百花圖，仍是春光滿帝都。聽得鶯歌猶喚賞，尋芳泗水勝前無。』 韻事春風兩度無，唐宮剪綵又堪娛。瓊筵此日重開祝，蝶板鶯簧舊調符。
			林益岳	天公重絢踏青圖，裙屐翩翩撲蝶娛。雅愛花朝游繼夜，春風明月滿晴湖。
			黃純青	千紅萬紫又懸弧，粉蝶重來拜鼠[21]姑。我羨花神消艷福，一春兩度受嵩呼。』 一番風景一番殊，畫譜重描撲蝶圖。漫道二分仍此日，三分春色又將逾。
3298 42.04.30	閏花朝 限虞韻		林清月	為花稱觥酒行沽，重向芳叢布錦氍。二月風光春竟老，小園多見落紅鋪。
			何誥廷	一年一日花生日，漫說花辰兩度無。天意欲延香國壽，春添秀色花添鬚。』 花辰又到儘歡娛，況復清明此日俱。春帝也耽春色好，還教撲蜨重開圖。』 紛紛撲蜨又爭趨，前度春光景不殊。豈是羲和添甲子，如何說[22]帨更懸弧。
			莊嘉成	拾翠尋芳徧四隅，重遊花徑認前途。同來撲蝶人如昨，風景依然入畫圖。』 春陰曾護海棠區，此際春陰前度符。挑菜節臨尋舊約，重游花圃認花衢。

---

[19]自註：「西湖古稱明聖湖。」
[20]編者按：「桃」字疑為「挑」字之誤。
[21]編者按：「鼠」字疑為「舅」字之誤。
[22]編者按：「說」字疑為「設」字之誤。

見報日期	詩　　題	詞　宗	掄　　元	詩　作　　本　　文
			張德明	撲蝶重臨景不殊，芳園處處信堪娛。春光都付踏青客，浩劫于今盡也無。
			林石崖	拾翠尋芳遍九衢，前番春色者番殊。若非斗柄猶東指，何處重看撲蝶圖。」似報朝來發蒲株，紛紛蝴蝶過墻隅。賜詩御苑人猶昨，曾否拈花一笑無。
			曾省三	花花不缺信堪娛，風信重經景物殊。爲問鄰家春色好，者番蜂蝶過墻無。
			高朝宗	重逢花月醉花衢，春色又添桃李鬚。蜂蝶卻疑何處去，朝朝飛過小墻隅。
3301	閏花朝 限虞韻		莊鶴如	閏到花朝百卉愉，綠章應已奏天衢。群芳乞得重生日，擬買春光住玉壺。」柳綠桃紅景不殊，紫瓊仙去事還迂。今朝欲向花前醉，只怕生逢此閏無。」前邨酒帘復招吾，有鶴重來總不孤。此日更逢挑菜節，玉樓人醉倩誰扶。」鴛鴦市上最堪娛，又有勸農到浙湖。爲問九龍岡上鶴，者番畢竟再來乎。
3308 42.05.12	櫻花 [23] 限侵韻		黃菊如	飛葩綴玉墨堤陰，春色璘珊策杖尋。十里幽芳誠撲鼻，滿園娟麗適薰心。潔真欺雪佳人愛，香不讓梅逸士欽。

---

[23] 刊載於漢文《臺灣日日新報》第 3308~3315、3317~3318、3320~3321、3323~3324、3326~3328、3330 號。昭和 42 年 5 月 12 日~6 月 3 日。作者分別有 3308 號：黃菊如、林湘沅、倪炳煌；3309 號：倪炳煌、王毓卿、林搏秋、歐陽朝煌、黃應麟；3310 號：黃純青、沈相其、蔡鳳儀、蔡景福、許梓桑、李金燦；3311 號：周紹基、林超英、李敏恭、李延猷；3312 號：伊藤賢道、謝汝銓、林湘沅、吳壽星、陳其春、高峻極、許招春、何榮峰；3313 號：村田誠治、李逸濤、陳永錫；3314 號：洪以南、林子楨、王自新、陳祚年、陳廷植；3315 號：黃玉階、劉銘士、蔡桂村、賴拱辰、莊玉波、顏雲年、林安邦、謝秋涫、蘇世昌、顏笏山；3317 號：謝式潢、張幼巖、林峨士、謝斌、高峻極；3318 號：莊玉波、王少濤、朱四海、陳任、林石崖；3320 號：郭鏡蓉、李聯璧、王采甫；3321 號：楊嘯霞、陳德義、李毓淇、黃坤生、黃水沛、陳鎮印；3323 號：羅秀惠、林希文；3324 號：劉朝英、張德明、陳雕龍、張家坤；3326 號：莊嘉成、曾省三、林松、高朝宗、黃純青；3327 號：林知義、林清月、黃贊鈞、李聯捷。3328 號：尤子樵、林益岳、陳采臣。3330 號：莊鶴如、張清燕、李漢如、何諧廷、葉鍊金、陳直卿、王慶忠。

見報日期	詩　　題	詞　宗　掄　元	詩　作　本　文
	（以先交爲序）		自是神州稱妙品，東湖曾否伴高吟。」 領袖群芳托上林，京華佳種值千金。 纖塵不染枝都燦，玉露來滋蕊始惜。 簇簇香魂梅萼並，亭亭秀色蘚痕侵。 愧余未得江郎筆，辜負名葩感慨深。
3331 42.06.08	恭讀戊申詔 敕 [24]	林搏秋	九五綸音朝野頌，蓬瀛臣庶拜天顏。 幾千世紀邦基厚，四十一年國步艱。 王業是圖仁覆載，霸功不效壯河山。 龍書惶恐三稽讀，治理上臻致格姦。
3332 42.06.09	江村首夏 [25] 限冬韻	林搏秋	僑寓江村景色重，時臨初夏騁遊蹤。 秧田旭日鍼尖秀，麥隴和風餅味濃。 塘畔蛙鳴爭奏鼓，天衢雲掛盡奇峰。 樵思漁夢歡琴酒，消暑早尋古茂松。
3354 42.07.06	五月渡瀘 [26] 限歌韻	倪炳煌	力支半壁漢山河，爲靖南荒率鶺鴒。 黯黯蠻雲隔瀘水，掃清謀賴老臣多。
		蔡景福	南方未定動干戈，瀘水瘴煙幾度過。 圖復中原思進取，七擒七縱撫心和。

---

[24] 刊載於漢文《臺灣日日新報》第 3331、3333、3335、3338、3340、3342、3344、3345、3347、3348 號。作者分別有 3331 號：林搏秋、倪炳煌、歐陽朝煌、謝式潢；3333 號：許招春、沈相其、蔡景福、黃純青；3335 號：黃菊如、吳壽星、蔡桂村、蔡鳳儀；3338 號：李敏恭、林峨士、蔡石奇、李延猷；3340 號：王毓卿、陳其春、王苢汀、周笏臣、曾省三；3342 號：黃應麟、李金燦、顏雲年、朱四海、蘇世昌、林安邦、賴拱辰；3344 號：謝汝銓、李逸濤；3345 號：顏笏山、莊玉波、陳廷植、王少濤、陳曰任、林希文、林超英；3347 號：林湘沅、黃贊鈞、陳祚年、陳德義、何誥廷；3348 號：陳雕龍、洪以南、王自新、林子楨。

[25] 刊載於漢文《臺灣日日新報》第 3332、3334、3336、3338、3339、3341、3343、3346、3349 號。作者分別有 3332 號：林搏秋、倪炳煌、謝式潢；3334 號：許梓桑、許招春、沈相其、蔡景福、黃純青；3336 號：黃菊如、吳壽星、蔡桂村、蔡鳳儀；3339 號：李敏恭、林峨士、蔡石奇、李延猷；3341 號：王毓卿、陳其春、王苢汀、周笏臣、曾省三；3343 號：黃應麟、李金燦、顏雲年、朱四海、蘇世昌、林安邦、賴拱辰；3346 號：顏笏山、莊玉波、陳廷植、王少濤、陳曰任、林希文、林超英；3349 號：陳祚年、陳德義、何誥廷、陳雕龍、洪以南、王自新、林子楨。

[26] 刊載於漢文《臺灣日日新報》第 3354 號。作者分別有：李延猷、倪炳煌、蔡景福、黃純青、蔡鳳儀、林搏秋、歐陽朝煌。又「瀘」字當爲「瀘」字之誤。

見報日期	詩　　題	詞　宗	掄　元	詩　作　本　文
3355 42.07.07	榴花 [27] 限先韻		倪炳煌	如火花開五月天，合桃無色獨鮮妍。 最愛丹心珠點點，不教風颺落欄前。」 一枝好似醉中仙，照眼花明個個圓。 雖是紅裙教妬殺，子多還還美人憐。
3380 42.08.05	松濤 [28] 限陽韻		高峻極	何處松濤輒起揚，遙聽擬是海浪滄。 聲聲壯吼盈人山，引到清風夏日涼。」 山深月影冷，翠蓋凌雲張。 卓立濤聲壯，崔嵬湧氣強。 千重飄露萃，萬沛舞煙茫。 滿徑薰風起，森森六月涼。
3404 42.09.02	七夕 [29] 限麻韻 （交卷爲序）		李逸濤	艸艸相逢閱歲華，銀河咫尺渺天涯。 排空有個飛輪響，到否牽牛織女家。
			陳祚年	牛播天田女織紗，難償帝債是何耶。 算來謀已計多拙，焉得與人巧萬家。

---

[27] 刊載於漢文《臺灣日日新報》第3355、3358、3360、3362、3366、3368、3370、3372、3375、3377號。作者分別有3355號：倪炳煌、蔡景福、黃純青、蔡鳳儀、歐陽朝煌；3358號：沈相其、王毓卿、吳壽星、李延猷、黃應麟、賴拱辰、蔡桂村、林安邦；3360號：周笏臣、豬口鳳庵、蔡石奇、陳任、王慶忠；3362號：許招春、許梓桑、莊玉波、王少濤；3366號：王采甫、李敏恭、曾省三、高峻極、吳桂芳；3368號：李金燦、林希文、顏笏山；3370號：周朝英、林峨士；3372號：王自新、蘇世昌、林子楨、李毓淇、黃坤生；3375號：陳永錫、洪以南、吳槐堂、黃玉階、葉鍊金、黃菊如；3377號：張清燕、莊玉卿、陳雕龍、林超英（以上第四期課題完刊）。

[28] 刊於漢文《臺灣日日新報》第3380、3381、3382、3384、3386、3388、3389、3393、3400、3402號。作者分別有3380號：高峻極、林摶秋、歐陽朝煌；3381號：黃純青、李延猷、蔡景福、黃坤生、林安邦、蔡鳳儀；3382號：王采甫、倪炳煌、王毓卿；3384號：蘇世昌、吳壽星、曾省三、賴拱辰、蔡桂村；3386號：許招春、顏雲年、林子楨、王自新；3388號：陳任、黃應麟、張德明、吳桂芳；3389號：沈相其、何榮峰、李金燦；3393號：陳廷植、陳祚年、莊玉波、蔡石奇、張振東；3400號：林清月、洪以南、吳槐堂、尤子樵；3402號：葉鍊金、黃玉階、周笏臣、張家坤。

[29] 刊載於漢文《臺灣日日新報》第3404、3407、3409、3411、3416、3422、3424。作者分別有3404號：李逸濤、蘭溪生；3407號：高峻極、倪炳煌、李延猷、黃純青；3409號：蔡石奇、王毓卿；3411號：沈相其、周笏臣、王少濤、蔡鳳儀、蔡景福；3416號：曾省三、林峨士、許梓桑；3419號：何榮峰、顏雲年、林子楨、陳醉癡、顏笏山、王自新；3422號：朱四海、蔡桂村、王采甫、李敏恭；3424號：陳祚年、陳廷植、林摶秋、歐陽朝煌、吳壽星、黃應麟、高朝宗、賴拱辰。

見報日期	詩　　題	詞　宗	掄　　元	詩　作　　本　　文
3406 42.09.04	淡江初秋[30] 限微韻 （交卷爲序）		蘭溪生	廿載飄零一布衣，年來事事與心違。 淡江雨霽聞鴉叫，屯嶺風清看鷺飛。 永叔賦成情悵悵，少陵吟就感微微。 不堪佗[31]傺空齋裡，洄溯生平淚自揮。」 業就新涼樹影稀，淡江江上坐苔磯。 火流尙覺驕陽在，葉脫方知畏日非。 曠達陶潛憐菊瘦，清高張翰愛鱸肥。 偶從獅子橫舟過，無限情懷嘆落暉。
3426 42.09.29	板橋別墅即 事[32] （不限體韻）		倪炳煌	霏霏細雨入牆東，抹殺園中夕照紅。 觀稼樓頭翹首望，洞天高處掛橫虹。」 拳山掬水巧彫工，花徑崎嶇屈曲通。 創造不留痕斧鑿，天然景趣妙相同。」 來青閣上果來青，入眼群山似翠屛。 俯瞰池塘盈綠水，殘荷空處亂浮萍。」 定靜堂階透曲欄，騷人權此作詩壇。 聯吟座上狂飛盞，花味隨風時博歡。
3451 42.10.27	稻江懷古[33] 限元韻		蔡鳳儀	稻江風景遍川原，商賈雲蒸車馬喧。 記得當年無限感，英雄一去故園存。

---

[30]刊載於漢文《臺灣日日新報》第 3406、3408、3413、3417、3421、3423。作者分別有 3406 號：蘭溪生；3408 號：高峻極、倪炳煌、李延猷、黃純青；3413 號：蔡石奇、王毓卿、沈相其、周笏臣、王少濤（調寄浪淘沙）；3417 號：蔡鳳儀、蔡景福、曾省三、林峨士、許梓桑；3421 號：何榮峰、顏雲年、林子楨、陳醉癡、顏笏山、王自新；3423 號：朱四海、莊玉波、蔡桂村、王采甫、李敏恭。

[31]編者按「佗」字應爲「侘」字之誤。又蘭溪生同題四律錄二。

[32]刊載於漢文《臺灣日日新報》第 3426、3427、3428、3432、3433、3435、3436、3438、3440。作者分別有 3426 號：倪炳煌、吳壽星、高峻極；3427 號：張振東、蔡石奇、曾省三、李延猷；3428 號：蔡景福（調寄浪淘沙）、沈相其；3432 號：朱四海、王少濤（調寄浪淘沙、秋蕊香）；3433 號：王采甫；3435 號：許梓桑、林莪士、周笏臣、王自新；3436 號：陳醉癡、林子楨、林搏秋；3438 號：王毓卿、歐陽朝煌、黃玉階；3440 號：葉鍊金、陳祚年、陳廷植、王松軒、何誥廷、蘭溪漁隱。

[33]刊載於漢文《臺灣日日新報》第 3451、3453、3455、3457。作者分別有 3451 號：蔡鳳儀、羅秀惠、王毓卿、沈相其、顏雲年；3453 號：黃應麟、李廷猷、蔡景福、高峻極、曾省三、吳壽星、林安邦、許梓桑、蔡桂村；3455 號：蘇世昌、賴拱辰、朱四海、王菖汀、倪炳煌、何榮峰；3457 號：歐陽朝煌、莊玉波、林子楨、李金燦、許招春、王少濤。

見報日期	詩　　題	詞　宗	掄　元	詩　　作　　本　　文
	（不拘體）		羅秀惠	買絲我欲繡平原，太古巢空蘸夕曛。絕響宮商成叩缶，昔賢仲伯讓吹壎。扶輪大雅生花筆，作賦閒情枯樹園。無限桑滄憑弔感，采風來日付輶軒。
3452 42.10.29	騷林逸唱[34] 限庚韻		蔡鳳儀	風雅扶輪屬老成，文壇樹幟集群英。高吟逸唱皆珠玉，擲地時聞金石聲。
			王毓卿	騷壇南櫟樹先聲，瀛社聞風繼起賡。差喜昇平歌絕調，不才也得博微名。
3462[35] 42.11.12	弔伊藤公爵[36] （不拘體韻 以交卷爲序）		黃純青	西風蕭瑟將星沉，噩耗傳來淚滿襟。忍讀辭家秋晚句，弔人自弔最傷心。
			蔡景福	絕代功勳大偉人，歡迎隊裡更殲身。雄心未遂漫遊志，落日西風哈爾賓。
3479 42.12.02	冰花[37] 不拘體韻 （以先寄爲序）		黃純青	河陽池水結仙葩，漫擬霜花與雪花。絕好波心初印月，清光萬朵玉無瑕。
			蔡石奇	濃霜凍結片光晶，異卉奇葩錯落成。髣髴琉璃花世界，枝都刻玉蕊雕瓊。

---

[34] 刊於漢文《臺灣日日新報》第 3452、3454、3456、3458。作者分別有 3452 號：蔡鳳儀、王毓卿、沈相其、顏雲年、黃應麟、李延猷；3454 號：蔡景福、高峻極、曾省三、吳壽星、林安邦、許梓桑、蔡桂村；3456 號：蘇世昌、賴拱辰、朱四海、王莒汀、倪炳煌、何榮峰；3458 號：林搏秋、莊玉波、陳臥岡、林子楨、李金燦、許招春、王少濤。

[35] 《臺灣日日新報》第 3461 號刊載有莊玉波〈呈陳槐庭詞宗〉、〈呈鄭江南詞宗〉、〈呈李鶚程詞宗〉、黃菊如〈瀛社秋季總會呈來賓諸君子〉；3462 號刊載有王少濤〈瀛社秋季大會呈陳君槐庭詞長竝祈郢政〉；3464 號刊載有洪以南〈瀛社秋季總會呈諸來賓〉均和此次活動有關。

[36] 刊載於漢文《臺灣日日新報》第 3462~3471、3473~3474。作者分別有 3462 號：黃純青、蔡景福、莊玉波、王自新；3463 號：李金燦、蔡石奇、周笏臣、張振東、吳壽星；3464 號：高峻極、蔡鳳儀、林子楨；3465 號：朱四海、王釆甫、曾省三；3466 號：顏雲年、王少濤、王毓卿、歐陽朝煌；3467 號：羅秀惠；3468 號：黃玉階、林搏秋、陳友成、蘇世昌；3469 號：林子益、賴拱辰、蔡桂村、林安邦、尤子樵；3470 號：葉鍊金、倪炳煌、林知義、許梓桑、何榮峰；3471 號：沈相其、李漢如、張清燕；3473 號：洪以南、李敏恭；3474 號：李逸濤、爾純、陳釆臣、劉鐵士。

[37] 刊載於漢文《臺灣日日新報》第 3479、3480、3481、3483。作者分別有 3479 號：黃純青、蔡石奇、張振東、許梓桑、沈相其、蔡景福、高峻極；3480 號：王釆甫、王毓卿、林搏秋、歐陽朝煌、李毓淇、曾省三、吳壽星、顏笏山；3481 號：蔡鳳儀、顏雲年、楊文慶、王少濤、林安邦、蘇世昌、莊玉波、黃應麟、林子益；3483 號：陳友成、許招春、林希文、賴拱辰、倪炳煌、王毓卿、林超英。

見報日期	詩　題	詞　宗	掄　元	詩　作　本　文
3501 44.10.28	愛菊 [38] 不拘體韻		黃純青	千紅萬紫鬥春芳，芍藥繁華柳絮狂。 我愛東籬秋菊靜，淡容傲骨不知霜。
			林子益	數枝清艷遶籬開，帶雪傲霜瘦竝梅。 細瑣中堂看竟日，怕教風雨妒相催。
3519 43.01.22	將發東瀛蒙 諸友餞別賦 呈 [39]		莊玉波	醉鄉詩酒美人天，妙語清歌雜管絃。 餞別今宵成好會，如雲勝友意纏綿。
	即席次韻 [40]		黃菊如	一輪皓月麗中天，欣得佳人奏管絃。 此去蓬萊仙島去，新知舊契兩情綿。
3527 43.02.01	訪梅 [41] 不拘體韻 （交卷爲序）		李金燦	攜笻直上孤山去，玉蕊玲瓏撲鼻香。 縞袂相逢堪下拜，隨風索笑逸情長。

---

[38] 刊載於漢文《臺灣日日新報》第 3501、3502、3506~3511 號。作者分別有 3501 號：黃純青、林子益、林安邦、陳友成；3502 號：李金燦、王少濤；3506 號：許梓桑、林希文、顏雲年、何榮峰、蔡鳳儀；3507 號：許招春、林超英、周笏臣、王松軒；3508 號：曾省三、倪炳煌、陳進卿、葉鍊金、黃玉階、王自新、張振東、莊玉波；3509 號：洪以南、劉鐵士、高峻極、陳醉癡、張清燕；3510 號：黃贊鈞、王毓卿、吳桂芳、蔡石奇、蔡景福、蘇世昌、楊文慶；3511 號：黃菊如、李漢如（以上十期課題全卷完刊）。

[39] 漢文《臺灣日日新報》第 3517 號「雪白梅香」記載「臺南莊玉波君，久賈於神戶，客歲來北，訪視商業。至是復欲揚航東渡，可謂青年有志，聞瀛社社友及稻江商人中，有共爲發起訂本日下午，欲開祖餞于稻江平樂遊，以壯其行旌者，亦云榮矣。」3518 號「編輯日錄」也有「瀛社社友莊玉波君，將復東遊神戶，其開祖筵於平樂遊旗亭，約定四時，本社同人亦將聯袂赴會去矣。」是故有此會。

[40] 刊載於漢文《臺灣日日新報》第 3519~3522、3525 號。作者分別有 3519 號：莊玉波、黃菊如；3520 號：黃應麟、洪以南、魏清德、王毓卿、王少濤、倪炳煌、吳桂芳、王松軒、李金燦（題爲〈次玉波社友席上瑤韻〉）；3521 號：林石崖（題爲〈社友莊玉波行將東渡日前賜柬招宴余以故不往及稻艋諸君子爲開祖筵又不及與心殊悵焉爰步其席上瑤韻以送之〉）、林子楨、王自新、黃菊如（三人均另題爲〈次韻社友莊玉波席上之作〉）；3522 號：題爲〈次韻送別社友莊玉波〉，作者分別爲：李金燦、王松軒、陳漁帆；陳醉癡另題爲〈次玉波社友席上瑤韻即以送之〉；3525 號：題爲〈次莊玉波社友別筵上即賦瑤韻〉，作者有雪漁、湘沅、石稜。

[41] 刊載於漢文《臺灣日日新報》第 3527~3532、3540、3541、3546 號。作者分別有 3527 號：李金燦、王松軒、莊玉波、王毓卿、黃應麟、許招春、楊文慶、蔡石奇、張振東；3528 號：顏雲年、蘇世昌、陳友成；3529 號：林子益、林安邦、李聯璧、蔡振芳、莊鶴如、吳壽星；3530 號：沈相其、張家坤、陳雕龍、高峻極、林希文、倪炳煌；3531 號：曾省三、魏潤庵、林超英、朱四海；3532 號：周笏臣、賴拱辰、王少濤；3540 號：吳桂芳、黃贊鈞、黃水沛、蔡景福、林峨士；3541 號：洪以南、劉鐵士、許梓桑、何榮峰、林益岳、陳醉癡、陳子清、黃玉階、葉鍊金；3546 號：李漢如、黃卻慮。

見報日期	詩　　　題	詞　宗　掄　元	詩　作　　　本　　　文
3547 43.02.25	劍潭寺 [42] 不拘體韻	莊玉波	紫竹途登太古巢，寒潭劍氣起潛蛟。 招提月冷生虛籟，喚醒鐘聲百八敲。
3574 43.03.30	春山 [43] 不拘體韻	周笏臣	渾是高人優蹇來，千紅萬紫鬥山開。 遠峰頻眺都明媚，走馬揚鞭得意回。
		蔡景福	滿山紅紫鬥芬芳，黃鳥喈喈噪豔陽。 驚起美人新睡覺，閒描翠黛入春光。
3608 43.05.08	祝瀛社一週 年 [44]	莊鶴如	去年今日遠征時，未獲群仙共賦詩。 霓詠得陪良夜宴，鷗盟不負好瓜期。 沾衣杏雨催吟筆，拂袖香風入酒卮。 座上更添雙韻客，舉杯儂亦笑開眉。
3618 43.05.20	杏雨 [45] 不拘體韻	莊玉波	霏霏溼透美人腰，淡暈晴葩雪未消。 怪底婀娜流粉淚，輕紅薄膩不勝嬌。

[42] 刊載於漢文《臺灣日日新報》第 3547~3549、3551~3555、3561、3567、3569、3571、3573 號。作者分別有 3547 號：莊玉波、黃應麟、許招春、楊文慶；3548 號：顏雲年、蘇世昌、陳友成、林安邦、李聯璧；3549 號：蔡振芳、莊鶴如、吳壽星；3551 號：高峻極、林希文、曾省三、林超英、朱四海；3552 號：魏潤庵、賴拱辰、倪炳煌、吳桂芳；3553 號：黃贊鈞、黃水沛、蔡景福、林峩士、洪以南、劉鐵士；3354 號：黃玉階、葉鍊金、許雷地；3555 號：許梓桑、黃菊如（以上第十一期課題完刊）。此後陸續有補刊：3561 號：張家坤、莊鶴如。3567 號：王毓卿、王自新；3569 號：李金燦；3571 號：王采甫、歐陽朝煌、林搏秋；3573 號：王少濤、林希文。

[43] 刊載於漢文《臺灣日日新報》第 3574、3575、3576、3577、3579、3584、3588、3597 號。作者分別有 3574 號：周笏臣、蔡景福、黃純青、莊鶴如、倪炳煌、何榮峰；3575 號：王松軒、林希文、曾省三、黃應麟、蘇世昌、林子益；3576 號：莊玉波、陳曉凡、許雷地、王少濤、林益岳、張德明、魏潤庵、吳壽星、吳槐堂、洪以南；3577 號：王毓卿、楊文慶、賴拱辰、林莪士、陳友成；3579 號：李逸濤、歐陽朝煌、林搏秋、許梓桑、陳采臣、莊鶴如；3584 號：顏雲年、林安邦、謝雪漁、朱四維、高峻極、莊嘉成；3588 號：張家坤；3597 號：李金燦、王采甫（以上十二期課題完刊）。

[44] 刊載於漢文《臺灣日日新報》第 3608、3610、3612、3614、3615 號。作者分別有 3608 號：莊鶴如、曾省三、陳曉凡、許雷地、陳廷植、倪炳煌、陳祚年；3610 號：王少濤、林希文、賴拱辰、王采甫、許梓桑、顏雲年；3612 號：王毓卿、王子鶴、朱四維、吳槐堂、蘇世昌、蔡景福、蔡石奇、張振東；3614 號：黃石峻、林子楨、蘭溪生；3615 號：洪以南、李金燦、歐陽朝煌；3616 號：張家坤、林翔遠、陳醉癡、謝雪漁。

[45] 刊載於漢文《臺灣日日新報》第 3618、3621、3625 號。作者分別有 3618 號：莊玉波、陳曉凡、許雷地、陳廷植、陳祚年、王少濤、林希文、黃純青、王毓卿；3621 號：曾省三、王采甫、莊鶴如、林搏秋、王子鶴；3625 號：許梓桑、顏雲年、蔡景福、林子楨、王少濤、高峻極、倪炳煌、賴拱辰、楊文慶、朱四維、蘇世昌。

見報日期	詩　　題	詞　宗	搵　元	詩　作　本　文
3630 43.06.03	墨梅 [46] 不拘體韻		莊鶴如	西湖托跡伴名流，獨占群芳最上頭。 一自墨痕淡寫後，更無清夢到羅浮。」 寒梅數點墨塗成，天地心從筆底生。 任是孤山明月夜，美人無影立亭亭。
3641 43.06.16	太古巢懷古 [47] 交卷爲序		沈相其	太古巢爲處士廬，名高海外有誰如。 風光依舊人何在，到此空懷舊隱居
			王自新	一蹊花木屋三椽，樂水樂山任自然。 太息巢空人不見，登臨難覓白鷗緣。
3667 43.07.17	人堆戰浪 [48]		郭鏡蓉	亂石排成陣伍參，橫波鬥浪在基南。 笑他對壘交鋒日，未卜何時息戰酣。」 嶙峋怪石儼人形，江浪橫衝一戰爭。 恍若武侯初入蜀，曾排八陣退吳兵。
3700	網溪泛月 [49]		顏雲年	月上東山夜色迢，醉遊不覺網溪遙。

---

[46] 刊載於漢文《臺灣日日新報》第3630、3632、3637、3638號。作者分別有3630號：莊鶴如、王自新、王毓卿、林子楨、許梓桑、顏雲年；3632號：歐陽朝煌、吳壽星、曾省三、高峻極、林希文、蔡景福、王少濤；3637號：王子鶴、李金燦、蔡石奇、張振東、林搏秋、陳友成；3638號：倪炳煌、賴拱辰、賴龍、許雷地、陳曉凡、黃應麟、謝雪漁、魏潤庵、林湘沅。

[47] 刊載於漢文《臺灣日日新報》第3641、3643、3655、3660號。作者分別有3641號：沈相其、王自新、黃丹五、魏潤庵、王毓卿；3643號：林子楨、黃純青；3655號：黃玉階、葉鍊金、王少濤、許梓桑、顏雲年、林安邦、蘇世昌、王子鶴；3659號：莊鶴如、朱四維、林益岳、高峻極、洪以南、倪炳煌；3660號：林搏秋、曾省三、蔡景福、賴拱辰、歐陽朝煌、賴龍、李金燦、懶秪生（黃菊如）、謝雪漁。

[48] 刊載於漢文《臺灣日日新報》第3667~3669、3671、3673~3675號。作者分別有3667號：郭鏡蓉、許梓桑、沈相其、林搏秋；3668號：歐陽朝煌、顏雲年、莊鶴如、何榮峰；3669號：高峻極、林希文、賴拱辰；3671號：王少濤、林子楨、楊文慶、王毓卿；3673號：蔡景福、吳壽星、賴龍、王自新、林峨士；3674號：黃玉階、葉鍊金、王子鶴、黃菊如；3675號：謝雪漁。

[49] 刊載於漢文《臺灣日日新報》第3700、3701、3709、3729、3731、3733號。作者分別有3700號：顏雲年、許梓桑、林峨士、林安邦、林子益、林湘沅；3701號：魏潤庵、曾省三、郭鏡蓉；3709號：沈相其、張家坤、倪炳煌、王毓卿、黃純青、高朝宗；3729號：林子楨、黃玉階、葉鍊金、王少濤、朱四維、蘇世昌、陳醉癡；3731號：歐陽朝煌、林搏秋、王自新、朱四海；3733號：張大藩、張汝垣、許孟搏、李少麓（上述四位於3726號編輯日錄提到「今又有泉郡張汝垣、張大藩、許孟搏、李少麓諸君遙賜朵雲，附〈網溪泛月〉及〈秋閨〉兩瀛社課題諸佳搆，望爲社友」，故該期雖標爲「社外」，但此仍以社員視之。）

見報日期	詩　　題	詞　宗	掄　元	詩　作　　　本　　　文
43.08.25	不拘體韻 交卷爲序			篙穿綠水金波碎，棹撥清流玉浪漂。 傍岸漁人伸手掬，登船騷客舉杯邀。 夜深載滿歸來急，帆影依依戀野橋。
3734 43.10.05	秋閨 [50] 不拘體韻		王自新	幾日秋風至，深閨百感生。 登樓看雁影，倚枕聽蟲鳴。 音信沉千里，夢魂警五更。 縫遲針密密，擣急杵聲聲。 白露空階滿，銀河浸曉明。 畫眉忘醮黛，昨夜憶邊城。
3744 43.10.16	庾亮登樓 [51] 不拘體韻		葉鍊金	平分秋色景清幽，賞玩蘇同佐吏儔。 今日南樓猶在否，將軍名共月長留。
3746 43.10.20	秋柳 [52]	戴珠光 陳　洛	李漢如 雙元	西風搖落影婆娑，萬縷情絲冷愛河。 莫問梁園舊時事，無情煙水鎖雙娥。
3752 43.10.27	觀菊會席即 事 [53]		李聯璧	東籬黃菊隱秋華，環翠軒前夕照斜。

---

[50] 刊載於漢文《臺灣日日新報》第 3734~3737 號。作者分別有 3734 號：王自新、沈相其、許梓桑、顏雲年、張德明、楊文慶；3735 號：林子益、曾省三、倪炳煌、林希文、高峻極；3736 號：林超英、王毓卿、歐陽朝煌、林摶秋、王少濤；3737 號：朱四維、張大藩、張汝垣。

[51] 刊載於漢文《臺灣日日新報》第 3744、3774、3779 號。作者分別有 3744 號：許梓桑、顏雲年、葉鍊金、林安邦、林子益、黃玉階、曾省三、楊文慶、高峻極、林摶秋；因第一、二首許梓桑及顏雲年詩作字跡不明，故改錄第三首葉鍊金之作。3774 號：蘇世昌、王采甫、倪炳煌、小浪僊、陳醉癡；3779 號：歐陽朝煌、張大藩、張汝垣、許孟摶、李少麓。

[52] 刊載於漢文《臺灣日日新報》第 3746、3747 號。作者分別有 3746 號：李漢如、黃贊鈞、林湘沅、魏清德、謝汝銓、李碩卿、王毓卿、王采甫；3747 號：王自新、洪以南、黃贊鈞、魏清德、林湘沅。

[53] 該次大會詩題不一，刊載於漢文《臺灣日日新報》第 3748 號題爲〈觀菊會即事和南社長雲石詞兄瑤韻〉，作者分別有：林湘沅、黃贊鈞、林石峻、魏潤庵；3749 號題爲〈觀菊會席上即賦〉，作者有：謝雪漁、王子鶴、尤子樵、張振東；同期另題有〈觀菊會即事敬步黃西圃詞宗瑤韻〉，作者爲林子楨；〈觀菊會即事敬步鄭毓臣詞宗瑤韻〉，作者爲：歐陽朝煌、王自新、王毓卿；3750 號顏雲年作〈觀菊會即事呈啓運毓臣還浦幼佩逸樵諸詞宗即次毓臣詞宗瑤韻〉、〈觀菊會即事呈雲石西圃兩詞宗次雲時詞宗瑤韻〉、〈觀菊會即事呈作型詞宗即次瑤韻〉；林摶秋有〈觀菊會即事敬步鄭作型詞宗原韻〉；小浪僊有〈觀菊會即事五首〉；李漢如有〈觀菊會席上即事並呈南社櫟社羅山吟社竹社淡社瀛東小社諸詞宗〉；楊文慶有〈瀛社觀菊會即事〉、倪炳煌有〈觀菊會即事呈林子

見報日期	詩題	詞宗	掄元	詩作本文
				雅會驚觴同醉月，騷人連袂樂觀花。 韓蘇佳句傳千載，南北吟壇合一家。 二百年來無此舉，風流堪擬繼龍沙。
3755 43.11.01	琵琶怨 [54]	謝雪漁	林湘沅	大風歌後少邊才，惹我娥眉去紫臺。 觸目胡塵無限感，絃絃掩抑幾低徊。
		陳淑程	魏潤庵	文姬拍共湘妃瑟，一樣傷心入操來。 彈到漢宮深殿夕，朔風吹雪滿高臺。
3761 43.11.08	伍員吹簫 [55]	李漢如	王少濤	英雄心緒感非非，思報父兄仇事違。 市上吹簫無限恨，哀音悽切欲何依。
		歐陽朝煌	王采甫	英雄逃難出重圍，欲報深仇痛力微。 怨氣滿腔和淚墜，長歌三疊一簫依。
3766 43.11.13	簪菊 [56]	未選 限律絕	陳洛	散髮投簪已幾年，黃花坐對覺情牽。 曲江遙憶春風拂，老圃閒拈秋色鮮。 照入酒卮新釀熟，襯來霜鬢角巾偏。 閨中兒女同憨態，笑摘寒香一輾然。
	供菊		陳洛	莫教逸品老東籬，陶令乍從几案移。 晚節清娛琴與酒，古香位置鼎兼彝。 餐來冷豔欣仙饌，現出金容仰佛姿。 休訝閒情長把翫，無言淡影最相宜。

瑾詞宗並次瑤韻〉、〈席上有興再賦二絕〉；3752期有〈觀菊會即事〉，作者有李聯璧、顏笏山；小浪僊則有〈九月十五日擊鉢吟席上即事二首〉、〈逸園即事二首〉、〈觀菊會醉歸作〉數首。3756號有葉鍊金〈觀菊會即事〉、陳醉癡〈觀菊會即事〉、倪炳煌〈觀菊會醉後吟〉。3764號有〈讀瀛社秋季觀菊會聯吟敬呈諸詞宗〉，作者有：張汝垣、李少麓、許孟搏。3780號有王采甫〈觀菊會即事〉。

[54] 刊載於漢文《臺灣日日新報》第3755號。作者分別有林湘沅、魏潤庵、黃贊鈞、王毓卿、倪炳煌、李碩卿。

[55] 刊載於漢文《臺灣日日新報》第3761、3762號。作者分別有3761號：王少濤、王采甫、李碩卿、黃菊如、楊文慶、王自新、李漢如、王子鶴、林湘沅、謝雪漁、黃贊鈞、倪炳煌、魏潤庵；3762號：黃贊鈞、林搏秋、顏雲年、謝雪漁、王毓卿、魏潤庵、黃菊如、洪以南、許梓桑、王自新、楊文慶。詞宗據同報3754號〈擊鉢吟會況〉一則所載。

[56] 刊載於漢文《臺灣日日新報》第3766、3768、3769、3771、3772、3773、3780號。作者分別有3766號：陳洛；3768號：王毓卿、洪以南、許梓桑；3769號：顏雲年、何榮峰、朱四維、王少濤、倪炳煌；3771號：李碩卿、陳友成、林子益、曾省三、林希仲、歐陽朝煌；3772號：林搏秋、黃玉階、王子鶴；3773號：王自新；3780號：王采甫、莊鶴如。又3764、3765號「瀛社詩壇」有同題之作，惟均社外人士，故不列名。

見報日期	詩　　題	詞　宗	掄　元	詩　作　本　文
3775 43.11.22	禰衡撾鼓 [57]	林湘沅	蔡啓運	如雨聲中最慘悽，屈身鼓吏笑旋俳。 可憐撾盡漁陽摻，未破奸雄一夢迷。
		陳淑程	黃贊鈞	錦繡江山餘半壁，挽回無力淚空啼。 今朝一擊酬皇漢，留作先聲隴蜀西。
3777 43.11.25	秋砧 [58]	陳淑程	洪以南	忽聞荻岸浣征埃，似怨衣回人未回。 一片情波揮不斷，搗聲哀甚雁聲哀。
		林仲衡	魏潤庵	何處砧聲急急催，西風吹過又重來。 長安片月渾如夢，萬種閨愁搗不開。
3781 43.11.29	雁字 [59] 限支韻	陳淑程	李漢如	天章雲漢自橫披，清怨瀟湘卻恨誰。 錦瑟無端彈夜月，書空文字總相思。
		林仲衡	陳淑程	問字誰題碧落碑，西風畫荻最相宜。 右軍書法仍留跡，絕勝驚鴻夭矯姿。
3783 43.12.01	白菊 [60] 限寒韻		王毓卿	疏籬冷落近秋寒，種得霜姿障畫欄。 潔癖陶潛三徑好，何妨留待月中看。
3784 43.12.02	古琴 [61] 限歌韻	陳淑程	黃菊如	至理無言象大羅，貞淫能辨暢春和。 朱絃玉軫餘今日，爲問君經幾世過。
		謝雪漁	李漢如	朱絃不整網絲多，壁上埃痕點作螺。 曾借薰風解民慍，只今此曲已無歌。

---

[57] 刊載於漢文《臺灣日日新報》第 3775、3776 號。作者分別有 3775 號：黃贊鈞、洪以南、魏潤庵、陳淑程、王毓卿、李漢如、王自新；3776 號：李碩卿、謝雪漁、洪以南、黃贊鈞、魏潤庵、王采甫、李漢如、林湘沅。

[58] 刊載於漢文《臺灣日日新報》第 3777、3778 號。作者分別有 3777 號：洪以南、魏潤庵、黃菊如、黃贊鈞、王采甫、陳淑程、謝雪漁、王少濤、王毓卿、王自新；3778 號：謝雪漁、李碩卿、歐陽朝煌、王自新、倪炳煌、陳淑程、林子楨、王少濤。

[59] 刊載於漢文《臺灣日日新報》第 3781、3782 號。作者分別有 3781 號：李漢如、陳淑程、魏潤庵、歐陽朝煌、謝雪漁、王子鶴、林湘沅、黃贊鈞、林子楨、洪以南、王自新；3782 號：王采甫、王少濤、魏潤庵、黃贊鈞、倪炳煌、李碩卿、謝雪漁、黃菊如、林湘沅、王毓卿。

[60] 刊載於漢文《臺灣日日新報》第 3783、號。作者分別有 3783 號：王毓卿、謝雪漁、陳澄秋、王采甫、林子楨、王自新、何振飛、李碩卿、黃菊如。

[61] 刊載於漢文《臺灣日日新報》第 3784、3785 號。作者分別有 3784 號：黃菊如、李漢如、林湘沅、王采甫、洪以南、黃贊鈞、魏潤庵、謝雪漁、林子楨、李碩卿；3785 號：劉克明、林湘沅、王少濤、楊文慶、王毓卿、魏潤庵、王自新、林子楨、洪以南、黃贊鈞、李碩卿、謝雪漁、林凌霜。

見報日期	詩　題	詞　宗	掄　元	詩　作　本　文
3786 43.12.04	魚梭 [62] 限覃韻		魏潤庵	魚兒奪得天孫巧，來往波心跳擲酣。 似藉雨絲翻錦浪，荷衣藻繪滿江潭。
			李碩卿	穿波織浪戲游酣，活潑如梭伴兩三。 他日化龍滄海去，經綸雷雨出寒潭。
3788 43.12.06	早梅 [63] 限尤韻		謝雪漁	叢菊開殘老圃秋，梅花香信到枝頭。 江南春意應先動，驛路人歸遠寄不。
			林湘沅	適看殘菊過深秋，又作羅浮絕頂遊。 欲向美人問消息，忽驚春信露枝頭。
3790 43.12.08	殘菊 [64] 限鹽韻次唱		黃菊如 左右天一	戰盡西風一息奄，斜陽疏雨影簾纖。 芳菲顏色都搖落，憐我憐卿怕捲簾。
3793 43.12.11	照身鏡 [65] 限先韻	謝雪漁	王采甫	美人妝向菱花前，畢露嬌容態欲仙。 好似廣寒開夜月，霓裳隊裡立嬋娟。
3828 44.01.17	踏雪尋梅 [66] 限先韻	黃菊如	伊藤壺溪	一白湖山逗冷煙，美人何處鬥鮮妍。 尋春不讓苦吟興，瘦卻騎驢孟浩然。
		李碩卿	王少濤	流水風聲雪正堅，跨驢攜酒覓癯仙。 嶺南嶺北春何處，照眼玲瓏萬里天。
3832 44.01.21	褒菊 [67]	倪炳煌	王子鶴	認將五美勝幽蘭，素女仙人一例看。 從此群芳誰得似，譽名合受位秋官。

[62] 刊載於漢文《臺灣日日新報》第 3786、3787 號。作者分別有 3786 號：魏潤庵、李碩卿、林湘沅、王采甫、黃贊鈞、謝雪漁、王少濤、劉克明、林摶秋、洪以南、黃菊如、林凌霜、李漢如；3787 號：陳淑程、黃菊如、林湘沅、林摶秋、倪炳煌、林凌霜、王子鶴、魏潤庵、黃贊鈞、謝雪漁、王采甫、洪以南、林子楨、王毓卿。

[63] 刊載於漢文《臺灣日日新報》第 3788、3789 號。作者分別有 3788 號：謝雪漁、林湘沅、黃贊鈞、王采甫、李漢如、魏潤庵、李碩卿、王少濤、劉克明、黃菊如；3789 號：林湘沅、王自新、王毓卿、劉克明、魏潤庵、黃菊如、歐陽朝煌、黃贊鈞、林子楨。

[64] 刊載於漢文《臺灣日日新報》第 3790、3791 號。作者分別有 3790 號：黃菊如、倪炳煌、謝雪漁、王毓卿、李漢如、歐陽朝煌、王自新、王采甫、林子楨；3791 號：李碩卿、林湘沅、王少濤、黃贊鈞、劉克明、魏潤庵、林摶秋、楊文慶。

[65] 刊載於漢文《臺灣日日新報》第 3793 號。作者分別有：王采甫、王毓卿、何振飛、黃菊如、謝雪漁、林子楨。

[66] 刊於漢文《臺灣日日新報》第 3828、3829 號。作者分別有 3828 號：伊藤壺溪、王少濤、謝雪漁、黃贊鈞、林子楨、莊鶴如、王子鶴、洪以南、王毓卿、林凌霜；3829 號：黃贊鈞、謝雪漁、洪以南、曾省三、王自新、李逸濤、林摶秋、楊文慶、林凌霜、王少濤、李碩卿。

[67] 刊載於漢文《臺灣日日新報》第 3832、3833 號。作者分別有 3832 號：王子鶴、李漢如、王采甫、黃菊如、林湘沅、林凌霜、洪以南、王自新、王毓卿、倪炳煌；3833 號：黃贊鈞、李碩卿、林子楨、王毓卿、王自新、林摶秋、謝雪漁、林凌霜、洪以南、倪炳煌。

見報日期	詩 題	詞 宗	掄 元	詩 作 本 文
	限寒韻	黃菊如	王子鶴	博得詩人無限賞，如卿秋色應知難。 拔尤吾比梅花重，豈待淵明去後看。
3836 44.01.25	文君[68] 限寒韻	王子鶴	林凌霜	空閨無主歎孤鸞，誤聽求凰一曲彈。 讀到柏舟貞守義，撫心自問亦何安。
		李漢如	黃贊鈞	求凰一曲結鴛鸞，誰向當時心事看。 只為才人逢不易，豈關冰節守持難。
3846 44.02.05	桃符[69] 得蒸韻	林癡仙	黃贊鈞	削板書神已不曾，桃符依舊有名稱。 如今世盛群邪退，免俗應教愧未能。
3886 44.03.18	品梅[70]	未選 不拘體韻	王毓卿	傳來芳訊老梅癯，讀畫烹茶並足娛。 鐵石心腸憑鑑賞，春秋皮裏豈褒貶。 襄陽青睞吟鞍穩，庾嶺高標鶴夢俱。 千古有誰真卓識，暗香疏影伴林逋。
	棋子			棋中歲月消閒局，為且猶賢古聖云。 將相聲華場裡夢，星辰羅列箇中紛。 到頭黑白分成敗，著眼玉牙判武文。 最是茶餘兼酒後，爭奇鬥巧聚同群。
	畫圖			酷嗜倪黃能寫意，匠心獨造最渾成。 胸中邱壑毫端現，紙上煙雲腕下生。 白鷺遠天雙影淡，斜陽古渡一舟橫。 描摹尺幅春山好，突兀峰巒勢不平。
3891 44.03.24	杏花[71] 限麻韻	林仲衡	趙一山	瓊林宴罷醉流霞，寶馬塵香去路賒。 一色爭春紅十里，贏他桃李豔繁華。

[68]刊載於漢文《臺灣日日新報》第 3836、3838 號。作者分別有 3836 號：林凌霜、黃贊鈞、林湘沅、黃菊如、王自新、李漢如、王少濤、李碩卿、林搏秋；3838 號：林子楨、黃菊如、林凌霜、李碩卿、洪以南、倪炳煌、李漢如、謝雪漁、王毓卿、王子鶴、王自新。

[69]刊載於漢文《臺灣日日新報》第 3846 號。作者分別有：黃贊鈞、林湘沅、王少濤、李漢如、洪以南、李碩卿、林子楨、倪炳煌、曾省三、王子鶴、黃菊如、謝雪漁、王自新、劉克明、莊鶴如、王毓卿、林搏秋、歐陽鈞、楊文慶、林凌霜。

[70]刊載於漢文《臺灣日日新報》第 3886、3887 號。作者分別有 3886 號：王毓卿、顏雲年；3887 號：張汝垣、周秀塘、林安邦。

[71]刊載於漢文《臺灣日日新報》第 3891、3892 號。作者分別有 3891 號：趙一山、王采甫、謝雪樵、黃菊如、莊鶴如、林仲衡、蔡石奇、王少濤、王自新、王子鶴；3892 號：林湘沅、王少濤、王毓卿、林搏秋、黃菊如、趙一山、謝雪漁、王自新、李碩卿、洪以南、楊文慶。

見報日期	詩　　題	詞　宗	掄　元	詩　作　本　文
		趙一山	王釆甫	春風得意憶京華，豔說題名第一家。 真箇尚書聲望峻，披紅揖翠待宣麻。
3957 44.05.30	班超投筆 [72] 限文韻	鄭邦吉	林翔遠	虎頭燕頷本超群，介子張騫安足云。 一擲竟能成壯志，書傭從此際風雲。
		王釆甫	鄭邦吉	曠代英雄孰與群，不甘壯志老斯文。 自茲拋卻生花管，秋水橫腰冠漢軍。
3971 44.06.13	月鏡 [73] 限五微	謝雪漁	林湘沅	纖雲四捲散清輝，對影徘徊別緒依。 難辨此中真面目，故應朗徹寸心微。
		林湘沅	魏潤庵	自是玲瓏常朗徹，不因磨洗見光輝。 有情莫被浮雲翳，照遍征人萬里歸。
3999 44.07.12	筆陣 [74] 限侵韻	簡若川	黃贊鈞	青城馳騁氣雄沉，宋豔班香大敵臨。 爲問千軍誰掃盡，墨曹都督實勞心。
		趙一山	王少濤	堂堂旗鼓整詞林，筆勢縱橫思不禁。 落紙雲生雷雨響，翻天覆地作龍吟。
4004 44.07.17	穫稻 [75]	黃贊鈞	半翁	鎌影橫斜十畝田，火雲流過汗珠圓。 鯤洋特變颺風例，收穫偏當六月天。
		王少濤	王子鶴	歲歲琅琊著手先，獲將香稻裸豐年。 田家豈少紆籌策，我與蒼生最有緣。
4026 44.08.08	催詩雨 [76]	黃贊鈞	王毓卿	年來名利懶爭趨，聊借吟詩以自娛。 一字推敲還未就，瀟瀟疏雨滴庭梧。

[72] 刊載於漢文《臺灣日日新報》第 3957 號。作者分別有：林翔遠、鄭邦吉、林搏秋、謝汝銓、黃贊鈞、倪炳煌、李漢如、王自新、洪以南、王毓卿、楊文慶、歐陽朝煌、魏潤庵、李碩卿、王釆甫、黃菊如、林子楨。

[73] 刊載於漢文《臺灣日日新報》第 3971 號。作者分別有：林湘沅、魏潤庵、李碩卿、王自新、謝汝銓、鄭邦吉、倪炳煌、林凌霜、王毓卿、王子鶴、洪以南、黃贊鈞、歐陽朝煌、林子楨、劉克明、林搏秋、蘭溪生、王少濤。

[74] 刊載於漢文《臺灣日日新報》第 3999、4001 號。作者分別有 3999 號：黃贊鈞、王少濤、魏潤庵、王毓卿、半翁、陳潤生、洪以南、林子楨、王自新、林凌霜；4001 號：倪炳煌、王毓卿、王釆甫、陳潤生、林子楨、魏潤庵、李漢如、洪以南、林搏秋、王少濤、林凌霜。

[75] 刊載於漢文《臺灣日日新報》第 4004 號。作者分別有：半翁、王子鶴、洪以南、王自新、黃贊鈞、李漢如、趙一山、王毓卿、林搏秋、陳潤生、林凌霜、王少濤、倪炳煌、林子楨、王釆甫、楊文慶。

[76] 刊載於漢文《臺灣日日新報》第 4026 號。作者分別有：王毓卿、半翁、劉克明、古村、王少濤、王自新、黃贊鈞、洪以南、林子楨、說愚、倪炳煌、蘭溪生、林搏秋、懶稽、歐陽朝煌、雲根、楊文慶、黃贊鈞、陳潤生。

見報日期	詩　　題	詞　宗	掄　元	詩　作　　本　　文
		魏潤庵	半翁	黑雲翻墨影模糊，搜盡枯腸撚斷鬚。 風雨滿城新得句，不將清興敗催租。
4039 44.08.21	秋風[77]	洪以南	半翁	憶昔棘闈鏖戰豪，桂花香動月輪高。 而今鎩翮嗟何及，帽落頻年感二毛。
		李漢如	趙一山	披襟獨對大王豪，萬里風煙作怒號。 秋水長天聲浩浩，橫汾吹起白雲高。
4042 44.08.24	潯陽琵琶[78] 限麻韻	林湘沅	黃贊鈞	不堪淪落滯天涯，紅粉青衫共怨嗟。 遷客悲愁商婦恨，傷心同是一琵琶。
		謝雪漁	倪炳煌	江頭月白話天涯，忍聽琵琶面半遮。 彈裡何堪嘈切甚，一聲嗚咽一聲嗟。
4080 44.10.03	題臺灣暴風 雨寫真[79]	魏潤庵	雲根	茫茫人海撼狂瀾，大地鯤身慘不安。 我與同胞齊痛哭，臨圖於邑起悲歡。
		王采甫	歐陽朝煌	者番風雨發狂瀾，鯤島災黎尺幅看。 倘達聖明天子見，也應發粟拯單寒。
4105 44.10.29	參禪[80] 限魚韻	謝雪漁	顏雲年	蓮花靜坐五更餘，堂上香煙伴木魚。 漫道詩人忘佛理，仙機悟徹一心虛。
		林湘沅	謝雪漁	木魚銅磬課經餘，趺坐蒲團入定初。 似鏡心燈機透處，人間萬事悟皆虛。
4111 44.11.06	白桃花[81] 限刪韻	黃贊鈞	謝雪漁	斫叢怕有妒紅顏，風韻深藏淡趣間。 好向武陵分尺土，玉人端合住仙山。
		洪以南	倪炳煌	生面別開玉一般，枝枝皎潔武陵灣。 淡妝虢國夫人美，免惹漁郎日往還。

[77]刊載於漢文《臺灣日日新報》第4039號。作者分別有：半翁、趙一山、林子楨、倪炳煌、陳潤生、魏潤庵、楊文慶、李漢如、王少濤、林子楨、洪以南、懶稽。

[78]刊載於漢文《臺灣日日新報》第4042、4043號。作者分別有4042號：黃贊鈞、倪炳煌、洪以南、魏潤庵、王毓卿、林子楨；4043號：王自新、黃贊鈞、李漢如、王少濤、林子楨、王毓卿、半翁。

[79]刊載於漢文《臺灣日日新報》第4080號。作者分別有：雲根、歐陽朝煌、王自新、王毓卿、黃贊鈞、劉克明、洪以南、王采甫、林子楨、魏潤庵；惟雲根恐非「瀛社」社員，茲因其掄元，故錄其作。

[80]刊載於漢文《臺灣日日新報》第4105號。作者分別有：顏雲年、謝雪漁、王毓卿、倪炳煌、許梓桑、王自新、洪以南、林子楨。

[81]刊載於漢文《臺灣日日新報》第4111號。作者分別有：謝雪漁、倪炳煌、林湘沅、黃贊鈞、王自新、林子楨、洪以南、王子鶴、王采甫、王毓卿、楊文慶、林搏秋、林凌霜、李漢如、李碩卿、蔡石奇。

見報日期	詩　　題	詞　宗	掄　元	詩　作　本　文
4112 44.11.07	睡鴛鴦[82] 限侵韻	謝雪漁	顏德輝	芰荷覆滿一池陰，笑指同眠兩兩禽。 珍重小娃須解意，採船莫盪碧波心。
		林湘沅	李碩卿	雙雙酣睡藕花陰，一水瀠洄淺復深。 好夢憐他交頸穩，莫教打槳向波心。
4116 44.11.11	寒梅[83] 限尤韻	謝雪漁	魏潤庵	梅花夜放草堂幽，寒氣香風襲敝裘。 惟有鶴雛能耐冷，替人消受獨勾留。
		魏潤庵	黃贊鈞	冷風寒月襲羊裘，疏影橫斜水上浮。 凍雪滿山高士臥，可憐獨鶴守枝頭。
4126 44.11.21	串珠[84] 得支韻	林湘沅	說愚 雙元	無限心魔藉鎮之，漫云持此佛家規。 好看舍利明圓頂，便是功成放手時。
		黃贊鈞	李碩卿	循環百八貫纍纍，入定維摩寄所思。 我愛佛門好消遣，拈來一一解人頤。
4130 44.11.26	採桑[85] 得支韻	葉履亨	渾然	步出陌頭日上遲，著忙都是為蠶飢。 聖朝自古農桑重，一採盈筐腕欲疲。
		沈相其	子雙	翠幄柔青過雨時，纖纖玉手掇新枝。 滿筐綠葉供蠶食，一抹斜陽歸路遲。
4142 44.12.08	雪夜入蔡州[86]	簡若川	倪炳煌 雙元	冒雪行兵計不虛，多年淮寇一宵除。 軍聲巧混驚鵝鴨，唐闕明朝獻捷書。
		李逸濤		
4147 44.12.13	桃花源[87] 得元韻	李漢如	李碩卿	水雲深處古柴門，雞犬安閒別有村。 萬丈紅塵飛不到，漁郎底事為消魂。

[82]刊載於漢文《臺灣日日新報》第 4112 號。作者分別有：顏德輝、李碩卿、劉克明、魏潤庵、王毓卿、黃贊鈞、林凌霜、林問漁、片石、半翁、懶樵、何振飛、倪炳煌、王釆甫、林子楨、楊文慶、歐陽朝煌。

[83]刊載於漢文《臺灣日日新報》第 4116 號。作者分別有：魏潤庵、黃贊鈞、半翁、林凌霜、王毓卿、林子楨、益山、李碩卿。（原作第 4115 號，照順序應改）

[84]刊載於漢文《臺灣日日新報》第 4126 號。作者分別有：說愚、李碩卿、半翁、黃贊鈞、王自新、王毓卿、倪炳煌、林凌霜、顏德輝、善慧；惟說愚恐非「瀛社」社員，茲因其掄元，故錄其作。

[85]刊載於漢文《臺灣日日新報》第 4130 號，題為「基瀛吟壇」。作者分別有：沈相其、蔡桂村；惟渾然、子雙均恐非「瀛社」社員，茲因其掄元，故錄其作。

[86]刊載於漢文《臺灣日日新報》第 4142 號。作者分別有：倪炳煌、魏潤庵、王釆甫、王子鶴、黃贊鈞、林搏秋、李碩卿、半翁、顏德輝、林子楨、李逸濤、王自新、林凌霜、王毓卿、洪以南。

[87]刊載於漢文《臺灣日日新報》第 4147 號。作者分別有：李碩卿、顏德輝、懶樵、楊文慶、王毓卿、潤生。

見報日期	詩　　題	詞　宗	掄　元	詩　作　本　文
4154 44.12.20	雪花[88] 得蕭韻	顏雲年	懶穭	漫天六出逐風飄，頃刻開成玉蕋嬌。 侍女不知飛絮幻，拈來始覺是瓊瑤。
		楊文慶	說愚	寒風吹得雪花飄，驢背詩情動灞橋。 漫說輸梅香一段，可知兆瑞是今朝。
4155 44.12.21	蝸牛[89] 得豪韻	林湘沅	魏潤庵	篆刻雕蟲笑太勞，干戈蠻觸亦麤豪。 憐伊解向花間住，到處容身結構高。
		謝雪漁	洪以南	蓄縮自由意足豪，避炎葉下地天高。 笑他蠻觸貪名利，角上紛爭負略韜。
4156 44.12.22	柳絲[90] 得庚韻	蔡桂村	子雙	風流搖曳自輕盈，長繫人心別有情。 細縷絲絲隨雨織，天機不待剪裁成。
		劉維周	沈相其	柔條嫩葉受風輕，碧縷絲絲照眼明。 飄去乍眠還乍起，莫教折取贈行程。
4158 44.12.24	聽鶯[91] 得支韻	子雙	沈相其	曉聽黃鶯巧囀時，聲聲翻出綠楊枝。 莫教啼破遼西夢，恐使良人會晤遲。
		渾然	劉維周	春日芳園鬥豔時，鶯聲百囀動幽思。 攜來柑酒欣同聽，莫道音清怨別離。
4160 44.12.26	寒窗[92] 得支韻	林湘沅	子雙	獨坐疏櫺苦讀時，風喧庭竹冷侵帷。 劇憐紙薄蕉分綠，如此嚴寒月不知。
		蔡桂村	履亭	孤燈寂寂冷侵帷，攻苦窗前十載期。 徹夜天寒風共雪，與君講易悟天時。
4162 44.12.28	燈花[93] 得寒韻	子雙	詅癡	華堂宴罷夜漫漫，坐對金檠照影寒。 不拔玉釵剔紅燄，定知有喜報平安。
		渾然	少青	忽覩燈花映畫欄，小齋伴讀到更闌。 紅光獻彩增家瑞，喜上眉端仔細看。

[88] 刊載於漢文《臺灣日日新報》第 4154 號。作者分別有：懶穭、林搏秋、林凌霜、倪炳煌、王自新、林子楨、洪以南、王毓卿、魏潤庵、顏雲年、王子鶴、楊文慶。

[89] 刊於漢文《臺灣日日新報》第 4155 號。作者分別有：魏潤庵、洪以南、倪炳煌、王子鶴、林湘沅、林子楨、懶穭、王毓卿、楊文慶、王自新、林凌霜。

[90] 刊載於漢文《臺灣日日新報》第 4156 號。作者分別有：沈相其。

[91] 刊載於漢文《臺灣日日新報》第 4158 號。作者分別有：沈相其、劉維周、蔡桂村。

[92] 刊載於漢文《臺灣日日新報》第 4160、4161 號。作者分別有 4160 號：李碩卿；4161 號：沈相其、曾省三。

[93] 刊載於漢文《臺灣日日新報》第 4162 號。作者分別有：詅癡、少青、李碩卿、蔡桂村、沈相其、曾省三；惟詅癡、少青均恐非「瀛社」社員，茲因其掄元，故錄其作。

見報日期	詩　題	詞　宗	掄　元	詩　作　本　文
4165 44.12.31	連夜雨[94] 得陽韻	林湘沅	渾然	冷逼窗紗夜氣涼，終宵話舊喜聯床。 多情最是瀟瀟雨，留客催詩引興長。
		履亭	渾然	黯淡陌頭色不光，巴山夜雨喜聯床。 涼生枕簟難成夢，入耳聲聲惹恨長。
4168 45.01.05	屠蘇酒[95] 得刪韻	林湘沅	黃贊鈞	乞靈藥餌亦痴頑，修短詎從一醉間。 如果斯方足延壽，人生百歲盡朱顏。
		謝雪漁	歐陽朝煌	樽開白獸聖恩頒，暖入屠蘇醉筍班。 竹葉梅花資佐使，遐齡遙祝遍塵寰。
4179 45.01.16	寒鴉[96] 限蒸韻	林摶秋	琴鶴山人	飛飛數點入雲層，大地嚴寒感不勝。 憐汝也知行孝義，深情反哺至今稱。
		歐陽朝煌	林摶秋	一群慈鳥任飛騰，不怕春風不怕冰。 日暮歸巢欣喚侶，義能反哺世咸稱。
4192 45.01.29	怡樓小集送 瘦雲渡廈[97]		謝雪漁	細雨斜風夜色沉，小樓萍聚共高吟。 祖鞭輸與君先著，起舞聞雞負壯心。
			魏潤庵	吹萍南北會怡樓，載筆何當共遠遊。 盡說賦詩兼送別，雄心飛渡入神州。
4193 45.01.30	冬菊[98] 得冬字	陳瘦雲	謝雪漁	一染霜痕色更濃，絕勝老圃淡秋容。 與梅共此迎年意，瘦骨南荒試耐冬。
		謝雪漁	洪以南	眾芳厭殿禦嚴冬，老圃寒風瘦影重。 為避淵明愛和靖，先梅雪裡展清容。

---

[94]刊載於漢文《臺灣日日新報》第4165號。作者分別有：渾然、沈相其、李碩卿。惟訥癡、渾然均恐非「瀛社」社員，茲因其掄元，故錄其作。

[95]刊載於漢文《臺灣日日新報》第4168、4169、4170號。作者分別有4168號：黃贊鈞、歐陽朝煌、李碩卿、林炳煌、王采甫、顏雲年、林子楨、楊文慶；4169號：王采甫、許梓桑、林湘沅、意談、養生道人、林子楨；4170號：顏雲年、林摶秋、煮茯、林凌霜、倪炳煌、意談、楊文慶、林湘沅、說愚。

[96]刊載於漢文《臺灣日日新報》第4179、4180號。作者分別有4179號：琴鶴仙人、林摶秋、王采甫、王自新、歐陽朝煌、倪炳煌、禪參；4180號：琴鶴仙人、林凌霜、楊文慶、李碩卿、顏德輝、歐陽朝煌、林摶秋。

[97]刊載於漢文《臺灣日日新報》第4192號。作者分別有：謝雪漁、魏潤庵、黃菊如、王采甫、歐陽朝煌、王自新、林摶秋、楊文慶、林子楨、洪以南。

[98]刊於漢文《臺灣日日新報》第4193號。作者分別有：謝雪漁、洪以南、魏潤庵、歐陽朝煌、陳瘦雲、王自新、楊文慶、王采甫、琴鶴山人、林摶秋、林子楨。

見報日期	詩　　題	詞　宗　揄　元	詩　作　本　文
4196 45.02.03	鎮南山臨濟護國禪寺創成寄憶藤園將軍 [99]	洪以南	鎮南精舍淨無塵，香火蓮花悟夙因。 聊藉禪關資護國，已超宦海作完人。 逢僧與語當年事，平露曾經百戰身。 回首將軍無限感，杜鵑枝上哭忠臣。
4198 45.02.05	懷安蕃通事吳鳳君 [100]	洪以南	爲護同胞自殺身，三年赴約以成仁。 自拋眷屬生前愛，卻把仇讎死後申。 從此漢村光日月，而今達社闢荊榛。 餘威百載羅山在，俎豆馨香廟貌新。
4213 45.02.21	送雪漁社兄遊馬尼剌即次留別題 [101]	洪以南	交情似水淡難忘，矧復君才不可量。 有意結廬在鄰境，何心作客徙他鄉。 藉遊文貴誇吳子，服遠望隆負李綱。

---

[99] 刊載於漢文《臺灣日日新報》第 4196、4209 號。作者分別有 4196 號：洪以南、王采甫、林子楨、林松、林搏秋、倪炳煌、王自新、楊文慶、魏清德、黃贊鈞、黃菊如、李碩卿、謝汝銓另以分麻韻兼附他韻；4209 號：劉克明、陳其春、林希仲、曾宗傳、顏德輝。

[100] 刊載於漢文《臺灣日日新報》第 4198、4199、4207、4217 號。作者分別有 4198 號：洪以南、王采甫、林子楨、林松、林搏秋、倪炳煌、王自新、楊文慶、魏清德、黃贊鈞、黃菊如、李碩卿、謝汝銓；4199 號：李碩卿、許梓桑、顏雲年；4207 號：陳潤生、陳其春、顏德輝；4217 號：鄭十洲另題爲〈題安蕃通事吳鳳君詩〉。

[101] 刊載於漢文《臺灣日日新報》第 4210、4211、4213~4215、4218、4219、4223、4225~4228、4242、4244、4256 號。作者分別有 4210 號：謝雪漁另題爲〈將航呂宋留別諸吟朋〉、魏清德、林石崖（二人均另題爲〈次韻送社友雪漁兄赴馬尼拉〉）；4211 號：王采甫、林子楨、倪炳煌、王白新（四人均另題爲〈次社友謝雪漁君南渡呂宋留別瑤韻〉）；4213 號：洪以南、黃贊鈞、歐陽鈞、吳昌才；4214 號：謝濟若另題爲〈雪漁家叔將有呂宋之行詩以見示竝命和章爰依原韻以送〉、顏雲年、王子鶴（二人均另題爲〈次雪漁社兄往呂宋留別芳韻〉）；4215 號：劉克明、陳其春、顏德輝（三人均另題爲〈次韻送雪漁社友赴馬尼拉〉）、石崖另題爲〈同上倒疊前韻〉；4218 號：謝汝銓另題爲〈將之呂宋瀛社友開吟宴於宜園送別賦謝分眞韻〉、洪以南、黃贊鈞、林子楨、王采甫、顏德輝（五人均另題爲〈宜園小集送雪漁詞兄之呂宋分灰韻〉）；4219 號：王少濤、黃菊如、倪炳煌、劉克明、陳其春、李漢如、魏清德、歐陽鈞、楊文慶、李碩卿、林搏秋、王自新（十二人均另題爲〈宜園小集送雪漁詞兄之呂宋分東韻〉）；4223 號：趙雲石另題爲〈送雪漁南游馬尼剌即和原韻〉、魏還浦另題爲〈次雪漁先生遊呂宋留別原韻〉、日下峰蓮、李漢如（二人均另題爲〈次韻送雪漁社兄往呂宋〉）；4225 號：林搏秋、楊文慶（二人均另題爲〈送雪漁社兄之呂宋即次留別瑤韻〉）、陳澄秋、王天柱（二人均另題爲〈次雪漁兄之呂宋留別瑤韻〉）；4226 號：黃服五、許獻圖（二人均另題爲〈次韻送雪漁兄之呂宋〉）；4227 號：吳昌才另題爲〈瀛社諸詞宗小集敞宜園爲謝雪漁茂才開擊鉢吟分韻賦詩予不揣固附率草七絕一章以志送別之意〉、蘇世昌另題爲〈送雪漁社友送呂宋並次留別瑤韻〉、陳郁文另題爲〈送雪漁先生之呂宋〉；4228 號：黃河清另題爲〈次韻奉

見報日期	詩題	詞宗	掄元	詩作本文
				解纜鯤溟風雪外，雲天愁我鬢毛蒼。』三峽思潮湧不平，愴惶載筆賦長征。身為木鐸揚文教，口似銅鏞叩大鳴。莫訝民風無北向，果符吾道欲南行。客窗消息頻魚雁，好慰相思萬里情。
4221 45.02.29	解經奪席 102	謝雪漁	黃菊如	誰向廟堂不竭陳，漢家天子重絲綸。解經奪席區區事，掀揭方為有用人。
		李漢如	洪以南	戴憑經義博無倫，講解疑難壓眾臣。五十餘重爭首坐，朝元獨占帝城春。
4230 45.03.09	闖悶軒小集送王自新社友之鷺江 103		洪以南	春風闖悶集群芳，忍唱陽關別故鄉。此去驚人同有句，也應收拾入奚囊。
4231 45.03.10	初日 104 限佳韻	李漢如	林 松	東望扶桑大海涯，銅鉦光射半雲埋。西邊回首霞飛彩，倒映華山襯翠崖。
		黃贊鈞	李漢如	萬丈霞標曉岫排，一輪湧出海雲涯。三竿未上陽和冷，大地江山尚積霾。
4257 45.04.08	逸園小集送搏秋社兄如泉州分多韻 105		洪以南	風暖小園春意濃，鷺門南指騁遊蹤。難為情處雙家屬，一作愁容一笑容。
			沈相其	逸園小集暢揮毫。何必回思洞口桃。不唱驪歌應諒我。恐君別淚濕征袍。

別雪漁先生〉、〈倒疊前韻〉、〈感支那時事再次前韻〉；4242 號：林子楨另題為〈謁薀白先輩次先生送雪漁社兄瑤韻呈上〉、〈鷺江別雪漁兄〉；4244 號：高漢津另題為〈次韻送雪漁先生之呂宋〉；4256 號：蔡南樵另題為〈客邸鷺江遇雪漁芸兄、有馬尼刺之遊賦詩贈別即次原韻〉、林希仲、曾宗傳（二人均另題為〈次韻送雪漁社友之馬尼刺〉）。

[102] 刊載於漢文《臺灣日日新報》第 4221、4222 號。作者分別有 4221 號：黃菊如、洪以南、黃贊鈞、劉克明、李漢如、顏德輝、李碩卿、歐陽朝煌、李搏秋、楊文慶；4222 號：王自新、魏潤庵、王少濤、說愚、林子楨、陳其春、倪炳煌、王釆甫。

[103] 刊載於漢文《臺灣日日新報》第 4230 號。作者分別有：洪以南、歐陽鈞、林搏秋、李漢如、劉克明、倪炳煌、陳其春、林凌霜、楊文慶、王天柱、李碩卿、魏潤庵、黃贊鈞、黃菊如。

[104] 刊載於漢文《臺灣日日新報》第 4231 號。作者分別有：林松、李漢如；李碩卿、劉克明、魏潤庵、歐陽朝煌、王自新、意談、楊文慶、王天柱、倪炳煌、黃贊鈞、林搏秋、陳其春、琴鶴山人。

[105] 刊載於漢文《臺灣日日新報》第 4257、4258 號。作者分別有 4257 號：洪以南、沈相其、劉克明、許梓桑、李漢如、顏雲年、王釆甫、林凌霜、歐陽鈞；4258 號：王子鶴、倪炳煌、林子楨、李碩卿、陳其春、楊文慶、王天柱、魏潤庵、黃贊鈞。

見報日期	詩　　題	詞　宗	掄　元	詩　作　　本　　文
4259 45.04.09	訪春[106] 拈魚韻	黃贊鈞	陳其春	芒鞋竹杖步徐徐，乘興尋芳意自舒。 祇恐訪春春不遇，空勞騷客枉躊躇。
		魏潤庵	陳其春	尋芳有約意何如，九十春光猶未虛。 搔首問春春不語，敢將情緒付樵漁。
4280 45.04.30	傷春[107] 真韻	倪炳煌	洪以南	一年花事今將盡，大地王孫跡已陳。 蝶趁東風何處去，憑欄愁殺愛花人。
		林凌霜	劉克明	一年容易又歸春，懷抱萬般底日伸。 莫說樓頭青眼柳，驚看鏡裡白頭人。
4295 45.05.15	荷錢[108] 拈灰韻	歐陽朝煌	王采甫	圓爭榆莢薄莓苔，紛點沙溪鵝眼開。 無事水衡成鼓鑄，天然富羨選青來。
		子鶴	魏潤庵	消息金閨卜幾回，鴛鴦傳語到陽臺。 田田四月錢塘路，萬選何人布施來。
4317 45.06.06	團扇[109] 拈寒韻	簡若川	魏潤庵	剖竹裁成月一團，放翁圖畫耐人看。 莫因結想秋風熱，素手輕憑怨夜寒。
		鄧旭東	簡若川	素手揮時月色寒，薰風涼透袷衣單。 阿儂具有團圓相，莫作尋常障面看。
4324 45.06.13	晚妝[110] 限支韻	李逸濤	李碩卿	雲鬢梳罷起遲遲，又向燈前試畫眉。 祇恐淺深異時樣，背郎偷向鏡中窺。
4430 大正	江楓[111]	張星五	劉克明	容易江干秋色到，映波霜葉更嫣紅。 莫嫌對此悲遷客，曾作良媒出禁中。

---

[106] 刊載於漢文《臺灣日日新報》第 4259、4260 號。作者分別有 4259 號：陳其春、李漢如、劉克明、李碩卿、洪以南、沈相其、林搏秋、林凌霜、顏雲年、倪炳煌、王子鶴；4260 號：王采甫、許梓桑、沈相其、林凌霜、顏雲年、倪炳煌、黃贊鈞、林子楨、歐陽朝煌。

[107] 刊載於漢文《臺灣日日新報》第 4280 號。作者分別有：洪以南、劉克明、林凌霜、魏潤庵、洪以南、王子鶴、陳其春、倪炳煌、王天柱。

[108] 刊載於漢文《臺灣日日新報》第 4295 號。作者分別有：王采甫、魏潤庵、許梓桑、王子鶴、李碩卿、倪炳煌、林凌霜、林搏秋、禪參、陳其春、歐陽朝煌、劉克明、王天柱、洪以南、林子楨、楊文慶。

[109] 刊載於漢文《臺灣日日新報》第 4317 號。作者分別有：魏潤庵、鄧旭東、洪以南、林子純、子言、陳潤生、楊文慶、倪炳煌、林凌霜、王采甫、林搏秋、劉克明、陳其春、林子楨、王子鶴、李碩卿、歐陽朝煌。

[110] 刊載於漢文《臺灣日日新報》第 4324 號。作者分別有：李碩卿、陳潤生、林凌霜；

[111] 刊載於漢文《臺灣日日新報》第 4430、4431 號。作者分別有 4430 號：劉克明、林搏秋、魏潤庵、李碩卿、林子楨、謝雪漁、洪以南、王自新、楊文慶；4431 號：顏雲年、楊文慶、陳其春、王采甫、張星五、歐陽朝煌、林搏秋、黃贊鈞、倪炳煌、許梓桑。

見報日期	詩　題	詞　宗	掄　元	詩　作　　本　　文
01.09.30	拈東韻	黃贊鈞	林搏秋	姑蘇城外起西風，吹盡江頭楓葉紅。 覿樹興懷秋萬里，蕭森冷落不言中。
4485 01.11.27	李白登黃鶴樓[112] 拈東韻	許允白	劉克明	百篇斗酒才無敵，黃鶴樓登一字空。 別有興懷難下筆，豈真三舍避崔翁。
		鄭香秋	黃純青	讀罷崔詩拜下風，憑欄眺望感無窮。 江洲芳草漢陽樹，都入詩人眼界中。
4490 01.12.02	十姊妹花[113] 限支韻	趙雲石	陳槐庭	一毬春盡報開時，紅白成行鬥色奇。 若遇丁娘來索句，對花好譜十香詞。
		陳槐庭	林癡仙	芳心應是惜睽離，不嫁東風共守雌。 也似團圓花底月，十分未許一分虧。
4492 01.12.04	盆松[114] 限冬韻	戴還浦	林凌霜	一盆案上困蒼龍，不戰冰霜氣自濃。 天地歲寒餘尺土，空憐高託大夫蹤。
		林痴仙	戴珠光	得地無多只自容，微材敢望祖龍封。 他年破塊移栽去，風雪寒山鶴夢濃。
4502 01.12.14	歸去來辭[115] 限支韻	許允白	魏潤庵	心事惟應倦鳥知，歸來任意託微詞。 登皋舒嘯臨流賦，不爲江潭漁父嗤。
		林湘沅	許允白	解綬歸來亦自怡，一篇辭勝百篇詩。 東西兩晉無文字，祇有先生獨冠時。
4508 01.12.20	蟹菊[116]	鄧旭東	林搏秋	玉爪金螯品自仙，無腸新樣占籬邊。 此花堪擬經綸飽，被甲拳丁戰雪天。

---

[112]刊載於漢文《臺灣日日新報》第 4485 號。作者分別有：劉克明、黃純青、陳槐庭、謝雪漁、魏潤庵、林石崖、陳潤生、黃贊鈞、陳懷澄。

[113]刊載於漢文《臺灣日日新報》第 4490、4492 號。作者分別有 4490 號：陳槐庭、林癡仙、林石崖、謝雪漁、魏潤庵、林湘沅；4492 號：蔡桂村、沈相其、李碩卿、顏德輝。惟林癡仙非「瀛社」社員，茲因其掄元，故錄其作。

[114]刊載於漢文《臺灣日日新報》第 4492、4494、4497、4501 號。作者分別有 4492 號：林凌霜、魏潤庵、沈相其、顏雲年、王自新；4494 號：林石崖、黃純青、魏潤庵、陳槐庭、林湘沅；4497 號：王采甫、洪以南、林凌霜、劉克明；4501 號：陳槐庭、顏雲年、蘇世昌、陳潤生、沈相其。

[115]刊載於漢文《臺灣日日新報》第 4502、4503 號。作者分別有 4502 號：魏潤庵、許允白、劉克明、王采甫、王自新、黃贊鈞、林搏秋、古村、倪炳煌、林石崖、謝雪漁、黃丹五、歐陽朝煌、林子楨；4503 號：魏潤庵、倪炳煌、陳其春、洪以南、林湘沅、林搏秋、林子楨、王采甫、王自新、楊文慶；惟許允白非「瀛社」社員，茲因其掄元，故錄其作。

[116]刊載於漢文《臺灣日日新報》第 4508 號。作者分別有：林搏秋、魏潤庵、林凌霜、洪以南、林子楨、歐陽朝煌、倪炳煌、謝雪漁。

見報日期	詩　　題	詞　宗	掄　元	詩　作　本　文
	限先韻	林凌霜	魏潤庵	橫行有志大江淵，籬下依人瘦自憐。 曉露半開濃似沫，何嘗馨氣帶腥羶。
4573 02.02.26	蝴蝶[117] 限先韻	謝雪漁	劉克明	一生總為多情累，逐逐尋香老此身。 可惜風流容易盡，醉紅眠綠只三春。
		魏潤庵	李碩卿	栩栩莊園夢裡身，萬花頭上醉嬉春。 江南二月韶光好，也似尋芳得意人。
4611 02.04.07	燕剪[118] 限庚韻	李鷲程	李碩卿	化工肖物寂無聲，公子烏衣自剪成。 風片雨絲花徑外，輕於刀尺巧於鶯。
		謝雪漁	李碩卿	穿雲掠水一雙輕，不藉并州百鍊精。 大地江山裁錦繡，呢喃聲裡雨初晴。
4618 02.04.14	苔錢[119] 限寒韻	洪以南	李石鯨 雙元	鬃髵青蚨滿地看，松陰古徑影團團。 屐痕莫漫輕相踏，珍重東皇鼓鑄難。
		謝雪漁		
4626 02.04.22	送雲年社兄 東遊[120]		謝汝銓	鐵船橫海蹴驚濤，匣劍囊青氣自豪。 碧草綠波南浦色，別情無限入吟毫。
4627 02.04.23	漁翁[121] 限真韻	謝雪漁	李石鯨	剩有生涯在水濱，一蓑煙雨寄閒身。 世無明主甘終老，笑把經綸換釣綸。
		朱煥奎	倪炳煌	蓑衣草笠老來身，不作趨炎場裡人。 嘯傲一竿閑日月，誰知素抱盡經綸。

---

[117]刊載於漢文《臺灣日日新報》第 4573 號。作者分別有：劉克明、李碩卿、洪以南、黃菊如、王朵甫、楊文慶、林子楨、陳其春。

[118]刊載於漢文《臺灣日日新報》第 4611、4612 號。作者分別有 4611 號：李碩卿、楊文慶、林搏秋、張星五；4612 號：張星五、謝雪漁、林凌霜、顏雲年、黃純青、林知義、洪以南、林搏秋、李鷲程、歐陽朝煌、劉克明、王天柱、林搏秋。

[119]刊載於漢文《臺灣日日新報》第 4618、4620 號。作者分別有 4618 號：李石鯨、陳潤生、林凌霜、沈相其、顏雲年、洪以南、蔡桂村、許梓桑；4620 號：謝雪漁、李石鯨、沈相其、顏雲年、洪以南、林凌霜、許梓桑、蔡桂村。

[120]刊載於漢文《臺灣日日新報》第 4626、4632~4634 號。作者分別有 4626 號：謝汝銓、朱煥奎、蔡桂村、劉維周、林子楨、倪炳煌、沈連袍、蘇世昌、顏笏山、顏德輝、李石鯨、洪以南、林松；4632 號另題為〈怡樓小集送雲年社兄東遊〉，作者有：謝雪漁、洪以南、林石崖、王朵甫、黃全發、劉篁村；4633 號：歐陽朝煌、林凌霜、李石鯨、黃丹五、楊文慶；4634 號：王天柱、倪炳煌、陳其春、林搏秋、林子楨、黃贊鈞、沈相其。

[121]刊於漢文《臺灣日日新報》第 4627、4628 號。作者分別有 4627 號：李石鯨、倪炳煌、顏德輝、林子楨、顏雲年、林凌霜、顏笏山、沈連袍、陳潤生；4628 號：蔡桂村、李石鯨、洪以南、劉維周、朱煥奎、沈連袍、謝雪漁、子雙、蘇世昌、陳潤生。

見報日期	詩題	詞宗	掄元	詩作本文
4635 02.05.01	柳絮[122] 限真韻	葉連三 王朵甫	黃贊鈞 雙元	淡如微雪細如塵，點點因風起水濱。 飄蕩莫飛南浦去，長亭易惹斷腸人。
4701 02.07.07	酒帘[123] 限江韻	謝雪漁	石鯨	也如詩幟長竿挂，百尺高標未肯降。 細雨杏花寒食店，飄搖似報酒盈缸。
		魏潤庵	若川	映日隨風拂曉窗，分明酒國字題雙。 糟邱非自高標榜，多少酕徒望幟降。
4711 02.07.17	怡樓小集送 以南社兄重 遊日本[124]		楊文慶	怡樓詩酒話從容，珍重煙波意萬重。 明日米家船一載，扶桑況有故人逢。
4713 02.07.19	怡樓小集送 菊如社友重 遊呂宋[125]		楊文慶	漫言材大莫能容，瀛海于今起臥龍。 汝自南方揮健筆，愧余守拙懶疏慵。
4712 02.07.18	張良[126] 限尤韻	戴還浦	蔡清揚	東宮未定漢家憂，四皓招來國本謀。 一事先生應抱恨，辟疆諸呂幾傾劉。
		鄭薌秋	鄭國賓	躁急心從圯上收，讀書養氣博封侯。 大儒風度神仙骨，富貴功名任去留。
4729 02.08.05	林投帽[127]	謝雪漁	魏潤庵	漂葉抽絲製橢形，舊時蘭草帽同型。 納涼晚戴輕於紙，伴著蕉衫養性靈。
		林石崖	倪炳煌	短簀圓蓋自成形，纖手銀絲織幾經。 新樣教翻巴拿馬，炎天涼帽說南溟。

[122] 刊載於漢文《臺灣日日新報》第 4635、4636 號。作者分別有 4635 號：黃贊鈞、倪炳煌、洪以南、謝雪漁、李石鯨、顏雲年、劉克明、黃全發、王朵甫；4636 號因字跡不清，故未錄其作者名。

[123] 刊載於漢文《臺灣日日新報》第 4699、4701 號。作者分別有 4699 號，該題為「桃社詩壇」：石鯨、若川、舜五、以南、秋園、守謙；4701 號題為「瀛桃詩壇」：劉篁村、洪以南、黃純青、黃河清、黃贊鈞、王自新、謝雪漁。

[124] 刊載於漢文《臺灣日日新報》第 4711 號。作者分別有：楊文慶、歐陽朝煌、陳其春、林搏秋、黃菊如、魏潤庵、倪炳煌、林子楨、謝雪漁、林凌霜、王自新。

[125] 刊載於漢文《臺灣日日新報》第 4713 號。作者分別有：楊文慶、歐陽朝煌、陳其春、林搏秋、魏潤庵、倪炳煌、謝雪漁、林凌霜、林子楨、王子鶴、王自新。

[126] 刊載於漢文《臺灣日日新報》第 4712、4714、4715、4717~4719 號。作者分別有 4712 號：蔡清揚、鄭國賓；4714 號：永培、李石鯨、震生、少〇、希〇、琴鶴山人；4715、4717~4719 號因字跡不清，故未錄其作者名；惟蔡清揚、鄭國賓非「瀛社」社員，茲因其掄元，故錄其作。

[127] 刊載於漢文《臺灣日日新報》第 4729、4730 號。作者分別有 4729 號：魏潤庵、倪炳煌、黃贊鈞、林搏秋、王子鶴、歐陽朝煌、王自新；4730 號因字跡不清，故未錄其作者名。

見報日期	詩　　題	詞　宗	掄　元	詩　作　　本　　文
4760 02.09.06	送朝煌詞兄旋梓 [128]		謝雪漁	思歸情不爲鱸蓴，琴劍重遊擬四旬。有願向平先我遂，錦江還羨一家春。
4761 02.09.07	汽車 [129] 限真韻	歐陽鈞	劉克明	縮地當年幻也真，文明利器欲欺神。穿山越嶺如飛快，千里行程來往頻。
		劉克明	陳其春	漫道行人嘆苦辛，南旋北轉不逾辰。一聲汽笛天雲外，千里馳驅只數輪。
4775 02.09.21	秋帆 [130] 限尤韻	謝雪漁	林子楨	蒹葭白露達觀樓，檻外舳艫任去留。人倚碧梧看落葉，我從滄海望歸舟。片帆隱見波光闊，一葦蒼茫月影浮。長幅迢迢天外挂，乘風破浪五湖秋。
		林石崖	顏雲年	江水茫茫一色秋，短帆高掛曲江頭。天空風速如奔馬，浪惡檣高等疾鷗。月夜千尋痕渺渺，江干一片影悠悠。西風得意歸來急，夕照依依任去留。
4777 02.09.23	達觀樓玩月 [131] 限庚韻	顏雲年	林搏秋	鷗鷺聯臺詠，今宵際月明。迎眸千里遠，得意一樓清。兔影斜關渡，蟾光射北城。達觀秋色好，玩賞慰平生。
		林石崖	謝雪漁	樓外海山合，憑欄看月明。吹襟風影重，濕袂露華清。青暈樹無色，白翻波有聲。天香何處落，對此不勝情。

---

[128]刊載於漢文《臺灣日日新報》第 4760 號。作者分別有：謝雪漁、劉篁村、林凌霜、林子楨、陳其春、林搏秋、楊文慶、王自新。歐陽朝煌另題爲〈蒙諸同人祖餞賦謝〉和之。

[129]刊載於漢文《臺灣日日新報》第 4761 號。作者分別有：劉克明、陳其春、謝汝銓、王自新、歐陽朝煌、林凌霜、林子楨、林搏秋、楊文慶。

[130]刊載於漢文《臺灣日日新報》第 4775、4776 號。作者分別有 4775 號：林子楨、顏雲年、洪以南、李碩卿、許梓桑、謝雪漁、魏清德、林石崖；4776 號：吳槐堂、李毓淇、陳其春、林凌霜、林搏秋、倪炳煌、楊文慶。

[131]刊載於漢文《臺灣日日新報》第 4777、4778 號。作者分別有 4777 號：林搏秋、謝雪漁、魏潤庵、李石鯨、許梓桑、楊文慶、陳其春；4778 號：林凌霜、洪以南、顏雲年、倪炳煌、林子楨、林石崖、楊文慶。

見報日期	詩題	詞宗	掄元	詩作本文
4781 02.09.28	更闌[132] 限東韻	魏潤庵	謝雪漁	月輪斜影映樓東，侵袂涼生樹杪風。 山寺蒲牢聲欲動，苦吟人對一燈紅。
		洪以南	魏潤庵	詩瘦同夢樂聞蟲，南內淒涼感慨中。 共此商沉參欲上，無情殘燭只搖紅。
4790 02.10.07	醉菊[133] 限庚韻	戴還浦	魏潤庵	興來濁酒每頻傾，況復東籬倍有情。 紅袖莫教扶永叔，白衣端合契淵明。 朦朧已覺迷三逕，潦倒猶堪盡一觥。 縱到如泥還傲骨，相期晚節待春榮。
		李逸濤	黃參兩	潦倒年來不易醒，一樽聊為菊花傾。 拚將老態和陶醉，漫把淚痕共杜橫。 三逕朦朧雙倦眼，半畦留戀九秋情。 而今且喜重陽近，好向東籬再舉觥。
4796 02.10.13	無線電[134] 限灰韻	魏清德	戴還浦	天際陰陽自往回，一絲不掛水雲隈。 如何色相虛無裡，訴得幽情縷縷來。
		黃贊鈞	謝汝銓	海頭機發氣波開，消息直傳天際來。 萬里輿圖繞一瞬，人工如此實奇哉。
4809 02.10.27	秋蝶[135] 限多韻	洪以南	○○○	花枝無復洒衣濃，懶傍樓頭夜氣衝。 憔悴豈徒徵鳳子，人生容易帶愁容。
		戴還浦	洪以南	生為御苑探花使，羞殺報○○○○。 ○○群芳心又醉，錯來老圃覓春蹤。

---

[132]刊載於漢文《臺灣日日新報》第 4781、4782 號。作者分別有 4781 號：謝雪漁、魏潤庵、林搏秋、倪炳煌、林石崖、○○、林子楨；4782 號：林凌霜、許梓桑、楊文慶、顏雲年、洪以南、林搏秋、倪炳煌。

[133]刊載於漢文《臺灣日日新報》第 4790~4793 號。作者分別有 4790 號：魏潤庵、黃參兩、張純甫、李石鯨、伊藤壺溪；4791 號：王采甫、劉克明、謝雪漁、張星五、洪以南、倪炳煌；4792 號因作者字跡不明，故未錄；4793 號：林凌霜、陳其春、楊文慶、林子楨；4794 號作者字跡不明，故未錄。

[134]刊載於漢文《臺灣日日新報》第 4796、4797、4799 號。作者分別有 4796 號：謝汝銓、林凌霜、張星五、黃參兩、林石崖、李石鯨、魏潤庵、顏雲年、林問漁、黃子純；4797 號：林搏秋、林問漁、謝雪漁、許梓桑、王自新、錦村、倪炳煌、張純甫、李石鯨、黃參兩、顏雲年；4799 號：劉克明、陳其春、王采甫、林石崖、張純甫、洪以南。

[135]刊載於漢文《臺灣日日新報》第 4809 號。作者分別有：洪以南、倪炳煌、林子楨、魏潤庵。

見報日期	詩題	詞宗	掄元	詩作本文
4823 02.11.12	漁燈[136] 限庚韻	謝雪漁	陳潤生	茫茫一抹島煙橫，短艇疎光遠處生。 蓼岸依微光幾點，蘆汀掩映欲三更。 紅搖天際風難定，影射波心月未明。 載去滄江照秋水，好教漁叟釣長鯨。
		魏清德	謝雪漁	荻港蘆洲星錯落，叉魚波際有燈明。 疏光隱見風初定，冷燄微茫月乍生。 撒網紅搖天一角，推蓬白暈夜三更。 船頭獨立人蓑笠，幾點歸看古岸橫。
4828 02.11.17	焦尾琴[137] 限侵韻	李逸濤	顏雲年	中郎已爲權臣死，終古誰人更賞音。 一片燒痕無限恨，何如絕響伯牙琴。
		張錫六	鄭永南	劫後餘材獲賞音，中郎知己世難尋。 可憐物在斯人杳，千古商聲譜恨深。
4864 02.12.24	老來嬌[138] 限冬韻	李逸濤	張純甫	任他歲序換秋冬，我縱無花色更濃。 自是雞皮能復少，白頭吟不到臨邛。
		謝雪漁	魏潤庵	徐娘老到顏逾昔，庚子豪時興轉濃。 未解萏菲悽惻感，名園遲暮許相逢。
4876 03.01.07	祭詩[139] 限先韻	戴還浦	李逸濤	一龕灯火一詩篇，亦似香花奉佛前。 爲報吟魂需記取，年來甘苦總相憐。
		林知義	戴還浦	鬼神泣處思如泉，歲盡殷勤列豆籩。 吟卷有靈應憫我，推敲忙煞人新年。

[136]刊於漢文《臺灣日日新報》第 4823、4826~4827 號。作者分別有 4823 號：陳潤生、謝雪漁、顏雲年、張星五、張純甫；4826 號：黃參兩、蔡啓華、沈相其、李石鯨、林凌霜、倪炳煌；4827 號：陳其春、許梓桑、林子楨、蘇世昌、顏德輝、魏潤庵。

[137]刊載於漢文《臺灣日日新報》第 4828、4829 號。作者分別有 4828 號：顏雲年、鄭永南、魏潤庵、洪以南、謝汝銓、沈相其、李石鯨、張純甫、倪炳煌、林凌霜、黃參兩；4829 號：陳潤生、林子楨、張純甫、顏德輝。

[138]刊載於漢文《臺灣日日新報》第 4864~4866 號，作者分別有 4864 號：魏潤庵、蔡啓華、李石鯨、謝雪漁、李逸濤；4865 號：魏潤庵、林問漁、林搏秋、陳其春、倪炳煌、林凌霜、楊文慶；4866 號：劉克明、李逸濤、洪以南。

[139]刊載於漢文《臺灣日日新報》第 4876、4878 號。作者分別有 4876 號：李逸濤、蔡啓華、劉克明、張純甫、謝雪漁、林凌霜、陳其春；4878 號：劉克明、莊鶴如、歐陽朝煌、王天柱、謝雪漁、張純甫、洪以南、陳其春。惟戴還浦非「瀛社」社員，茲因其掄元，故錄其作。

見報日期	詩題	詞宗	掄元	詩作本文
4958 03.04.01	詩榜[140]	籾山衣洲	魏潤庵	斜陽逝水去滔滔，修禊蘭亭意氣豪。 江左風流推往哲，劫餘觴詠到吾曹。 宜園花木當春麗，屯嶺烟霞背郭高。 俯仰不須陳迹感，只憑濁酒發牢騷。
		謝賢雲	鄭永南	夙昔蘭亭姓字高，宜園不減舊風騷。 一樓擊鉢開三社，滿座飛觴感二毛。 樹樹海棠花欲睡，絲絲楊柳葉如繰。 永和韻事追今日，賓主東南引興豪。
4966 03.04.10	春蠶[141] 限真韻	籾山衣洲	謝雪漁	三眠入簇飽桑新，作繭絲成太苦辛。 卻讓吳棉高一著，多寒衣被到貧人。
		許梓桑	魏潤庵	風雨三春食葉頻，老來吐繭自經綸。 聖朝此日勤桑務，衣被煩君德及民。
5029 03.06.13	飛行機[142] 限蕭韻	謝星樓 謝雪漁	魏潤庵 雙元	滑走排虛上九霄，玉京金闕望非遙。 人天從此還多事，苦憶乘鸞逐紫簫。
5087 03.08.12	觀潮[143] 限寒韻	顏雲年	謝雪漁	來如虎嘯去龍蟠，聲撼江樓朝夕寒。 別有彎弓錢武肅，潮頭一箭海門安。
		戴還浦	魏潤庵	賦才枚乘感酬難，射弩當年極壯觀。 吞吐汪洋三萬頃，廣陵八月一憑欄。
5117 03.09.12	秋扇[144] 限歌韻	張純甫	顏雲年	丹青色澤半消磨，戰盡炎威歲半過。 莫怨涼時輕束置，九齡詩裡感恩多。
		李石鯨	謝雪漁	歡情消受熱場多，曾逐妖姬醉舞歌。 面目鑲金依舊好，西風影裡孰摩挲。

---

[140]刊載於漢文《臺灣日日新報》第4958號。作者分別有：魏潤庵、鄭永南、蔡啓華、蓬城、林凌霜、歐陽朝煌。

[141]刊載於漢文《臺灣日日新報》第4966號。作者分別有：謝雪漁、魏潤庵、洪以南、張純甫、歐陽朝煌、李石鯨、王朶甫、倪炳煌、顏雲年、楊文慶。

[142]刊載於漢文《臺灣日日新報》第5029號。作者分別有：魏潤庵、黃菊如、洪以南、謝雪漁、歐陽朝煌、林凌霜、倪炳煌、林子楨、林搏秋、楊文慶、陳其春。

[143]刊載於漢文《臺灣日日新報》第5087號。作者分別有：謝雪漁、魏潤庵、張純甫、劉克明、李石鯨、洪以南。

[144]刊載於漢文《臺灣日日新報》第5117號。作者分別有：顏雲年、謝雪漁、魏潤庵、張純甫、李石鯨、吳槐堂、洪以南、許迺蘭。

見報日期	詩題	詞宗	掄元	詩作本文
5140 03.10.06	中秋月[145] 限陽韻	鄭養齋	簡長春	玉宇無塵桂魄光，中庭地白露華涼。 料應三五團欒夜，碧海青天恨倍長。
		葉連三	簡朗山	皎皎銀河萬里光，平分秋色夜生涼。 一年最好今宵月，美滿恩情比孰長。
5207 03.12.16	截髮[146] 限文韻	劉克明 李石鯨	謝雪漁 雙元	逐鹿中原客至紛，奩箱典盡舊釵裙。 惟餘萬縷青絲在，又爲佳兒強半分。
5230 04.01.10	春柳[147] 限陽韻	許梓桑	王采甫	爭春江畔逐梅芳，綠遍蘇堤十里長。 爲被東風深鼓舞，染衣曾卜狀元郎。
		鄭永南	簡朗山	裊娜輕盈拂水狂，新絲不減舊絲長。 憐他醉眼描春色，猶管人間離別忙。
5239 04.01.19	釣雪[148] 限真韻	林佛國	林子楨	白雪霏霏渭水濱，一竿避世絕纖塵。 孤舟蓑笠寒江上，總把經綸試釣綸。
		黃贊鈞	謝雪漁	一竿天地白如銀，十里寒波理釣緡。 應笑羊裘披大澤，子陵終是有心人。

[145]刊載於漢文《臺灣日日新報》第 5140~5142、5144、5145 號。作者分別有 5140 號：簡長春、謝雪漁、鄭幼香、黃參兩、劉克明、沈相其、謝汝銓；5141 號因字跡不清，故未錄；5142 號：林搏秋、林凌霜、魏潤庵、陳其春、沈向其、李石鯨；5144 號：顏雲年、陳其春、許梓桑、林子楨；5145 號：歐陽朝煌、佛闕、黃純青、林子楨、黃參兩；惟簡長春、簡朗山均非「瀛社」社員，茲因其掄元，故錄其作。

[146]刊載於漢文《臺灣日日新報》第 5207、5209、5210 號。作者分別有 5207 號：謝雪漁、林凌霜、黃菊如，其餘皆因字跡不明，故未錄；5209 號：魏潤庵、蔡啓華、洪以南、李石鯨、林子楨、謝尊五、陳潤生、張純甫、謝雪漁；5210 號：劉篁村、斐如、李石鯨、歐陽朝煌、林子楨、倪炳煌、林搏秋、黃菊如。

[147]刊載於漢文《臺灣日日新報》第 5230、5231、5233 號。作者分別有 5230 號：王采甫、劉克明、倪炳煌、文宗、張純甫、豐州、林凌霜、魏潤庵；5231 號：李石卿、魏潤庵、林搏秋、洪以南、劉克明、李碩卿、倪炳煌、林子楨、歐陽朝煌、簡長春、王采甫；5233 號：簡長春、陳其春、蔡啓華、王子鶴、謝雪漁、洪以南、豐州。

[148]刊載於漢文《臺灣日日新報》第 5239~5243 號。作者分別有 5239 號：林子楨、謝雪漁、魏潤庵、李石鯨、劉克明；5240 號：蔡啓華、林子楨；5241 號：顏國年、謝雪漁、參兩、張純甫、陳其春、洪以南、王采甫、王自新、簡長春；5242 號：張星五、陳其春、許梓桑、張純甫、林凌霜、林述三、洪以南、李石鯨、玉麟、倪炳煌；5243 號：王采甫、林述三、張星五、簡長春、尾崎、林石崖、黃參兩、倪炳煌、玉麟。

見報日期	詩　題	詞　宗	掄　元	詩　作　本　文
5323 04.04.16	春鴻[149]	李逸濤	魏潤庵	昨夜江湖春水生，翩同照影若為驚。 自從不喜趨炎熱，背著東風更北征。
		倪炳煌	林凌霜	雁門回首惹鄉情，萬里春風亦北征。 故國江山煙雨鎖，胡天長作不平鳴。
5332 04.04.24	桃花浪[150] 限陽韻	顏雲年	洪以南	問津迎送為誰忙，薄命春深祇自傷。 欲絕武陵人跡至，高翻三尺阻漁郎。
		林搏秋	謝雪漁	一篙新漲碧茫茫，添得美人淚數行。 流水武陵源自遠，問津無處惱漁郎。
5356 04.05.19	竹夫人[151] 限真韻	鄭香秋	簡長春	骨格玲瓏夏日親，胡床得意故橫陳。 憑君愛惜珍懷抱，雲雨巫山總不真。
		林知義	簡若川	梅子流酸妒寵頻，玲瓏骨格稱郎身。 同枝豈獨湘妃貴，直節榮邀誥命新。
5363 04.05.26	濤聲[152] 限陽韻	謝汝銓	陳潤生	浩浩繁音滿大荒，靈胥何事竟猖狂。 吼如白馬奔騰壯，觀若銀河倒瀉忙。 萬里帶愁驚客夢，一江和雨撼衡陽。 往來涉險輸魚父，臥聽鷗波一葦航。
		林知義	洪以南	秋風造勢激蒼茫，百尺洪濤接大荒。 撼動三山長嘯怒，飛騰萬里欲奔狂。 轟雷灌耳來玄海，掣電驚人說岳陽。 聽罷靈胥不平響，好將心思任汪洋。
5368 04.05.31	夏雨[153] 限麻韻	鄭香秋	魏潤庵	蕩滌炎薰積，青梅酒可賒。 溪雲連陣蟻，澗水挾鳴蛙。 菡萏香初過，莓苔色正加。 珠簾高捲處，坐賞葛巾斜。

[149]刊載於漢文《臺灣日日新報》第5323、5324號。作者分別有5323號：魏潤庵、林凌霜、林石崖、歐陽朝煌、李碩卿、謝雪漁、黃贊鈞；5324號：簡長春、魏潤庵、謝雪漁、林搏秋、洪以南、張純甫、劉篁村、歐陽朝煌、林述三。

[150]刊載於漢文《臺灣日日新報》第5332號。作者分別有：洪以南、謝雪漁、歐陽朝煌、張純甫、魏潤庵、王少濤。

[151]刊漢文《臺灣日日新報》第5356~5358、5360號。作者分別有5356號：簡長春、陳潤生、鄭香秋、謝雪漁、林子楨、李石鯨；5356號：洪以南、張純甫、顏德輝、李石鯨；5358號因字跡不清，故未錄；5360號：沈相其、陳潤生、顏德輝。惟簡長春非「瀛社」社員，因其掄元，故錄之。

[152]刊載於漢文《臺灣日日新報》第5356號。作者分別有：陳潤生、洪以南、李石鯨、林述三、張純甫、顏德輝。

[153]刊載於漢文《臺灣日日新報》第5368號。作者分別有：魏潤庵、王少濤、林凌霜、張純甫、林了純、林述三、謝雪漁、鄭香秋。

見報日期	詩題	詞宗	掄元	詩作本文
		魏潤庵	王少濤	風吹天地黑，雷電亂交加。 白雨跳珠急，烏雲潑墨遮。 青山迷遠浦，濁水沒平沙。 頃刻開晴霽，鳴蟬雜晚蛙。
5371 04.06.03	蟬琴[154] 限文韻	簡若川	黃贊鈞	似訴不平恨，悽悽斷續聞。 月殘雲樹密，山水調誰分。
		黃贊鈞	謝雪漁	聲曳別枝聞，鳴琴向夕曛。 欲憑雙薄翼，心緒動文君。
5374 04.06.06	花魂[155] 限侵韻	謝雪漁	黃贊鈞	一縷夜陰陰，迢遙何處尋。 幡痕愁豎綠，鈴語怕搖金。 紗紗隨春去，姍姍企夢臨。 曉來臺榭寂，空有大招心。
		黃贊鈞	謝雪漁	淺低執唱斟，庭院自沉沉。 飄墜罡風惡，來歸夜月陰。 玉鈎斜裡恨，金縷曲中心。 香夢驚春幻，前身無處尋。
5400 04.07.03	冰亭[156] 限尤韻	○○○	王箴盤	趨炎世上火燒牛，誰解勞勞且息休。 畢竟夏蟲難共語，此中涼味冷於秋。
		鄭香秋	張純甫	闌干坐對水精浮，暑氣全銷一室秋。 心在玉壺清一片，此中涼味有誰求。
5404 04.07.07	蒲劍[157] 限歌韻	劉嘯秋	李碩卿	豈真靈異可降魔，出水鋒芒類太阿。 草木爲兵能解厄，願持滄海斬妖黿。
		黃贊鈞	顏雲年	翠穎亭亭映綠波，乘風勢欲斬妖魔。 可憐八月西起風，鋒銳消磨惹恨多。

[154]刊載於漢文《臺灣日日新報》第5371、5372號。作者分別有5371號：黃贊鈞、謝雪漁、林凌霜、陳其春、林問漁、洪以南、林石崖、林子楨；5372號：謝雪漁、林述三、劉克明、黃贊鈞、林問漁、洪以南、林子楨。

[155]刊載於漢文《臺灣日日新報》第5374號。作者分別有：黃贊鈞、謝雪漁、林凌霜、林述三、林問漁、洪以南。

[156]刊載於漢文《臺灣日日新報》第5400~5402號。作者分別有5400號：王箴盤、張純甫、魏潤庵、楊文慶、蔡啓華；5401號：沈相其、林子楨、張純甫、黃贊鈞；5402號因字跡不清，故未錄。惟王箴盤非「瀛社」社員，茲因其掄元，故錄其作。

[157]刊載於漢文《臺灣日日新報》第5404~5406號。作者分別有5404號：李碩卿、顏雲年、顏德輝、張純甫、王采甫、洪以南、林子楨、蔡啓華、王少濤；5405號：歐陽朝煌、陳其春；5406號因字跡不清，故未錄。

見報日期	詩題	詞宗	掄元	詩作本文
5411 04.07.14	新嫁娘[158] 限真韻	施梅樵	鄭養齋	十載香閨待字身，鴛鴦牒降仗冰人。 倘然得作王章婦，便對牛衣不厭貧。
		李石鯨	王瑤京	占鳳清門亦夙因，花開竝蒂趁芳辰。 定情繡帕憑君認，是否雲英未嫁身。
5414 04.07.17	漁家樂[159] 限東韻	施梅樵	李石鯨	懶把功名釣，垂綸向水中。 煙波清夢穩，衣食錦鱗豐。 網取千江月，聲吹一笛風。 賣魚沽酒飲，酣醉舉家同。
		戴還浦	施梅樵	滄溟容隱遯，蹤跡任西東。 沽酒宜明月，得魚待好風。 生涯足衣食，素志傲王公。 卻笑垂綸去，長天落斷虹。
5418 04.07.21	雨意[160] 限庚韻	劉得三	劉克明	雲蒸礎潤天流墨，惹得騷人興不孤。 我且江亭尋好句，待看波上亂跳珠。
		黃贊鈞	施梅樵	浪花驟拍港門曬，瑟瑟腥風日欲晡。 一片濃雲行不盡，備得蓑笠上征途。
5479 04.09.22	新秋[161] 限真韻	李逸濤	鄭永南	豆花籬外雨初勻，枕簟涼生換葛巾。 莫道江南猶是夏，玉階昨夜露如銀。
		林知義	鄭永南	竹簾涼影月痕新，江渚秋風起白蘋。 一葉梧飛庭院外，無端根觸倚樓人。
5508 04.10.23	登高[162]	林問漁	李碩卿	攜酒登高醉百觥，倚松舒嘯按詩兵。 題糕落帽渾閒事，莽莽神州殺氣橫。

---

[158]刊載於漢文《臺灣日日新報》第 5411、5412 號。作者分別有 5411 號：王瑤京林述三、李石鯨、劉克明；5412 號所載非「瀛社」社員之作，故不錄名；惟王瑤京非「瀛社」社員，茲因其掄元，故錄其作。

[159]刊載於漢文《臺灣日日新報》第 5414~5417 號。作者分別有 5414 號：李石鯨、魏潤庵；5415 號因字跡不清，故未錄；5416 號因字跡不清，故未錄；5417 號：顏雲年、張純甫、歐陽朝煌、林搏秋、許梓桑。

[160]刊載於漢文《臺灣日日新報》第 5418、5419 號。作者分別有 5418 號：劉克明、謝雪漁、魏潤庵；5419 號：謝雪漁、魏潤庵、劉得三、劉克明。

[161]刊載於漢文《臺灣日日新報》第 5479、5481 號。作者分別有 5479 號：李石鯨、魏潤庵、王自新、王少濤；5481 號：王自新、林子楨、謝雪漁、林問漁、林搏秋。

[162]刊載於漢文《臺灣日日新報》第 5508 號。作者分別有：李碩卿、黃贊鈞、秋園、王少濤、劉克明、謝雪漁。

見報日期	詩題	詞宗	掄元	詩作本文
	限庚韻	邱筱園	黃贊鈞	囊茉我是劫餘生，絕巘攀躋感未平。 廿紀人間雞犬厄，蒼茫眼底不勝情。
5561 04.12.19	約梅[163] 限寒韻	戴還浦	王瑤京	芳信憑誰約，巡簷興未闌。 春宜消息報，花敢等閒看。 舊夢羅浮續，新盟眷屬歡。 佳期休再負，紙帳共盤桓。
		謝雪漁	張息六	忽漏春消息，尋梅約未殘。 雪應來寂寂，夢莫誤姍姍。 北驛香猶待，南枝蕊已攢。 逋仙勞問訊，花信豈盟寒。
5564 04.12.22	放鶴[164] 限真韻	王瑤京	王箴盤	憐汝華亭久託身，今朝高放羽如銀。 受人籠絡應非願，莫怪翔空嚦唳頻。
		張息六	倪炳煌	樊籠久困苦依人，還汝雲中自在身。 千載城頭歸止日，應同丁令說前因。
5578 05.01.07	歲寒圖[165] 限覃韻	謝雪漁	蘇世昌	嚴冬勝友入圖三，霜雪難侵正氣含。 天地歲寒餘尺幅，精神不減在高嵐。
		林問漁	蔡桂村	自賞孤芳共賞參，堅貞節操畫中含。 名花富貴圖何羨，不屈風霜友乃三。
5649 05.03.19	太真春睡圖[166] 限歌韻	林述三	鄭永南	妙筆傳神意若何，不教醒眼見秋波。 長生殿幻巫山夢，一枕春情寫太多。
		簡若川	林子純	花影丁簾夢若何，春情脈脈有餘波。 動人只在一宮襪，香澤猶留紙墨多。

[163] 刊載於漢文《臺灣日日新報》第5561~5563號。作者分別有5561號：王瑤京、張息六、張純甫、謝雪漁、顏雲年、林子楨、李石鯨；5562號：陳其春、林搏秋；5563號：洪以南、張純甫、許梓桑、劉克明；惟王瑤京、張息六非「瀛社」社員，茲因其掄元，故錄其作。

[164] 刊於漢文《臺灣日日新報》第5564、5566、5567、5569號。作者分別有5564號：；王箴盤、倪炳煌、張純甫、劉克明、黃贊鈞、林問漁；5566號：謝雪漁、林子楨、汪式金、洪以南；5567號：謝雪漁、張純甫、陳其春、劉克明；5569號：王少濤、李石鯨、張純甫、倪炳煌、清和、顏雲年。惟王箴盤非「瀛社」社員，茲因其掄元，故錄其作。

[165] 刊載於漢文《臺灣日日新報》第5578號。作者分別有：蘇世昌、蔡桂村、顏雲年、歐陽朝煌、林石崖、李石鯨、張純甫。

[166] 刊載於漢文《臺灣日日新報》第5649號。作者分別有：黃純青、張玉書、黃全發。

見報日期	詩　題	詞　宗	掄　元	詩　作　本　文
5655 05.03.26	女伶[167] 限庚韻	鄭養齋	鄭幼佩	珠喉宛轉起歌聲，此日登場倍有情。 恨不相逢李天下，六宮佳麗一齊傾。
		魏清德	蘇世昌	紅腔宛轉舞輕輕，一曲嬌歌似囀鶯。 何日平權除束縛，登臺好播自由聲。
5747 05.06.28	灘音[168] 限侵韻	謝雪漁	陳其春	基流南下碧痕深，卵石高低箇裡沉。 返水迴源成細韻，川頭似解發清吟。
		魏潤庵	張純甫	無愁流水當鳴琴，一片清冷何處尋。 千古子陵臺下過，誰嗣遺響到而今[169]。
5774 05.07.25	筆花[170] 限麻韻	謝雪漁	魏潤庵	芸香帶草共生涯，不待金鈴愛護加。 生傍詞源饒灌溉，開從翰苑擅芳華。 曾傳豔入江郎夢，祇合濃薰馬氏家。 今古卻輸錢樹貴，文章憎命莫容嗟。
		簡若川	彭鏡泉	一枝斑管舊生涯，夢繞江淹處士家。 才子文章堆錦繡，騷人翰墨燦雲霞。 紛披意蕊詞林發，藻采風情腹笥奢。 難得聖朝多雨露，瓊林苑裡鬥芳華。
5800 05.08.21	周郎顧曲[171] 限東韻	李逸濤	張純甫	破曹聲望重江東，聞樂也如料敵工。 兒女心情絃竹外，英雄韜略酒杯中。 知音并世唯孫策，同調千秋有謝公。 祇為功名出年少，風流猶啓六朝風。
		鄭香秋	黃贊鈞	傳來小字豔江東，按譜尋聲妙可通。 變調知誰差十指，審音勞爾轉雙瞳。 英雄眼底朱絃緊，歌舞場邊繡鎧紅。 寄語鳴箏休誤想，小喬亦是可憐蟲。

---

[167] 刊載於漢文《臺灣日日新報》第 5655 號。作者分別有：蘇世昌、張純甫、魏潤庵、黃純青、李石鯨、林述三、洪以南。

[168] 刊載於漢文《臺灣日日新報》第 5747 號。作者分別有：陳其春、張純甫、顏雲年、陳潤生、許梓桑、顏笏山、謝雪漁。

[169] 按「嗣」字平仄未叶。據黃美娥《張純甫全集》已改成「清流有韻當鳴琴，一片冷冷何處尋。千古子陵臺下過，誰留遺響到而今。」見第三集《課題詩集》，頁 45。

[170] 刊於漢文《臺灣日日新報》第 5774、5775 號。作者分別有 5774 號：魏潤庵、張純甫、陳潤生、顏雲年、林知義；5775 號：顏雲年、倪炳煌、林述三、李碩卿、沈相其、沈連袍。

[171] 刊載於漢文《臺灣日日新報》第 5800、5802、5804 號。作者分別有 5800 號：張純甫、黃贊鈞、謝雪漁、林問漁；5802 號：黃贊鈞、林問漁、李石鯨、蘇世昌；5804 號：林石崖、陳潤生。

見報日期	詩　　題	詞宗	掄元	詩　作　本　文
5827 05.09.18	漁丈人[172] 限庚韻	黃石衡	謝雪漁	追亡風急鐵蹄聲，窮士江干放棹迎。 麥飯魚羹生死感，吳頭楚尾去來程。 覆船鄂渚非無意，辭劍蘆洲大有情。 贏得他年圍鄭日，叩橈歌出解危城。
		葉連三	林問漁	艱危未濟幾回驚，日月一歌萬古聲。 黨索奔亡空楚法，飢憐窮急饋魚羹。 埋名詎懼春秋貶，辭劍早看珪粟輕。 荷篠丈人休比擬，此爲悲憫彼忘情。
5861 05.10.24	白衣送酒[173] 限陽韻	林知義	謝雪漁	翩翩衣袂潔于霜，剝啄無聲酒竟將。 栗里踏來荒徑冷，江州分出玉瓶香。 陶然嗜麴先生癖，美矣憐才刺史腸。 坐對花籬期共醉，一雙人影落斜陽。
		邱世濬	張純甫	漉巾能不負重陽，多謝醇醪引興長。 服色平分三徑淡，人情未似九秋涼。 一壺酒是先生饌，叢菊花爲處士香。 相賞有心期必醉，何須珍重勸傾觴。
5876 05.11.10	諸葛廬[174] 限陽韻	魏潤庵	張純甫	奇才述著臥龍崗，出處蒼生引領望。 形勢荊襄成半壁，往來崔孟不同鄉。 室容膝抱乾坤大，地可躬耕歲月長。 莫問成都桑八百，千秋丞相有祠堂。
		鄧旭東	黃守謙	漢室傾頹志士藏，躬耕自願老南陽。 關涵險要江山古，池浸星辰日月長。 半榻琴留梁父操，三分鼎定臥龍崗。 門前車馬勞三顧，未遂歸來錫武鄉。

---

[172] 刊載於漢文《臺灣日日新報》第 5827、5836、5838 號。作者分別有 5827 號：謝雪漁、林問漁、黃石衡；5836 號：劉篁村、林石崖、沈相其、張純甫；5838 號：倪炳煌、林問漁、沈連袍、林述三。

[173] 刊載於漢文《臺灣日日新報》第 5861 號。作者分別有：謝雪漁、張純甫、林石崖、魏潤庵。

[174] 刊載於漢文《臺灣日日新報》第 5876 號。作者分別有張純甫、黃守謙。惟黃守謙非「瀛社」社員，茲因其掄元，故錄其作。

見報日期	詩題	詞宗	掄元	詩作本文
5908 05.12.12	黃金臺[175] 限侵韻	呂鷹揚	魏潤庵	零落荒臺返照侵，燕昭曾此置黃金。 遠吞九點齊州小，近瞰千尋易水深。 末世傾囊惟買牝，論交行路孰知心。 霸圖恨已還歸去，慷慨聊為表聖吟。
		張純甫	謝雪漁	三千朱履客同臨，易水雄風起自今。 隗毅始終延攬盡，趙齊近遠畏憂深。 置金別有披沙意，築館寧無點石心。 遺憾田單牛火縱，霸圖身後竟銷沉。
5928 06.01.01	題高帝斬蛇圖[176] 限虞韻	李石鯨	彭鏡泉	虎狼秦國帝咸都，蛇蝎蜿蜒多塞途。 橫絕漢皇三尺劍，腥臊掃盡成康衢。 函關未入猶亭長，西向驪山遠送徒。 徒盡逃亡復何往，深山大澤空踟躕。 昂首望天色昏黑，當前視物影模糊。 後者競進前者止，欲避不能齊驚呼。 頭角矯矯攢雲樹，鱗甲層層遮路隅。 壯士舍生何所畏，青霜飛處血沾濡。 行者歡聲一何喜，老嫗夜哭一何吁。 自言堂堂白帝子，禍患誰知遭不虞。 赤帝火德果然興，異哉斯語自祥符。 即今有千萬載後，靈異猶傳一畫圖。 盤旋級上常山勢，距躍毫間帝子軀。 安得炎劉今復遇，驅除毒害清寰區。
		鄭永南	林述三	無情烏兔任趨逾，無情英雄任彫枯。 大陸已成並吞國，漫嗟世上莫馳驅。 古今興廢諸事蹟，無飛語裡心目娛。 世人好奇並信怪，往往傳神為寫摹。 嬴氏暴戾乖人理，四海分崩出異符。 漢高未得中原鹿，生來早已與眾殊。 奚待斬蛇神母哭，瑞兆始得天下孚。 阿誰下筆開生面，莽莽乾坤一武夫。

---

[175]刊載於漢文《臺灣日日新報》第 5908、5936 號。作者分別有：魏潤庵、謝雪漁；5936 號：倪炳煌。

[176]刊載於漢文《臺灣日日新報》第 5928、5932 號。作者分別有：林述三；惟 5932 號作者非「瀛社」社員，故不錄其名。

見報日期	詩　　題	詞　宗	掄　元	詩　作　本　文
				雲氣隱然騰頭上，英風煥發日月軀。 隆準斗胸何颯爽，竹簳爲冠揚眉鬚。 此時亭長名劉季，身外惟有驪山徒。 朦朧醉眼行豐澤，蠢爾巨蟒當前途。 式蛙未解楚王詐，暴虎休將太叔毋。 行矣壯士何畏哉，慷慨振威如此夫。 投龍裔胄屠龍劍，三尺揮來神鬼呼。 畫意筆致俱超脫，紙上精神其來乎。 吁嗟乎！ 當秦之強恣蠶食，何異大蛇橫路隅。 二世三世延荼毒，殘盡生靈痛未蘇。 頑冥尙肆鯨吞志，夭矯如龍莫敢趨。 咸陽鑄盡天下鐵，焚書坑盡天下儒。 皇天震怒興火德，固宜服罪而受誅。 妖氛竟從白帝死，一斬淨卻長安區。 四百餘年欲定鼎，笑他盤踞長城妄想防胡奴。 大風歌沛承堯祚，愧殺書魚籌火作鳴狐。 我來展覽感神聖，胸懷無限起跼躅。 把筆留題發三歎，敢曰當時此事無。 君不見 奪日先驚祖龍夢，另有一幅丹青圖。
5943 06.01.16	門松 [177] 限庚韻	簡若川	林子純	移從社口種敷榮，伴竹搖風瑞靄呈。 省卻籠鸑求隻字，桃符習俗已新更。
		黃參兩	林子純	曾同雪鶴重神京，移插門前瑞色星。 社種源流追夏后，而今也改賀周正。
5989 06.03.03	春妝 [178] 限蕭韻	林石崖	黃守謙	綺閣春光逗，鶯鳴雜佩瑤。 杏鮮深巷買，眉笑遠山描。 脂粉敷桃臉，羅裙繫柳腰。 泥郎當判事，曾及海棠嬌。

[177]刊載於漢文《臺灣日日新報》第5943號。作者分別有林子純。惟林子純非「瀛社」社員，茲因其掄元，故錄其作。

[178]刊載於漢文《臺灣日日新報》第5989號。作者分別有：沈連袍、邱筱園。惟邱筱園非「瀛社」社員，茲因其掄元，故錄其作。

見報日期	詩　題	詞　宗	掄　元	詩　作　　本　　文
		彭鏡泉	邱筱園	紫陌看花去，相逢意也消。 幾時初上髻，一昨記垂髫。 笑靨桃爭豔，畫眉柳妒嬌。 妝成京樣好，小影倩誰描。
6063 06.05.16	管仲[179] 限尤韻	洪以南	倪炳煌	奇才未肯經溝瀆，漫責偷生忍事仇。 試看嚴詞申伐楚，獨明大體倡尊周。 論功自合為原宥，觀過當難事刻求。 民到於今猶受賜，尼山一語足千秋。
		鄭養齋	張純甫	君臣遭際起刑囚，不死區區小節羞。 濺水怒姬輕責蔡，包茅詰楚重尊周。 等閒立說篇乘馬，容易尋盟耳執牛。 身後無人堪繼霸，薦賢終讓叔牙優。
6133 06.07.25	夏雨[180] 限虞韻	鄭養齋	葉文游	十里寒山乍有無，卻欣花木雨中蘇。 閒齋臥聽瀟瀟響，一枕清涼客夢孤。
		林湘沅	李石鯨	誰把銀河瀉九衢，荷池雨落亂跳珠。 旱時縱愛傾盆好，祇恐橫流又沼吳。
6137 06.07.29	蛙鼓[181] 限庚韻	顏雲年	陳其春	填然入耳韻淒清，何處怒蛙吼不平。 雨歇青池和蚓奏，風吹綠渚雜蟲鳴。 喧嘩兩部話王晏，激烈三撾鬥禰衡。 豈為官私分未得，鑿鑿徹夜到天明。
		黃守謙	鄭永南	欲吹文明作怒聲，不同井底自尊榮。 半床詩思聽來減，一枕鄉魂夢裡驚。 館舍清風鳴兩部，池塘春草奏三更。 淵淵莫問官私地，鸚鵡洲邊泣正平。

---

[179] 刊載於漢文《臺灣日日新報》第 6063~6066、6070、6073、6076、6078、6080、6082 號。作者分別有 6063 號：倪炳煌、張純甫、林述三；惟 6064、6065、6080、6082 號作者非「瀛社」社員，故不錄其名。6066 號：張鏡村、林問漁、汪式金；6070 號：顏雲年；6073 號：沈相其、林述三、張純甫；6076 號：張純甫；6078 號：沈連袍、沈相其。

[180] 刊載於漢文《臺灣日日新報》第 6133、6137 號。作者分別有 6133 號：李石鯨、林搏秋、林湘沅；6137 號：謝雪漁、張汝垣、林石崖、林問漁。

[181] 刊載於漢文《臺灣日日新報》第 6137 號。作者分別有陳其春、鄭永南。惟鄭永南非「瀛社」社員，茲因其掄元，故錄其作。

見報日期	詩題	詞宗	掄元	詩作本文
6155 06.08.16	繩床[182] 限陽韻	鄭幼佩	葉連三	不須水簟不須牀，胃就條條好主張。 清夢也同高士臥，牛衣曾否憶王章。
		鄭永南	林述三	縮就縱橫製就良，美人夢入黑甜鄉。 縷紋微印梨花臉，認得霞痕一片光。
6202 06.10.02	竹影[183] 限先韻	林湘沅	李石鯨	幽篁深處遞吟箋，萬縷清光勝綠天。 欲把生花描个个，墨痕輸與月痕鮮。」 出籬便作凌雲勢，瀟灑如君態欲仙。 秋水淇陽斜照裡，鳥蹄踏破碧波天。」 枝枝葉葉綺窗前，爲愛清陰手自編。 夜月寫濃朝寫淡，蕭疏畫意出天然。」 綠筠翁蔚釀寒煙，斜月霜竿映斐然。 千古會心文與可，筆花開遍翠陰天。
		曾吉甫	鄭永南	心虛卓午罩輕煙，千个離離映渭川。 漫道婆娑沉水底，斜陽返景上吟船。」 千竿日下幾流連，欲覓婆娑竟化煙。 相對不須埋沒感，月來猶罩碧窗前。」 化龍未遂拂雲煙，匝地參差亦可憐。 獨愛月斜風定後，分明个字疊花磚。」 此君瀟洒惹人憐，最愛寒生六月天。 怪底亂篩明月碎，不容隙地見翩翩。
6262 06.12.01	市聲[184]	趙雲石	鄭幼佩	一片塵氛做利爭，聲聲捲到耳頻傾。 此中應有吹簫客，誰識英雄末路情。
		鄭養齋	魏潤庵	轔轔車馬雜人聲，晝夜嘵嘈聽不清。 一事朝來偏有味，賣花深巷最關情。
6340 07.02.17	方鏡[185] 限庚韻	魏潤庵	鄭幼香	相傳照膽出秦嬴，一樣方塘拓影清。 莫笑此君圭角氣，辨人美惡太分明。
		鄭葦汀	張息六	四規雅製妙生成，不羨團圓月比清。 方正九齡能直諫，千秋金鑑著佳名。

[182]刊載於漢文《臺灣日日新報》第 6155 號。作者分別有：葉連三、林述三、林湘沅、洪以南、林子楨、顏雲年；惟葉連三非「瀛社」社員，茲因其掄元，故錄其作。

[183]刊載於漢文《臺灣日日新報》第 6202 號。作者分別有：李石鯨、鄭永南；林湘沅另題〈中秋日感賦〉；惟鄭永南非「瀛社」社員，茲因其掄元，故錄其作。

[184]刊載於漢文《臺灣日日新報》第 6262 號。作者分別有：魏潤庵、黃贊鈞；

[185]刊載於漢文《臺灣日日新報》第 6340 號。作者分別有：鄭幼香、張息六、張純甫。惟鄭幼香、張息六非「瀛社」社員，茲因其掄元，故錄其作。

見報日期	詩題	詞宗	掄元	詩作本文
6400 07.04.18	臘梅[186] 限東韻	李石鯨	鄭永南	孤山香暗夢玲瓏，玉骨誰憐戰朔風。 臘鼓鼕鼕催破萼，一林疏影月昏蒙。
		黃守謙	倪炳煌	江南消息意先通，早發枝頭白雪同。 好會友三松與竹，待迎歲首笑春風。
6406 07.04.24	春晚[187] 限真韻	鄭養齋	李石鯨	化萍生意一番新，似覺春光在水濱。 莫為鶯花傷暮景，且將詩酒對芳晨。 踏青韻事追前夢，修禊閒情屬雅人。 綠暗紅愁惆悵甚，揚州杜牧感同身。
		曾吉甫	鄭永南	春夢蘧蘧暗愴神，一鞭殘照馬蹄春。 香花十里銷紅雨，野草千重散綠茵。 處處鶯聲啼樹亂，紛紛蝶影過牆頻。 英雄莫漫傷春暮，渭水后車老釣人。
6450 07.06.07	趙普讀魯論[188]	林幼春	李石鯨	平章豈是尋章事，論語偏攻跡近迂。 後世浸淫興八比，可憐酸腐壞吾儒。
		謝雪漁[189]	黎里耕夫	泰伯夷齊皆讓國，書中此事見非鮮。 間人骨肉圖私寵，辜負煌煌二十篇。
6491 07.07.18	水簾[190] 限鹽韻	鄭養齋 林湘沅	鄭玉田 雙元	波光蕩漾好消炎，別有湘紋瀉影纖。 捲起長天秋一色，西山暮雨壓重簷。
6502 07.07.29	新竹[191]	傅鶴亭	鄭筱三	一枝纖嫩最堪憐，窗外秋聲檻外煙。 得雨蛟龍頭角露，凌霄雛鳳羽毛鮮。 湘簾難織千絲簟，玉版誰參一楊禪。 絕好風琴彈不斷，新陰搖曳月嬋娟。
		連劍花	張純甫	等閒出地便參天，直上雲衢望少年。 籬下芽萌塵不染，竿頭寸進土成穿。 風枝乍長青痕淺，露葉纔舒翠影鮮。 他日輕陰籠一片，清涼世界拓三千。

---

[186] 刊載於漢文《臺灣日日新報》第 6400、6404 號。作者分別有：6400 號：鄭永南、倪炳煌、歐陽朝煌；6404 號：李逸樵、洪以南。惟鄭永南非「瀛社」社員，茲因其掄元，故錄其作。

[187] 刊載於漢文《臺灣日日新報》第 6406 號。作者分別有：李石鯨、鄭永南、陳潤生。惟鄭幼香、張息六非「瀛社」社員，茲因其掄元，故錄其作。

[188] 刊載於漢文《臺灣日日新報》第 6450 號。作者分別有：李石鯨、黎里耕夫。惟黎里耕夫非「瀛社」社員，茲因其掄元，故錄其作。

[189] 《臺灣日日新報》6218 號〈編輯賸錄〉右詞宗作趙雲石。

[190] 刊載於漢文《臺灣日日新報》第 6491 號。作者分別有：李石鯨、許梓桑、張純甫。

[191] 刊載於漢文《臺灣日日新報》第 6502 號。作者有：張純甫、張鏡村、周石輝、顏雲年。

見報日期	詩　　　題	詞　宗	掄　元	詩　作　本　文
6550 07.09.15	畫龍[192]	連劍花	魏潤庵	十丈煙雲素壁橫，胸中頭角自崢嶸。 畫蛇幾輩還添足，笑我名由未點睛。
6586 07.10.21	漁燈[193] 限灰韻	謝雪漁	李石鯨	掩映青山綠水隈，搖紅影裡打魚來。 港門十里明如畫，疑是龍宮夜市開。
		鄭幼佩	林榮初	微茫漁火趁潮開，欸乃聲中載月回。 夜靜推篷閒補網，數星冷燄蘸江隈。
6673 08.01.16	萬壽菊[194] 限先韻	傅鶴亭	鄭濟卿	寄人籬下有誰憐，開殿群芳晚獨妍。 我愛萬年松更好，秋深三徑共盤旋。
		林植卿	鏡川	孤芳開向小秋天，好共蘭花拜歲先。 我欲壽君還自壽，幽香晚節愛千年。
6684 08.01.27	春寒[195] 限侵韻	連雅棠	魏潤庵	東風料峭苦難禁，凍雀寒鴉各自瘖。 賴有四圍花氣護，不應夢怯合歡衾。
		施寄庵	連雅棠	玉樓高處凍雲侵，春夢迷離雪滿林。 輸與梅花能耐冷，孤山我尚抱多心。

[192] 刊載於漢文《臺灣日日新報》第 6550~6552 號。作者分別有 6550 號：魏潤庵、張純甫、林述三；6551 號：李石鯨、林述三、魏潤庵、謝雪漁、倪炳煌；6552 號：林其美、謝雪漁、林搏秋、劉篁村。

[193] 刊載於漢文《臺灣日日新報》第 6586、6588、6592 號。作者分別有 6586 號：李石鯨、李榮初、魏潤庵；6588 號：林石崖、林子楨；6592 號：倪炳煌、陳其春、林述三、劉克明、陳潤生、李神義、洪以南；惟李榮初非「瀛社」社員，茲因其掄元，故錄其作。

[194] 刊載於漢文《臺灣日日新報》第 6673 號。作者分別有：鏡川、林湘沅、張純甫。惟鏡川非「瀛社」社員，茲因其掄元，故錄其作。

[195] 刊載於漢文《臺灣日日新報》第 6684 號。作者分別有：魏潤庵、張純甫。

見報日期	詩　題	詞　宗	掄　元	詩　作　本　文
6690 08.02.02	良馬行[196]	林南強	鄭養齋	冀北之馬恆河沙，龍媒特出能幾家。 按圖難索丹髦驪，市駿空思白鼻騧。 少游款段化鄉俗，燕丹生角受秦辱。 路遙十里臥疲羸，轅下半生嗤踾促。 天生伯樂不羈才，振衣千仞太行來。 長鳴聲若出金石，相賞風塵道路開。 出獵開場頃刻迅，叱馭邛郲九折峻。 霸才符朗東家駒，方外支公愛神駿。 玉鞭輕拂柳絲長，霜蹄蹴踏落花香。 追逐幽幷遊俠客，房星光怪飛霹靂。 金鞍錦韉五花文，辟易千騎低陣雲。 汗血沙場托生死，不教越甲鳴吾君。
		趙雲石	林知義	良馬昂藏八尺軀，矯若游龍德騄虞。 其神則全智小殊，長嘯天風萬木蘇。 飢時愛擇玉山芻，貢于天子來上都。 有道則現亂世無，方今聖德正覃敷。 靈威蚤已及匈奴，混水亦開生神駒。 妨人不肯用的盧，紫鞚紅纓鞭珊瑚。 牽來神駿誰能摹，畫家擱筆空踟躕。 魚目容易混驪珠，連城勿使雜砆玞。 良馬勿使伍羸駑，良馬行，三嗟吁。 王道自古良非迂，吾欲 騎之馳騁仁義途，論齒尚壯力未痡。 御風而行飛鳥逾，六合一家同版圖。
6795 08.05.18	春燕[197] 限歌韻	鄭伯璵	連雅棠	東風剪剪漾微波，腸斷江南舊恨多。 草長紅橋尋故國，花飛香徑定新窠。 六朝才子烏衣巷，一代佳人白紵歌。 羨殺盧家饒豔福，玳梁雙宿影婆娑。
		簡　楫	鄭濟卿	一雙玉剪伴鶯梭，似解韶光轉眼過。 柳絮池塘春淡蕩，梨花庭院影婆娑。 歸來故主曾相識，啣盡香泥可奈何。 惆悵東風無限恨，雕樑還覓舊時窠。

---

[196] 刊於漢文《臺灣日日新報》第 6690、6691、6699 號。作者分別有 6691 號：鄭養齋、林知義；6699 號：張鏡村、陳潤生。惟鄭養齋非「瀛社」社員，茲因其掄元，故錄其作。

[197] 刊載於漢文《臺灣日日新報》第 6795 號。作者分別有：連雅棠、鄭濟卿、張鏡村；惟連雅棠、鄭濟卿非「瀛社」社員，茲因其掄元，故錄其作。

見報日期	詩　　題	詞　宗	掄　元	詩　作　本　文
6807 08.05.30	向戌弭兵 [198]	鄭竹溪	鄭星五	牛耳當年孰主盟，左師提倡喜功成。 管絃到處歌康樂，玉帛從茲弭甲兵。 東晉雲山塵不起，南荊箛鼓寂無聲。 方今世界平和日，好賣鋼刀買犢耕。
		鄭伯璵	蒲化生	式微王道霸功行，宋召諸侯倡弭兵。 各勸農桑銷劍戟，共敦禮義作干城。 善鄰何羨魚麗陣，守土胥蠲虎鬥情。 十里楚梦裏甲在，左師原是博虛名。
6887 08.08.18	題楊妃出浴 [199] 限真韻	曾吉甫	鄭季雍	誰從阿堵妙傳神，尺幅霜縑貌太真。 斑竹寫生雙管下，梨花帶雨一枝春。 何曾不潔蒙西子，別有承恩妒采蘋。 盍向祿兒心洗赤，免教鑾蹕暫蒙塵。
		邱筱園	林知義	沉香亭外影真真，帶笑看應夢入神。 一代池泉專賜沐，六宮顏色向誰春。 無花可比嬌容麗，有筆爭摹媚態新。 獨恨納污難洗去，多情天子共蒙塵。
6932 08.10.02	周再思君愛 蓮堂即景 [200]	謝雪漁	鄭永南	斜陽一抹楓林晚，薄暝沉沉碧水流。 漫道蓮塘煙雨老，蘭花香逗滿樓秋。
		魏潤庵	洪以南	夕陽疏雨滿園秋，水返山山翠欲流。 荷已無花香益遠，濂溪千載舊風留。
6948 08.10.18	秋煙 [201] 限齊韻	林湘沅	蔡癡雲	暮山十里夕陽西，萬縷輕籠柳一隄。 繞屋居然香霧薄，沖霄直與白雲齊。 秋容黯澹驚心擾，樹色蒼茫望眼迷。 素影最憐明月夜，隨風無力任高低。
		鄭養齋	舜東	柳不成絲草自萋，迴峰隱隱白雲齊。 遙天暝色疏林外，驀地商音古渡西。

---

[198] 刊載於漢文《臺灣日日新報》第 6807 號。作者分別有：鄭星五、蒲化生、魏潤庵；惟鄭星五、蒲化生非「瀛社」社員，茲因其掄元，故錄其作。

[199] 刊載於漢文《臺灣日日新報》第 6887 號。作者分別有：鄭季雍、林知義、顏雲年；惟鄭季雍非「瀛社」社員，茲因其掄元，故錄其作。

[200] 刊載於漢文《臺灣日日新報》第 6932 號。作者分別有：鄭永南、洪以南、謝雪漁。惟鄭永南非「瀛社」社員，茲因其掄元，故錄其作。

[201] 刊載於漢文《臺灣日日新報》第 6948、6951、6955 號。作者分別有 6948 號：蔡癡雲、舜東；6951 號：張純甫。惟舜東非「瀛社」社員，茲因其掄元，故錄其作。6955 號所載非「瀛社」社員之作，故不錄名。

見報日期	詩　題	詞　宗	掄　元	詩　作　本　文
				罨靄樓臺寒水碧，稀微村落夕陽低。 金風颭出炊痕直，一抹餘霞望更迷。
6960 08.10.30	富貴花[202] 限支韻	連雅棠	李鶚程	第一才華絕世姿，偏傳佳話到胭脂。 洛陽聲價千秋重，擊鼓唐宮莫笑遲。
		黃守謙	謝雪漁	頭銜香國署王宜，穠豔人間擅一枝。 管領春風花世界，蜂臣蝶使拜仙姿。
6973 08.11.12	漁笛[203] 限青韻	連雅棠	顏雲年	幾曲寒吹灘月白，數聲響徹海天青。 滄江釣罷人歸浦，落盡梅花酒未醒。
7039 09.01.17	紫菊[204] 限先韻	林湘沅	簡若川	幽幽靈氣得來先，沉醉西風夕照天。 漫說奪朱非正色，紫雲深惹牧之憐。
		鄭作型	林湘沅	傲霜幾樹寄籬邊，豔襯殘霞倍覺妍。 漫道奪朱非正色，赤心耿耿節彌堅。
7155 09.05.12	財神[205] 限麻韻	趙雲石	劉克明	正直為神有是耶，人間貧富太懸差。 馨香祝爾多明鑑，莫使窮民獨怨嗟。
		魏潤庵	顏雲年	護國力餘可護家，通天神力本無涯。 堪嗤人世空祈禱，降福何曾應顯奢。
7231 09.07.27	荷蓋[206] 得蒸韻	簡若川	魏潤庵	亭亭出水露珠承，遠近高低望幾層。 省識綠雲深覆處，一池鴛夢正蒼騰。
		張息六	天桀	薰風香送曲欄凭，十里蓮塘碧水澄。 一片翠華遮掩處，芙蓉仙子尙波凌。
7251[207] 09.08.16	商婦[208] 限陽韻	鄭雪汀	曾少訓	空船獨守境淒涼，一曲琵琶九轉腸。 問利夫維思壟斷，歸期妾屢誤瞿塘。 相逢白傅為知己，老去紅兒暗自傷。 剩有蝦蟆陵下月，照人夜夜夢浮梁。

---

[202]刊載於漢文《臺灣日日新報》第 6960 號。作者分別有：李鶚程、謝雪漁、李石鯨、顏雲年、林石崖、魏潤庵；惟李鶚程非「瀛社」社員，茲因其掄元，故錄其作。

[203]刊載於漢文《臺灣日日新報》第 6973 號。作者分別有：顏雲年、李石鯨、李逢初、謝雪漁另題為〈陌園即事問賦〉。

[204]刊載於漢文《臺灣日日新報》第 7039 號。作者分別有林湘沅。

[205]刊載於漢文《臺灣日日新報》第 7155 號。作者分別有：劉克明、顏雲年、魏潤庵。

[206]刊載於漢文《臺灣日日新報》第 7231 號。作者分別有：魏潤庵、天桀、張純甫、王自新。惟天桀非「瀛社」社員，茲因其掄元，故錄其作。

[207]編者按：刊眉作 7241 號誤，應是 7251 號。

[208]刊載於漢文《臺灣日日新報》第 7251、7263 號。作者分別有 7251 號：曾少訓、黃式垣；7263 號所載非「瀛社」社員之作，故不錄名。

見報日期	詩　　題	詞　宗	掄　元	詩　　作　　本　　文
		簡若川	黃式垣	致富陶書讀幾章，生涯文市倡隨長。 助夫出納財無錯，對客殷勤貌自莊。 樂販流行新珥珮，暢售巧製美衣裳。 倍三獲利崇闤闠，何羨封侯蔭後房。
7292 09.09.26	蓮房[209] 限尤韻	養齋永南 汝銓潤庵 合評	1.李石鯨	六郎底事解溫柔，自拓香窩遍十洲。 子結花殘心漸苦，秋來憔悴小池頭。
			2.蘇世昌	荷池顆顆結如毬，香界誰曾入此遊。 好作鴛鴦合歡帳，百年同夢在溫柔。
7323 09.10.27	陶侃運甓[210] 限元韻	張息六	鄭養齋	未報平生國士恩，銅駝荊棘洛陽門。 勞辛自把分陰惜，典午空嗟半壁存。 揮麈清談哂王衍，聞雞壯志慕劉琨。 衙齋恰有中唐甓，信手拈來當理煩。
		李石鯨	鄭蘊石	土崩瓦解痛中原，大陸風雲任覆翻。 石馬謠興張披郡，銅駝臥冷洛陽門。 惜分常懷駒過隙，得寸寧同蝸處禈。 無奈江東安小就，士行運甓亦徒煩。
7376 09.12.19	中興名臣四 詠[211]	鄭雪汀	張息六	苦身戮力報仇殷，八策傾吳知不群。 號令中原推霸國，尊周位錫上將軍。」 六月下齊七十城，榮封昌國著威名。 都因莒墨留餘燼，反間讒言計得行。」 中興名將獨推公，靈武江山建首功。 交論閨房兒女事，致貽口實笑癡聾。」 不須緩帶與輕裘，儒將堪推第一流。 左李爲公門下士，文章經濟共千秋。
		林南強	李石鯨	甘心功忌越王輕，豈有西施載並行。 若與巫臣同好色，沼吳端不出卿卿。」 孤負齊城七十餘，傷心怕答惠王書。 忠臣去國悽涼甚，未忍頭衙署望諸。」

---

[209] 刊載於漢文《臺灣日日新報》第 7292 號。作者分別有 7292 號：李石鯨、蘇世昌、林湘沅、王子鶴。

[210] 刊載於漢文《臺灣日日新報》第 7323 號。作者分別有：鄭養齋、鄭蘊石。惟二人均非「瀛社」社員，茲因其掄元，故錄其作。

[211] 刊載於漢文《臺灣日日新報》第 7376、7381 號。作者分別有 7376 號：張息六；7381 號：李石鯨。而惟張息六非「瀛社」社員，茲因其掄元，故錄其作。

見報日期	詩題	詞宗	掄元	詩作本文
				他時百畝屯河中，元帥耕田將校同。 千古君臣宗廟事，九重親自勸癡聾。」 滅盡洪楊戴愛親，湘軍千古義旗新。 看他不伐如馮異，愧殺新邦各偉人。
7442 10.02.23	硯池[212] 限真韻	潤庵、湘沅、永南合選	1.劉克明	雲溪月窟好相親，萬斛詞源湧出頻。 定有蟠龍藏此底，明珠先得屬何人。
			2.呂傳祺	點染楊花墨瀋新，此中曾養化龍鱗。 莫嫌掬水無多潤，足溉書田士未貧。
7557 10.06.18	蝶衣[213] 限蒸韻	林獻堂	張純甫	裙布綺羅別愛憎，花叢沉醉力難勝。 蘧蘧自好尋莊夢，脫卻春衫恐未曾。
		黃欣	魏潤庵	稱體春裝舞態增，天然五色勝吳綾。 秋來金粉傷零落，蟬蛻西風卻未曾。
7569 10.06.30	花神[214] 限真韻	顏雲年	黃守謙	牡丹不作則天臣，一拒嬌容謫下塵。 變化神光香國護，含靈草木愧生人。
		鄭永南	簡若川	蕊宮仙子為前身，謫降凡塵別有因。 說○合圖香世界，楚宮空祀息夫人。
7605 10.08.05	睡蓮[215] 限元韻	魏潤庵	雲年	甜容逸貌更消魂，眠柳睡棠漫比論。 日暮館蛙頻打槳，一場香夢總難溫。
		黃石衡	子清	出水芙蓉向日翻，枝憐花嬲醉芳魂。 薰風吹到嬌無力，子在胞中更厭煩。
7614 10.08.14	還俗尼[216] 限支韻	簡楫	魏潤庵	空門回首淡無奇，蓄髮惟思賦倡隨。 卻怪參禪有琴操，蒲團真欲了生涯。
		林湘沅	謝雪漁	禪珠一串繫牟尼，已動春心不自持。 新樣釵裙人莫識，只差幾縷短青絲。

---

[212]刊載於漢文《臺灣日日新報》第 7442、7446、7447 號。作者分別有 7442 號：劉克明、許梓桑、顏雲年；7446 號：尾崎秀真；7447 號：蔡痴雲、倪炳煌、林石崖。

[213]刊於漢文《臺灣日日新報》第 7557、7560~7563、7565、7566 號。作者分別有 7557 號：張純甫、魏潤庵、劉克明、顏德輝；7560 號：蔡痴雲、魏潤庵；5761 號：沈連袍、蔡桂村、陳子清、顏雲年、林述三；7562 號：陳其春、黃石峻、顏雲年；7563 號：顏德輝、洪以南、陳子清、王自新、林述三；7565 號因字跡不清，故未錄；7566 號：王袞臣、黃純青。

[214]刊載於漢文《臺灣日日新報》第 7569 號。作者分別有：魏潤庵。

[215]刊載於漢文《臺灣日日新報》第 7605 號。作者分別有：顏雲年、王子清、李碩卿、謝雪漁、黃昆榮。

[216]刊載於漢文《臺灣日日新報》第 7614 號。作者分別有：魏潤庵、謝雪漁。

見報日期	詩題	詞宗	掄元	詩作本文
7687 10.10.26	阿里山神木[217]	鄭養齋	鄭玉田	舞鶴蟠螭記太初，七鯤風雨晚來疏。秦封別有蒼松在，一樣神州歷刼餘。
		謝雪漁	黃純青	社童傀儡乞靈初，綠葉參天影不疏。甚欲移栽吳鳳廟，清陰長覆萬年餘。
7705 10.11.13	指南針[218] 限支韻	謝汝銓	李石鯨	經緯微茫辨測奇，平分天地判干支。迷津莫漫愁雲海，一線分明鑑不移。
		簡若川	簡朗山	巧奪天心製造奇，圓形鏡裡一針移。憑君指示知方向，時掛胸前仔細窺。
7716 10.11.24	涼味[219] 限真韻	林湘沅	魏潤庵	不用揮來借扇頻，小園燈火漸堪親。文章咀嚼酸鹹外，一種清冷亦可人。
		魏清德	鄭濟卿	夜雨瀟瀟竹作鄰，淒涼萬里客因循。炎威已退寒猶未，不待雨來自可人。
7724 10.12.02	湯婆[220] 限元韻	以南、雅堂、贊鈞合選	1.高肇藩	熱心伴我欲銷魂，縱不言情亦感恩。何用美人來薦枕，與卿春夢十分溫。
			2.魏潤庵	燭奴燈婢伴黃昏，衾枕何人共慰存。獨有卿卿能解事，一場春夢易成溫。
7753 10.12.31	餞歲[221] 限蒸韻	湘沅潤庵石鯨合選	魏潤庵	鼕鼕臘鼓感頻增，恰似河梁別舊朋。相約明朝還把盞，白頭重與話春燈。
7802 11.02.18	黃菊酒[222]	謝雪漁	彰化人	迫仄人間直似囚，低徊今古寸心憂。寂寞思共聖賢遊，掛杖錢空何處求。

---

[217] 刊載於漢文《臺灣日日新報》第 7687、7688、7691、7695、7702 號。作者分別有 7687 號：黃純青、顏雲年、魏潤庵；7688 號：李石鯨；7691 號：林湘沅、黃贊鈞；7695 號：謝雪漁。

[218] 刊載於漢文《臺灣日日新報》第 7705、7707、7708、7711 號。作者分別有 7705 號：李石鯨；7707 號：周石輝、林子楨、黃參兩；7708 號：李石鯨；7711 號：毓川。

[219] 刊載於漢文《臺灣日日新報》第 7716 號。作者分別有：魏潤庵、謝雪漁。

[220] 刊載於漢文《臺灣日日新報》第 7724、7726、7727、7731、7732 號。作者分別有 7724 號：高肇藩、魏潤庵；7726 號：杜仰山、黃水沛、謝雪漁；7727 號：洪以南、黃石衡、張純甫、倪炳煌；7731 號：林述三、黃水沛；7732 號：張純甫、杜仰山、林湘沅、林子楨。

[221] 刊於漢文《臺灣日日新報》第 7753 號。作者有：魏潤庵、高肇藩、李石鯨、李騰嶽。

[222] 刊於漢文《臺灣日日新報》第 7802、7805、7835、7847 號。作者分別有 7802 號：彰化人；7805 號：駱香林；7835 號：杜仰山；7847 號所載非「瀛社」社員之作，故不錄名。惟駱香林非「瀛社」社員，茲因其掄元，故錄其作。

見報日期	詩　　題	詞　宗	掄　　元	詩　作　本　文
				私釀生逢嚴有禁，隔案莫便遂偷飲。 酒帘招展柳絲風，反覺中腸渴轉甚。 抱興歸來與婦謀，竟無司馬鸕鷀裘。 金釵尚解憐才子，一醉今朝似可籌。 甘泉舊酒嫌微厚，紅酒鵝黃未適口。 黃菊名聲聒耳高，甕頭嘗試約鄰叟。 鄰叟忘形喚即來，芳樽相對笑顏開。 共將畢卓持螯手，傾取香山綠蟻醅。 注入螺杯凝琥珀，忽疑蓬島吹玉液。 薰人頰上泛紅潮，翛然快意滿胸膈。 幾滴沾脣詩思清，潤腸猶覺眼添明。 心脾沁透身皆爽，豪氣橫天鬱勃生。 聽說黃花能益壽，春風滿面消紅皺。 東籬待有白衣人，何用殷勤煩翠袖。 怪底啤亞沸泡多，猶嫌酸澀是葡萄。 人參補血白蘭地，徒具虛聲鬥富豪。 我來持爵叟唱歌，一杯愈覺一杯好。 名心滌盡逸情生，傲骨崚崚初改造。 只今不復羨仙釀，休數梅花竹葉青。 惆悵高人無李白，更難知己覓劉伶。 紛紜世上皆非偶，樂聖相親黃菊酒。 未到三秋花綻霜，隨宜可作重陽九。 風雨無關任滿城，我惟願醉讓人醒。 此心私比陶彭澤，憔悴餐英笑屈平。 乾坤逆旅浮生夢，失意窮途休痛哭。 古來聖賢皆寂寞，能謀一醉應為福。 露液霜華濺齒寒，詩腸偏窄酒腸寬。 便便盡許秋光貯，百盞齊傾興未闌。 鄰叟不言歌自若，一杯一杯還獨酌。 舉面相看笑失聲，十回始得今番樂。 多少成金得意新，畫屏銀燭夜如春。 名花繞座笙歌沸，底事猶嗟悶殺人。
		連劍花	駱香林	生平旨酒常在意，況此撩人黃菊字。 勸君不用就東籬，但舉酒時菊自至。

見報日期	詩　　題	詞宗	掄　元	詩　作　本　文
				頃逢置酒宴佳賓，偶園小飲亂無巡。 傍晚歸來各有贈，菊酒兩瓶菊一輪。 對酒如淮花如錦，拚將一醉支孤枕。 卻惜當時陶靖節，有此雅人茫不稔。 但得遲生千五年，何患空瓢無酒飲。 酒泉近在菊花莊，過盡殘秋菊仍黃。 無花不作陳酒色，無酒不作菊花香。 花亦莫私酒莫恪，儘人知君有美醞。 願公同好不自留，我有枯腸正乏潤。 舊到南鄰賣酒家，坐東每要月西斜。 爭似此中有黃菊，君能忘酒寧忘花。
7819 11.03.07	題蘭亭帖[223] 限真韻	鄭永南張純甫合選	1.魏潤庵	鼠鬚筆寫永和春，一序流傳楊已陳。 莫作黃庭書法看，文章東晉只斯人。
			2.林夢梅	流觴曲水憶前塵，五色煙霞紙上新。 一卷欲題還擱筆，右軍千載字如神。
7828 11.03.16	瀛社十五週年感賦[224]		顏雲年	駒隙騷壇十五年，合將冷眼看桑田。 春來花月三臺冠，劫後文章一線延。 休謂掄元蕉鹿夢。便嗤證道野狐禪。 千秋倘有名山業。莫吝催敲付酒邊。
7848 11.04.05	接花[225] 限花韻	林石崖劉篁村合選	1.謝雪漁	同科梅杏李桃花，快剪分枝細縛麻。 合體春風消受好，承恩姐妹等楊家。
			2.黃石衡	裁枝剪幹細繩加，雨露滋時欲放葩。 異種尚能爲一體，忍教憔悴到荊花。

[223]刊載於漢文《臺灣日日新報》第 7819~7822 號。作者分別有 7819 號：魏潤庵、林夢梅、張純甫、倪炳煌、顏雲年；7820 號：張純甫、張鏡村、魏潤庵、黃石衡；7821 號：杜仰山、歐劍窗、林其美、謝雪漁、星闕；7822 號：黃水沛、林其美。

[224]刊載於漢文《臺灣日日新報》第 7828、7830、7832、7833、7835、7840、7847、7854、7857 號。作者分別有 7828 號：顏雲年、羅蕉麓、葉鍊金、魏潤庵；7830 號：洪以南另題〈壬戌舊花朝瀛社創立十五週年紀念感作〉、鄭兆璜另擬題〈祝瀛社十五週年〉；7832 號：林述三另擬題〈喜瀛社十五週年感賦〉；7833 號：倪炳煌、張家坤均另題爲〈瀛社十五週年賦誌〉、陳明卿、洪玉明、張晴川三人另題爲〈祝高山文社成立〉；7835 號：林子楨；7840 號：李金燦另題〈祝瀛社十五年紀念〉；7847 號：高肇藩另擬題〈祝瀛社十五週年紀念會〉。

[225]刊載於漢文《臺灣日日新報》第 7848、7861 號。作者分別有 7848 號：謝雪漁、黃石衡、陳古漁；7861 號：林述三、黃水沛。

見報日期	詩　題	詞　宗	掄　元	詩　作　本　文
7881 11.05.08	浴佛[226] 限支韻	許梓桑林 湘沅鄭永 南三氏合 選	1.子清	本來無物靈臺淨，塵垢何曾染一絲。 世道人心沉濁甚，因將法雨洗凡姿。
			2.振傳	世人佞佛總堪嗤，忙煞龍華灌頂時。 我有靈臺勤自滌，不須多事費僧尼。
7927 11.06.23	王濬樓船[227] 限蕭韻	謝汝銓顏 雲年魏潤 庵合選	1.林述三	雄威怒激海門潮，指日江東霸氣銷。 下瀨旌旗迷澤國，連檣宇蓋入煙霄。 三刀吉夢龍驤在，二水中分虎踞遙。 太息臨流思鶚首，祇今唯見泛吳橈。
			2.黃贊鈞	喧喧簫鼓振寒潮，霸氣金陵暗裡消。 百舸吞吳帆影急，千轅壓水櫓聲驕。 長江難恃存三國，故魏空懷載二喬。 太息石頭城外望，沉流鐵鎖未禁燒。
7942 11.07.08	遠山[228] 限鹽韻	林獻堂黃 欣合選	1.謝雪漁	時將晴影韻花簾，霧髻螺鬟涼色添。 一幄去天青四角，千尋拔海白雙尖。 迷離鬱樹雲間現，縹緲奇峰雨後潛。 欲睹匡廬真面目，謝家遊屐遠休嫌。
			2.連雅棠	靉色迷濛翠撲簾，芙蓉萬朵曉青添。 娥眉淡掃浮鬟樣，螺黛初描認筆尖。 雲雨來時神女渺，煙波回首小姑纖。 春風鬢影橫琴坐，一抹眉峰入鏡奩。

---

[226]刊載於漢文《臺灣日日新報》第 7881、7883~7885、7887、7889、7890 號。作者分別有 7881 號：子清、劉振傳、黃石衡、林述三；7883 號：顏雲年、李石鯨；7884 號：子清；7885 號：張純甫、林湘沅、劉克明、高肇藩；7887 號：林子楨、李石鯨、沈連袍；7889 號：羅蔚村、謝雪漁、林湘沅；7890 號：劉振傳、黃參兩。

[227]刊載於漢文《臺灣日日新報》第 7927、7928、7931、7932、7934、7936、7939、7940 號。作者分別有 7927 號：林述三、黃贊鈞；7928 號：黃贊鈞、林湘沅、張純甫；7931 號：李石鯨、葉友石；7932 號：高肇藩、魏潤庵、黃水沛；7934 號：顏雲年、林子楨、林述三；7936 號：李學樵、謝雪漁、劉篁村；7939 號：子清、張純甫；7940 號所載非「瀛社」社員之作，故不錄名。

[228]刊載於漢文《臺灣日日新報》第 7942~7944、7946、7948、7950、7958 號。作者分別有 7942 號：謝雪漁；7943 號：葉友石；7944 號：高肇藩、黃贊鈞、張純甫；7946 號：林夢梅、顏雲年、李石鯨；7948 號：林子楨、黃春潮；7950 號：張純甫、魏潤庵；7958 號：林其美、林述三、林石崖。

見報日期	詩　　題	詞　宗	掄　元	詩　作　本　文
8043 11.10.17	仙槎[229] 限灰韻	謝雪漁	蔡癡雲	江山無恙海無災，雲作輕帆水作媒。 渡向斗牛津裡去，天風吹我到蓬萊。
		魏潤庵	林湘沅	不信天河誤汎來，浣紗仙女費疑猜。 我今亦欲乘舟去，可有支機石載回。
8059 11.11.02	重陽後一日 登圓山[230] 限魚韻	傅鶴亭	鄭養齋	黃花未老蟹肥初，勝約圓山更備車。 津訪延平銷劍氣，巢營太古闢經畬。 登亭興落滄汀外，搖槳詩成夕照餘。 萍水重逢旋惜別，數行珍重故人書。
		蘇孝德	黃石衡	插茱昨夜已成虛，邱壑登臨興未除。 喜過人間雞犬劫，重尋閒裡鶴猿居。 澄江劍氣空秋水，太古詩巢賸故廬。 節後轉多興廢感，北城回首夕陽餘。
8070 11.11.13	十日菊[231]	陳懷庭	蔡痴雲	重陽風雨滿江城，今日籬邊看紫英。 爲汝不勝遲暮感，黃花心事美人情。
		連雅棠	莊伊若	還是遲開最有情，凌霜傲骨屬寒英。 賞心合作平原飲，盡日東籬把酒傾。
8107 11.12.20	花榜[232] 限虞韻	簡若川	鄭養齋	香國文章月旦殊，女郎星燦紫薇樞。 蟾宮倘識登高記，合把群芳列蕊珠。
		吳萱草	鄭作型	梅許掄元杏作臚，分明衣錦又施朱。 蕊宮花選天然在，一幅春風及第圖。
8119 12.01.01	臺灣民商法施行所感[233]	謝雪漁連雅棠顏雲年合選	鄭幼香	吁嗟乎 今之視昔昔視今，芸芸總總復林林。 司牧日昃勞宵旰，如傷民瘼良關心。

---

[229]刊載於漢文《臺灣日日新報》第 8043 號。作者分別有：蔡痴雲、林湘沅、沈連袍。

[230]刊載於漢文《臺灣日日新報》第 8059 號。作者分別有：黃石衡、魏潤庵。

[231]刊載於漢文《臺灣日日新報》第 8070、8072、8081 號。作者分別有 8070 號：蔡痴雲、黃水沛、陳古漁；8072 號：蔡痴雲、林其美；8081 號：黃純青。惟莊伊若非「瀛社」社員，茲因其掄元，故錄其作。

[232]刊載於漢文《臺灣日日新報》第 8107 號。作者分別有：鄭養齋、鄭作型、魏潤庵。惟鄭養齋、鄭作型非「瀛社」社員，茲因其掄元，故錄其作。

[233]刊載於漢文《臺灣日日新報》第 8119、8126 號。作者分別有 8119 號：張純甫、子清；8126 號：張純甫、鄭如林。

見報日期	詩　　題	詞　宗	掄　元	詩　　作　　本　　文
				臺灣梯帆臻薈萃，蛮蛮懋遷列闈闈。
				由來互市重商權，豈有法律俱除外。
				自從自治幾何時，今日民法商法見實施。
				四百萬人齊距躍，距躍三百亦胡為。
				從此椎利果盡利，自治自無為而治。
				民法商法兩得平，得平民皆得所矣。
				一法立或一弊生，誇張變幻好猾情。
				齊之以刑免無恥，法徒為政善不行。
				執法酌情軌洽理，良可稍安莠亦濩。
				花開花落訟庭閒，地民均未識老吏。
				此後齊來洵福音，規以商護矩民臨。
				百感愉快歌且謠，雅頌昇平一片深。
				未果蒼黎都幸福，尊美之中要屏惡。
				萬感交集不能名，默為同胞無聲哭。
				歌斯頌斯哭於斯，儼然不識復不知。
				願無伐善無施勞，善則得之否失之。
				民崑譬彼牛山木，前營美矣後灑灑。
				牛羊日夕從下來，旦旦誰為司其牧。
				商摧罕譬水盈科，雨集立涸溝澮多。
				利遂什一徵倍蓰，可有沙數括恆河。
				誠如保赤心求是，神明父母此而已。
				君子所履小人視，赫赫觀瞻民具爾。
				吁嗟乎！
				感此民商法施行，一則以戚一以喜。
				戚或慮泯棼，喜將煩劇理。
				法不在行在能平，請以監民監於水。
8126 12.01.08	臺灣民商法施行所感[234]	謝雪漁連雅棠顏雲年合選	1.肇元	海邦定律繼天朝，畫一民歌曹與蕭。 廿紀人權防蹂躪，千秋市利重科條。 新規欲立胸成竹，舊例能除策採蕘。 自此五州嚴布置，道狼市虎不輕佻。

<hr>

[234]刊於漢文《臺灣日日新報》第8126號。此屬七律部分，與前第8119號古風作品不相混淆。作者有：肇元、林少英、南逸老、寄民、魏澄川、林翰堂、春潮生、慶颺、鄭如林；

見報日期	詩　　題	詞　宗	掄　元	詩　　作　　本　　文
			2.林少英（臺中）	二十餘年令始施，島中黎庶應周知。人權擁護標原則，市道平衡準法規。滿腹經綸同化策，兩篇損益順民辭。計功他日阿誰大，王佐千秋得一夔。
8132 12.01.14	黃石授書[235] 限庚韻	鄭養齋	魏潤庵	劫灰一卷脫秦嬴，圯上偶成孺子名。未必書中談辟穀，愴懷功狗受誅烹。
		鄭作型	李石鯨	隱士何人浪托名，授書孺子戒浮輕。他年佐漢經能忍，始信深謀屬老成。
8148 12.01.30	景美謁石門盤古廟[236]	鄭永南	張純甫	破荒仰止古人豪，十二萬年只一遭。海外天開猶莽莽，水源地近正滔滔。潭雲混沌明香火，社日蒼茫薦濁醪。我欲別尋城赤崁，延平祠宇更崇高。
		林湘沅	吳夢周	何限登臨意氣豪，石門今日會吾曹。瑠公圳底浮雲急，景尾山頭落日高。如此煙霞堪嘯傲，許多風物感蕭騷。他時古廟重來訪，安步當車敢憚勞。
8186 12.03.09	痴婢[237] 限蕭韻	謝雪漁	萬山	月意風情已漸銷，憐香疊被覺無聊。春風每洩春消息，便泛桃花臉上潮。
		李石鯨	吳夢周	宜嗔宜喜伴朝朝，一幅痴情未易描。甘受拷紅渾不管，羞人嗒嗒話偏饒。
8211 12.04.03	聽鶯[238] 限青韻	張純甫	歐劍窗	遷喬織柳到郊垧，攪我春風夢易醒。求友有心聲嚦嚦，等閒未肯學梳翎。
		林述三	蔡痴雲	雙柑斗酒醉初醒，柳下花前仔細聆。輸與玉人嬌不語，芳心一點自通靈。

---

[235]刊載於漢文《臺灣日日新報》第 8132 號。作者分別有：魏潤庵、李石鯨、鄭如林。

[236]刊載於漢文《臺灣日日新報》第 8148、8160 號。作者分別有 8148 號：張純甫、吳夢周；8160 號：謝雪漁、林其美。

[237]刊載於漢文《臺灣日日新報》第 8186~8188 號。作者分別有 8186 號：吳夢周、張純甫；8187 號：黃梅生、林其美、吳夢周；8188 號：黃水沛、林述三。

[238]刊於漢文《臺灣日日新報》第 8211~8213、8215、8216、8219 號。作者分別有 8211 號：歐劍窗、蔡痴雲、林湘沅；8212 號：黃贊鈞、倪炳煌；8213 號：林湘沅、歐劍窗、高肇藩；8215 號因字跡不清，故未錄；8216 號：張純甫、許劍亭、林夢梅；8219 號：林述三、黃贊鈞。

見報日期	詩　　題	詞　宗	掄　元	詩　作　本　文
8253 12.05.15	撲蝶[239] 限魚韻	謝雪漁	魏潤庵	小院逢寒食，尋芳蝶到初。 憐伊飛不定，累我撲還虛。 簾外頻揮扇，花前復整裾。 若爲師越女，擊刺問何如。
		魏潤庵	張純甫	貪與微蟲戲，花陰角逐初。 未容飛栩栩，寧許夢蘧蘧。 晴日揮羅扇，香風颺翠裾。 尋芳休眷戀，粉翅不禁梳。
8265 12.05.27	酒旗[240] 限青韻	鄭永南	李石鯨	分明酒國字成形，搖曳風前颭不停。 細雨杏花寒食店，教人心醉一竿青。
		黃贊鈞	張純甫	細雨輕風襲短亭，杏花村店一帘青。 吟魂到此應先斷，莫問斜陽覆小檑。
8283 12.06.14	老伶[241] 限虞韻	謝雪漁	林湘沅	慣歌下里巴人調，潦倒名場亦自吁。 不比雙鬟高唱好，旗亭難免受揶揄。
		張純甫	魏潤庵	都門菊部載時趨，老馬何人許識途。 莫漫登場重按拍，渭城一唱淚成珠。
8299 12.06.30	雛尼[242] 限侵韻	林湘沅	林夢梅	木魚鼓動夜沉沉，落髮髫年日未深。 難得一生長禮佛，不憂花月動禪心。
		黃贊鈞	李騰嶽	袈裟嬌小禮禪林，拂案焚香思不禁。 祇恐情苗隨歲長，楞嚴無力懺春心。

[239] 刊載於漢文《臺灣日日新報》第 8253、8254、8256、8258、8260、8262、8264、8278~8280 號。作者分別有 8253 號：魏潤庵、張純甫、顏德輝；8254 號：李石鯨、林衍三、蔡痴雲；8256 號：子清、劍秋、秋帆；8258 號：高肇藩；8260 號：黃坤維；8262 號：黃贊鈞；8264 號：陳古漁；8278 號：吳夢周、周野鶴；8279 號：陳庭瑞；8280 號：林述三。

[240] 刊載於漢文《臺灣日日新報》第 8265、8267、8269、8270、8271、8273~8275 號。作者分別有 8265 號：李石鯨、張純甫、魏潤庵；8267 號：顏德輝、歐劍窗、陳新枝；8269 號：蔡痴雲、林其美、葉蘊藍；8270 號：林述三、許劍亭；8271 號：高肇藩；8273 號：洪以南、子清、倪炳煌；8274 號：陳新枝；8275 號：蔡敦輝。

[241] 刊載於漢文《臺灣日日新報》第 8283~8285、8289、8295~8298 號。作者分別有 8283 號：林湘沅、魏潤庵；8284 號：林其美；8285 號：黃贊鈞、張純甫；8289 號：陳其春、魏潤庵；8295 號：林夢梅；8296 號：黃贊鈞、黃菊如、林湘沅；8297 號：張晴川、蔡痴雲、許梓桑；8298 號：許劍亭、林述三。

[242] 刊載於漢文《臺灣日日新報》第 8299、8303、8305、8307、8309、8311、8313 號。作者分別有 8299 號：林夢梅、李騰嶽、許劍亭；8303 號因字跡不清，故未錄；8305 號因字跡不清，故未錄；8307 號：張純甫；8309 號：李石鯨、顏德輝、林述三；8311 號：李石鯨；8313 號：謝雪漁。

見報日期	詩　　題	詞　宗	掄　元	詩　作　本　文
8319 12.07.20	美人蕉‧蜃樓 [243]（分詠格）	張玉書	魏潤庵 雙元	綠天雨過來環珮，碧海煙消失市廛。
		李石鯨		
8332 12.08.02	淡水海浴 [244] 限豪韻	鄭永南	張純甫	淡川千古水滔滔，儘有英雄付浪淘。 任是功名成浴日，潔身終讓舞雩高。
		謝雪漁	高肇藩	紅毛城外水滔滔，欲洗塵心不計勞。 身共白鷗浮遠近，一竿斜日賦銀濤。
8394 12.10.03	讀畫 [245] 限藥韻	林少眉	張純甫	石壁荒寒詩隱約，江山頗耐人咀嚼。 樓臺金碧競風流，一字此間都不著。
		林石崖	高肇藩	濃淡墨痕明潤堅，蘆花兩岸潮初落。 有人披卷淚雙流，賸水殘山舊城郭。
8578 13.04.04	花朝雅集 [246] 限麻韻	林少眉	杜仰山	青帘隱隱酒人家，撲蝶芳辰興倍賖。 歷劫文章餘海國，衝寒戎馬尚天涯。 腸枯酒潤欽三雅，鉢擊詩催愧八叉。 韻事難逢莫閒過，不須逝水感年華。
		黃純青	蔡痴雲	九十光陰剛過半，眼中紅絮尚繁華。 玉樓宴啟春無限，金谷詩成興不賖。 得意重盟鷗鷺侶，放懷共醉酒人家。 良辰恰是春三五，夜半歸來月未斜。

---

[243] 刊載於漢文《臺灣日日新報》第 8319、8325、8328 號。作者分別有 8319 號：魏潤庵、謝雪漁、李學樵；8325 號：許劍亭；8328 號因字跡不清，故未錄。

[244] 刊載於漢文《臺灣日日新報》第 8332、8334、8337、8339、8351 號。作者分別有 8332 號：張純甫、高肇藩、倪炳煌；8334 號因字跡不清，故未錄；8337 號因字跡不清，故未錄；8339 號：李神義、洪以南；8351 號：顏德輝、黃贊鈞。

[245] 刊載於漢文《臺灣日日新報》第 8394、8397、8398 號。作者分別有 8394 號：張純甫、高肇藩、黃石衡、魏潤庵；8397 號：蔡痴雲、高肇藩、張古桐、吳夢周；8398 號：林子楨、高肇藩、李石鯨。

[246] 刊載於漢文《臺灣日日新報》第 8578~8582、8585~8587、8589、8592、8594、8596、8598 號。作者分別有 8578 號：杜仰山、蔡痴雲；8579 號：魏潤庵、高肇藩；8580 號：林子楨、林其美；8581 號：沈連袍、黃水沛；8582 號：張純甫、王自新；8585 號：黃贊鈞、陳其春；8586 號：鄭如林、洪以南；8587 號：陳古漁、吳夢周；8589 號：李騰嶽；8592 號：鄭兆璜、杜冠文；8594 號：黃菊如、劍秋；8596 號：劉明祿、葉蘊藍；8598 號：林石崖、劍○。

見報日期	詩　　題	詞　宗	掄　元	詩　　作　　本　　文
8605 13.05.01	八角蓮[247] 限真韻	林少眉	杜仰山	竟異濂溪種，東寧八角春。 美花紅幾許？嫩葉綠初勻。 莽莽乾坤老，亭亭雨露新。 何當逢睿藻？移傍鳳城闉。
		趙雲石	洪鐵濤	誰剪青荷鏡，嘉名八角新。 性含君子德，象叶卦爻珍。 大澤長蛇遠，窮邊小草春。 葵忱同獻曝，奕世壽斯民。
8618 13.05.14	散花	謝雪漁	黃贊鈞	芬芳萬朵供牟尼，撒向諸天當雨施。 絕似維摩經講日，滿空色相五雲披。
		魏潤庵	張純甫	原知香雨漫天日，正是黃金布地時。 我亦拈來一微笑，禪心悟徹已如癡。
8633 13.05.29	評詩[248] 限東韻	劉克明	卓夢庵	杜牧疏狂賈島窮，騷壇莫漫說雌雄。 文章要有經綸志，豈在雕蟲造句工。
		魏潤庵	張純甫	是丹非素問誰工，都入樊南甲乙中。 老我可憐詩律細，無人爨下識焦桐。
8658 13.06.23	釣竿[249] 限虞韻	魏潤庵	蔡痴雲	不怕秋江冷，煙波伴釣徒。 一竿風月夜，十里水雲區。 名利何須計，經綸未可無。 魚龍多寂寞，直欲拂珊瑚。
		黃石衡	杜冠文	欲釣魚龍窟，持竿遍五湖。 伴身蓑笠影，托跡水雲區。 投餌波揚綠，垂綸日照朱。 渭川曾伏汝，生事問漁夫。
8680 13.07.15	消夏詞[250]	林小眉	魏潤庵	箕踞科頭百不宜，熱人畢竟少涼時。 先生獨在清泠境，臥聽滄浪濯足詞。

---

[247]刊載於漢文《臺灣日日新報》第 8605、8611、8617 號。作者分別有 8605 號：杜仰山、洪鐵濤、吳夢周；8611 號：黃水沛；8617 號：顏德輝、林石崖、謝雪漁；

[248]刊於漢文《臺灣日日新報》第 8633、8634、8637 號。作者分別有 8633 號：魏潤庵、張純甫、林其美；8634 號：林述三、黃石衡、謝雪漁；8637 號：劍秋、洪以南、謝雪漁。

[249]刊載於漢文《臺灣日日新報》第 8658、8659、8661、8662、8664、8671 號。作者分別有 8658 號：蔡痴雲、杜冠文；8659 號：黃贊鈞、劉明祿；8661 號：吳如玉；8662 號：魏潤庵；8664 號：沈連袍、杜仰山；8671 號：李石鯨、葉蘊藍。

[250]刊載於漢文《臺灣日日新報》第 8680 號。作者分別有 8680 號：魏潤庵、張純甫、劉克明、曹秋圃、高肇藩。

見報日期	詩　　題	詞　宗	掄　元	詩　作　　本　　文
8682 13.07.17	舊・園 251 （第六唱）	林菽莊	張純甫	三年帷掩窺園日，一夜舟添訪舊心。
8717 13.08.21	巢睫居觀蘭雅集 252 限齊韻	魏清德	鄭麗生	王香綠豔幾枝低，騷客停車日正西。 爲愛群公如屈子，芝蘭一室共幽栖。
		倪炳煌	黃菊如	一角蝸居香滿蹊，景遷長此卜幽栖。 移將九畹栽階下，抗手群仙望不迷。
8745 13.09.18	霓裳曲 253	謝雪漁莊怡華合選	1.杜仰山	風情迥異慶南樓，步月清虛曲未休。 能事獨將教歌舞，西宮南內不勝秋。
			2.李神義	清音譜出廣寒秋，詠入群仙藻思留。 翻與人間豔歌舞，大唐天子最風流。
8780 13.10.23	紙鳶 254 限蒸韻	張純甫	魏潤庵	迎風帖帖比秋鷹，削木公輸巧並稱。 未得奮飛天外去，祇緣牽制有長繩。
		許梓桑	蔡痴雲	凌空直欲效搏鵬，獵獵西風藉一繩。 莫笑此身同傀儡，有時萬里看飛騰。
8790 13.11.02	觀音誕 鼎足格 255	黃石衡	魏潤庵	風流放誕秦淮海，音調蒼茫陸務觀。
		劉克明	李石鯨	話非荒誕人須聽，音本虛無佛欲觀。

---

[251] 刊載於漢文《臺灣日日新報》第 8682 號。作者分別有 8682 號：張純甫、杜仰山、黃贊鈞、林述三、劉文達、謝雪漁、陳其春、高肇藩。

[252] 刊載於漢文《臺灣日日新報》第 8717 號。作者分別有 8717 號：鄭麗生、黃菊如、林夢仙、洪玉明。

[253] 刊載於漢文《臺灣日日新報》第 8745、8748、8750、8751 號。作者分別有 8745 號：杜仰山、李神義、蔡敦輝、黃水沛、顏德輝、許劍亭；8748 號：劉振傳、高肇藩、林其美；8750 號：林搏秋、周野鶴、李悌欽、蔡痴雲、吳夢周；8751 號：王自新、李石鯨、林石崖、吳如玉、沈連袍、洪玉明、謝雪漁。

[254] 刊載於漢文《臺灣日日新報》第 8780~8786、8789 號。作者分別有 8780 號：魏潤庵、蔡痴雲、李石鯨、李紹唐；8781 號：林石崖、黃贊鈞、施瘦鶴、許劍亭、卓夢庵；8782 號：高肇藩、劍窗、黃水沛、倪炳煌、康菊人；8783 號：洪以南、林其美、吳如玉、林笑岩、林菊塘、黃樹銘；8784 號：李逐初、吳夢周；8785 號：林笑濤、蔡敦輝、周野鶴、林述三、黃純青；8786 號：陳古漁、李悌欽、陳其春、黃菊如；8789 號：顏笏山、歐陽朝煌。

[255] 刊載於漢文《臺灣日日新報》第 8790 號。作者分別有 8790 號：魏潤庵、李石鯨、謝汝銓、劉克明、黃純青、杜仰山、盧子安、周野鶴、黃菊如。

見報日期	詩　題	詞　宗	掄　元	詩　作　本　文
8802 13.11.14	寒衣[256] 限灰韻	李悌欽	蔡痴雲	風霜冷氣逼人來，刀剪聲聲一夜催。 無奈郎腰消瘦甚，別將錦繡出心裁。
		李碩卿	魏潤庵	新買吳綾十幅裁，嚴冬未到剪刀催。 無端觸我微時感，絺綌誰憐范叔來。
8840 13.12.22	瓶菊[257] 限豪韻	黃純青	林其美	不向東籬供嘯傲，托身瓶裡似禪逃。 幽齋相對焚香坐，如此風懷孰比高。
		鄭永南	吳夢周	簾捲西風落日高，滿瓶秋色看蕭騷。 玉壺一片冰心似，獨賞孤芳讓醉陶。
8884 14.02.04	登芝山岩懷 六氏先生[258] 限庚韻	張純甫	林其美	滿林煙雨若為情，獨對殘碑百感生。 絳帳笙歌何處是，一聲鐘磬萬山清。
		林述三	張純甫	岩草山花尚有情，今來已是劫餘生。 劇憐峴首碑前淚，長作春風化雨聲。
8911 14.03.03	野渡[259] 限蕭韻	魏潤庵	杜仰山	晚晴如畫一川遙，檜楫松舟慰寂寥。 何必秦淮羨桃葉，等閒付與去來潮。
		李石鯨	許劍亭	一帆春水落寒潮，古渡舟如上碧霄。 可有蘆中人在否，魚龍寂寂雨瀟瀟。

---

[256] 刊載於漢文《臺灣日日新報》第 8802 號。作者分別有 8802 號：蔡痴雲、魏潤庵、許梓桑、謝雪漁。

[257] 刊載於漢文《臺灣日日新報》第 8840、8841、8843~8849 號。作者分別有 8840 號：林其美、吳夢周、林石崖、林述三、周野鶴、高肇藩；8841 號因字跡不清，故未錄；8843 號：葉蘊藍、杜仰山、顏笏山、林石崖；8844 號：林夢梅、洪玉明、吳夢周、葉蘊藍、魏潤庵、張純甫、許劍亭；8845 號：蔡痴雲；8846 號：卓夢庵、魏清德、劉夢鷗、周野鶴；8847 號：林夢梅、歐劍窗、顏笏山、吳如玉；8848 號：陳明卿、歐陽光扶、許劍亭、施瘦鶴；8849 號：林其美、顏德輝。

[258] 刊載於漢文《臺灣日日新報》第 8884~8891 號。作者分別有 8884 號：林其美、張純甫；8885 號：卓夢庵、吳夢周、高肇藩、王省三、蔡痴雲；8886 號：林述三、李逢初、黃水沛、林夢梅；8887 號：吳夢周、劉夢鷗、陳春松、林述三、林菊塘；8888 號：李逢初、許劍亭、蔡敦輝；8889 號：林其美、葉蘊藍、高肇藩；8890 號：張純甫、黃樹銘、林夢梅；8891 號：陳春松、黃樹銘、蔡痴雲、王省三、葉蘊藍、梅窗（施瘦鶴）、許劍亭。

[259] 刊載於漢文《臺灣日日新報》第 8911~8916 號。作者分別有 8911 號：杜仰山、許劍亭、李騰嶽、葉蘊藍、陳其春、黃水沛、許子修、魏潤庵；8912 號：杜仰山、李逢初、黃水沛、林夢梅、李悌欽、卓夢庵、劉夢鷗、葉蘊藍；8913 號：高肇藩、鄭麗生、李逢初、沈景峰、蔡痴雲、林其美、卓夢庵、顏笏山、倪登玉；8914 號：黃贊鈞、魏潤庵、顏笏山、李神義、洪玉明；8915 號：洪玉明、陳明卿、鄭麗生；8916 號：施瘦鶴、黃贊鈞、歐劍窗、吳如玉、陳明卿、李石鯨、張純甫。

見報日期	詩　　　題	詞　宗	掄　　元	詩　作　　本　　文
8918 14.03.10	鵬遊 [260] 限虞韻	謝雪漁	騰嶽	扶搖搏擊入雲衢，九萬前程就與俱。 多少人間蜩鷽輩 [261]，榆枋嗤笑亦何愚。
		黃石衡	子清	一出南溟薄九衢，三千奮舉上搏扶。 大人豹變應難測，鯤化方知屬我儒。
8946 14.04.07	大觀書社雅集 [262] 限支韻	林述三	杜仰山	海外文章換劫悲，大觀高會繼南皮。 風騷不見莊公在，細雨春寒讀舊碑。
		黃守謙	洪以南	大觀社運喜長垂，旗鼓重興異昔時。 鷗鷺板橋欣聚首，漫天零雨為催詩。
9045 14.07.15	珊瑚船 [263] 限支韻	魏潤庵	曹秋圃	釣舸新成小鷁姿，珊瑚寶藏試探奇。 生涯遙寄棉花嶼，得意高哦巢父詩。 千古遺風空鐵網，一竿落日拂銀絲。 會當倚棹滄浪去，截取盈船七尺枝。
		鄭永南	杜仰山	鯤溟寶藏榜人知，短艇風濤任所之。 鐵網竟開天地祕，金鰲長護鬼神奇。 一帆隱約關心日，七尺玲瓏耀目時。 我亦釣竿思欲拂，枯腸未有杜陵詩。

[260] 刊載於漢文《臺灣日日新報》第 8918~8923、8925~8928 號。作者分別有 8918 號：李騰嶽、子清、李石鯨、周野鶴；8919 號：魏潤庵、吳如玉、黃水沛、李悌欽、劉克明、倪炳煌、林夢梅；8920 號：黃水沛、林菊塘、陳榮枝、盧子安、杜仰山、李逯初；8921 號：蔡敦輝、黃樹銘、高肇藩、蔡痴雲、許劍亭、黃贊鈞、歐陽朝煌、李石鯨；8922 號：許劍亭、劉夢鷗、周野鶴、陳庭瑞、歐劍窗、黃純青、林其美；8923 號：張純甫、歐陽光扶、葉蘊藍、李神義、杜仰山、林其美；8925 號：盧子安、謝雪漁、李金燦；8926 號：曹秋圃、歐劍窗；8927 號：林夢梅、廖藏芝、劉夢鷗；8928 號：葉蘊藍、林述三、駱子珊。

[261] 編者按：本句格律失調，「蜩」字雖有自去讀一音，其義不同。

[262] 刊載於漢文《臺灣日日新報》第 8946、8948、8950 號。作者分別有 8946 號：杜仰山、洪以南、高肇藩、李神義、周野鶴；8948 號：林子楨、葉蘊藍、李逯初、曹秋圃、陳古漁；8950 號：吳夢周、李神義、林其美、林搏秋、歐劍窗。

[263] 刊載於漢文《臺灣日日新報》第 9045、9046 號。作者分別有 9045 號：曹秋圃、杜仰山、蔡敦輝；9046 號：鄭如林、李碩卿。

見報日期	詩　　題	詞　宗	掄　元	詩　作　本　文
9086 14.08.25	石牴牾 [264] 限蕭韻	魏潤庵	劉振傳 [265]	聖朝宮闕自高超，嚇眾何須俗獸雕。 萬物懷柔恩德重，梯山航海到遙遙。
		劉克明	魏潤庵	石刻形蹲不計朝，何曾觸佞太無聊。 舊時功狗紛誅盡，賴汝雙雙守廟桃。
9131 14.10.09	秋釀 [266] 限先韻	謝雪漁	黃石衡	菊花新釀試秋天，萬甕芬芳不計錢。 十載乾坤傷破碎，藉君權作酒中仙。
		黃石衡	李碩卿	黃花香透酒罇邊，聲價真堪斗十千。 吩咐飲徒沽取早，莫教孤負甕頭妍。
9193 14.12.08	圍棋 [267] 限蕭韻	魏潤庵	歐劍窗	機心得處漫生驕，一子飛來局便銷。 不爲羅囊兼賭墅，讓人一著見風標。
		劉克明	蔡敦輝	鉤心鬥角到深宵，頃刻輸贏未肯饒。 千古世情同局事，莫教得失把心焦。
9235 15.01.21	舌耕 [268] 限寒韻	劉克明	謝雪漁	與筆同耕意自安，莫將風味感儒酸。 盤登苜蓿門桃李，一樣頭銜署冷官。
		張純甫	黃水沛	口碑不朽亦何難，廿載多君立教壇。 愧我硯田蕪已久，但憑三寸說申韓。

---

[264] 刊載於漢文《臺灣日日新報》第 9086、9088~9090、9096 號。作者分別有 9086 號：劉振傳、魏潤庵、黃文虎、林笑濤；9088 號：李逐初、林述三、歐劍窗、顏笏山；9089 號：許劍亭、黃承順、杜仰山；9090 號：歐劍窗、高肇藩；9096 號：葉蘊藍、歐陽朝煌、李逐初、歐陽光扶、陳古漁、林笑濤。

[265] 按左右元刊於 9085 號，因缺張故改以次一號之作品，以見其一斑，劉振傳爲左臚、魏潤庵爲右五。

[266] 刊載於漢文《臺灣日日新報》第 9131、9132、9135、9137、9139 號。作者分別有 9131 號：黃石衡、李碩卿、林述三、杜仰山、黃水沛；9132 號：康菊人、謝雪漁、吳夢周、黃純青、楊四美、蔡痴雲；9135 號：何從寬、林夢梅、李逐初；9137 號：顏笏山；9139 號：黃昆榮、洪玉明、李神義。

[267] 刊載於漢文《臺灣日日新報》第 9193、9194、9196、9197、9199~9201、9209、9210 號。作者分別有 9193 號：歐劍窗、蔡敦輝、高肇藩、劉振傳；9194 號：林述三、蔡痴雲、卓夢庵；9196 號：杜仰山、高肇藩、歐陽光扶、許劍亭；9197 號：林夢梅、蔡敦輝、林笑濤；9199 號：陳明卿、洪玉明；9200 號：駱子珊；9201 號：卓夢庵、駱子珊、陳明卿、李逐初、林菊塘、劉振傳；9209 號：鄭麗生、黃樹銘；9210 號：許劍亭、鄭麗生、林搏秋。

[268] 刊載於漢文《臺灣日日新報》第 9235、9236、9242 號。作者分別有 9235 號：謝雪漁、黃水沛、施梅窗、高肇藩；9236 號：林凌霜、林石崖、倪炳煌；9242 號：蔡痴雲、林子楨、黃石衡。

見報日期	詩　　題	詞宗	掄　元	詩　作　本　文
9284 15.03.11	茶味[269] 限真韻	魏潤庵	林其美	武夷山上露珠新，曲院傳香破豔塵。 知是玉人親手採，帶些花氣自精神。
		黃贊鈞	杜仰山	撲鼻微聞鳳餅新，烹餘活火異醍醇。 記曾丙夜青燈畔，破睡嗟余藉汝頻。
9483 15.09.26	搗藥兔[270] 限虞韻	魏潤庵	吳夢周	堪笑人間爲守株，蟾宮生計未糊塗。 仙家欲得靈丹就，一杵何妨歲月須。
		張純甫	林述三	姮娥已悔竊丹孤，底事蟾宮亦守株。 笑爾搗殘明月杵，長生畢竟苦同吳。
9642 02.03.04	春雨[271] 限虞韻	蘇大山	杜仰山	盍簪春好藉詩盟，樓外瀟瀟震鉢聲。 莫問蓬萊深淺事，尊前定有庾蘭成。
		沈傲樵	高肇藩	花裡滔滔損落英，履聲蓑影盡詩情。 我思更挽天河水，添與中原洗甲兵。
9659 02.03.21	花朝賞雨[272] 限麻韻	謝雪漁	卓夢庵	風信今朝信不差，瀟瀟淅淅入窗紗。 半床好夢留香枕，滿腹春情惜落花。 坐對蕉心愁卷綠，相看梨面失鉛華。 東皇有意沾詩草，管卻踏青婦女家。
		魏潤庵	蔡癡雲	瀟瀟忽聽撲窗紗，今日生辰是百花。 眼底風光憐寂寞，雨中紅紫尚繁華。 也知春色應無限，其奈吾生未有涯。 但得賞心能自適，欲謀樽酒不爲奢。

---

[269]刊載於漢文《臺灣日日新報》第 9284、9286、9288 號。作者分別有 9284 號：林其美、杜仰山、李逐初；9286 號：高肇藩、蔡痴雲、謝雪漁、黃水沛、許劍亭、杜仰山；9288 號：歐劍窗、高肇藩、陳春松、蔡敦輝、洪玉明、黃遠山、林菊塘。

[270]刊載於漢文《臺灣日日新報》第 9483~9486 號。作者分別有 9483 號：吳夢周、林述三、謝雪漁、鄭如林、黃贊鈞、盧子安、吳夢周、林其美、高肇藩；9484 號：許劍亭、王自新、黃文虎、林夢梅、洪以南、周野鶴、黃贊鈞；9485 號：吳如玉、劉夢鷗；9486 號：林石崖、顏德輝。

[271]刊載於漢文《臺灣日日新報》第 9642 號。作者分別有：杜仰山、高肇藩、黃贊鈞、謝雪漁、劉文達、周清流、蔡痴雲。

[272]刊載於漢文《臺灣日日新報》第 9659 號。作者分別有：卓夢庵、蔡痴雲、黃贊鈞、林其美、林夢梅、蔡敦輝、魏潤庵。

見報日期	詩　題	詞　宗	掄　元	詩　作　本　文
9669 02.03.31	酒旗[273]	趙雲石	洪鐵濤	一竿楊柳共依依，半幅搖青掛夕暉。 野店無人詩境澹，東風盡日麴塵飛。 鄉中真味春長好，身外虛名志竟違。 莫笑十千拋去盡，金貂貰後典春衣。
		王了庵	高肇藩	青帘一幅認依依，風暖醪香燭影微。 楊柳樓邊懸細雨，杏花村外舞斜暉。 劉伶乍見魂先斷，杜甫消愁夢共飛。 我亦心旌同曳動，十千沽取典春衣。
9804 02.08.013	賣冰聲[274] 限陽韻	辜菽廬	顏笏山	冷暖年來已備嘗，塵囂到處厭喧揚。 玉壺自有冰心在，市價奚煩論短長。
		莊怡華	曹秋圃	陡覺冰鈴聒耳忙，無端南陌復西坊。 檀郎久抱相如渴，一轉丁東九轉腸。
9843 02.09.21	龍山寺題壁[275] 限尤韻	謝雪漁	林欽賜	鐘聲微度夕陽樓，如虎如龍得縱遊。 萊市歡醻聊下傲，旗亭秣蹇可遲留。 一經禮佛生無愧，十畝躬鋤食不憂。 漫讀陶詩枯槁恨，煙霞筆底凜千秋。
		魏潤庵	周野鶴	布金佛地好優遊，此日龍山喜再修。 蓮磬敲殘精舍月，蒲團坐破梵宮秋。 三乘參盡塵祛體，半偈聽來石點頭。 題罷飄然投筆去，鐘聲飯後劇堪羞。
9846 02.09.24	龍山寺 鼎足格[276]	黃贊鈞	劉夢鷗	鳳翔野寺吟淮海，龍困江關賦疊山。
		倪炳煌	盧子安	魚化潛龍三級浪，寺迷積霧萬重山。

[273] 按本題為本社主催全島詩社聯吟會之詩題，另次唱〈孔方兄〉一題未見刊。刊載於漢文《臺灣日日新報》第 9669 號。作者分別有 9669 號：洪鐵濤、高肇藩、吳鏡村。

[274] 刊載於漢文《臺灣日日新報》第 9804 號。作者分別有：顏笏山、曹秋圃、倪炳煌。

[275] 刊載於漢文《臺灣日日新報》第 9843、9844 號。作者分別有 9843 號：林欽賜、周野鶴、魏潤庵、黃樹銘、林夢梅、李神義、盧子安；9844 號：王自新、林菊塘、蔡敦輝、陳愷南、王省三、吳如玉。

[276] 刊載於漢文《臺灣日日新報》第 9846 號。作者分別有：劉夢鷗、盧子安、曹秋圃、黃贊鈞、林搏秋。

見報日期	詩　　題	詞　宗	掄　元	詩　　作　　本　　文
9871 02.10.19	題淵明醉菊圖[277] 限支韻	羅秀惠	魏潤庵	遺民心事晚花知，潦倒西風強自持。 三徑就荒猶可賞，一樽未盡復何辭。 不求名利推高士，肯折腰肢向小兒。 我夙慕公千載下，披圖相對感淋漓。
		黃欣 茂笙	卓夢庵	好向秋風寫瘦枝，晚香靈性與人宜。 摹神直把幽懷寄，繪素全憑點綴奇。 楚賦嚼英悲世濁，陶家醉菊托歸辭。 自憐空有淵明癖，半幅無由看玉姿。
9893 02.11.10	題板橋別墅[278] 限先韻	莊怡華	黃菊如 雙元	風徽光祿第，海外啓平泉。 珥筆三貂貴，簪華七葉賢。 庭幽喧鳥雀，榻靜樂歌絃。 賴有書香繼，耕桑自永年。
		魏潤庵		
9985 03.02.10	上元觀燈[279] 限庚韻	劉克明	林夢梅	士女紛紛看火城，六街月靜管絃清。 桃花扇底南朝影，繪出春風舊日情。
		林搏秋	吳如玉	鰲山海闊鬧三更，萬燭光輝淑氣呈。 鎖撤星橋城不夜，君臣共賞樂昇平。
10014 03.03.10	勸農[280] 限灰韻	羅蕉麓	魏潤庵	驪唱郊坰出，陬辰五馬來。 時平天子聖，土闢野人材。 食力勤耕種，當春妙化栽。 汝曹占大有，在我不須猜。
		劉克明	謝雪漁	一犁春雨足，郊外勸農來。 守土情深耳，為天食重哉。 鳴驪沿紫陌，叱犢印蒼苔。 耕織民同賴，前村蠶市開。

---

[277] 刊載於漢文《臺灣日日新報》第 9871、9872 號。作者分別有 9871 號：魏潤庵、卓夢庵、沈連袍、劉夢鷗；9872 號：張家坤、許梓桑、林夢梅、邵福日、顏德輝。

[278] 刊載於漢文《臺灣日日新報》第 9893 號。作者分別有 9893 號：黃菊如、蔡敦輝、周野鶴、林夢梅。

[279] 刊載於漢文《臺灣日日新報》第 9985 號。作者分別有：林夢梅、吳如玉、魏潤庵、林子楨、盧子安、謝雪漁、曹秋圃、沈連袍。

[280] 刊載於漢文《臺灣日日新報》第 10014、10016、10017 號。作者分別有 10014 號：魏潤庵、謝雪漁、張家坤、周野鶴、劉克明；10016 號：陳愷南、劉學三、許寶亭、曹秋圃、顏德輝、邵福日、盧子安；10017 號：鄭晃炎、林夢梅、鄭兆璜、蔡敦輝、林子楨。

見報日期	詩　　題	詞　宗	掄　元	詩　作　本　文
10110 03.06.14	探海燈[281] 限東韻	黃贊鈞	陳愷南	海防夜敵破艨艟，廿四年前記舊功。 旋閃今猶光澤國，感人無限日俄中。
		林搏秋	黃贊鈞	巨光電閃怒潮紅，黑夜能窺敵艦通。 他日海門重礮火，察機仗汝策奇功。
10151 03.07.25	榕陰[282] 限支韻	謝雪漁	蔡敦輝	陌園一角榕陰地，鶴影鶯聲夏亦宜。 不有當年勤樹汝，于今焉得納涼時。
		魏潤庵	謝雪漁	高低密葉綴繁枝，讀畫雷前綠影垂。 任許松名人錯喚，清陰仍似在閩時。
10231 03.10.14	對月[283] 限先韻	魏潤庵	李遂初	良宵月色爽無煙，花下階前禮拜虔。 一事關心勤禱祝，人間盡似爾團圓。
		黃石衡	蔡痴雲	十分秋色照當宴[284]，樽酒餘歡幾廢眠。 往事未應傷潦倒，今宵與汝共團圓。
10276 03.11.28	座右銘[285] 限支韻	謝汝銓	林絳秋	殷盤周誥兩相宜，精一危微慎厥思。 摘要書銘敦夙夜，箴規勝過友兼師。
		黃純青	李石鯨	但憑方寸制權宜，奚用陳言戒一時。 為問洪荒都沒字，用何剞劂作箴規。
10366 04.02.27	春衣[286] 限庚韻	劉篁村	謝雪漁	落花粘袂曉寒輕，夏葛冬裘別有情。 衣錦未能如壯士，青衫瀟洒老諸生。
		謝雪漁	林子楨	一襲青衫乍製成，悔教夫婿賦長征。 錦袍賜到知何日，簾外春寒路幾程。

---

[281] 刊載於漢文《臺灣日日新報》第 10110、10115、10116 號。作者分別有 10110 號：陳愷南、黃贊鈞、謝汝銓、王自新；10115 號：魏潤庵、蔡敦輝、劉克明、邵福日；10116號：李神義、黃贊鈞、劉明祿、謝雪漁、李遂初、劉振傳。

[282] 刊載於漢文《臺灣日日新報》第 10151 號。作者分別有：謝雪漁、蔡敦輝、陳庭瑞、李紹唐、子清。

[283] 刊載於漢文《臺灣日日新報》第 10231、10232 號。作者分別有 10231 號：李遂初、蔡痴雲、陳庭瑞、楊嘯霞、歐陽朝煌、劉夢鷗、倪炳煌、鄭晃炎；10232 號：陳其春、劉克明、李遂初、倪登玉、顏德輝、卓夢庵、劉振傳。

[284] 編者按：「宴」字不合格律，恐為「筵」字之誤。

[285] 刊載於漢文《臺灣日日新報》第 10276 號。作者分別有：林絳秋、李石鯨、魏潤庵。

[286] 刊載於漢文《臺灣日日新報》第 10366、10367、10374 號。作者分別有 10366 號：謝雪漁、林子楨、李遂初、子清；10367 號：蔡敦輝、李遂初、葉蘊藍、駱子珊；10374 號：劉篁村、林夢梅、陳愷南、邵福日、駱子珊。

見報日期	詩　　題	詞　宗	掄　元	詩　作　　本　　文
10400 04.04.03	萬花會[287] 限麻韻	謝雪漁	魏潤庵	揚州太守擅風華，十萬花枝會競誇。 底事勸農偏不及，何如阪吉賽桑麻。
		劉克明	顏德輝	揚州宴罷醉流霞，穠李夭桃各自誇。 我愛寒梅高格調，不同俗卉鬥繁華。
10468 04.06.10	檳榔[288] 限支韻	黃石衡	魏潤庵	海南習俗感遷移，苦憶殷紅下唾時。 仗汝生津兼辟瘴，醉餘又復一中之。
		倪希昶	林夢梅	纍纍結子月明時，啖嚼偏教滋最宜。 絕好餘香留齒頰，南都風味幾人知。
10515 04.07.27	御紋章銀花瓶[289] 限真韻	謝雪漁	黃贊鈞 雙元	銀瓶鏤菊燦然新，寵錫恩同雨露仁。 亞聖家風千古重，賢王世冑萬民親。 三臺留住閭閻譽，百代存爲孫子珍。 遙憶當年駐駕日，園花沾惠豔如春。
		魏潤庵		
10602 04.10.23	玉屑飯[290] 限侵韻	謝雪漁	陳廷瑞	上界煙炊沒處尋，何來玉飯出寒林。 長生千古嗤秦漢，果腹曀憂到首黔。
10610 04.10.31	達摩面壁[291] 限真韻	黃石峻	魏潤庵	九載嵩山面壁身，禪宗精忍果無倫。 下帷我亦攻書苦，寂守青燈已十春。
		魏潤庵	黃贊鈞	幻形入石拂猶新，益信心堅佛自真。 何故當年孔夫子，面牆獨舉戒門人。

[287] 刊載於漢文《臺灣日日新報》第 10400、10403 號。作者分別有 10400 號：魏潤庵、顏德輝、許寶亭、吳鴻爐、李逐初、歐陽朝煌、駱子珊；10403 號：李逐初、子清、林夢梅、劉振傳、林子楨。

[288] 刊載於漢文《臺灣日日新報》第 10468 號。作者分別有：魏潤庵、林夢梅、李逐初、子清、林搏秋、謝雪漁。

[289] 刊載於漢文《臺灣日日新報》第 10515、10519、10521 號。作者分別有 10515 號：黃贊鈞、李石卿、子清、李逐初、魏清德；10519 號：葉蘊藍、劉夢鷗、李建興、曹秋圃、沈連袍；10521 號：倪炳煌、謝汝銓、許梓桑、林欽賜。

[290] 刊載於漢文《臺灣日日新報》第 10602、10606 號。作者分別有 10602 號：陳廷瑞、鄭晃炎、林石崖、子清、吳鴻爐；10606 號：李逐初、黃石衡、陳古漁、劉振傳、黃純青。

[291] 刊載於漢文《臺灣日日新報》第 10610、10611、10612、10614 號。作者分別有 10610 號：魏潤庵、黃贊鈞、子清、李逐初、曹秋圃；10611 號：許劍亭、劉克明、吳金土、曹秋圃、李逐初、蔡敦輝；10612 號：卓夢庵、子清、駱子珊；10614 號：黃菊如、陳古漁、李神義。

見報日期	詩題	詞宗	掄元	詩作本文
10641 04.12.01	懸崖菊[292] 限微韻	林石崖	倪炳煌	寒花御苑集芳菲，匿跡東籬事已非。 移上高山修靖節，逞妍不向帝王畿。
		李石鯨	余蘭碨	也知瘦蕾傲霜威，不慣籬邊對夕暉。 勒馬緩尋歸轡晚，南山佳色望崔巍。
10665 04.12.25	擁爐[293] 限陽韻	黃石衡	魏潤庵	寒灰細撥炭添忙，客到還堪暖酒漿。 憶共嬾殘煨芋夜，十年宰相話僧房。
		魏潤庵	黃石衡	禦寒熾炭煴初強，坐擁堪教過夜長。 休笑多烘頭腦舊，純青爐火有文章。
10716 05.02.15	寒山[294] 限庚韻	謝雪漁	劉振傳	雪飛空谷寂無聲，高鬐芙蓉一朵明。 誰把雲林孤○筆，嵯峨石骨寫幽情。
		劉篁村	卓夢庵	寒風颯颯滿山坑，古寺蕭條月色清。 別有幽人甘耐冷，漫天霜雪一○行。
10745 05.03.16	護花旛[295] 限真韻	黃純青	倪希昶	高飄竿上影翻新，一樣金鈴護美人。 撩亂東風都不管，芳菲好自展佳辰。
		賴子清	魏潤庵	一竿瀟洒掛芳辰，護住千紅萬紫春。 悟到色空空即色，心旌不動有何人？
10817 05.05.28	擇鄰[296] 限文韻	謝雪漁	魏潤庵	半村半郭吾將闢，非俗非僧子可群。 擬築三間茅屋近，過從晨夕共論文。
		黃石衡	魏潤庵	索居窮僻苦離群，大市喧囂厭俗氛。 揀得魚鹽蝦菜地，一鄉生計習於勤。

---

[292]刊載於漢文《臺灣日日新報》第 10641、10642~10644 號。作者分別有 10641 號：倪炳煌、余蘭碨、駱子珊、李神義、楊靜淵、黃贊鈞、林夢梅；10642 號：李逯初、林子楨、魏潤庵；10643 號：周野鶴、劉夢鷗、李逯初、子清；10644 號：林夢梅、李石鯨、葉蘊藍、駱子珊、黃贊鈞；惟余蘭碨非「瀛社」社員，茲因其掄元，故錄其作。

[293]刊載於漢文《臺灣日日新報》第 10665、號。作者分別有 10665 號：魏潤庵、黃石衡、卓夢庵、劉振傳、劉克明、葉蘊藍、子清、林夢梅；李逯初、柏舟、林欽賜。

[294]刊載於漢文《臺灣日日新報》第 10716、10729、10732 號。作者分別有 10716 號：劉振傳、卓夢庵、魏潤庵、劍亭；10729 號：魏潤庵、李逯初、劉克明、謝雪漁、子清；10732 號：劉振傳、李神義、黃石衡、李逯初、劍亭、葉蘊藍、子清。

[295]刊載於漢文《臺灣日日新報》第 10745、10759 號。作者分別有 10745 號：倪希昶、魏潤庵、子清、李神義、謝雪漁；10759 號：駱子珊、蔡敦輝、林欽賜、李神義、劉學三、葉蘊藍。

[296]刊於漢文《臺灣日日新報》第 10817 號。作者分別有：魏潤庵、許寶亭、子清、黃石衡。

見報日期	詩　　題	詞　宗	掄　元	詩　　作　　本　　文
10843 05.06.23	山居即事[297] 限刪韻	謝雪漁	張純甫	只須闢地背依山，便覺濤聲入耳閒。 起水魚蝦猶近市，隔江虎豹正當關。 立身已據千尋上，致力還思十畝間。 俗冗盡捐應自笑，嘯歌一事未能刪。
		魏潤庵	靜淵 楊長宗 （蘇澳）	願逐詩成賦考槃，何妨家近市廛間。 雲開笑對山千疊，夜靜吟清月半彎。 曉起獨行雙足健，老來高臥一身閒。 薜蘿且作簪纓看，何羨簞瓢巷有顏。
10884 05.08.03	題百馬圖[298] 限支韻	謝雪漁	魏潤庵	焦家圖百馬，骨相盡權奇。 神氣毫間現，雄心紙上馳。 驪黃非一樣，顧盼亦多姿。 十二天閑裡，如龍善取師。
		魏潤庵	李神義	善藏焦子筆，駿足百尤奇。 照夜驚曹霸，行空肖伯時。 關心瞻赤岸，回首憶黃池。 丁卯橋邊宅，慚爲老杜詩。
10950 05.10.09	待月[299] 限蒸韻	謝雪漁劉 篁村李石 鯨合選	1.李悌欽	兔魄秋應滿，今宵望未曾。 玉盤雲氣隱，寶鏡露光凝。 袁渚頻翹首，胡床且枕肱。 天衢千里盼，自有一輪升。
			2.魏潤庵	月近中秋好，涼宵景倍增。 鶴林來照未，牛渚紀吟曾。 光訝珠簾礙，高思畫閣憑。 漸看明鏡影，捧出白雲層。
10998 05.11.26	慵粧[300] 限麻韻	謝雪漁	魏潤庵	烏雲不綰髻盤鴉，鬖髮蓬蓬手尙叉。 疑是病愁疑中酒，一枝無賴海棠花。
		魏潤庵	劉振傳	粧閣生塵日愈加，無心梳洗嘆年華。 阿儂亦似長門怨，看到珍珠恨轉賒。

---

[297]刊載於漢文《臺灣日日新報》第 10843 號。作者分別有：張純甫、楊靜淵、李神義、陳庭瑞；惟楊靜淵非「瀛社」社員，茲因其掄元，故錄其作。

[298]刊載於漢文《臺灣日日新報》第 10884 號。作者分別有：魏潤庵、李神義、林子楨 、周野鶴、黃贊鈞。

[299]刊載於漢文《臺灣日日新報》第 10950 號。作者分別有：李悌欽、魏潤庵、李逐初、黃菊如、黃純青。

[300]刊載於漢文《臺灣日日新報》第 10998 號。作者分別有：魏潤庵、劉振傳、林子楨、倪炳煌、王自新。

見報日期	詩題	詞宗	掄元	詩作本文
11019 05.12.17	問梅[301] 限陽韻	黃石衡	林欽賜	梁父吟成句亦香，似曾相識到孤芳。 而今我欲江南去，先問仙妻裝未裝。
		林石崖	子清	獨憐標格冠群芳，問訊羅浮日日忙。 一自花魁初占後，不知調鼎幾星霜。
11053 06.01.21	屯山積雪[302] 限庚韻	李石鯨	葉蘊藍	漫空飛片片，六出玉壺清。 猶記袁安臥，曾傳道韞名。 觀音堆玉屑，屯嶺積瑤瓊。 北向高峰望，探梅待雨晴。
		黃菊如	子清	曉起屯峰望，山頭戴絮輕。 千岩青忽失，萬壑白縐平。 樂歲欣先兆，祥光喜早迎。 堆鹽如可糝，調鼎紹和羹。
11101 06.03.04	防空礮[303] 限尤韻	謝雪漁	黃菊如	藝術翻新戰術優，連珠高擊壯謨猷。 雄聲驚破敵人膽，煙餤轟騰雲漢浮。
		黃贊鈞	黃文虎	曾傳碧落破飛舟，迫擊還須輕氣球。 勝卻健兒多十萬，嚴防戰線有長鉤。
11157 06.05.06	春茶[304] 限麻韻	魏潤庵	劉學三	春雨釀成白露芽，玉泉仙掌未堪誇。 山前山後山歌起，認否經年姐妹花。
		黃石衡	林欽賜	茗碗和香吸碧霞，半甌泛綠勝梅花。 任他銀栗翻顏色，獨愛春山雪寶茶。
11188 06.06.06	村婦[305] 限麻韻	黃石衡	邵福日	阿儂居處遠村家，採罷新桑又採茶。 歸到草堂燈火後，誰憐貌美竟如花。
		劉篁村	王省三	淡粧端合野人家，井臼親操復績麻。 卻笑時髦誇絕代，無能生產尚奢華。

[301]刊載於漢文《臺灣日日新報》第 11019 號。作者分別有：林欽賜、子清、劉明祿、魏潤庵、卓夢庵。

[302]刊載於漢文《臺灣日日新報》第 11053 號。作者分別有：葉蘊藍、子清、王少濤。

[303]刊載於漢文《臺灣日日新報》第 11101、11105、11108 號。作者分別有 11101 號：黃菊如、黃文虎、魏潤庵、黃贊鈞、劉振傳；11105 號：鄭克明、魏潤庵、倪炳煌、黃菊如、李聯璧、黃炳南；11108 號：王自新、劍亭、陳古漁、黃文虎、黃菊如、駱子珊。

[304]刊載於漢文《臺灣日日新報》第 11157 號。作者分別有：劉學三、林欽賜、吳鴻爐、葉蘊藍。

[305]刊載於漢文《臺灣日日新報》第 11188 號。作者分別有：邵福日、王省三。

見報日期	詩　　題	詞　宗	掄　元	詩　作　本　文
11262 06.08.19	茶煙[306] 限先韻	劉篁村	周野鶴	如雲如霧颺吟邊，知是樵青活火煎。 玉乳半壺浮蟹眼，香塵幾縷勝龍涎。 目前飛雪夢初醒，腋下生風人欲仙。 底事胎禽多所畏，引吭避去獨高騫。
		魏潤庵	許梓桑	壺中滾滾沸新泉，一縷微茫活火煎。 雋味初嘗胸忽爽，清香乍試口生涎。 不同輕散連雲際，時見朦朧繞榻前。 有客漫吟消永晝，好烹雀舌話詩緣。
11284 06.09.10	涼秋[307] 限尤韻	黃贊鈞	林夢梅	碧階無限爽，玉露有餘幽。 夔府砧聲冷，吳江客夢愁。 天寒憐老鶴，霜重感浮鷗。 杜甫哀時淚，烽煙故國秋。
		賴子清	蔡痴雲	天氣寒猶未，詩心已覺幽。 秋深風颯爽，夜靜月溫柔。 涼味來高枕，吟聲出小樓。 淒清人不寐，異域苦淹留。
11307 06.10.04	月鏡[308] 限庚韻	謝雪漁	魏潤庵	澄徹何時說鑄成，每從良夜倍晶明。 照人喜作團團面，對汝光含脈脈情。 亙古菱花塵不染，千秋桂樹魄長清。 記曾客舍逢開匣，盼到參橫日欲生。
		黃菊如	王兩傳 省三	長空萬籟寂無聲，寶鏡高懸照太清。 圓缺佳人都抱恨，昇沉旅客最關情。 匣中乍見吳剛影，夢裡曾書闕澤名。 昨夜深閨傷月蝕，今宵破鏡更重明。
11358 06.11.24	謁臺北聖廟[309] 限陽韻	魏潤庵	謝雪漁	落日圓山路，驅車謁聖堂。 龍峒新廟貌，麟史舊文章。 壇杏春應好，池芹夏自香。 絃歌鯤島遍，風教復隆昌。

[306]刊載於漢文《臺灣日日新報》第 11262 號。作者分別有：周野鶴、許梓桑、洪玉明、李建興、卓夢庵。

[307]刊載於漢文《臺灣日日新報》第 11284 號。作者分別有 11284 號：林夢梅、蔡痴雲。

[308]刊載於漢文《臺灣日日新報》第 11307、11308、11310、11312 號。作者分別有 11307號：魏潤庵、王省三、黃贊鈞、李神義；11308 號：子清、李逵初、蔡痴雲、劉夢鷗；11310 號：駱子珊、洪玉明；11312 號：林夢梅、黃菊如、謝雪漁。

[309]刊載於漢文《臺灣日日新報》第 11358~11360 號。作者分別有 11358 號：謝雪漁、子清、黃贊鈞、林夢梅、林搏秋；11359 號：葉蘊藍、施瘦鶴、劉夢鷗、魏潤庵；11360 號：劍亭、王省三、洪玉明、林子楨、李逵初。

見報日期	詩題	詞宗	掄元	詩作本文
		林石崖	賴子清	龍岫參聖域，齋沐仰宮牆。 道統乾坤大，文章世代昌。 維誠昭洞洞，如在本洋洋。 墜緒茫茫日，欣瞻禮樂彰。
11414 07.01.20	畫石[310] 限蕭韻	魏潤庵	洪玉明	崚嶒一幅氣凌霄，閱盡滄桑歲月遙。 我亦襟懷同磊落，苔岑情契自朝朝。
		劉篁村	李神義	山骨嶙嶙筆底描，小齋坐對興偏饒。 倘教掛在達摩室，頑性居然首不搖。
11442 07.02.17	春泥[311] 限真韻	賴子清	陳其春	雪泥鴻爪屬高人，驢背尋梅跡已陳。 漫說嶺頭嫌路滑，風流獨占灞橋春。
		黃菊如	黃文虎	鴻爪留痕歲自新，營巢繡戶燕銜頻。 封關觸起英雄膽，牖下難甘老一身。
11479 07.03.25	春寒[312] 限東韻	趙雲石	劉翠岩	艷陽天氣霧煙籠，點點階前雪未融。 冷迫柳眉憐鎖翠，寒侵桃臉怨消紅。 瀟瀟細雨凄涼裡，剪剪疏風寂寞中。 願乞東皇頻送暖，莫教凍損到芳叢。
		鄭養齋	歐劍窗	未成春服雪初融，簾外關心累漢宮。 鎖恨柳眉慵掃黛，含愁桃臉倦消紅。 鶯停織錦權時變，燕不含泥際遇窮。 莫笑披裘真踽踽，溫和時到便豪雄。
11486 07.04.01	報午機[313] 限灰韻	王了庵	魏潤庵	上方鐘鼓曉昏催，日到中天響似雷。 甚欲呼君為典午，共他雞幘報時來。
		施梅樵	黃春潮	不是雞人報曉來，不如魚漏夜深催。 午餐煩汝鳴聲急，臣朔飢腸忍幾回。

---

[310]刊載於漢文《臺灣日日新報》第 11414、11417、11418、11421 號。作者分別有 11414
號：洪玉明、李神義；11417 號：黃贊鈞、李逯初、劉克明、賴子清、王省三；11418
號：黃承順、林子惠；11421 號：卓夢庵、施瘦鶴、黃文虎。

[311]刊載於漢文《臺灣日日新報》第 11442 號。作者分別有：陳其春、黃文虎、洪玉明、李
神義、林子惠。

[312]刊載於漢文《臺灣日日新報》第 11479 號。作者分別有：劉翠岩、歐劍窗、杜仰山。惟
劉翠岩非「瀛社」社員，茲因其掄元，故錄其作。

[313]刊載於漢文《臺灣日日新報》第 11486 號。作者分別有：魏潤庵、黃春潮。

見報日期	詩　題	詞　宗	掄　元	詩　作　本　文
11493 07.04.09	屯山積雪[314] 限文韻	莊太岳	陳魯詹	遙對觀音嶂，寒光薄夕曛。 瓊樓堆疊疊，鴻爪印紛紛。 歲是豐年兆，人來大雅群。 竹湖花欲放，壓幹已三分。
		邱筱園	杜仰山	知天公玉戲，屯嶺落紛紛。 心苦歌黃竹，眼花訝白雲。 鴉翻明古渡，鴻印冷斜曛。 盈尺豐年瑞，惠連賦早聞。
11554 07.06.09	新荷[315] 限真韻	謝雪漁	許劍亭	解慍風來點點新，青錢三五不憂貧。 可憐擎雨嬌無力，難護鴛鴦夢裡身。
		魏潤庵	劉篁村	水心亭外憶佳人，一榻薰風馥面新。 嫁杏遣梅常寂寞，凌波仙子又相親。
11575 07.06.30	螢燈[316] 限先韻	劉篁村 黃石衡	蔡痴雲 雙元	幾點庭除入夜天，似燒紅燭冷無煙。 能光還是星星火，普照應難遍大千。
11602 07.07.27	義方居雅集[317] 限元韻	王少濤	廖藏芝	家系青蓮澤有源，令名豈讓寶家尊。 今朝韻事留千古，朗朗詩星萃一門。
		許劍亭	蔡敦輝	卜居師寶範堪尊，丹桂香飄積德門。 今日揚風兼扢雅，欣看伯仲叶箎塤。
11608 07.08.02	金炭[318] （分詠格）	蔡敦輝	李神義	擲地有聲寒可辟，鑿山無價夜能溫。
		卓夢庵	黃文虎	鑄君為報家臣績，吞汝深懷國士風。

[314]刊載於漢文《臺灣日日新報》第 11493 號。作者分別有：陳魯傳、杜仰山、林欽賜。惟左元陳魯傳雖非「瀛社」社員，但因其掄元，當錄其作，因該期字跡不明，故只錄右元。

[315]刊載於漢文《臺灣日日新報》第 11554、11566、11568、11572 號。作者分別有 11554 號：劍亭、劉篁村；11566 號：劍亭、駱子珊、林子惠；11568 號：李逐初、魏潤庵；11572 號：卓夢庵、林摶秋、黃文虎、洪玉明、施瘦鶴、陳郁文、林子楨。

[316]刊於漢文《臺灣日日新報》第 11575、11577、11580、11582 號。作者有 11575 號：蔡痴雲、王省三、劉克明、駱子珊；11577 號：卓夢庵、魏潤庵、黃菊如、子清；11580 號：劍亭、魏潤庵、李逐初、卓夢庵；11582 號：施瘦鶴、黃贊鈞、劉振傳。

[317]刊載於漢文《臺灣日日新報》第 11602、11603、11605、11606 號。作者分別有 11602 號：廖藏芝、蔡敦輝、張鶴年、駱子珊、李石鯨；11603 號：卓夢庵、李少濤、陳庭瑞；11605 號：景光、子潤、山房、秋鶴；11606 號：林蓬萊、葉蘊藍、陳庭瑞。

[318]刊載於漢文《臺灣日日新報》第 11608 號。作者分別有 11608 號：李神義、黃文虎。

見報日期	詩題	詞宗	掄元	詩作本文
11621 07.08.15	涼味 [319]		李神義	薰風習習拂垂楊，省卻佳人雪藕忙。 消受最宜移榻去，滿天涼思迫幽篁。
11646 07.09.09	書枕 [320] 限庚韻	魏潤庵	陳古漁	眼倦殘篇作枕橫，此中偃仰有餘情。 秋齋寂寞無人到，臥聽瀟瀟夜雨聲。
		劉篁邨	魏潤庵	充棟圖書一室橫，移些作枕見高情。 不須更向邯鄲乞，聖道原無夢幻生。
11663 07.09.27	秋後熱 [321] 限陽韻	黃石衡	王省三	怪底中秋有豔陽，西風再熱異尋常。 消炎愛用班妃扇，舒恨愁窺宋玉墻。 不信三秋能爛石，應知六月亦飛霜。 何當百尺高樓上，暮雨蕭蕭送晚涼。
		林石崖	魏潤庵	才覺晨昏露氣涼，火雲如蓋又高張。 庭榕葉落難遮日，籬菊花開不傲霜。 單著輕衫猶苦熱，重勞團扇敢辭忙。 來鴻去燕期無愧，節序何因忽失常。
11694 07.10.28	松徑 [322] 限真韻	黃石衡	李神義	森森翠影覆苔新，為愛濃陰策杖頻。 樗櫟而今滿天下，凌空勁節有誰倫？
		賴鶴洲	曾笑雲	夏社當年事已陳，陰濃小徑鶴逡巡。 何如廣闊盤根地，風雨空山動甲鱗。
11714 07.11.17	孤雁 [323] 限魚韻	魏潤庵	李遂初	隻影單飛渡太虛，月明湘水一聲徐。 伶仃戍婦飄零客，根觸西風破夢初。

[319] 刊載於漢文《臺灣日日新報》第 11621 號。作者分別有 11621 號：李神義。茲因缺張之故，故只錄左四右五之作，以見一般。

[320] 刊載於漢文《臺灣日日新報》第 11646、11647、11657、11658 號。作者分別有 11646 號：陳古漁、魏潤庵、子清、黃承順；11647 號：卓夢庵、葉蘊藍、金土；11657 號：施瘦鶴、蔡石奇、王自新、邵福日；11658 號：林子楨、卓夢庵、洪玉明、李神義、許劍亭。

[321] 刊載於漢文《臺灣日日新報》第 11663、11665、11673、11675、11678 號。作者分別有 11663 號：王省三、魏潤庵、子清、劍亭；11665 號：洪玉明、子清、李神義；11673 號：黃福林、李遂初、卓夢庵；11675 號：駱子珊、邵福日、劉克明；11678 號：黃贊鈞、許劍亭、黃承順。

[322] 刊載於漢文《臺灣日日新報》第 11694 號。作者分別有：李神義、曾笑雲、蔡火慶、王省三。

[323] 刊載於漢文《臺灣日日新報》第 11714 號。作者分別有：李遂初、李神義、子清、魏潤庵、曾笑雲。

見報日期	詩　　題	詞宗	掄　元	詩　作　本　文
		曾笑雲	李神義	叫斷衡陽顧影疏，平沙萬里感何如？ 稻粱只爲兒孫計，關塞勞形獨笑渠。
11747 07.12.20	畫菊[324] 限虞韻	謝雪漁	子清	壁間誰繪傲霜株，淡淡秋容鶴樣臞。 三徑渾疑香欲動，數枝如見墨初濡。 毫端點綴花多少，籬畔模糊雪有無。 添箇淵明來採擷，悠然一幅聚芳圖。
		劉篁村	魏潤庵	簾捲西風入畫圖，吮毫伸紙伴奚奴。 黃宜淺設花彌淡，青試濃施葉轉腴。 數朵凌霜頭可插，一枝和露手親摹。 憑誰持換鄰家釀，取醉東籬不待沽。
11783 08.01.26	臘鼓[325] 限鹽韻	謝雪漁	陳鑑昌	莫訝鼕鼕爲戒嚴，送將殘臘歲豐占。 催花若比開元日，已兆漁陽劫火炎。
		魏潤庵	曾笑雲	鼕鼕響漏六街漸，大好年光去不淹。 我亦吟魂被催動，塡然一氣祭詩嚴。
11796 08.02.08	種梅[326] 限覃韻	謝雪漁	賴鶴洲	自鋤明月種窗南，驅蠹澆泉日二三。 佇看他年花實茂，大材調鼎豈空談。
		賴鶴洲	葉蘊藍	移根我愛取江南，灌水三分法已諳。 初得神仙新眷屬，心期香夢可同酣。
11831 08.03.15	班超投筆[327] 限東韻	黃贊鈞	劉篁村	小技雕蟲愧小功，毛錐辭卻遠從戎。 延平奮起擔家國，儒服焚來一樣雄。
		李神義	曾笑雲	數奇莫歎厄英雄，萬里胡塵一掃空。 我亦從軍思倔起，不甘愚守管城中。

---

[324] 刊漢文《臺灣日日新報》第 11747 號。作者有：子清、魏潤庵、李神義、林子楨、曾笑雲。

[325] 刊載於漢文《臺灣日日新報》第 11783、11791、11794 號。作者分別有 11783 號：陳鑑昌、曾笑雲、王自新；11791 號：李神義、施瘦鶴、林子楨、陳友梅；11794 號：林子惠、洪玉明、葉蘊藍、劉振傳。

[326] 刊載於漢文《臺灣日日新報》第 11796、11799、11800 號。作者分別有 11796 號：賴鶴洲、葉蘊藍、魏潤庵、卓夢庵、黃文虎；11799 號：賴鶴洲、施瘦鶴、劍亭、李逢初；11800 號：李少庵、曾笑雲、謝雪漁、魏潤庵、李神義。

[327] 刊載於漢文《臺灣日日新報》第 11831、11837 號。作者分別有 11831 號：劉篁村、曾笑雲、黃文虎、葉蘊藍；11837 號：施瘦鶴、魏潤庵、駱友漁、謝雪漁、林子楨。

見報日期	詩　題	詞　宗	掄　元	詩　作　本　文
11874 08.04.28	五月幟[328] 限東韻	魏潤庵	王自新	化龍不去大江東，偏在竿頭拂晚風。 吸浪禹門他日事，幾番搖颺入雲中。
		李悌欽	林子楨	鯉旗高掛畫樓東，正值榴花照眼紅。 添一兒孩添一幟，竿頭搖曳幾英雄。
11902 08.05.26	諸葛渡瀘[329] 限支韻	連雅棠	黃菊如	徼外炎荒五月時，欲酬三顧建雄師。 縱擒原是攻心策，腥穢何難羽扇麾。
		謝雪漁	連雅棠	驅遣風雲濟六師，南荒驚拜漢家旗。 瀘江五月波如沸，羽扇綸巾獨出奇。
11922 08.06.15	竹陰[330] 限庚韻	魏潤庵	李遂初	等似淇園个个明，侵窗覆砌午風清。 最宜移榻瀟疏裡，讀竟南華蝶夢成。
		李遂初	黃菊如	虛心涵蓋綠天清，喧拂時聞戛玉聲。 待到凌雲棲鳳日，萬竿垂綠蔭蒼生。
11983 08.08.15	照空燈[331] 限先韻	魏潤庵	廖藏芝	電波燄影互諸天，掩護蒼生制敵先。 但見金光從地射，尤勝鐵網向空懸。 人間勝負窮精力，機械爭衡炫秘研。 仗此文明新利器，不愁夜襲得安全。
		賴鶴洲	魏潤庵	遠處微聞暴響傳，敵機未到制機先。 輝添璧月空中照，狀勝銀河夜半懸。 萬戶燈光齊管束，九天星宿失鉤連。 是真明足秋毫察，錦繡江山賴保全。

---

[328] 刊載於漢文《臺灣日日新報》第 11874、11883、11889 號。作者分別有 11874 號：王自新、林子楨、林子惠、駱子珊、曾笑雲；11883 號：駱子珊、劉振傳、林子楨、卓夢庵、葉蘊藍、李遂初；11889 號：陳鑑昌、曾笑雲、劉振傳、王自新、林欽賜。

[329] 刊載於漢文《臺灣日日新報》第 11902、11903、11905 號。作者分別有 11902 號：黃菊如、黃文虎、魏潤庵；11903 號：謝雪漁、李金燦、魏潤庵、林欽賜；11905 號：黃承順、張家坤、金土、葉鍊金、子清。

[330] 刊載於漢文《臺灣日日新報》第 11922、11937、11940 號。作者分別有 11922 號：李遂初、黃菊如、曾笑雲、陳伯華；11937 號：陳根泉、葉蘊藍、蔡敦輝；11940 號：黃菊如、施瘦鶴、蔡敦輝、駱子珊、李悌欽、許寶亭。

[331] 刊載於漢文《臺灣日日新報》第 11983、11985、11994 號。作者分別有 11983 號：廖藏芝、魏潤庵、李石鯨；11985 號：葉蘊藍、曾笑雲、許梓桑、張一泓、林欽賜；11994 號：倪登玉、駱子珊、林子楨、子清。

見報日期	詩 題	詞 宗	掄 元	詩 作 本 文
12006 08.09.05	題前赤壁圖₃₃₂ 限虞韻	陳郁文	賴子清	赤壁圖堪贊，前遊憶大蘇。 舟徐星在水，月滿雪當蘆。 南去吟烏雀，東流駕舳艫。 興亡都不管，達旦更提壺。
		賴子清	陳伯華	孫曹鏖戰處，半幅未糊塗。 萬頃波濤白，千秋岸壁朱。 火曾燒北魏，月自照東吳。 留畫還留賦，輕舟載大蘇。
12036 08.10.08	觀月艇³³³ 限侵韻	謝雪漁	魏潤庵	艇小宜觀月，篙師力易任。 悠揚忘夜半，欸乃到波心。 目送懸空鏡，愁生搗練碪。 江湖吾欲老，身世感蹄涔。
		黃石衡	林子惠	良宵知不再，聯袂俯清潯。 槎遠銀河近，舟輕赤壁尋。 流觴多少醉，載月去來吟。 夜半歸篷繫，蘆花淺水陰。
12087 08.11.28	僧鞋菊³³⁴ 限先韻	林絳秋	李少菴	笑他秋色學參禪，蕊蕊伽趺帶晚煙。 疑是達摩拋去後，西風吹掛短籬邊。
		謝雪漁	李逐初	雙雙瘦蕊放籬邊，露冷霜寒倍可憐。 疑是上人禪夜月，更深趺足入床眠。
12111 08.12.22	鐵硯³³⁵ 限陽韻	謝雪漁	陳伯華	迥異端溪石，磨穿記姓桑。 銘留蟲篆舊，凹聚麝煤香。 翰墨緣千古，鑪錘煅一方。 勞勞同鑄錯，半世筆耕忙。

---

332 刊於漢文《臺灣日日新報》第 12006、12010、12014、12019 號。作者分別有 12006 號：
子清、陳伯華、魏潤庵、駱子珊；12010 號：曾笑雲、蔡石奇、洪玉明；12014 號：黃
福林、劍亭、劉振傳、駱鐵花；12019 號：施瘦鶴、黃承順、林搏秋、陳根泉、卓夢庵。

333 刊載於漢文《臺灣日日新報》第 12036、12046、12050 號。作者分別有 12036 號：魏潤
庵、林子惠、林欽賜、駱子珊、劉振傳；12046 號：曾笑雲、陳伯華、劍亭、謝雪漁、
倪炳煌；12050 號：金土、陳鑑昌。

334 刊載於漢文《臺灣日日新報》第 12087、12095、12096、12099 號。作者分別有 12087
號：李少庵、李逐初、林夢梅、駱子珊；12095 號：林欽賜、陳伯華、劍亭、高文淵、
林子惠；12096 號：倪炳煌、蔡火慶、李少庵；12099 號：子清、簡荷生、林錫麟。

335 刊載於漢文《臺灣日日新報》第 12111、12114、12116 號。作者分別有 12111 號：陳伯
華、謝尊五；12114 號：子清、林子惠；12116 號：高石泉、葉蘊藍、黃笑園、蔡痴雲、
李逐初、劉萬傳、簡荷生、施瘦鶴。

見報日期	詩　題	詞　宗	掄　元	詩　作　本　文
		賴鶴洲	謝尊五	百鍊心同鑄，持堅羨姓桑。 鎔金凹聚墨，攻玉鏤凝霜。 拂拭供書案，研磨伴筆床。 莫因鑽故紙，大錯笑詞場。
12148 09.01.29	雪達摩[336] 限寒韻	謝雪漁	黃笑園	莊嚴皎潔影形單，一笑拈花六出寒。 記得化身歸北浦，當空紅日上三竿。
		黃石衡	卓夢庵	堆鹽造像坐銀盤，髼鬆佛身面面團。 兒輩何知空色相，偏形色相與人看。
12159 09.02.09	迎春[337] 限先韻	謝雪漁	林錫麟	駕接東郊萬彙妍，河山生色入新年。 仙莊綵仗沾紅雨，驛路青旗罩翠煙。 三擊土牛排帝轡，一聲黃鳥喚公田。 六宮宮闕齊開日，傳柬飛觴賦誥然。
		林石崖	謝雪漁	泥牛拂曉試春鞭，循例官家勸力田。 紫陌繡旗明麗日，青郊芝蓋繞祥煙。 山河氣象蓬蓬遠，禾麥耕耘著著先。 萬類欣沾新雨露，東皇德澤總無偏。
12193 09.03.15	情[338] 限魚韻	謝雪漁	魏潤庵	一味纏綿困不舒，從教多累轉愁予。 如蠶作繭難拼脫，似蔓逢春費剪除。 欲保中庸憑禮節，能忘太上失恩疏。 年來義理常參證，專用還嗔漸載胥。
		魏潤庵	曾笑雲	古今同慨倏親疏，交誼空傳引笠車。 冷暖任人多反覆，怨恩及我欲何如。 歡含脈脈知無限，想繼綿綿悔有餘。 深恐相思深一往，痴男痴女愛難除。

---

[336]刊載於漢文《臺灣日日新報》第 12148、12153、12157、12158 號。作者分別有 12148 號：黃笑園、卓夢庵、吳金土、林錫牙；12153 號：黃贊鈞、林榮、李少庵、李神義、劍亭；12157 號：洪玉明、倪炳煌、曾笑雲、陳伯華、李遂初；12158 號：李神義、謝雪漁、曾笑雲、吳金土、林子楨、許劍亭。

[337]刊載於漢文《臺灣日日新報》第 12159、12166、12173、12176、12184 號。作者分別有 12159 號：林錫麟、謝雪漁；12166 號：林錫牙、葉蘊藍；12173 號：曾笑雲、劉萬傳、黃菊如、子清；12176 號：黃笑園、高文淵、周清流、卓夢庵；12184 號：洪玉明。

[338]刊載於漢文《臺灣日日新報》第 12193、12194、12197、12198、12200 號。作者分別有 12193 號：魏潤庵、曾笑雲、林錫牙、金土；12194 號：陳伯華、卓夢庵；12197 號：林榮、王自新、曾笑雲、林子惠、倪炳煌；12198 號：李遂初、子清、葉蘊藍、黃菊如；12200 號：高文淵、劍亭。

見報日期	詩　　題	詞宗	掄元	詩　作　本　文
12209 09.03.31	壽星[339] 限尤韻	謝雪漁	林錫牙	清平象緯望皇州，一顆排空出斗牛。 皎潔有光同月滿，圓融無敵恰雲收。 人間瑞應多耆宿，天上規含總列侯。 喜見九霄臨徹夜，主臣從此盛春秋。
		倪希昶	卓夢庵	南極生輝照九州，懸弧今夕正添籌。 人間煥彩三多祝，天上垂光百祿遒。 好與乾坤稱不老，還同日月耀高樓。 願教鶴算龜齡遠，歲歲花朝共唱酬。
詩報79 09.04.15	螺溪硯[340]	謝雪漁	賴子清 （左28）	一塊堅貞琢就難，涵星類月鎮文壇。 端溪未必螺溪勝，學海和如硯海寬。 聚愛麝煤香乍發，凹留鸜眼露初團。 韓流蘇派詞源湧，藉此時翻筆下瀾。
		賴鶴洲	倪炳煌 （右28）	奔流濁水出西螺，琢硯溪頭美石多。 銅鐵爐中殊敁鑄，泥沙谷底費搜羅。 方圓大小隨形造，斑駁黝蒼揀質磨。 不讓右軍風字好，寫經應許換籠鵝。
12287 09.06.18	毛遂[341] 限庚韻	倪（朝） 煌[342]	劉萬傳	平原肉眼久相輕，說變自求欲闖名。 雖是囊錐能穎脫，全憑舌劍得從盟。 三千門下羞無用，十九人中愧共行。 羨汝奇才為趙國，一時聲勢使秦驚。
		賴子清	陳鑑昌	未脫囊錐每被輕，合縱自贊備員行。 參謀欲救秦圍解，設策須連楚主盟。 按劍登壇群色變，捧盆歃血眾心傾。 當堂利舌揮三寸，遠勝貔貅百萬兵。

---

[339]刊載於漢文《臺灣日日新報》第 12209、12214、12217、12220、12221 號。作者分別有 12209 號：林錫牙、卓夢庵、高文淵；12214 號：駱子珊；12217 號：陳古漁、李遂初、黃笑園；12220 號：陳根泉、子清、倪登玉、陳伯華；12221 號：蔡敦輝、林子楨、林子惠、黃承順、吳金土、黃菊如（二人均另題為〈甲戌花朝呈瀛社諸吟友〉）。

[340]刊載於《詩報》第 79 號。作者分別有 79 號：倪炳煌、賴子清、鄭蛻窩、許飛熊、張篁川、王大俊、文淵生、謝秀峰、陳氏霞仙、賴榮俊、鍾傳宗、謝森鴻、王竹修、陳氏霞卿、連林榮、陳春林、鮑梁臣、賴照熙。

[341]刊載於漢文《臺灣日日新報》第 12287 號。作者分別有：劉萬傳、陳鑑昌、施瘦鶴、高文淵、黃菊如。

[342] 編者按：「朝」疑為「炳」字之誤。

見報日期	詩題	詞宗	掄元	詩作本文
12308 09.07.09	下灘舟[343] 限歌韻	劉學三	黃笑園	隨流破浪急如何，險若當時七里過。 幸有美人木蘭槳，管他身外起風波。
		洪玉明	黃笑園	淺沙難住三篙水，急浪沖開七里波。 一葦放流同發弩，回頭溯上感如何。
12328 09.07.29	午枕[344] 限支韻	謝雪漁	魏潤庵	不向繩床設，仍教竹簟隨。 日長容小睡，頭重許高攲。 塒未棲雞候，人方化蝶時。 邯鄲名利客，一借竟成痴。
		魏潤庵	張鶴年	豈向遊仙借，風輕已半攲。 鹿蕉懷禦寇，槐蟻睡希夷。 我聽秋濤慣，人貪午夢痴。 枕戈誰待旦，家國正危時。
12374 09.09.13	大屯夕照[345] 限東韻	江亢虎	魏潤庵	十萬閭閻返照中，屯山高拱若屏風。 輪銜海峽瀾翻紫，影入霜林樹帶紅。 嶺畔歸牛誰扣角，雲邊征雁漫書空。 屠沽散盡無知己，把酒登臨對夕虹。
		謝雪漁	林連榮	屯峰千仞欲摩空，西挹餘輝景色隆。 瀲灩江流長出北，飄揚樹影竟移東。 廚煙起處添山翠，巢鳥歸時帶日紅。 對峙觀音原不老，桑榆慨莫與人同。
12386 09.09.25	醉月[346] 限真韻	謝雪漁	曾笑雲	攜酒南窗上，秋光萬里新。 愁憑紅友解，影對素娥親。 舉手觸飛羽，當頭鏡滿輪。 團圓逢此夕，忍作獨醒人。

---

[343] 刊載於漢文《臺灣日日新報》第 12308~12310 號。作者分別有 12308 號：黃笑園、林錫牙；12309 號：林子惠、陳根泉、林榮；12310 號：林錫麟、曾笑雲、倪登玉、張瀛洲、林欽賜。

[344] 刊載於漢文《臺灣日日新報》第 12328、12338、12340 號。作者分別有 12328 號：魏潤庵、張鶴年、高文淵；12338 號：葉蘊藍、謝雪漁、曾笑雲；12340 號：陳伯華、林子惠、李遂初。

[345] 刊載於漢文《臺灣日日新報》第 12374、12378、12380 號。作者分別有 12374 號：魏潤庵、林連榮；12378 號：曾笑雲、黃菊如、子清、賴獻瑞；12380 號：林石崖、倪登玉。

[346] 刊載於漢文《臺灣日日新報》第 12386、12392 號。作者分別有 12386 號：曾笑雲、林錫牙、陳伯華、洪玉明；12392 號：毓癡、黃承順、劉萬傳。

見報日期	詩　　題	詞　宗	掄　元	詩　作　　本　　文
		林石崖	林錫牙	笑學謫仙人，飛觴對一輪。 酒拚金谷數，魂濯玉壺新。 照影頹然臥，如泥爛矣真。 眼中天地小，蟾兔絕紅塵。
12443 09.11.22	網溪觀菊[347] 限陽韻	魏潤庵	曾笑雲	曼陀園映好風光，爛漫開來滿眼黃。 花自傲霜人傲世，賞心何礙過重陽。
		賴鶴洲	洪玉明	東籬老圃好風光，點綴寒英爛漫香。 不少過江名士輩，秋來都為看花忙。
12473 09.12.22	陳蕃榻[348] 限元韻	施梅樵	魏潤庵	何人容鼾睡，楊尙美陳蕃。 東漢流風近，南州處士尊。 久懸勞想念，頻下喜溫存。 吾亦藜床設，同誰氣節論。
		鄭永南	施梅樵	太守能青眼，南州獨感恩。 禮賢懷仲舉，雅量勝平原。 枕簟清無夢，風霜夜自溫。 豫章傳軼事，始覺布衣尊。
12513 10.02.01	飯後鐘[349] 限虞韻	謝雪漁	駱友漁	寺院三餐有定循，鐘鳴飯後是何因。 無關錯打庖廚役，故意刁難寄食賓。 志士雖然遭厄餓，沙門未免太酸辛。 安期出道重游日，題壁詩繭恐染塵。
		倪炳煌	卓夢菴	太息闍黎厭客貧，一聲鐘響一酸辛。 餓夫已有嗟來恥，志士寧無飯後嚬。 漫把屈伸誇俊傑，且將勢利論僧人。 不教王播身名顯，那得詩籠壁上珍。

347刊載於漢文《臺灣日日新報》第 12443 號。作者分別有 12443 號：曾笑雲、洪玉明、子清、張瀛洲、陳鑑昌、林子惠、楊嘯霞。

348刊載於漢文《臺灣日日新報》第 12473、12477 號。作者分別有 12473 號：魏潤庵、施梅樵、林子楨、黃承順、謝雪漁；12477 號：劍亭、高文淵、林子惠、陳伯華、卓夢庵。

349刊載於漢文《臺灣日日新報》第 12513、12517 號。作者分別有 12513 號：駱友漁、卓夢庵、金土；12517 號：蔡敦輝、林錫牙、劉學三、黃福林、黃菊如。

見報日期	詩　　題	詞　宗	掄　元	詩　作　本　文
12518 10.02.06	百合花[350] 限陽韻	施梅樵	林錫麟	朵朵蘼蕪裡，苗條認細長。 進枝同姐妹，豔色判丹黃。 最合堂中靜，何當野外香。 挾邪吾愧汝，好作辟邪方。
		謝雪漁	林錫牙	合將花姊妹，小字玉屆娘。 稱意人皆愛，邀歡夜自香。 野風分寶蒜，山雨搗玄霜。 念我邪猶挾，相思樂最良。
12554 10.03.14	筆戰[351] 限寒韻	謝雪漁	曾笑雲	當作長槍大戟看，風雲驅遣落毫端。 才誇醉草千軍掃，夢兆生花五色攢。 勢愛翻瀾橫墨海，鋒驚入木據文壇。 談兵紙上休空笑，瑞彩曾將氣象干。
		劉篁村	子清	三寸毛錐上將壇，筆花權作劍花看。 班投豈必封侯易，江夢焉知拜爵難。 攻入管城如破竹，蕩平學海可安瀾。 有功造化須勤補，何用殲人鬥實彈。
12575 10.04.05	社雨[352] 限先韻	謝雪漁	黃笑園	五戊逢瀟洒，催詩祠祭天。 春泥花徑滑，寒酒錦江傳。 鶯燕交愁濕，雞豚共祝年。 萬絲供坐賞，好結白蓮緣。
		魏潤庵	賴獻瑞	賽社逢時雨，筐詩想未然。 頻沾田祖蓆，輕洒野人筵。 蒲展濡青帶，禾平濕綠氈。 立春當五戊，甘澍兆豐年。
12580	二分春色[353]	林石崖	林子惠	色相皆空千古佛，綠楊分作二家春。

---

[350] 刊於漢文《臺灣日日新報》第 12518~12520 號。作者分別有 12518 號：林錫牙、黃笑園、林子惠；12519 號：林欽賜、賴獻瑞、曾笑雲；12520 號：李逐初、陳愷南、許劍亭。

[351] 刊載於漢文《臺灣日日新報》第 12554~12556 號。作者分別有 12554 號：曾笑雲、子清；12555 號：高文淵、蔡敦輝、駱子珊、謝雪漁；12556 號：林錫牙、陳古漁、李神義、陳伯華、林欽賜、林搏秋、倪登玉、陳鑑昌。

[352] 刊載於漢文《臺灣日日新報》第 12575、12576、12578 號。作者分別有 12575 號：黃笑園、賴獻瑞、謝雪漁、魏潤庵、劉萬傳；12576 號：高文淵、蔡敦輝、林搏秋、王自新；12578 號：子清、施瘦鶴、李神義、許劍亭、吳成碧。

[353] 刊載於漢文《臺灣日日新報》第 12580、12581 號。作者分別有 12580 號：林子惠、賴獻瑞、洪玉明、李悌欽、林搏秋、駱子珊、魏潤庵；12581 號：林子惠、賴獻瑞、洪玉

見報日期	詩　題	詞宗	掄元	詩　作　本　文
10.04.10	（碎錦格）	賴鶴洲	賴獻瑞	十分曉色薔薇架，二月春光荳蔻梢。
12611 10.05.11	傷震災 [354]	謝雪漁	陳根泉	地裂哀黎慘，襟懷爲恐惶。 樓臺傾比櫛，樑棟壓康莊。 眼底山川動。心懸老幼亡。 中州逢此劫，是處最淒涼。
		賴鶴洲	陳古漁	震禍中臺起，人財幾損傷。 生埋連市井，痛餓數村莊。 慘目崩樓屋，酸心哭父娘。 河山悲失色，惻隱計仁漿。
12622 10.05.22	松江觀釣 [355] 限庚韻	李悌欽	陳根泉	絕好松江水色清，垂綸是處足埋名。 一溪風月心身爽，十里煙波趣味生。 我愛潮頭飄短艇，人欣岸上拂長鯨。 襟懷磊落渭川叟，勝似朝中作九卿。
		卓夢庵	子清	松江雨霽綠波生，坐看漁竿柳外橫。 覓食須知投餌意，臨淵勿起羨魚情。 已無世上風波險，豈有筌中得失爭。 大好溪光歸掌握，舉綸時躍吸川鯨。
12663 10.07.02	虛枕溪聲 [356] 限虞韻	魏潤庵	洪玉明	潭聲鳥語俗情無，水竹山村物外軀。 臥聽不妨終日住，好拚雙鬢老江湖。
		謝雪漁	魏潤庵	萬斛嘈嘈等瀉珠，空堂虛枕共歡娛。 憑教洗盡箏琶耳，只許滄浪笛韻俱。
12677 10.07.16	天幕 [357] 限元韻	林子楨	王子清	席地寮天岳作藩，乾坤到處我家園。 將軍帷幄安華廈，牧馬穹窿苦塞垣。 一片森嚴欽細柳，千秋冒險說鴻門。 營中鼓角吹方罷，劍影杯光帳外翻。

明、李悌欽、駱子珊、魏潤庵。；

[354]刊載於漢文《臺灣日日新報》第 12611、12612、12614、12615 號。作者分別有 12611 號：陳根泉、陳古漁；12612 號：洪玉明、黃承順、子清；12614 號：連榮、林欽賜、駱友漁、倪登玉、高文淵、林搏秋；12615 號：劉萬傳、賴獻瑞、卓夢庵。

[355]刊載於漢文《臺灣日日新報》第 12622、12630、12636 號。作者分別有 12622 號：陳根泉、子清、蘇清林、高文淵；12630 號：陳伯華、林蘭汀、林子楨、林韓堂、葉蘊藍、施瘦鶴；12636 號：魏潤庵、陳鑑昌、林搏秋、駱子珊、駱友漁。

[356]刊載於漢文《臺灣日日新報》第 12663 號。作者分別有：洪玉明、魏潤庵、林欽賜。

[357]刊載於漢文《臺灣日日新報》第 12677、12683 號。作者分別有 12677 號：子清、吳成碧、張一泓、賴獻瑞、杜萬吉；12683 號：陳伯華、黃笑園、黃承順、施瘦鶴。

見報日期	詩題	詞宗	掄元	詩作本文
		賴子清	吳成碧	舒天一幕無私覆，轄地群生有共恩。 百二河山同蓋蔭，三千世界總遮樊。 崑崙代作中心柱，五嶽聊爲外腳根。 煉石幾年西北補，於今浩浩幬王孫。
12724 10.09.01	山寺避暑 358 限冬韻	謝雪漁	駱友漁	蘭若清涼甚，披襟蕩客胸。 山茶當雪藕，遊屐印吟蹤。 枕簟安禪室，窗櫺對翠峰。 逍遙同世外，領略白雲鐘。
		魏潤庵	賴獻瑞	避暑三摩地，迎涼一削峰。 觀高雲黶黷，庭溼草蒙茸。 自有蓮生舌，安無竹在胸。 雛尼勤雪藕，伴我倚岩松。
12747 10.09.24	月影 359 限尤韻	謝雪漁	高文淵	明珠皎潔浴波流，萬古婆娑桂樹秋。 映水樓臺相上下，接天星漢共沉浮。 光臨牛渚詩人興，色遍龍沙戰士愁。 花竹清陰看滿地，攤箋我欲一齊收。
		賴鶴洲	陳古漁	萬里天涯一色秋，玉柯寫影最清幽。 十分雲氣消袁渚，半夜寒光入庾樓。 匝地蕭疏人未感，侵窗皎潔鏡先羞。 明朝我欲他鄉去，願借蟾輝作客舟。
詩報 123 11.02.15	詩派 360	陳伯華	黃承順	學文學武別無殊，體法分明各自拘。 白也風流陵感慨，莫將李杜認同途。
		黃承順	施運斧	我清汝濁性相殊，學海茫茫莫嘆吁。 一句決來何異水，分流萬脈別文儒。
詩報 124 11.03.01	醋火 361	盧纘祥 林子惠	葉蘊藍 雙元	一味成酸誰醞釀，片心如焰獨難銷。 古今恩怨痴男女，野廟曾遭恨火燒。

---

358 刊載於漢文《臺灣日日新報》第 12724、12728、12729 號。作者分別有 12724 號：駱友漁、賴獻瑞、子清、葉蘊藍、林錫牙；12728 號：魏潤庵、謝雪漁、曾笑園；12729 號：林子楨、施瘦鶴、林子惠、駱子珊。

359 刊載於漢文《臺灣日日新報》第 12747 號。作者分別有：高文淵、陳古漁、張瀛洲、林欽賜、李遂初。

360 刊載於《詩報》第 123 號。作者分別有：黃承順、施運斧、黃笑園、陳伯華、陳鐵厚、賴獻瑞、李慶賢、洪陽生、駱友漁。

361 刊載於《詩報》第 124 號。作者分別有：葉蘊藍、歐小窗、陳鐵厚（毓癡）、黃笑園、林子惠、賴獻瑞、施運斧、陳伯華、黃承順、史雲。

見報日期	詩　題	詞　宗	掄　元	詩　作　本　文
詩報 130 11.06.01	酒債 [362]	黃文虎	歐小窗	春衣雖盡興難消，一盞賒來渴亦饒。 醉裡狂言如我輩，酒魔不怕債魔招。
		林子惠	李慶賢	臨壚雖訂珠還約，負賬未清項已消。 傭保頻催無著意，臺登百級尚攜瓢。
13036 11.07.12	寶藏寺消夏 [363]		林子楨	蘭若盤桓日，談今說古時。 岩前雲入畫，檻外雨催詩。 覽勝飛山嶺，登臨蓄水池。 參天森綠樹，避暑最相宜。
詩報 133 11.07.16	醉西施 [364]	黃笑園	伯華	玉床斜倚笑嫣然，夜宴君王寵獨專。 其奈酣時嬌可愛，更教醒處態生憐。 深知恥越如泥假，豈怪亡吳此多妍。 酩酊浣紗人裊娜，姑蘇臺上舞翩翩。
		黃文虎	小汀	姑蘇臺上憶當年，曾倚東窗笑綺筵。 半軃香肩敧粉頸，輕移玉步亂金蓮。 酒酣越女誇傾國，事大吳王莫問天。 一自五湖歸去後，應於風月比嬋娟。
詩報 136 11.09.01	畫美人 [365]	賴献瑞	子惠	繪盡傾城古與今，肯教一笑亦千金。 雞頭有肉胭脂重，鳳眼藏珠墨水深。 似欲談歡難啓口，偏從戀愛恨無心。 未空色相毫端現，欣爾冶容不誨淫。
		林連榮	小汀	長留顏色不銷沉，難改桃唇宛欲吟。 繪就嬌嬈痴一種，描來嫵媚價千金。 圖中幾認春風面，筆下猶憐錦繡心。 滿幅真真難喚出，蕭齋空待證知音。

[362] 刊載於《詩報》第 130 號。作者分別有：歐小窗、李慶賢、駱友漁、吳紉秋、黃承順、洪陽生、陳伯華、鄭文治、林連榮、黃文虎、少嵐、劉萬傳。

[363] 刊載於漢文《臺灣日日新報》第 13036 號。作者分別有：林子楨、謝雪漁、黃純青。

[364] 刊載於《詩報》第 133 號。作者分別有：伯華、小汀、連榮、國藩、承順、陽生、笑園、紉秋、友梅、麗東、献瑞、友漁、運斧、希淵、萬傳。

[365] 刊載於《詩報》第 136 號。作者分別有：子惠、小汀、運斧、友漁、献瑞、夢酣、慶賢、友梅、國藩、連榮、紉秋、伯華、小窗、策軒、萬傳。

見報日期	詩題	詞宗	掄元	詩作本文
詩報 138 11.10.02	鷺鷥林 [366]	陳伯華	笑園	蒼鬱森森一望賒，蟾蜍山畔夕陽斜。 長毫頂上榮歸日，宿滿千叢作白花。
		卓夢庵	連榮	繁枝未許亂棲鴉，歸自青天自有家。 最好打魚灘畔月，照來一片似梨花。
13121 11.10.05	中秋夜三仙 樓觀月 [367]		林搏秋	三仙樓上月遲遲，鷗鷺聯盟共賦詩。 我也桂花香裡坐，蟾宮希折兩三枝。
詩報 140 11.11.02	畫月 [368] （中秋觀月 會擊缽錄）	歐劍窗	陳毓癡	繪就團圓景，冰輪月色涼。 毫端生兔魄，筆下露蟾光。 紙上姮娥影，宮中桂子香。 當頭同一望，信步待西廂。
		黃笑園	陳有梅 [369]	平生歡桂魄，信手繪西廂。 墨淡資蟾影，毫輕放兔光。 吳牛看莫喘，魏雀遇應翔。 一幅清輝氣，真堪慰故鄉。
13164 11.11.18	話舊 [370] 限麻韻	謝尊五	高文淵 雙元	契闊疏音問，相逢各鬢華。 班荊談往事，剪燭話通家。
		劉篁村		驚見兒童大，共追歲月賒。 纏綿攄別緒，娓娓及桑麻。
詩報 142 11.12.02	嘴花 [371]	陳鐓厚	吳紉秋	不譜群芳豔竟超，芙蓉滿口味同饒。 蓮翻舌底殊爭巧，蕊放心頭可助嬌。 枝葉憑生窺社會，根苗欲養灌思潮。 奚堪一笑微拈後，慨世榮枯當溷飄。

[366]刊載於《詩報》第 138 號。作者分別有：笑園、連榮、慶賢、小窗、小嵐、運斧、小汀、萬傳、希淵、玉明、承順。

[367]刊載於漢文《臺灣日日新報》第 13121 號。作者分別有：林搏秋、林子楨、謝雪漁、李悌欽、黃純青。

[368]刊載於《詩報》第 140 號。作者分別有：陳毓癡、陳有梅、林子惠、鄭文治、林連榮、施運斧、何夢酣、賴献瑞、黃承順、陳伯華、倪登玉、黃笑園、李世昌、王小汀、劉萬傳、王國藩。

[369]「有」應是「友」之誤。

[370]刊載於漢文《臺灣日日新報》第 13164、13167 號。作者分別有 13164 號：高文淵、劉篁村、魏潤庵、葉蘊藍、黃贊鈞、子清；13167 號：謝雪漁、卓夢庵、倪炳煌、王自新、林清敦。

[371]刊載於《詩報》第 142 號。作者分別有：吳紉秋、林連榮、黃笑園、李慶賢、劉萬傳、歐小窗、少嵐、李慶賢、宋麗東、駱友漁、蔡火慶、陳友梅、何夢酣、陳伯華、洪陽生。

見報日期	詩　　題	詞　宗	掄　元	詩　作　本　文
		陳友梅	林連榮	托根舌底漫愁凋，一樣蓮翻弄冶夭。 無色還迷過蝶亂，有聲端和宿鶯嬌。 何堪摘取香盈袖，誰爲纏綿恨瘦腰。 啓口艷同天女散，怎知心事毒如枲。
13204 11.12.28	聽琴 372 限庚韻	黃石衡 張純甫	陳根泉 雙元	淒涼一曲不勝情，何處焦桐入耳清。 我愛高山流水調，聆音頓覺此心傾。
詩報 144號 昭和 12.01.01	牽牛花 373	林連榮	陳友梅	名傳供織女，藤蔓益情多。 一斗開花雅，三尖並葉何。 魂應星共列，病可藥同和。 愛汝偏生夏，榮枯論莫訶。
		黃笑園	歐小窗	色本天河種，聘錢喚奈何。 延墻紅淺淡，引蔓碧婆娑。 破曉香分露，凝煙艷結蘿。 倘教逢七夕，織女插應多。
詩報 146號 昭和 12.02.02	泥痕 374	倪登玉	李慶賢	歷歷含香滿陌頭，示郎步履可追求。 蓮紋朵朵佳人印，爪跡雙雙嫩燕遊。 屐齒剛粘逢雨補，車輪甫碎落花修。 幾回寄語尋春客，滑倒奴家莫效尤。
		歐少窗	林連榮	燕子唧殘跡未收，踏春鞋重著偏稠。 看來黏膩含花氣，拭去糊塗染指頭。 鴻爪浪言和雪印，馬蹄空嘆爲人留。 阿儂門外濘多少，盡藉郎蹤上小樓。
詩報 147 12.02.19	紹介狀 375	李慶賢	林連榮	風馬牛相隔，疏通藉此枚。 薦賢關聖教，稱淑當良媒。

---

372 刊載於漢文《臺灣日日新報》第 13204~13206 號。作者分別有 13204 號：陳根泉、子清、卓夢庵；13205 號：王自新、陳其春、陳古漁、謝雪漁、李神義；13206 號：葉蘊藍、林欽賜、劉學三、倪炳煌、林搏秋、謝尊五、高文淵、劉篁村、林子惠。

373 刊載於《詩報》第 144 號。作者分別有：陳友梅、歐小窗、少汀、林連榮、耀桃、洪陽生、劍山、黃笑園、小嵐、李慶賢、李世昌、黃少頑、氷石、鄭文治、陳毓癡、劉萬傳、賴獻瑞。

374 刊載於《詩報》第 146 號。作者分別有：李慶賢、林連榮、賴獻瑞、倪登玉、王小嵐、黃笑園、劉萬傳、李思齊、陳鐵厚、洪陽生、王國藩、王少汀。

375 刊載於《詩報》第 147 號。作者分別有：林連榮、賴獻瑞、劉萬傳、李慶賢、歐少窗、黃笑園、郭少汀、宋麗東、王小嵐、洪陽生、吳紉秋、陳毓癡。

見報日期	詩　　題	詞　宗	掄　元	詩　　作　　本　　文
				紙薄人情厚，墨塗路徑開。 何如龐仕蜀，不賴賴奇才。
		林連榮	賴献瑞	自荐安何用，其他卻合該。 當然操左券，間接署高才。 彩筆憑予寫，花箋爲友裁。 依人成作嫁，一紙感良媒。
13263 12.02.26	新花朝[376] 限蕭韻	謝雪漁	謝尊五	新陽逢令節，此日百花嬌。 一半風光麗，二分春色饒。 鶯囂期首擧，撲蝶會先招。 卅載南皮紀，詞才競奪標。
		謝尊五	陳其春	二月春光好，群芳逸興饒。 聽鶯期尚早，撲蝶日相邀。 節豈古今異，時分來去潮。 誕生新舊別，騷客總難描。
詩報 151 12.04.20	題雞籠[377]	于喬	友梅	黿目編成巧以篝，賴君管束汝南王。 禽爲疑獄良悲痛，竹作干城善隱藏。 展翼有情原跼蹐，昂頭無路況飛翔。 司晨幸莫虞人怨，個裡須知歲月長。
		献瑞	伯華	樊困吾生共斷腸，盈朝句好誦詩章。 肩挑茅店聲啼月，翅歛柴扉影下桑。 鶴唳難邀同入宿，鳳騰曾笑趁飛翔。 此中定有劉琨舞，枕旦揮戈志弗忘。
詩報 154 12.06.08	名士轍[378] （歡迎鄭鷹秋先生擊鉢）	鄭鷹秋	純仁	轂推天下事，陌上轍安無。 輦過思賢者，痕留想老儒。 行車觀不亂，光駕見應殊。 八百文王路，輪形印滿途。

---

[376] 刊載於漢文《臺灣日日新報》第 13263、13264、13266、13267、13269 號。作者分別有 13263 號：謝尊五、陳其春、倪炳煌、施瘦鶴、葉蘊藍；13264 號：劍亭；13266 號：高文淵、陳根泉、李神義、林搏秋；13267 號：卓夢庵、劉克明、林子惠；13269 號：李神義、林清敦、洪玉明。

[377] 刊載於《詩報》第 151 號。作者分別有：友梅、伯華、慶賢、紉秋、連枝、小窗、笑園、陽生、火慶、萬傳、連榮、于喬、成德。

[378] 刊載於《詩報》第 154 號。作者分別有：純仁、小窗、世昌、献瑞、伯華、笑園、夢酣、述三、友梅、小汀、運斧、連榮、施松年、紉秋。

見報日期	詩　　題	詞　宗	掄　元	詩　作　　　本　　　文
		林述三	小窓	猶來推轂力，聖道自相須。 是處春泥印，從他怪石鋪。 風塵漸雙足，車騎險前途。 蘊藉輪經跡，蕭然長者軀。
風月 45 12.07.20	新筍[379] 限東韻	謝雪漁	金土	似犢初生角，虛心貫始終。 化龍他日事，氣節有誰同。
		魏潤庵	駱子珊	春雷震半空，破蘚茁芽豐。 知己湖洲在，頭番寄乃翁。
詩報 158 12.08.01	毀金亭[380] （七月二十 五日於基隆 （限灰韻）	謝雪漁	子珊	倡折金亭教化開，賽錢箱裏貯真財。 敬神不用迎神力，廣大無私鑑納來。
		魏潤庵	夢庵	諂鬼媚神總不該，築亭專貯紙錢灰。 即今生計艱難日，唱折示民省費財。
風月 46 12.08.10	鵝鑾鼻放歌[381]	倪炳煌		未能破浪乘長風，鬱勃徒懷氣吐虹。 無限牢騷自磅礡，綠章誰為訴蒼穹。 拔劍悲歌情慷慨，舉杯高詠韻玲瓏。 怒苗直向心田發，咄咄頻書殷浩空。 沉痛黯然傷世道，高臺雲氣侵身中。 俯瞰瀾翻萬千頃，恆春僻郡屬高雄。 七星岩小模糊見，一點恨無舟楫通。 婆娑洋接呂宋島，南端極目悲無窮。 一老戈山是何地，江山錦繡吾疆同。 茫茫海岬起朝旭，扶桑萬里一輪紅。 不測風雲時變幻，亞洲誰是主人公。 長嘯一聲撼天地，那計人間聾不聾。
		葉蘊藍		迢迢南北車輪通，瘴雨蠻雲今不同。 巨浸橫突鵝鑾鼻，太平洋上形勢雄。 危岩峭壁天然險，澎湃黑潮西又束[382]。

<hr>

[379] 刊載於《風月報》第 45 號。作者分別有：金土、子珊、子清、文淵、學三、蘊藍、清敦、瘦鶴、古漁、子楨、尊五。

[380] 刊載於《詩報》第 158 號。作者分別有：子珊、夢庵、清敦、蘊藍、子清、潤庵、雪漁、尊五、子禛、根泉、逐初、紹唐、蔭培、梓桑、碩卿、錫茲、文淵、神義；該期詩作重複前於 12.08.01《詩報》第 159 號，亦重見於《風月報》46 號。

[381] 刊載於《風月報》第 46 號。作者分別有：倪炳煌、葉蘊藍。

[382] 編者按：「束」字當為「東」字之誤。

見報日期	詩　　題	詞　宗	掄　元	詩　作　本　文
				臨海燈臺高十丈，光芒遠射馮夷宮。 青紅明滅色相隔，寒暑無愁有雨風。 礁石海圖多不載，指針船舶與艨艟。 茫茫雲氣接菲島，鼓角相聞徹遠空。 險阻地形修戰備，依山築塞資人工。 鯨魚跋浪群相逐，圍捕鐵船腥血紅。 登高縱目極千里，明霞捧日昇波中。
風月 46 12.08.10	藕絲 [383] （歡迎盧纘祥氏擊鉢錄）	盧纘祥	林清敦	淤泥脫卻節稱高，添得調冰飲自豪。 絕似佳人多繾綣，竅通萬縷倩風繅。
		謝雪漁	李逐初	對偶無端送一刀，臨風愁見縷滔滔。 人間情斷緒猶在，千古伊誰續得牢。
詩報 161 12.09.22	墨牡丹 [384]	連榮	慶賢	魏紫姚黃習氣除，松烟改畫看何如。 洛陽恍帶春陰重，唐代疑催羯鼓初。 豈待鉛華施富貴，自甘黯淡避吹噓。 轉憐幾輩紅顏女，終讓花王黑永餘。
		慶賢	獻瑞	姚黃魏紫滿庭除，總倩松丸化色舒。 妃子黑酣新睡足，窅娘昏坐晚粧初。 磨殘麝劑修花譜，蘸盡龍香寫詔書。 富貴休誇同穎脫，春婆夢了暗傷渠。
詩報 162 12.10.06	病醫 [385]	伯華	寶樹	死鬼良巫子命同，橫床國手苦吟中。 活人有法誇高藝，療己無能痛寸衷。 不斷藥爐緣既結，非關脈線理難通。 誰憐濟世懸壺日，轉笑先生術未工。
		獻瑞	連榮	嗟難自診臥床中，二豎而今倩孰攻。 忍把先生呼別至，相求起死與人同。 刺膚始覺針施痛，苦口深知藥有功。 國手如斯真束手，呻吟待解疾朦朧。

---

[383] 刊載於《風月報》第 46 號。作者分別有：清敦、逐初、雪漁、劍亭、子惠、纘祥、夢庵、瘦鶴、振芳、秋圃、夢梅、荷生。
[384] 刊載於《詩報》第 161 號。作者分別有：慶賢、獻瑞、夢酣、寶樹、雪峯、笑園、少儀、伯華、陽生、栽培、清敦、紉秋、雪岩、萬傳。
[385] 刊載於《詩報》第 162 號。作者分別有：寶樹、連榮、少儀、慶賢、運斧、書雲、夢酣、失名、小汀、小窓、小嵐、陽生。

見報日期	詩　　題	詞　宗	掄　元	詩　作　本　文
風月 50 12.10.16	千人針[386]	江蘊和	駱子珊	不同乞巧月中求，銃後群雌爲國優。 巾幗街頭勤壓線，英雄塞外善籌謀。 三軍好佩千家帛，百將堪呑五大洲。 防彈絕勝衣有用，樹勳奇效助封侯。
		許梓桑	高文淵	密紉尺布意偏周，激勵三軍到女流。 愛國一心當銃後，乞人千線立街頭。 至情溢處絲絲叩，纖手縫時乙乙抽。 腰捲可能防敵彈，渾然熱血壯皇猷。
詩報 163 12.10.20	秋痕[387]	李慶賢	宛清	山容何黯淡，蹤跡喜新添。 著樹煙蘿合，落花屐齒黏。 不關襟上酒，如瀉月中蟾。 粉本描難盡，金風動素縑。
		賴献瑞	笑園	菊影桐陰外，閒階一色添。 金風鳴鐵馬，玉露冷銀蟾。 淡蕩箋天迥，沉吟筆岫尖。 飛毫明察處，月印水晶廉。
詩報 164 12.11.04	燭淚[388]	笑園	伯華	蠟炬清輝照眼明，如嗟死別但盈盈。 光分繼晷蛾垂穗，刻好催詩鳳吐英。 滴處雙行非有怨，秉時一寸最關情。 高燒達旦非嫌短，只恐生波和峽傾。
		伯華	笑園	淋漓痕染讀書檠，猶憶催詩共刻成。 替我有心流幾點，伊誰達旦秉殘更。 愁憐苦海鮫珠似，事記洞房鳳炬明。 漫說玉釵敲斷處，星星滴碎義山情。
詩報 167 12.12.19	雪山[389] （歡迎謝景	李世昌	慶賢	擁被隆冬憶臥袁，國忠身世漫同論。 即今六出羅浮上，未許梅花獨占元。

<hr>

[386]刊載於《風月報》第 50 號。作者分別有：子珊、文淵、根泉、夢梅、炳煌、夢庵、　悌欽、古漁、子清、蘊藍、子楨。

[387]刊載於《詩報》第 163 號。作者分別有：宛清、笑園、書雲、陽生、文治、萬傳、氷石、紉秋、連榮、慶賢、揚善、世昌、夢酣、伯華。

[388]刊載於《詩報》第 164 號。作者分別有：伯華、笑園、献瑞、小汀、連榮、少儀、陽生、小嵐、慶賢、萬傳、亦元。

[389]刊載於《詩報》第 167 號。作者分別有：慶賢、献瑞、蘊藍、友梅、金柱、謝景雲、梅徑、嘯峯、子惠、陽生、訓桃、清暾、梅三、世昌、少嵐。

見報日期	詩題	詞宗	掄元	詩作本文
	雲先生聯吟）	陳伯華	献瑞	無端絮語亂飛翻，恨積千峯怎白冤。 倘遇韓湘秦望嶺，藍關那怯退之魂。
詩報 167 12.12.19	梅孕[390]	謝景雲	笑園	美人臨產日，和靖喜嫣然。 紙帳熊羆夢，孤山露水緣。 花胎懷十月，鶴子繼千年。 風雪摧生急，艱難綠萼仙。
		林子惠	金柱	疎影橫斜裏，萼包未破先。 子多吟杜甫，妻已嫁逋仙。 庾香[391]胚胎日，孤山醞釀天。 含香方十月，笑似腹便便。
詩報 169 13.01.18	虎、戍婦[392] （分詠格）	江蘊和	雪漁	蒙馬有皮開晉壘，繫鴻無帛寄胡城。
	心業[393] （鷺拳格）	謝雪漁	潤庵	皋夔事業留書竹，黃綺心情記探芝。
詩報 171 13.02.20	水鏡[394]	林淇園	寶樹	菱花淨漾碧江濤，一片清輝映古今。 皓月浮圓來可鑑，狂風吹破去難尋。 畫眉我愛銀蟾出，釣雪誰憐白髮侵。 漫道青銅誇百煉，波平是處見禪心。
		卓夢庵	笑園	波光瀲灩影浮沉，妍醜何人一照臨。 日月潭清開匣面，鳳凰池淨鑒天心。 願教片片春風拭，不許朦朦曉霧侵。 惆悵蘭橈分破處，樂昌情緒感難禁。

---

[390]刊載於《詩報》第 167 號。作者分別有：笑園、金柱、揚善、清敦、世昌、夢酣、少儀、子惠、訓桃、梅三、少嵐、嘯峰、氷石、文治、伯華。

[391]編按：此「香」字應爲「嶺」字之誤。

[392]刊於《詩報》第 169 號。「戍婦」應是「戍婦」之誤。作者分別有：雪漁、炳煌、潤庵、悌欽、根泉、瀛州、蘊藍、子珊、夢梅、梓桑、金土、尊五、子惠、清敦、自新、振傅、銀城、子楨。

[393]刊載於《詩報》第 169 號。作者分別有：潤庵、炳煌、文淵、根泉、子清、瀛州、子珊、古漁、清敦、金土、梓桑、子惠、自新、夢庵、蘊和、夢梅、子楨、尊五、周鈕、蘊藍。

[394]刊載於《詩報》第 171 號。作者分別有：寶樹、笑園、清墩、連榮、夢庵、夢酣、蘊藍、子惠、文治、陽生、伯華、梅徑。

見報日期	詩題	詞宗	掄元	詩作本文
詩報 172 13.03.06	詩腸[395]	林述三	歐小窗	得句同消化，循環感浡興。珠璣容嘯傲，肺肺自相承。滋味搜枯腹，牢騷諒少陵。年來愁百結，錦繡貯何能。
		歐劍窗	賴献瑞	寸寸迴文織，都因腦滿能。戴顒鶯鼓吹，王勃稿雲蒸。惱斷人偏有，搜枯我未曾。吟心推表裏，柔韻輒相承。
詩報 174 13.04.02	對鏡[396] 限尤韻	謝汝銓	駱子珊	菱花雄顧盼，形影喜兼羞。肝膽能相鑑，妍媸豈復求。春風欣滿面，秋月悅雙眸。邪正昭今古，興衰照徹不。
		謝尊五	魏潤庵	晨夕高堂上，相看共喜憂。憐君明不改，顧我老何求。面目依然傲，功名此去休。只應論壽相，無碍雪侵頭。
詩報 175 13.04.17	落花風[397] （瀛社鷺洲聯吟·首唱）	杜仰山	林錫牙	蕭然挾雨颺紅塵，陣陣連番減卻春。白髮有情愁少女，青旛無力壓封神。狂飛萬點斜陽外，柔弄群芳曲水濱。不盡鵑聲吹入耳，爲莟黃隕感飄茵
		黃笑園	郭少儀	廿四翻殘了淨因，芳叢漫拂獨傷神。狂吹杜牧情偏急，解釋楊妃恨亦頻。拾翠園中來爲我，飄紅徑下掃無人。如何箕伯相摧極，苦奈香翻墮涸春。

---

[395]刊載於《詩報》第 172 號。作者分別有：林述三、歐小窗、賴献瑞、郭小汀、林連榮、童梅徑、黃笑園、郭少儀、傅秋鏞、李慶賢、何夢酣、寶樹、陳伯華、王小嵐、劉萬傳、駱友梅。

[396]刊載於《詩報》第 174 號。作者分別有：駱子珊、魏潤庵、林子惠、謝雪漁、許梓桑、倪炳煌、林夢梅、賴子清、林子楨、簡荷生、陳古漁、張瀛州、吳金土、林清敦、卓夢庵；此期詩作又載《風月報》61 期。

[397]刊載於《詩報》第 175 號。作者分別有：林錫牙、郭少儀、賴献瑞、林連榮、李慶賢、林子惠、林夢梅、陳友梅、郭少汀、全人、張揚善、歐小窗、黃笑園、傅秋鏞。

見報日期	詩　　題	詞　宗	掄　元	詩　作　本　文
詩報 176 13.05.03	美人影 [398] （瀛社鷺州 聯吟・次唱）	夢梅	夢庵	燈前倩影印深閨，玉步珊珊翠黛迷。 嫫母西施皆一樣，是妍是醜總難稽。
		世昌	秋鏞	幻與花陰鬥艷齊，月明嬌態印牆西。 姍姍人莫含沙射，倩女魂痴亦自迷。
風月 66 13.06.15	碧橋觀月 [399] 限侵韻	顏笏山	葉蘊藍	涵碧崗前水，如虹數百尋。 泛舟無俗客，題柱有雄心。 光滿三千界，潭清十丈深。 納涼人盡望，我亦作狂吟。
		許梓桑	張瀛洲	步月長橋上，清輝照滿襟。 情同牛渚逸，興動庾樓吟。 涵碧蟾光露，坪林魄影侵。 憑欄憑飽賞，不厭到更深。
詩報 179 13.06.16	貧民窟 [400]	伯華	林錫牙	顏淵居陋巷，原憲出蓬門。 道自衰時樂，窩誰處世煩。 有群衣盡破，無室草皆繁。 憐 [401] 里慚窮鬼，生涯盍共捫。
		連榮	傅秋鏞	幾門茅舍敗，一例破窯存。 寧盡淒涼感，惟餘困迫痕。 風同顏子巷，羨不石家門。 未遇黃龍志，何殊隱壑論。
詩報 179 13.06.16	搖籃 [402]	笑園	陳友梅	倣如卵狀竹編成，曳動呱呱便息聲。 乳母無君資力大，難教襁褓爽兒情。
		錫麟	傅秋鏞	肯讓繪床兩角橫，春深睡美一孩嬰。 籐筠器小能成大，惹動人間父母情。

---

[398] 刊載於《詩報》第 176 號。作者分別有：夢庵、秋鏞、世昌、夢梅、錫牙、嘯峯、梅徑、萬傳、銅臭、小窻、笑園、友梅、氷石、伯華。

[399] 刊載於《風月報》第 66 號。作者分別有：蘊藍、瀛洲、子珊、荷生、梓桑、子楨、子惠、雪漁、根泉、鏡瀾、文淵、子清、潤庵、清敦、古漁、尊五。

[400] 刊於《詩報》第 179 號。作者分別有：林錫牙、傅秋鏞、郭小汀、黃笑園、林銅臭、黃栽培、林子惠、何夢酣、林清敦、童梅徑、賴獻瑞、鄭文治、黃雪岩、翁寶樹。

[401] 編按「憐」字當爲「鄰」字之誤。

[402] 刊載於《詩報》第 179 號。作者分別有：陳友梅、傅秋鏞、林錫牙、郭小汀、李慶賢、林連榮、何夢酣、翁寶樹、陳伯華、童梅徑、賴獻瑞、天奎、林清敦、鐵屄生。

見報日期	詩 題	詞宗	掄元	詩 作 本 文
詩報 181 13.07.19	猴洞炭[403] 限尤韻	謝雪漁	尊五	猴洞靈鐘地脈優，烏金層掘不勝收。 坑深採取人工巧，境雅聯翩客思幽。 貂嶺東臨青欲滴，雞山北擁翠如流。 明知造物藏無盡，開鑿還須善策籌。
		魏潤庵	瀛州	探勝尋幽猿洞遊，烏金滿眼不勝收。 山雲縹緲連三嶺，鑛炭優良冠五州。 機械流通無告息，晨昏採掘未曾休。 重來今日風光異，不見攀條叫獼猴。
詩報 182 13.08.04	妬婦津[404]	錫牙	秋鏞	一水思名亦可愁，女兒毛病最難瘳。 風波起更憐終古，舟楫翻因美獨讎。 濟渡有情妝讓醜，安瀾無計恨隨流。 洛神敢復凌羅襪，尤物由來伯玉愁。
		秋鏞	錫牙	禍水相因死且仇，醜妝美掩任橫流。 黨同伐異還藏笑，急濟安瀾更不尤。 沉恨百年應合灑，痴情半賦悔難收。 西施欲溺無鹽渡，一樣風波兩樣愁。
詩報 182 號 13.08.04	念珠[405] （次唱）	夢酣	惟明	一顆彌陀數不違，百千迴誦懺前非。 何人借此同魚目，解脫真如悟道機。
		笑園	梅徑	顆顆頻彈語放微，經翻貝葉可防違。 須知幾度探驪手，並得參禪戒是非。
詩報 186 13.10.01	黃粱夢[406] （於大龍峒 覺修宮）	傅秋鏞	林錫牙	旅舍仙家著意勤，金丹煮粥氣初熏。 替身轉愛鍾翁度，依樣寧忘呂祖欣。 爐火有緣炊世外，文章無望出人羣。 魂飛三醉洞庭日，願乞先生一枕分。

[403] 戊寅年古曆六月六日開於社友李建興氏之猴硐瑞三炭鑛俱樂部。刊載於《詩報》第181號。作者分別有：尊五、瀛州、梅生、心南、清敦、神義、蘊和、鶴年、石鯨、玉明、惠然、清揚、潤庵、子清、瘦鶴、紹唐、夢梅、子珊、一泓、文淵、昆榮、萬吉、炳煌、悌欽、金土、登瀛、廷魁、古漁、橙秋、子惠、福林、根泉、雪漁。

[404] 刊載於《詩報》第182號。作者分別有：秋鏞、錫牙、伯華、錫麟、梅徑、清敦、惟明、笑園、少儀、連榮、夢酣、少嵐、慶賢。

[405] 刊載於《詩報》第182號。作者分別有：惟明、梅徑、錫牙、夢酣、萬傳、郁文、清敦、連榮、獻瑞、伯華、栽培、揚善、淇園、少儀、慶賢。

[406] 刊載於《詩報》第186號。作者分別有：林錫牙、童梅徑、林錫麟、劉萬傳、賴獻瑞、林連榮、林爾馨、少嵐、黃笑園、何夢酣、吳郁文、友梅、陳伯華。

見報日期	詩題	詞宗	掄元	詩作本文
		陳伯華	童梅徑	魂遊幻境感盧君，富貴榮華枕上聞。 旅客床中還恍惚，主人爐下尚殷勤。 醒來依舊知貧困，覺後如何認祿勳。 五十餘年一炊裏，邯鄲往事到今云。
風月74 13.10.17	聽香[407] 限尤韻	黃石衡	高文淵	乘得良宵月，焚香卜咎休。 潛行深巷裡，暗聽曲街頭。 否泰憑人示，團圓如願不。 欲先知吉兆，試向靜中求。
		李石鯨	謝尊五	側耳希佳兆，爇檀清夜求。 鏡攜心默禱，筊允願方酬。 兔影光輝徹，龍涎氣味浮。 平安和篆出，艷福幾生修。
詩報190 13.12.02	睡魔[408]	黃笑園	李慶賢	夢隔蓬壺路幾重，鼾聲榻上葉哦松。 祇降慧劍將心礪，不怕靈符信口封。 腦海因愁枯到夏，眉山原要鎖經多。 隆中最是談天境，直欲神交一臥龍。
		傅秋鏞	林錫牙	終日蓬蓬最懊儂，黑甜鄉裡幻重重。 惱人魘力難醒覺，化蝶遊魂未放鬆。 却笑先生方寸昧，便宜渴僕一身慵。 黃梁枕自成仙道，驅逐惟憑杵下鐘。
詩報193 14.01.21	餞歲[409]	許梓桑	神義	韶華彈指似，臘鼓又聲嚴。 把盞歌三疊，吟詩撚幾髯。 梅花魂漸動，柏葉酒頻添。 無限攀轅意，匆匆去不淹。

[407]刊載於《風月報》第74號。作者分別有：高文淵、謝尊五、駱子珊、黃石衡、陳根泉、陳望遠、李石鯨、劉學三、王自新、李紹唐、黃福林、魏潤庵、施瘦鶴、吳金土、張瀛洲、謝雪漁、陳其春、卓夢庵、許劍亭、陳古漁、林清敦、劉克明、倪炳煌、李悌欽、賴子清。

[408]刊載於《詩報》第190號。作者分別有：李慶賢、林錫牙、傅秋鏞、何夢酣、賴献瑞、鄭文治、劉萬傳、林連榮、林清敦、洪讓仁、歐陽秋生、郭少儀、林爾崇、林銅臭、林安邦。

[409]刊載於《詩報》第193號。作者分別有：神義、蘊藍、子珊、夢梅、悌欽、雪漁、瀛洲、振傳、根泉、望遠、炳煌、子楨、明德、福林、寶亭、吉漁、清敦、立峯、夢庵；此期詩作又載《風月報》79期。

見報日期	詩題	詞宗	掄元	詩作本文
		謝尊五	蘊藍	壓歲錢分后，兒曹喜氣添。 迎新欣設饌，憶舊懶趨炎。 祈穀倉箱滿，酬神福壽兼。 殘宵鬧蠟[410]鼓，催我祭詩嚴。
風月 81 14.03.01	祝海南島戰捷[411] 限灰韻	劉篁村	謝尊五	海南陸上夜銜枚，取勝皇軍若迅雷。 剛巧紀元前報捷，凱歌齊唱震三臺。
		李石鯨	魏潤庵	軍聲黑夜壓瓊雷，黎母晨光向未開。 絕似石頭城奪取，樓船王濬益州來。
詩報 196 14.03.05	子曰店[412] （首唱）	林錫麟	黃笑園	設帳非當市，登壇孔氏呼。 生涯双管筆，評價一經儒。 門外栽桃李，胸中販玉珠。 如今誰顧客，只有舊吾徒。
		李慶賢	林錫麟	聖語堪傳述，經營笑腐儒。 客原皆秀士，主本異凡夫。 大道生財有，中庸致富無。 自憐村學究，紅米不糊塗。
詩報 197 14.03.18	過溝菜[413]	周惟明 林錫牙	林錫麟 雙元	味等甘藷葉獨葇，幾畦滋蔓自輕勻。 斷流縱繫情書日，愁殺題紅韓翠顰。
風月 84 14.04.24	醉蝶[414] 限支韻	魏潤庵 李石鯨	陳根泉 雙元	艷染秦樓粉，風流窈窕姿。 朦朧身對舞，酩酊影相隨。 魂入莊周榻，情牽謝逸詩。 萬花齊放日，共醉美人卮。

---

410 編者按：「蠟」字應為「臘」字之誤。

411 刊載於《風月報》第 81 號。作者分別有：尊五、潤庵、子珊、文淵、樹青、神義、根泉、雪漁、夢庵、炳煌、古漁、石鯨、子楨、瘦鶴、夢梅。

412 刊載於《詩報》第 196 號。作者分別有：黃笑園、林錫麟、周惟明、林錫牙、歐陽秋生、賴献瑞、劉萬傳、李慶賢、雪峯、陳國藩、洪陽生、鄭文治。

413 刊載於《詩報》第 197 號。作者分別有：林錫麟、黃笑園、歐陽秋生、鄭文治、賴献瑞、黃雪岩、雪峯、陳國藩、劉萬傳、洪陽生、李慶賢、少嵐。

414 刊載於《風月報》第 84 號。作者分別有：陳根泉、林夢梅、高文淵、李神義、凱南、石鯨、蘊藍、施瘦鶴、蔡清揚、林清敦、洪玉明、自新、林子惠、謝尊五、林子楨、李悌欽、卓夢庵、子珊、雪漁、潤庵、廷魁、古漁、張家坤。

見報日期	詩　　題	詞　宗	掄　元	詩　作　　本　　　文
詩報 204 14.07.04	田家樂 [415]	魏潤庵	高文淵	靜掩柴扉半讀耕，任人蝸角事紛爭。 卻無多路通村郭，別自爲家隔市城。 十里桑麻逢大有，四郊雞犬趁昇平。 微身深喜生昭代，不愧勤農答聖明。
		李碩卿	李神義	黃雲十里看縱橫，八月豳風慶有成。 擊壤聲喧新雨歇，舉犁人起曉煙生。 籌車响處兒童喜，鎌影亂時鳥雀驚。 歲稔久知倉廩富，老來我欲事春耕。
詩報 208 14.09.01	雨港歸帆 [416] 限歌韻	林石厓	石鯨	港門十里雨滂沱，破浪歸來興若何。 岸上有人長荷笠，舟中無客不披蓑。 送迎盡日淋漓甚，滴瀝連旬感慨多。 爲告重洋停泊者，航程是處慎風波。
		卓夢庵	文淵	盤嶼迴環漲綠波，漁人罷釣解烟蓑。 港門雨後茫茫合，夕照山前幅幅過。 短笛橫吹秋水濶，長天接處晚霞多。 箇儂徙倚樓欄望，細數回檣有幾何。
風月報 104 15.03.15	壽老人 [417]	謝雪漁	文淵	本來家學舊淵源，大雅扶輪吾道存。 龍馬精神吟筆健，鶴龜壽算布衣尊。 躋堂共聽霓裳曲，祝嘏頻傾翡翠樽。 卻羨長生君有術，星輝南極燦華門。
		林石崖	鶴洲	德邵年高世業存，星輝南極善臨門。 弧弓七十懸佳節，花實三千長宿根。 鉢響東山仙乍聚，樽開北海酒初溫。 良辰況值元堪記，人瑞熙朝大造恩。

---

[415] 刊載於《詩報》第 204 號。作者分別有：高文淵、李神義、張瀛洲、魏潤庵、卓夢庵、許劍亭、陳望遠、黃天雲、林石厓、施瘦鶴、陳根泉、李碩卿、蔡清揚、葉蘊藍；此期詩作又載《風月報》89 期。

[416] 刊載於《詩報》第 208 號。作者分別有：石鯨、文淵、明安、根泉、子珊、蘊藍、季眉、桃隱、廷魁、永祿、子楨、夢庵、石厓、梓桑、雨邨。

[417] 刊載於《風月報》第 104 號。作者分別有：文淵、鶴洲、子楨、碩卿、清揚、鶴年、問白、靜閣、蘊藍、瘦鶴、子珊、玉明、登玉、石崖。

見報日期	詩 題	詞 宗	掄 元	詩 作 本 文
風月報 108 15.05.05	花朝雨[418]	魏潤庵	伯卿	又值貞元節，花開秀色酣。 杏村鳩喚婦，稻隴犢耕男。 扇撲人爭蝶，衣沾客駐驂。 勸農逢此日，勤政沛恩覃。
		劉克明	魏潤庵	難得花朝雨，知時滴滴甘。 陰催桃李笑，潤入麥禾含。 駘蕩春剛半，淋漓晚更酣。 不愁歸路滑，金谷尚停驂。
	花朝紀念 雙鉤格[419]	謝雪漁	林夢梅	朝雲捧碍[420]留人念，紀信亡軀散國花。
		許梓桑	吳靜閣	朝聖君呼千歲紀，念奴嬌似一枝花。
詩報226 15.06.27	節米[421]	謝雪漁	魏潤庵	干戈未定又凶年，物節何如米節先。 纖手炊惟憑婦巧，折腰籮等乞人憐。 魯飢傳載民無害，陳陀書稱聖獲全。 久已甘諸清粥混，磨娑腹笥尚便便。
		李碩卿	林清敦	不求安飽可隨緣，銃後吾人猛著鞭。 適口惟宜餐兩頓，防飢何必蓄三年。 地瓜混粥能兼食，園荣和羹足下咽。 省識懶殘煨芋夜，心殷歇士細周旋。
詩報229 14.08.01	測海蠡[422]	謝尊五	梓桑	蕞爾螺瓢一勺寬，茫茫巨浸測應難。 笑他見比窺天管，敢向馮夷肆大觀。
		賴子清	紹唐	量同盃爵自爲寬，欲把滄溟挹注難。 巨浸豈容升斗計，管窺一樣可勝嘆。

---

[418]刊載於《風月報》第108號。作者分別有：伯卿、潤庵、清敦、神義、子清、靜閣、梓桑、子惠、自新、贊鈞、根泉、石鯨、瀛洲、家坤、夢梅、文淵、學三、雪漁、問白、崇禮、尊五、清揚、子楨、福臨、瘦鶴。

[419]刊載於《風月報》第108號。作者分別有：夢梅、靜閣、石鯨、寶亭、清敦、潤庵、靜觀、文淵、自新、玉明、問白、尊五、子惠、雪漁、瀛洲、子珊、伯卿、瘦鶴、

[420]編者按：「碍」字應爲「硯」字之誤。

[421]刊載於《詩報》第226號。作者分別有：魏潤庵、林清敦、黃贊鈞、劉學三、葉蘊藍、高文淵、張瀛洲、卓夢庵、李碩卿、許梓桑、駱子珊、李神義、郭靜觀、林子惠；此期詩作又載《風月報》111期。

[422]刊載於《詩報》第229號。作者分別有：梓桑、紹唐、登瀛、潤庵、自新、夢庵、夢梅、張香翰、廷魁、子珊、曉郭、望遠、清敦、根泉、子惠。

見報日期	詩題	詞宗	掄元	詩作本文
詩報 231 15.09.01	戲水鷗 [423]	謝雪漁	自新	春水綠波兩岸平，白鷗群戲覺多情。 沉浮上下隨鸚浴，新舊去來尋鷺盟。 聞宿淺灘逢雨霽，遠飛孤嶼趁風輕。 喜無拘束相親近，慣處江湖心事清。
		魏潤庵	文淵	出沒隨潮隔世情，振翎解背夕陽明。 掠看水面銀花浴，弄到灘頭雪羽輕。 幾點煙波能寄跡，一群洲渚好尋盟。 閒來相狎何妨事，久欲忘機過此生。
詩報 241 16.02.04	茶經 [424]	贊鈞	清秀	一卷千秋陸羽傳，十三經外別成篇。 武夷種類區分細，文法整齊詞句妍。 活火烹來情自逸，睡魔驅盡夢能圓。 盧仝七椀空多飲，蓬島烏龍勝水仙。
		克明	蘊藍	論評陸羽最威權，未許他人作比肩。 韻雅也應傾七椀，興甜只合誦三篇。 龍團解渴烹槐火，雀舌清神煮石泉。 吾癖每思藏一卷，搜羅無計欲垂涎。
詩報 245 16.04.02	老椿 [425]	謝雪漁	神義	古幹盤根處，蒼然自抱真。 風搖香幾許，氣得綠初勻。 記閱滄桑後，猶沾雨露新。 何當移上苑，長此荷皇仁。
		謝尊五	清德	世德徵喬木，斯花若有神。 盤根三四畝，閱歲八千春。 萱茂應同壽，松青合作隣。 最宜圖畫卷，題詠屬詩人。
詩報 247 16.05.06	養花天 [426] （碎錦格）	李碩卿	清德	氣養好為天下士，心清愛供佛前花。
		林石厓	炳煌	萬物養成全世界，百花爛熳半春天。

---

[423] 刊載於《詩報》第 231 號。作者分別有：自新、文淵、清敦、根泉、潤庵、子惠、石鯨、梓桑、清揚、神義、夢庵、學三、夢梅、賴子清、雪漁、望遠、廷魁。

[424] 刊載於《詩報》第 241 號。作者分別有：清秀、蘊藍、雪漁、梓桑、子珊、　炳煌、文淵、瀛洲、神義、崇禮、石厓、香圃、根泉、潤庵；此期詩作又載《風月報》123 期。

[425] 刊載於《詩報》第 245 號。作者分別有：神義、清德、夢梅、自新、碧峰、瘦鶴、文淵、玉明、石厓、炳煌、雪漁、瀛洲、水龍、梓桑、子珊、**寶亭**。

[426] 刊載於《詩報》第 247 號。作者分別有：清德、炳煌、梓桑、問白、文淵、古漁、石崖、碩卿、瘦鶴、尊五、雪漁、**寶亭**、子惠、清敦。

見報日期	詩題	詞宗	掄元	詩作本文
詩報 251 16.07.04	征馬[427] （首唱）	雪漁	文淵	遊春迥異玉花驄，爲國馳驅力不窮。 慧眼選來從冀北，雄心直去到遼東。 豈愁虎旅三更冷，欲建龍沙萬里功。 戰死何須收駿骨，黃金臺已贖秋風。
		尊五	夢梅	歷盡沙場鐵騎雄，霜毛頻染血痕紅。 江南天冷嘶殘月，冀北秋深逐曉風。 生死一心家國重，馳驅千里雨烟中。 他年麟閣樹勳日，青史名傳汗戰功。
詩報 252 16.07.22	碧潭月[428] （詩鐘·碎錦格）	石厓	雪漁	月印潭中浮碧落，花飛陌上漚紅塵。
		子清	玉明	碧漢乘槎憐月姊，寒潭釣雪憶嚴公。
詩報 253 16.08.02	送謝汝銓先生之金陵[429] 限先韻	謝雪漁	賴子清 雙元	蠖屈何堪送暮年，金陵遙指著鞭先。 東山一出懷安石，南晉群賢重惠連。 國府都中新建設，秦淮河上舊烽煙。 謝公墩裏扶筇日，應有興亡萬感牽。
		李石鯨		
詩報 262 16.12.17	虎尾蘭[430]	陳伯華	倪登玉	山中驚訝幾多人，變態王香認未真。 葉帶斑痕花九畹，斗齋長伴爽吟身。
		倪登玉	洪陽生	幽谷枝搖絮結因，清芬秀葉負峋身。 澧生香草寅生後，月下婆娑類美人。
詩報 268 17.03.18	肉彈[431] （瀛社祝戰捷吟會）	鄭聽春	夢庵	奮勇捐軀破敵時，自甘皮肉兩紛披。 也知骨碎身灰日，留得丹心護國危。
		魏潤庵	石厓	重重天險力何施，飛彈衝鋒正此時。 粉骨碎身全不顧，我猶南入一男兒。

---

[427] 刊載於《詩報》第 251 號。作者分別有：文淵、夢梅、根泉、碧桐、子珊、碧峯、自新、子清、玉明、蘊藍、清敦、尊五、永清、子惠；此期詩作又載《風月報》132 期。

[428] 刊載於《詩報》第 252 號。作者分別有：雪漁、玉明、失名、尊五、自新、石崖、子清、根泉、清敦、蘊藍、家坤、文淵、子珊、鏡瀾、夢庵、古漁；此期詩作又載《風月報》132 期。

[429] 刊於《詩報》第 253 號。作者分別有：賴子清、蔡子淘、許迺蘭、王自新、黃景岳、林清敦、葉蘊藍、李悌清、魏潤庵、李石鯨、張雨邨、簡穆如、李遂初、謝尊五、高文淵；

[430] 刊載於《詩報》第 262 號。作者分別有：倪登玉、洪陽生、賴獻瑞、李慶賢、韜山、歐小窗、王小嵐、李學樵、陳削峯；

[431] 刊載於《詩報》第 268 號。作者分別有：夢庵、石崖、望遠、蘊藍、崇禮、文淵、登玉、贊鈞、子惠、夢梅、尊五、子清、潤庵、純青、聽春、雪漁；詩作又載《南方》149 期。

見報日期	詩　題	詞　宗	掄　元	詩　作　本　文
詩報 269 17.04.03	祝新嘉坡陷落 [432]	黃贊鈞	純青	星洲險要號金湯，此地咽喉扼兩洋。 萬里春風頻送捷，海門浪靜旭旗揚。
		黃純青	石厓	滌盡星洲碧眼昏，炎方還我舊乾坤。 八紘一宇同仁視，應感君恩又國恩。
詩報 270 17.04.20	壽花神 [433]	許梓桑	文淵	鶯簧蝶板替呼嵩，佳節爲花祝嘏同。 我願群芳長管領，年年共與醉春風。
		黃贊鈞	夢庵	又屆佳辰萬卉紅，蘭孫桂子慶春風。 遙知潘岳縣城裡，爭醉仙桃紫府中。
詩報 274 17.06.21	岳少保 [434]	魏潤庵	倪登玉	冤沉三字有餘悲，抵死精忠志不移。 太息風波亭畔路，忍聽父老說當時。
		黃石衡	魏潤庵	權奸忍自壞長城，痛飲黃龍志莫成。 南渡將材無可比，如何不爲孝宗生。
詩報 277 17.08.05	火傘 [435]	魏潤庵	碩卿	張空一柄費經綸，赤道炎威處處均。 北極苦寒南苦熱，朱輪雖大盖難勻。
		李碩卿	曉齋	一蓋燒空熱逼身，光頭下界幾行人。 梯雲願決天河水，滌盡炎威淨刼塵。
詩報 282 17.10.26	泛牛渚江 [436]	謝雪漁	謝尊五	輕航人恰受，乘興訪名賢。 桂棹奚辭晚，詩情欲作顚。 霞明樓十二，雲斂界三千。 袁謝風流遠，低徊憶昔年。
		魏潤庵	賴子清	牛渚剛秋半，江澄水接天。 波平袁子棹，月朗謝公船。 諷詠忘塵慮，清譚斷俗緣。 風流傳晉代，千古仰名賢。

---

[432] 刊載於《詩報》第 269 號。作者分別有：純青、石厓、潤庵、子珊、贊鈞、夢庵、子惠、夢梅、尊五、崇禮、文淵、子清、登玉、聽春、雪漁。

[433] 刊載於《詩報》第 270 號。作者分別有：文淵、夢庵、子惠、雪漁、蘊藍、清敦、自新、斌峯、潤庵、夢梅、尊五、郁文、贊鈞、福林；此期詩作又載《南方》150 期。

[434] 刊載於《詩報》第 274 號。作者分別有：倪登玉、魏潤庵、高文淵、葉蘊藍、張瀛洲、林石厓、李悌欽、林夢梅、賴子清、劉斌峯、張碧峯、林子惠、謝尊五、劉學三、駱子珊、黃石衡、卓夢庵；此期詩作又載《南方》153 期。詩題誤爲〈岳小保〉。

[435] 刊載於《詩報》第 277 號。作者分別有：碩卿、曉齋、子清、十菊、仝人、尊五、悌欽、筮蘭、逡初、清敦、自新、幸田、子清、子惠。

[436] 刊載於《詩報》第 282 號。作者分別有：謝尊五、賴子清、魏清德、倪炳煌、林子惠、黃石衡、高惠然、高文淵、倪登玉、葉蘊藍、林夢梅、鄭雲從、李學樵、許寶亭、林清敦、卓夢庵；此期詩作又載《南方》165 期。

見報日期	詩　題	詞　宗	掄　元	詩　作　本　文
詩報 289 18..02.01	老松 [437] （新年文宴兼祝贊鈞梓桑二社老古稀榮壽）「松」字避	黃贊鈞	陳清秀	干霄氣勢鬱蔥蘢，閱盡滄桑古色濃。 直幹參天高百尺，盤根匝地歷千冬。 羽毛霜雪知歸鶴，麟甲青蒼欲化龍。 代遠蘊成樑棟器，也應當日薄秦封。
		許梓桑	李神義	一株秀挺玉芙蓉，錯節盤根萬木宗。 千古神叢傳夏社，至今官號紀秦封。 風迴澗底濤聲壯，月照林中鶴夢濃。 濁世棟樑空自許，人間刀鋸笑何從。
詩報 298 18.06.25	海軍志願 [438]	潤庵	卓夢庵	七洋揚武日，恩詔許從戎。 合受東鄉教，應如廣瀨忠。 雄心飛海艦，豪氣貫江虹。 破浪他時去，還思建大功。
		尊五	倪登玉	已遂從戎志，光榮似陸空。 欣蒙編隊伍，喜得駕艨艟。 胆壯衝波碧，心堅映日紅。 書生投筆去，合擬建奇功。
詩報 304 18.10.11	劍潭望月 [439] （中秋吟會）	謝雪漁	文訪	一年一度團圓節，若箇青萍割得開。 千尺情深名卻忤，紅樓虛幌竚君回。
		林文訪	贊鈞	天上應無怕劫灰，偏教老眼望穿來。 願從潭底尋三尺，劈斷浮雲把鏡開。
詩報 308 19.01.01	瀛社第一期課題 [440] （賦得艱危氣益增得忠字）	謝汝銓	陳清秀	益見艱難日，危增氣愈充。 從容臨大節，慷慨竭孤忠。 彌勵聞雞舞，寧憂騎虎同。 激昂神鬼泣，磅礡斗牛沖。 勾踐吞吳志，夫差破越衷。 浩然天地滿，投筆奮從戎。

[437] 刊載於《詩報》第 289 號。作者分別有：陳清秀、李神義、魏潤庵、李石鯨、陳根泉、謝雪漁、許駕鰲、賴子青、林夢梅、倪登玉、張晴川、施教堂、張瀛洲、高文淵、駱子珊；此期詩作又載《南方》169 期。

[438] 刊於《詩報》第 298 號。作者分別有：卓夢庵、倪登玉、李悌欽、張瀛洲、高惠然、林子惠、駱子珊、林石厓、張碧峯、陳根泉、謝尊五、高文淵、葉蘊藍、賴子清、李神義。

[439] 刊載於《詩報》第 304 號。作者分別有：文訪、贊鈞、碧峯、悌欽、荷生、自新、駕鰲、得時、潤庵、子惠、清敦、純青、雪漁、登玉、神義、子珊；詩作又載《南方》184 期。

[440] 刊於《詩報》第 308 號。作者分別有：陳清秀、賴子清、謝尊五、施教堂、倪登玉、駱子珊、黃石衡、王自新、劉斌峯、倪炳煌、黃岫雲、林夢梅、劉碧峯、賴子清。

見報日期	詩　　題	詞　宗	掄　元	詩　　作　　本　　文
		魏清德	賴子清	天步艱難日，當思更効忠。 臨深心不怯，茹苦志尤崇。 守黑防踰矩，安貧耐固窮。 潛藏聊蠖屈，變化待鵬沖。 留滯才雖減，危虞力更充。 岳陽城下泊，老杜也豪雄。
詩報 315 19.05.09	題鄭成功受降荷人圖[441]		陳清秀	七鯤卅載蟠紅夷，誰勸延平興義師。 萬頃波瀾陣鵝鸛，蛟龍潛沒駭旌旗。 婆娑洋闊風潮惡，蜿蜒天塹固城郭。 獻策何斌手畫圖，軍前慷慨陳韜略。 艨艟壓海撼乾坤，鶬首宵衝鹿耳門。 飛將宛從天際降，小醜直將豪氣吞。 揆一蠻酋心膽潰，孤軍列陣藉水背。 赤嵌螳臂摧當車，王城退守更編隊。 環攻四面陳精兵，亞夫威武細柳營。 一念慈祥降不殺，肉袒牽羊欣來迎。 滿城夷族齊感泣，貨財輜重急收拾。 五百殘兵航海歸，鼠竄幸生國門入。 吾聞延平王忠烈，誓死復明血噴熱。 金廈兩島抗全師，百戰艱難心似鐵。 可憐一木廈難支，未滅君仇空滅夷。 暫安海角雖寧宇，還我河山竟何時。 嗚呼！ 謀事在人成在天，朱明一線已難延。 毘耶三世存國祚，功烈早足圖凌煙。 三百年來見此圖，淋漓墨跡多糢糊。 草雞霸業空題句，風雨如聞叱咤呼。
			黃純青	腰橫秋水跨長鯨，風雲變色叱南瀛。 鹿門水漲艨艟輕，赤嵌一鼓奪先聲。 國姓爺頭角崢嶸，威武不屈鐵錚錚。

---

[441] 刊載於《詩報》第 315 號。作者分別有：春潮擬作、夢周擬作、陳清秀、黃純青、魏潤庵、黃岫雲、李石鯨、林金標、黃石衡、林文訪、王自新、林清敦、李嘯庵、劉克明、葉蘊藍、許梓桑。

見報日期	詩　　題	詞　宗	掄　　元	詩　　作　　本　　文
				雄姿颯爽人中英，望風破膽紅毛驚。 退守孤城謀復亨，王曰環而攻之鼓彭彭。 高壘先登奮勇爭，乾坤震動萬雷轟。 荷鬼計窮力難撐，降旛高樹紅毛城。 漢蕃聞捷歡聲訇，椰漿鹿脯王師迎。 馬平日南岳北征，千秋破虜歌同賡。 君不見 受降城外雨初晴，鯤洋波白玉山晶。 義旗飄動椰菁菁，荷酋肉袒匍而行。 城下乞盟自負荊，鄭王高坐神氣清。 鄭師按劍怒目瞠，揆一股慄心怦怦。 誠恐誠惶圖籍呈，斯圖意匠誰經營。 凌煙功烈遜延平，大筆淋漓硯一泓。 披圖題罷萬感生，自從金廈起義兵。 誓師北上迫南京，天不祚明難抗衡。 別開孤島存朱明，頭上保全髮數莖。 卓然自立邁田橫，史黃死節施寒盟。 明室江山隻手擎，痛恨孤掌王難鳴。 萬古孤忠王留名，局翻新，碁一枰。 赤嵌樓在版圖更，安平壘廢草莘莘。 鄭梅綽約獨含情，漢額粧，吐玉瑛。 衣冠正，心意誠，開山神社薦醴牲。 告曰： 東人十億結弟兄，西力東漸排美英。 荷蘭于今巢窟傾，爪哇呂宋圈共榮。 國姓爺，圖南遺志今告成。

下輯：光復後

見報日期	詩題	詞宗	掄元	詩作本文
淡如吟草 39 年	桃花源 [442]			大地沉淪浩劫中，武陵春色自融融。 蓬萊直似神仙境，避亂何須問釣翁。
淡如吟草 40 年	擊楫			何堪天下亂，抱志弭兵戎。 祖逖精神壯，劉琨意氣同。 渡江因濟世，擊楫寄深衷。 國難當頭日，伊誰傚此忠。
淡如吟草 40 年	淡江泛月			十里清江夜幕垂，凌波畫舫好尋詩。 雲開月逐遊人動，風靜舟隨短棹移。 兩岸丹楓河水闊，一輪皓魄酒杯遲。 更深關渡聞漁笛，擊楫高吟興自怡。
淡如吟草 40 年	秋興			玉露滋籬菊，金風撼井梧。 池塘春草夢，世事感須臾。
臺灣詩壇 2-3 期 41.03.01	新年行樂圖 [443]	謝雪漁	世昌	無邊景色豈尋常，柳陌垂青引興長。 窺客花嬌鶯舌囀，迎人草嫩馬蹄忙。 江山明媚春如畫，絲竹風流酒滿觴。 安得雲林施妙筆，月明桃李繪芬芳。
		魏清德	子清	壁間誰繪嬉春畫，滿幅琳瑯耀草堂。 椒柏同斟人不老，壎箎叶奏樂無央。 神州日月期重曜，喜氣閭閻看發揚。 痛飲黃龍應有待，丹青先已現祥光。
淡如吟草 41 年	春陰			煙雲漠漠鎖郊原，人自分秧我灌園。 一片空濛花徑外，不知何處鳥聲喧。
淡如吟草 41 年	老儒			煮史烹經閱幾年，童顏鶴髮自飄然。 胸中飽蘊匡時策，不厭龍鍾啓後賢。
淡如吟草 41 年	觀潮			錢塘江上景何殊，澎湃聲如萬馬驅。 秋氣蕭蕭風拂袖，狂瀾滾滾露凝珠。 連天白浪傾山似，捲地銀濤入眼俱。 今日胥靈猶有恨，千秋恥未雪亡吳。

---

[442] 據魏壬貴《淡如吟草》原稿載明為瀛社社題。為存詩題，故雖非掄元之作，亦暫錄之。詩作為魏氏所撰，以下標明《淡如吟草》者皆同。

[443] 刊載於《臺灣詩壇》第 2-3 號。作者有：世昌、子清、夢庵、作梅、神義、嘯庵、鶴年、遂初、清德、家坤、贊鈞、乾三、蘊藍、尊五、教堂；

見報日期	詩題	詞宗	掄元	詩作本文
淡如吟草 41年	書香			洙泗淵源閱歷深，蘭芬百代重儒林。胸羅萬卷期匡世，一種氤氳四海欽。
詩文之友 1-1期 42.04	筆耕 444 （首唱）	謝雪漁	張師石	硯田當隴畝，種德苦埋頭。食肉原無相，知音識故侯。茨梁詩詠日，毛穎夢花秋。握管分秧似，豳風繪有周。
		魏清德	張鶴年	握管栽桃李，耘鋤日未休。文章遭末劫，管穀望豐收。書合留兒讀，才應為國謀。樹人期百歲，豈抱老農愁。
詩文之友 1-3期	青年節 445 碎錦格	李嘯庵	張作梅	黃花大節垂天地，青史當年泣鬼神。
		卓夢庵	劉篁村	衰年偏喜逢青眼，堅節猶持到白頭。
詩文之友 1-6期 42.10	壽花神 446 癸巳花朝	劉克明	魏清德	千紅萬紫荷神庥，潘縣人人共薦饈。我亦瓣香申有餒，一樽卯酒當添籌。
		魏清德	張鶴年	心香一瓣為花酧，畢竟群芳歲幾週。我向雲龕還下拜，椿萱同望永添籌。
詩文之友 2-3期 43.01	題梅鶴圖 447	魏潤庵	魏壬貴	孤山韻事寫鮫綃，胸次毫端託意遙。月上幾疑霜翮動，風來似有暗香飄。礙雲丹頂精神滿，傲雪瓊枝氣節饒。願藉斯圖為介壽，神仙眷屬福昭昭。
		賴了清	魏潤庵	妻梅子鶴最高超，合讓孤山處士驕。縞袂玄裳清淺渚，暗香疏影短長橋。寒憐警露三更唳，韻喜巡簷一笑邀。我亦暮年親繪事，牡丹孔翠未曾描。

444 瀛社端陽擊鉢吟會。刊載於《詩文之友》第 1-1 號。作者有：張師石、張鶴年、李世昌、周維明、簡荷生、李神義、林子惠、洪玉明、葉蘊藍、李少庵、張作梅、王觀漁、賴子清、謝尊五、駱子珊、杜迺祥；

445 花朝吟會，刊載於《詩文之友》第 1-3 號。作者有：張作梅、劉篁村、李嘯庵、張鶴年、林子惠、王觀漁、李紹唐、卓夢庵、周維明；

446 刊載於《詩文之友》第 1-6 號。作者有：魏清德、張鶴年、賴子清、劉克明、李神義、魏壬貴、李紹唐、李金標、李少庵、洪玉明、杜迺祥、王觀漁、張家坤、張作梅、駱子珊、夢樓、林子惠、簡荷生、李逯初、周維明、劉斌峰；

447 刊載於《詩文之友》第 2-3 號，副題為「祝林金標先生六秩華誕，瀛社、北臺吟會、灘音吟社、大同吟社聯吟」。作者有：魏壬貴、魏潤庵、高惠然、周植夫、陳泰山、林子惠、蘇丙生、簡清風、陶芸樓、賴子清、張鶴年、林淇園；

見報日期	詩題	詞宗	掄元	詩作本文
詩文之友 2-4 期 43.03	竹聲[448]	高楊柳	陳其寅	幾竿颯颯響朝暉，入耳蕭騷興不違。 已報平安傳吉訊，還將妙舞伴萊衣。
		張鶴年	周植夫	鳳尾迎風響四圍，幾疑吟嘯化龍飛。 愛君欵欵悠揚韻，渾似仁人佈德威。
詩文之友 3-2 期 43.11	甲午中秋玩月[449]	魏潤庵	李神義	平泉暫作題襟會，萬里清光照酒卮。 秋半人間逢甲午，幾人回憶割臺時。
		羅尚	莊幼岳	萬里澄空匹練垂，庾樓清興共深卮。 馬關一片當時月，又照山河動客悲。
詩文之友 3-3 期 43.12	北投秋日[450]	李漁叔	倪登玉	北郭溫泉境，清秋落井桐。 浴身疑玉液，吹鬢掠金風。 雲鎖屯峰白，楓飄帽嶺紅。 聯翩裙屐客，水月一樽同。
		林義德	簡竹村	寂寂陽明路，人行鳥語中。 屯峰浮曉日，紗帽落秋風。 水出山猶熱，涼催葉暫紅。 蕭森生殺氣，萬里一歸鴻。
淡如吟草 43 年 夏季例會	雨港觀濤			雨餘秉興立江干，風蕩沙灣眼界寬。 一線浪翻疑雪激，千層波湧訝龍蟠。 拔山猛勢錢潮比，拍岸雄威客膽寒。 太息中原方鼎沸，憑誰砥柱挽狂瀾。
淡如吟草 44 年	歸燕			一夜西風客夢孤，辭巢別主上征途。 呢喃似訴長亭恨，社日重來憶舊無。

---

[448] 刊於《詩文之友》第 2-4 號。「祝林金標先生六秩華誕，瀛社、北臺吟會、灘音吟社、大同吟社聯吟」，作者有：陳其寅、周植夫、陳泰山、王秋煌、蔡良修、魏潤庵、林金標、劉春亭、李榕廬、陳川廣、林淇園、簡穆如、高惠然、駱子珊；

[449] 開於新北投水月莊旅社。刊載於《詩文之友》第 3-2 號。作者有：李神義、莊幼岳、簡竹村、李康寧、李世昌、王觀漁、賴子清、周維明、李紹唐、魏壬貴、魏潤庵、卓夢庵、林義德、應俠民、洪寶昆、黃湘屏；

[450] 中秋例會。刊載於《詩文之友》第 3-3 號。作者有：倪登玉、簡竹村、張作梅、李康寧、賴子清、王觀漁、李紹唐、李嘯庵、洪圍、李世昌、李神義、葉蘊藍、羅尚、林子惠、鄭雲從、蘇鴻飛、施教堂；

見報日期	詩題	詞宗	掄元	詩作本文
中華詩苑 創刊號 44.02	春晴 451	魏潤庵	李神義	叔氣乾坤滿，雙柑聽柳鶯。 春風人影亂，落日馬蹄輕。 池暖魚方躍，林喧鳥午鳴。 願將乾淨土，移住到蒼生。
		賴鶴洲	魏潤庵	久被重陰閉，今朝忽放晴。 向陽花競發，求友鳥爭鳴。 風詠逢人日，行歌出野城。 更尋林下叟，曝背話春耕。
中華詩苑 1-2 期 44.03	人日 452 （一唱）	張鶴年	魏潤庵	人定自然天可勝，日高何用燭爭明。
		林子惠	魏壬貴	日不忘懷思報國，人皆勵志喜從戎。
中華詩苑 1-3 期 44.04	雨意 453	陳皆興	魏壬貴	朝來潑墨正低垂，隱隱雷聲度綠陂。 也許蒼天思潤物，應教騷客藉催詩。 一犁人待從耕日，萬里雲濃欲滴時。 發電猶憂潭水渴，爲霖願汝勿愆期。
		陶芸樓	簡竹村	費煞農家日夜悲，正逢二月插秧期。 天都有意頒膏澤，雲尙多情戀夕曦。 空作氤氳迷眾望，何曾點滴及時施。 西江水少愁將竭，無那魚蝦又不知。
中華詩苑 2-1 期 44.08	竹林雅集 454	張昭芹	張作梅	一潭寒碧水粼粼，竹圃幽宜集雅人。 入座心虛銷塊磊，鑒詩胆壯鬱輪囷。 綠圍野幌清陰碎，清護吟筵翠影勻。 風物何曾殊漢上，題襟忍話十年淪。

---

[451] 刊載於《中華詩苑》第 1-1 號。作者有：李神義、魏潤庵、張鶴年、賴鶴洲、魏壬貴、莊幼岳、倪登玉、卓夢庵、鄭雲從、蘇鴻飛、林子惠、李逐初、張一霞、黃湘屏、林金標、簡竹村；

[452] 刊載於《中華詩苑》第 1-2 號。作者有：魏潤庵、魏壬貴、一霞、張晴川、林子惠、葉蘊藍、李紹唐、李世昌、許劍亭、陳友梅、李逐初、莊幼岳、張鶴年、卓夢庵、林玉山、黃湘屏、何亞季；

[453] 46 週年紀念。刊於《中華詩苑》第 1-3 號。作者有：魏壬貴、簡竹村、李神義、駱子珊、林文訪、張鶴年、蘇鴻飛、魏潤庵、李世昌、洪玉明、俊德、陳劍魂、林玉山、劉斌峯、施教堂；

[454] 刊載於《中華詩苑》第 2-1 號。作者有：張作梅、蘇鴻飛、李神義、賴子清、曾今可、林杏蓀、洪寶昆、張鶴年、黃一飛、林光炯、張晴川、王觀漁、周維明、李騰嶽、林耀西、莊幼岳、羅尙、簡竹村、林占鰲、張師石、倪登玉、林淇園、魏壬貴、李世昌；

見報日期	詩題	詞宗	掄元	詩作本文
		張默君	蘇鴻飛	衣冠咸集碧潭濱，君子修林喜共親。 嘆鳳傷麟崇聖德，揚風挖雅樂天真。 名山絕業千秋健，吾道中興一氣伸。 觴詠聯歡鳴盛事，無邪根本可亡秦。
中華詩苑 2-3 期 44.10	早菊 455	魏潤庵	李遂初	籬落中秋後，初看沍露姿。 不同凡卉艷，偏共桂花隨。 嫩骨凌霜勁，新容與世宜。 似知留晚節，纔放兩三枝。
		李嘯庵	雪屏	微覺寒花郁，東籬孕數枝。 金葩含露淺，玉蕊受霜遲。 未醉淵明酒，先吟子美詩。 休嫌秋色淡，且看晚香時。
中華詩苑 2-5 期 44.12	秋茶 456	張鶴年	倪登玉	葉舒嫩異夏春粗，煮汲新泉沸竹爐。 莫怪盧全傾七碗，風生兩腋此雲腴。
		張作梅	林光炯	嫩芽新採帶霜株，掃葉烹泉試一壺。 最愛清芬留齒頰，回甘味與雨前殊。
中華詩苑 2-6 期 45.01	秋色 457	蘇鴻飛	林光炯	淡雲一抹薄於縑，瘦怯西風不捲簾。 嶺畔丹楓籬畔菊，霜容又見幾分添。
		林淇園	李逸鶴	夕陽老圃傲霜嚴，人比黃花瘦捲簾。 碧水長天斜映處，白雲一片抹山尖。
中華詩苑 3-1.2 期 45.02	落帽風 458	魏潤庵	張鶴年	節屆重陽日，飄飄落帽多。 臨風疏髮白，露頂醉顏酡。 天闊雕盤勢，雲飛客放歌。 已無冠冕累，興比孟嘉何。

---

455 44 年中秋詩會。刊載於《中華詩苑》第 2-4 號。作者有：李遂初、雪屏、李世昌、張鶴年、林杏蓀、魏壬貴、賴子清、鄭雲從、黃湘屏、杜迺祥、林玉山、莊幼岳、洪玉明、倪登玉；

456 中秋詩會。刊載於《中華詩苑》第 2-5 號。作者有：倪登玉、林光炯、李世昌、李嘯庵、賴子清、林杏蓀、林淇園、魏潤庵、李遂初、葉蘊藍、林玉面、李神義、陳友梅、張鶴年；

457 刊載於《中華詩苑》第 2-6 號。作者有：林光炯、李逸鶴、張鶴年、洪玉明、周維明、駱子珊、莊幼岳、倪登玉、林杏蓀、魏壬貴、葉蘊藍、李世昌、黃湘屏、賴子清、李俊德、王觀漁、林淇園、李紹唐；

458 刊於《中華詩苑》第 3-1.2 號。作者有：張鶴年、張作梅、林杏蓀、李嘯庵、賴子清、魏壬貴、李紹唐、莊幼岳、黃湘屏、李遂初、洪玉明、施教堂、李逸鶴、李神義；

見報日期	詩　　題	詞　宗	掄　元	詩　　作　　本　　文
		李世昌	張作梅	絕頂攜筇立，翛然獨放歌。 龍山吹冕墮，鳳嶺掠襟過。 壓鬢萸難插，飄巾菊正搓。 蕭蕭紗帽上，萬葉下岩阿。
中華詩苑 3-3 期 45.03	雪後 459	林杏荪	張作梅	玉積千山浩渺中，憑誰妙筆賦元功。 玲瓏瞥眼疑瓊樹，寂寞驚心認蕊宮。 入夜魂迷三匝鵲，當春影斷一行鴻。 皚皚乍報豐年兆，日暖寒郊氣半融。
		賴子清	林子惠	大地皚皚昨已融，今朝麗日放晴空。 孤山興致隨吟鶴，秦嶺依稀印爪鴻。 天啓昌期增國瑞，民安樂土兆年豐。 摛辭我愧相如筆，梁苑何人賦最工。
中華詩苑 3-4 期 45.04	糖果·諸葛亮 460 （分詠格）	張鶴年	林光炯	碎餳盡甘天下口，瘁躬獨見老臣心。
		張作梅	賴子清	入口片飴孫可弄，出師兩表主堪扶。
中華詩苑 3-5 期 45.05	春陰 461	林文訪	魏潤庵	午煙瀇蕩遠山吞，翠黛糢糊日色昏。 我亦閒愁同醞釀，海棠花下獨關門。
		劉篁村	林杏荪	養花時節最銷魂，薄霧輕寒靜掩門。 萬紫千紅過眼慣，欲尋冷夢淡無痕。
中華詩苑 3-6 期 45.06、	張良·花 462 （分詠格）	李紹唐	林文訪	全憑奇略興劉漢，肯爲榮封事武周。
		林光炯	魏潤庵	孺子履傳圯上進，老人眼似霧中看。
中華詩苑 4-1 期	消夏 463	李建興	魏清德	滅卻心頭火一輪，北窗高臥著閑身。 權門熱客紛奔走，只有先生是冷人。

459刊載於《中華詩苑》第 3-4 號。作者有：張作梅、林子惠、魏壬貴、李神義、黃湘屏、
　張鶴年、蘇鴻飛、林淇園、陳劍魂、林杏荪、林玉山、張晴川、陳友梅、何亞季、倪登
　玉、許寶亭；
460刊載於《中華詩苑》第 3-4 號。作者有：林光炯、賴子清、林玉山、李紹唐、簡竹村、
　魏清德、張鶴年、黃湘屏、張晴川、林子惠、李逐初、倪登玉、蘇鴻飛；
46147 週年紀念。刊載於《中華詩苑》第 3-5 號。作者有：魏潤庵、林杏荪、張鶴年、陳友
　梅、賴子清、李逐初、李紹唐、簡竹村、林光炯、林子惠、李世昌、魏壬貴、李神義；
462刊於《中華詩苑》第 3-6 號。作者有：林文訪、魏潤庵、駱子珊、劉篁村、李逐初、張
　鶴年、陳劍痕、李神義、莊幼岳、周維明、杜迺祥、李世昌、林杏荪、林占鰲；
463刊載於《中華詩苑》第 4-1 號。作者有：魏清德、林光炯、張作梅、莊幼岳、蘇鴻飛、
　林杏荪、林金標、李世昌、張晴川、周維明、許寶亭、魏壬貴；

見報日期	詩題	詞宗	掄元	詩作本文
45.07		張作梅	林光炯	永晝拋書枕簟親，當窗拂榻自橫陳。痴兒報道瓜新剖，起對斜陽一欠伸。
中華詩苑4-2期45.08	太獅山避暑[464]	賈景德	張晴川	乘興獅山五月時，閒吟避暑兩相宜。法嚴寺畔蟬聲急，砲壘臺前蝶影垂。流水半灣花未老，斜陽一角鳥歸遲。名園懿德留千古，緩步幽篁讀石碑。
		張昭芹	林光炯	群賢杖履忝追隨，道出隴阡最繫思。徑仄只緣叢草長，樹多不礙好風吹。吟成引吭爭蟬唱，醉後科頭信鳥窺。借問山前車馬客，炎蒸底事競奔馳。
中華詩苑4-3期45.09	懿園[465]魁斗格	林佛國	李逖初	懿德嘉言彰海島，鐘聲鉢韻繞林園。
		李嘯庵	張晴川	懿德永昭垂寶島，義方足式重名園。
中華詩苑4-5期45.11	雨中待客[466]	郭茂松	李嘯庵	瀟瀟山館裡，吟侶怪來遲。為有前言約，應無失信時。叩扉聞杖履，入座挹鬚眉。且喜詩情熱，何愁濕鬢絲。
		張作梅	郭茂松	期將文會友，忽地阻淋漓。簷角鳩呼日，門前鵲候時。泥深花徑滑，屐倒草堂遲。燭剪仍如願，西窗對故知。

[464] 夏季聯吟假李氏懿園。刊載於《中華詩苑》第 4-2 號。作者有：張晴川、林光炯、李嘯庵、張作梅、張鶴年、杜迺祥、應俠民、張笠雲、魏潤庵、李世昌、莊幼岳、林淇園、魏壬貴、陳友梅、林杏蓀、葉蘊藍、林耀西、李逖初、黃湘屏、何亞季、蘇鴻飛、林占鰲；亦載於《詩文之友》6-1 號。作者同上；

[465] 刊於《中華詩苑》第 4-3 號。作者有：李逖初、張晴川、李榕廬、張作梅、魏壬貴、李世昌、林子惠、駱子珊、林佛國、林杏蓀、李嘯庵、何亞季、林耀西、莊幼岳、黃湘屏、高雪芬、林淇園；亦載《詩文之友》6-2 號。

[466] 刊載於《中華詩苑》第 4-5 號。作者有：李嘯庵、郭茂松、倪登玉、魏潤庵、林淇園、李神義、張作梅、卓夢庵、鄭雲從、簡竹村、駱子珊、駱鐵花；

見報日期	詩題	詞宗	掄元	詩作本文
中華詩苑 4-6 期 45.12	淡江釣月 467	卓夢庵	魏壬貴	冰輪皎潔照山河，喜把長竿拂綠波。 月浸江心涼味好，綸垂磯畔逸情多。 一彎秋水涵銀漢，幾點寒星擁素娥。 擬倣袁宏同泛渚，中流相約扣舷歌。
		李世昌	張作梅	涼蟾江上伴煙簑，鼓枻中流短笛和。 霜壓苔磯人釣月，雁橫荻浦棹穿波。 微茫漁火瓜州遠，蕭瑟風聲蓼岸多。 爲愛得魚沽酒飲，一竿斜影倚星娥。
中華詩苑 5-1 期 46.01	八日菊 468	張晴川 倪登玉	張作梅 雙元	霜凝老圃酒盈樽，插鬢明朝蕊正繁。 祇恐滿城風雨近，東籬相對淡無言。
中華詩苑 5-4 期 46.04	擁爐 469	張作梅	倪登玉	倚趁初紅火，終宵坐不疲。 渾同春暖候，豈覺歲寒時。 煮酒還添炭，刪灰尚賦詩。 卻憐簷下雀，解凍感難期。
		張鶴年	林子惠	料峭春風日，頻添炭火時。 提攜忘老大，團聚合權宜。 溽暑君無用，嚴寒我護持。 友情溫更煖，樂爾不知疲。
中華詩苑 5-5 期 46.05	新春 470 （魁斗格）	李嘯庵 李神義	張作梅 蘇鴻飛	新荷擎雨開長夏，殘菊傲霜落小春。 新雨如膏田土潤，東風買醉玉壺春。

467重九例會。刊載於《中華詩苑》第 4-6 號。作者有：魏壬貴、張作梅、張晴川、李嘯庵、莊幼岳、林子惠、施教堂、倪登玉、林淇園、李世昌、周維明、葉蘊藍、陳友梅、劉斌峯、林杏蓀、黃湘屏；

468重九例會。刊於《中華詩苑》第 5-1 號。作者有：張作梅、許寶亭、李嘯庵、黃湘屏、李世昌、駱子珊、魏壬貴、莊幼岳、林子惠、劉斌峯、葉蘊藍、魏潤庵、李紹唐、李神義；

46946 年花朝例會。刊載於《中華詩苑》第 5-4 號。作者有：倪登玉、林子惠、李世昌、張作梅、葉蘊藍、駱子珊、張鶴年、陳友梅、魏潤庵、林淇園、魏壬貴、蘇鴻飛、李嘯庵、林杏蓀、林光炯、林金標、張晴川、鄭雲從；

470刊載於《中華詩苑》第 5-5 號。作者有：張作梅、蘇鴻飛、李世昌、陳劍魂、魏潤庵、林光炯、倪登玉、鄭雲從、陳友梅、李嘯庵、林子惠、張鶴年、駱子珊、林淇園、洪玉明；

見報日期	詩題	詞宗	掄元	詩作本文
中華詩苑 5-6 期 46.06	喜晴[471]	林杏蓀	李逵初	天開霽景一掀髯，十里陽明路不黏。 準擬數尋花草去，雙柑斗酒合些添。
		莊幼岳	魏壬貴	朝來麗日挂山尖，雨歇欣聞雀噪檐。 人勉春耕吾曝背，豐穰此日可先占。
中華詩苑 6-1 期 46.07	高遠[472] （六唱）	蘇鴻飛	李嘯庵	一鳥衝雲投遠水，亂鐘敲月墮高峰。
		張晴川	李逵初	十分春色來高閣，一角斜陽挂遠空。
中華詩苑 6-2 期 46.08	詩債[473]	張作梅	林光炯	一字吟成兩鬢絲，何堪瘦骨漸支離。 空齋時有敲門客，不爲催租爲索詩。
		李嘯庵	陳友梅	篇篇累積似山時，欲避無臺只蹙眉。 恨不長庚才筆健。一揮還卻數千詞。
中華詩苑 6-3 期 46.09	劍初[474] （魁斗格）	莊幼岳	魏潤庵	劍合孟津龍化去，霜高汾水雁飛初。
		李逵初	莊幼岳	劍舞鴻門頹局定，簫吹吳市匿名初。
中華詩苑 6-5 期 46.11	介壽橋[475]	卓夢庵	劉文徵	遠望平溪上，雙懸似掛虹。 九芎風雅號，兩岸便交通。 利濟蒼生福，名垂造化工。 即今來往客，咸頌李家功。
		蘇鴻飛	劉春亭	一水通貂嶺，雙崖誇彩虹。 稱觴期母壽，架鐵羨神工。 硐古猴聲寂，層高炭量豐。 輪蹄無病涉，人頌紹唐功。

---

[471] 48 周年紀念。刊載於《中華詩苑》第 5-6 號。作者有：李逵初、魏壬貴、林光炯、魏潤庵、林淇園、蘇鴻飛、杜逎祥、許寶亭、張晴川、張鶴年、莊幼岳、林子惠、李神義、劉斌峯、林文訪；

[472] 48 周年紀念。刊載於《中華詩苑》第 6-1 號。作者有：李嘯庵、李逵初、駱子珊、許寶亭、張鶴年、陳友梅、林光炯、杜逎祥、周維明、林杏蓀、林子惠、李紹唐、莊幼岳、李神義；

[473] 刊載於《中華詩苑》第 6-2 號。作者有：林光炯、陳友梅、莊幼岳、李嘯庵、周維明、何亞季、黃湘屏、李神義、李逵初、林杏蓀、林淇園、張晴川、魏潤庵、鄭雲從、倪登玉、張作梅；

[474] 刊載於《中華詩苑》第 6-3 號。作者有：魏潤庵、莊幼岳、李嘯庵、張晴川、倪登玉、林光炯、周維明、李神義、許寶亭、蘇鴻飛、林杏蓀、李逵初；

[475] 夏季吟會，刊載於《中華詩苑》第 6-5 號。作者有：劉文徵、劉春亭、陳道南、周植夫、黃甘棠、李逵初、李世昌、林有喬、張鶴年；

見報日期	詩題	詞宗	掄元	詩作本文
中華詩苑 6-6 期 46.12	秋熱 476	劉明祿	葉蘊藍	西風尙未捐葵扇，竹簟頻移臥野亭。 莫怪趨炎吾不慣，納涼無奈到郊坰。
		劉夢鷗	林金標	律屆新秋草色青，火雲未歛遍郊坰。 至今蒲扇難捐棄，猶掃炎威手不停。
中華詩苑 7-1 期 47.01	晚渡 477	張作梅	李嘯庵 雙元	十里寒煙古渡旁，野船送客趁斜陽。 櫓聲搖浪魚爭避，帆影乘風鳥共揚。 漸覺千山沉野氣，忽驚孤月湧波光。 依稀桃葉名相似，不見王郎感慨長。
		張鶴年		
中華詩苑 7-2 期 47.02	寒碪 478	林杏蓀	魏潤庵	戍婦纖纖手，霜嚴搗不勝。 玉人歌舞罷，鴛夢正蒼騰。
		林光炯	李嘯庵	敲殘深巷月，玉腕凍如冰。 欲寄寒衣遠，情懷感不勝。
中華詩苑 7-3 期 47.03	人造衛星 479	李嘯庵	林淇園	利器形如轂，三枝火箭連。 飛騰環日軌，閃爍迫星躔。 奧秘虛空探，陰陽造化硏。 美蘇曾發射，我尙管窺天。
		林子惠	林光炯	三擊驚寰宇，神工誰得專。 出雲憑箭發，馳電借波傳。 匝地堪爭月，沖空欲揭天。 探奇今異昔，直上紫薇邊。
中華詩苑 7-4 期 47.04	金馬 480 （七唱）	莊幼岳	黃湘屏	千秋史筆歸班馬，半壁江山判宋金。
		倪登玉	蔡秋金	浪子臨崖當勒馬，寒牛點石望成金。

---

476 夏季吟會，刊載於《中華詩苑》第 6-6 號。作者有：葉蘊藍、林金標、卓夢庵、李紹唐、顏懋昌、李逯初、鄭雲從、劉春亭、陳道南、倪登玉、李神義、駱子珊、林淇園、李世昌、陳神嶽、杜迺祥；

477 刊於《中華詩苑》第 7-1 號。作者有：李嘯庵、杜迺祥、張作梅、駱子珊、李紹唐、李世昌、李逯初、林杏蓀、魏壬貴、張晴川、林光炯、張鶴年、陳友梅、卓夢庵；

478 刊於《中華詩苑》第 7-2 號。作者有：魏潤庵、李嘯庵、蘇鴻飛、李逯初、李世昌、許寶亭、劉夢鷗、張晴川、林光炯、林杏蓀、林子惠、卓夢庵、魏壬貴；

479 刊載於《中華詩苑》第 7-3 號。作者有：林淇園、林光炯、魏壬貴、駱子珊、倪登玉、何亞季、張作梅、杜迺祥、魏潤庵、張鶴年、李嘯庵、許劍亭、黃湘屏；

480 刊載於《中華詩苑》第 7-4 號。作者有：黃湘屏、蔡秋金、張作梅、張鶴年、李嘯庵、林淇園、林光炯、卓夢庵等；

見報日期	詩　　題	詞　宗	掄　元	詩　作　本　文
中華詩苑 7-5 期 47.05	知非 [481]	郭茂松	林淇園	四九逢純嘏，詩壇歲亦同。 樂天身已近，讀易志何窮。 辨惑明前咎，居恆愧少功。 來年當大衍，樽酒宴諸公。
		吳英林	李嘯庵	大衍雖纔到，回思感不窮。 讀書期後業，修道補前功。 招隱淵明計，知非伯玉衷。 從今三省悟，或與昔賢同。
中華詩苑 7-6 期 47.06	清明後 [482] 碎錦格	林佛國	李神義	清操始終扶後主，分明賞罰憶前朝。
		林杏蓀	吳英林	淒清秋色蛩鳴後，明媚春光燕語中。
中華詩苑 8-4 期 47.10	海水浴 [483]	陳望遠	李春榮	浮海爭誇勇有餘，隨波上下逐游魚。 果然萬頃洪濤裡，恰似潛龍仰太虛。
		張作梅	黃湘屏	滌垢滄溟泳自如，跳波踏浪宛凌虛。 潛淵甚欲探鮫室，宗慤雄心尚有餘。
中華詩苑 8-5 期	信陽 [484] 七唱	張晴川	莊幼岳	征雁一行傳遠信，歸鴉數點背斜陽。
		莊幼岳	陳望遠	矏昔匡君懷紀信，至今叱馭羨王陽。
中華詩苑 8-6 期 47.12	在家僧 [485]	周植夫	張作梅	禪房枯坐愛深幽，半偈冥參獨自求。 靈境不從塵外覓，勝緣祇合榻前修。 傳燈一室爐煙繞，敲月盈庭花氣浮。 妙諦因心原不礙，何須瓶鉢老荒邱。

[481] 刊載於《中華詩苑》第 7-5 號。作者有：林淇園、李嘯庵、葉蘊藍、張晴川、張鶴年、李世昌、蘇鴻飛、林杏蓀、林金標、李紹唐、駱子珊、莊幼岳、魏壬貴、顏戀昌、黃湘屏、黃啓棠；

[482] 創立 49 週年，刊載於《中華詩苑》第 7-6 號。作者有：李神義、吳英林、林子惠、林光炯、何亞季、蔡秋金、張鶴年、林淇園、劉斌峯、駱子珊、李世昌、張晴川、許寶亭、魏潤庵、林玉山；

[483] 夏季擊鉢。刊載於《中華詩苑》第 8-4 號。作者有：李春榮、黃湘屏、許寶亭、張晴川、李逐初、卓夢庵、魏壬貴、林子惠、魏潤庵、陳友梅、李世昌、周維明、倪登玉、曾慶豐、李神義、葉蘊藍、蘇鴻飛；

[484] 夏季擊鉢。刊載於《中華詩苑》第 8-5 號。作者有：莊幼岳、陳望遠、林子惠、李嘯庵、黃湘屏、高楊柳、卓夢庵、鄭晃炎、張季眉、駱子珊、張作梅、林光炯、黃啓棠、林杏蓀、張鶴年、魏潤庵；

[485] 載《中華詩苑》第 8-6 號。作者有：張作梅、李嘯庵、張鶴年、李世昌、黃湘屏、施教堂、李神義、鄭晃炎、林光炯、林淇園、周植夫、卓夢庵、許寶亭、莊幼岳、駱子珊；

見報日期	詩　題	詞　宗	掄　元	詩　作　本　文
		張作梅	李嘯庵	不著袈裟閉戶修，金剛一卷學從頭。 書燈且當琉璃焰，茅屋奚輸寺宇幽。 擊斷木魚香又篆，敲殘石磬月沉鉤。 願教參透三乘法，苦海長撐渡世舟。
中華詩苑 9-1 期 48.01	十六夜泛舟 486	張鶴年	湘屏	扁舟輕盪繞江潯，微覺霜威怯短襟。 千里冰盤輝既望，數聲風笛動孤吟。 橫空雁陣平沙遠，度水漁歌曲岸沉。 乘興且隨潮漲落，篷窗獨倚酒頻斟。
		卓夢庵	鶴年	秋節偏遲一夜吟，且將舟放碧波心。 三千世界蟾光麗，廿四橋邊桂影深。 怪底謝袁同盪槳，應追李郭共題襟。 渡江何日吞胡羯，橫槊還彈靡後琴。
中華詩苑 9-2 期 48.02	映添 487 （四唱）	莊幼岳	嘯庵	凍鶴梅添千嶂雪，驚龍星映一潭珠。
		蘇鴻飛	友梅	人桃相映紅依舊，龜鶴兼添壽已高。
中華詩苑 9-3 期 48.03	壓歲錢 488	李嘯庵	張鶴年	盈囊兒女笑迎春，萬選青堪使鬼神。 我願九州添鑄日，幾文分與送窮人。
		莊幼岳	張晴川	除夕圍爐笑語親，青蚨分給子孫均。 叮嚀留作聽鶯用，好買雙柑去踏春。
中華詩苑 9-4 期 48.04	長安 489 （一唱）	林子惠	何亞季	安得忠心隨日月，長留義膽照乾坤。
		林淇園	李遂初	長醉曲江懷杜甫，安貧陋巷學顏回。

486刊於《中華詩苑》第 9-1 號。作者有：黃湘屏、張鶴年、李世昌、蘇鴻飛、張作梅、葉蘊藍、倪登玉、李嘯庵、劉夢鷗、鄭晃炎、陳友梅、李遂初、卓夢庵、鄭雲從、許劍亭；

487刊載於《中華詩苑》第 9-2 號。作者有：李嘯庵、陳友梅、張作梅、劉夢鷗、鄭晃炎、黃湘屏、李詩全、李世昌、莊幼岳、李紹唐、李遂初、施教堂、林淇園、林杏蓀、周維明；

488刊載於《中華詩苑》第 9-3 號。作者有：張鶴年、張晴川、林淇園、魏壬貴、鄭晃炎、駱子珊、李世昌、葉蘊藍、施教堂、莊幼岳、林光炯、卓夢庵、蘇鴻飛、黃啓棠、李遂初、曾曉南；

489刊載於《中華詩苑》第 9-4 號。作者有：何亞季、李遂初、蘇鴻飛、李世昌、施教堂、張作梅、蔡秋金、莊幼岳、陳友梅、林杏蓀、卓夢庵、李嘯庵、張鶴年；

見報日期	詩題	詞宗	掄元	詩作本文
中華詩苑 9-5 期 48.05	幸福家庭[490]	林石崖	曾慶豐	門第書香盡有爲，父慈子孝守箴規。 家風振起能敦俗，忠孝雙全事事宜。
		李遂初	駱子珊	潤屋潤身兩得宜，兒孫滿眼日含飴。 一團和氣還三樂，五世堂堂喜介眉。
中華詩苑 9-6 期 48.06	知命[491] （蟬聯格）	林杏蓀	林文訪	守道逢危惟委命，知機防患首逃名。
		張鶴年	李世昌	覺非從此諳天命，知足何須論世情。
中華詩苑 10-1 期 48.7	酸梅湯[492]	張鶴年	林金標	濺齒生津氣味殊，一杯止渴寸心愉。 酸時自有回甘日，莫作攢眉付短吁。
		何亞季	李神義	一欲留酸沁齒隅，枯腸潤澤到寒儒。 憶曾望止三軍渴，千古曹公智略殊。
中華詩苑 10-2 期 48.8	鷗盟[493]	白劍瀾	李可讀	稻江江上識豐標，相近相親夜復朝。 寄宿生浮深淺水，交游老狎去來潮。 避鷹海外情何感，伴鷺沙邊興更饒。 五十春秋同雅契，因緣奚必問漁樵。

---

[490] 50 周年紀念吟會。刊載於《中華詩苑》第 9-5 號。作者有：曾慶豐、駱子珊、施教堂、魏清德、鄭晃炎、林淇園、許劍亭、劉夢鷗、卓夢庵、蘇鴻飛、蔡秋金、張晴川、李建興、李遂初、魏壬貴、林金標、劉斌峯、黃啓棠；

[491] 50 周年紀念吟會刊載於《中華詩苑》第 9-6 號。作者有：林文訪、李世昌、劉克明、林光炯、林淇園、倪登玉、李建興、莊幼岳、魏壬貴、黃湘屏、劉夢鷗、林金標、張鶴年、駱子珊、林子惠、蔡秋金、魏潤庵、林杏蓀；

[492] 刊載於《中華詩苑》第 10-1 號。作者有：林金標、李神義、李嘯庵、周維明、魏潤庵、張作梅、李遂初、卓夢庵、林淇園、杜逎祥、鄭晃炎、黃湘屏、莊幼岳、林杏蓀、張晴川；

[493] 50 周年紀念吟會。刊載於《中華詩苑》第 10-2 號。作者有：李可讀、鄭玉波、薛咸中、林杏蓀、簡長德、黃森峯、謝景雲、許炯軒、王隆遜、張國威、陳神嶽、陳義山、陳如璧、蔡玉修、邱耀青、黃文虎、邱錦福、范根燦、楊靜淵、謝麟驤、施宗慶、朱啓南、施子卿、李明泰、陳月樵、葉瑤琳、林濱、林笑巖、蕭乾源、何武公、王桂木、詹昭華、張清輝、莫月娥；亦載於《詩文之友》第 11-4 號。作者多出：廖心求、陳志淵、蔡人龍、李步雲、莊壽如、李詩全、杜逎祥、王清渠、呂傳命、蔡英傑、劉春亭、陳秋金、林福善、鄭啓賢、蘇鴻飛、高文淵、施勝隆、周植夫、許燕汀、邱子敬、李庵金、吳醉蓮、宗孝忱、白正忠、丁靜湖、張清景、洪天賜、陳讚成、李世昌、張芳、林淇園、劉翠岩、江紫元、蕭嘯濤、江上鵬、張香翰、賴金印、雷佩芝、吳伯華、應俠民、李長春、張榮西、黃湘屏、蔡純純、李曉樓、黃武義、許劍亭、張達修、李遂初、王峰南、王省三；

見報日期	詩題	詞宗	掄元	詩作本文
		蔡元亨	鄭玉波	蓬瀛戢翼信相要，社結年經五十遙。足立中流聯雁鷺，心懷故國抗鷹梟。忘機共抒潘江藻，得趣同翻陸海潮。從此煙波平萬頃，和聲鳴盛叶虞韶。
中華詩苑 10-3 期 48.9	金屋494	駱子珊	周維明	屋破當防時欲雨，官廉卻羨夜辭金。
		張晴川	駱子珊	屋出巨卿由積德，身居廉吏固辭金。
中華詩苑 10-4 期 48.10	歸舟495	林佛國	李紹唐	扁舟一葉破滄溟，海峽狂瀾撼未停。光復神州知有日，不愁風雨阻歸舲。
		李嘯庵	鄭晃炎	八月秋風起洞庭，便教遊子動歸舲。他鄉莫戀湖山好，故國鱸魚味更馨。
中華詩苑 10-5 期 48.11	電風496（一唱）	葉蘊藍	張晴川	電閃雷鳴鳩喚雨，風清月白雁橫天。
		駱子珊	黃啓棠	電氣源流欽迪士，風情瀟灑羨陶潛。
中華詩苑 10-6 期 48.12	邯鄲枕497	林杏蓀	林淇園	盧生攲枕蝶魂飛，醒覺功名著布衣。一樣黃粱初夢熟，仙機洞徹玉清歸。
		李世昌	張一霞	翛然一枕契玄機，自笑營營事已違。盡說功名原是夢，幾人悟徹道心微。
中華詩苑 11-1 期	道周498（六唱）	張晴川	駱子珊	一代詩才懷道韞，千秋禮教重周公。
		林淇園	李世昌	伯夷義不餐周粟，尹喜誠因授道經。

494刊載於《中華詩苑》第 10-3 號。作者有：周維明、駱子珊、林淇園、何亞季、蘇鴻飛、鄭晃炎、張鶴年、魏潤庵、李詩全、林子惠、林光炯、李逐初、蔡秋金；

495己亥夏季。刊載於《中華詩苑》第 10-4 號。作者有：李紹唐、鄭晃炎、卓夢庵、李世昌、駱子珊、劉夢鷗、魏壬貴、林光炯、周維明、張鶴年、李逐初、張季眉、李嘯庵、葉蘊藍、張晴川、林淇園、魏靜雲、李神義；

496己亥夏季例會。刊載於《中華詩苑》第 10-5 號。作者有：張晴川、黃啓棠、駱子珊、李逐初、林光炯、李詩全、周維明、劉夢鷗、林玉山、卓夢庵、劉斌峯、林淇園、魏清德、林杏蓀、張鶴年；

497刊載於《中華詩苑》第 10-6 號。作者有：林淇園、張一霞、林子惠、李嘯庵、倪登玉、林光炯、莊幼岳、卓夢庵、李神義、鄭晃炎、陳子從、黃啓棠、駱子珊、許陶庵、黃湘屏；

498刊載於《中華詩苑》第 11-1 號。作者有：駱子珊、李世昌、周維明、李嘯庵、莊幼岳、林子惠、鄭晃炎、蘇鴻飛、張一霞、劉斌峯、林光炯、錫楷、林玉山、黃啓棠、劉萬傳、黃湘屏；

見報日期	詩　　題	詞　宗	掄　元	詩　作　本　文
中華詩苑 11-2 期 49.02	寒衣 499	蘇鴻飛	張鶴年	爲寄征人著，裁來量狹寬。 宜春雙剪字，遠戍一封丸。 布異迴文織，袍應挾纊看。 香山情更重，裘欲蓋長安。
		張鶴年	魏潤庵	邊塞風霜苦，衣虞蔽體單。 良人方戍遠，少婦敢偷安。 濯垢雖仍舊，加棉可耐寒。 並緘書信寄，珍重勸加餐。
中華詩苑 11-3 期 49.3	禁屠 500	卓夢庵	張鶴年	食肉人應鄙自知，節來肥饌濟危時。 牛刀放下皆成佛，染指調烹總不宜。
		倪登玉	魏潤庵	八七關懷在溺饑，忍貪口腹食牲犧。 暮年我早庖廚遠，不待官家禁令施。
中華詩苑 11-4 期 49.4	馮驩焚券 501	卓夢庵	慶豐	彈鋏歸來有把持，焚他債券解民疲。 雞鳴狗盜三千客，爭及流芳市義遺。
		林杏蓀	子惠	他日收功先市義，當年彈鋏豈懷疑。 合該愧煞三千客，契券何如一炬施。
中華藝苑 12-1 期 49.07	防旱 502	劉篁村	林子惠 雙元	山林培植要殷勤。切莫非時動斧斤。 涵蓄水源資潤物。免教臨渴望霓雲。
		李遂初		
中華藝苑 12-2 期	梅鶴 503 （六唱）	張鶴年	劉夢鷗	春回庾嶺疏梅放，夜靜孤山老鶴飛。
		黃啓棠	李遂初	宦味十年嘗鶴俸，春光一片滯梅叢。

---

499 刊載於《中華詩苑》第 11-2 號。作者有：張鶴年、魏潤庵、許寶亭、鄭晃炎、卓夢庵、李神義、李世昌、李紹唐、林淇園、李詩全、駱子珊、蘇鴻飛、張晴川、顏戀昌、倪登玉；

500 刊載於《中華詩苑》第 11-3 號。張鶴年、魏潤庵、李嘯庵、林杏蓀、蘇鴻飛、卓夢庵、周維明、鄭晃炎、李紹唐、劉夢鷗、曾慶豐、林淇園、駱子珊、李世昌、林子惠、陳友梅、倪登玉、顏戀昌；

501 刊載於《中華詩苑》第 11-4 號。作者有：慶豐、子惠、作梅、湘屏、鴻飛、潤庵、少庵、遂初、詩全、友梅、晴川、淇園、啓棠、維明、光炯；

502 刊載於《中華藝苑》第 12-1 號。作者有：林子惠、李神義、林杏蓀、卓夢庵、莊幼岳、李世昌、倪登玉、駱子珊、張鶴年、李嘯庵、陳友梅、李遂初、鄭雲從、何亞季、魏潤庵、林光炯；

503 刊於《中華藝苑》第 12-2 號。作者有：劉夢鷗、李遂初、鄭雲從、劉斌峯、莊幼岳、張鶴年、鄭晃炎、陳友梅、李紹唐、劉篁村、林杏蓀、林淇園、李神義、魏潤庵；

見報日期	詩　題	詞　宗	掄　元	詩　作　本　文
中華藝苑 12-3 期 49.9	防洪 504	張作梅	莊幼岳 雙元	疾雨迴風釀禍苛，回思八七淚滂沱。 居恆有備功纔見，事每無防患始多。 急待栽培惟樹木，最須疏導是江河。 寄言當道應嚴禁，休縱山林入斧柯。
		黃啓棠		
中華藝苑 12-4 49.10	秋訊 505	周植夫	張作梅	乍聽商聲識候殊，傳秋一葉落庭隅。 橫天雁影篆雲過，始覺霜痕入碧梧。
		張晴川	張鶴年	淒清傳與雁聲俱，一葉風飄落井梧。 不管江間波浪湧，扁舟歸去為蓴鱸。
詩文之友 14-4 期 49.11	月宮 506	林杏蓀	魏潤庵	廣寒天上望，高處絕纖塵。 宮是何時築，光常萬古新。 欄杆誰遍倚，星斗自成鄰。 同詠霓裳曲，臨風美奐輪。
		林淇園	駱子珊	曲奏霓裳處，蟾宮美莫倫。 銀河輝不夜，玉宇照無塵。 唐帝懷遊地，羿妻寄隱身。 太空船有便，擬探廣寒人。
中華藝苑 12-6 期 49.12	保力達 507	何亞季	林淇園	保力居然是秘方，添精補血異尋常。 獨憐富有維他命，弱者常餐體自強。
		林光炯	林子惠	延年益壽佐瓊漿，保力添精有補方。 夙夜一杯長在手，駐顏又可潤詩腸。

[504] 刊載於《中華詩苑》第 12-3 號。作者有：莊幼岳、林淇園、陳友梅、林耀西、周維明、李逢初、雪邨、張鶴年、李普同、何亞季、魏壬貴、倪登玉、張季眉、劉斌峰；

[505] 刊載於《中華詩苑》第 12-4 號。作者有：張作梅、張鶴年、莊幼岳、魏潤庵、張晴川、李普同、林淇園、魏壬貴、倪登玉、曾慶豐、周維明、杜迺祥、葉蘊藍、李逢初、陳友梅、何亞季；

[506] 瀛社秋季例會。刊載於《詩文之友》第 14-4 號。作者有：魏潤庵、駱子珊、李嘯庵、林金標、鄭晃炎、蘇鴻飛、黃啓棠、顏戀昌、林淇園、林光炯、李神義、張晴川、莊幼岳、倪登玉、魏壬貴、李詩全；

[507] 刊載於《中華藝苑》第 12-6 號。作者有：林淇園、林子惠、劉夢鶴、張晴川、卓夢庵、李神義、林金標、林杏蓀、李詩全、李紹唐、許劍亭、鄭晃炎、魏潤庵、蘇鴻飛、陳友梅、莊幼岳、魏壬貴、駱子珊；

見報日期	詩　　題	詞　宗	掄　元	詩　作　本　文
中華藝苑 13-3 期 50.03	聖誕紅 508	李嘯庵	林杏蓀	霜天簇擁冷紅枝，正是西方誕聖時。 高格只應梅作偶，清標合襯竹爲宜。 不同凡質爭春豔，自具冰心副令姿。 歲歲華堂慶佳節，齊瞻壽相晉瑤卮。
		張鶴年	李神義	數枝搖曳夕陽時，邀寵原來聖誕宜。 濃豔有情嬌欲語，低斜無力弱難支。 風翻猩影紅裙妒，日映霞光繡錦垂。 千載青青松與柏，賞心同結歲寒知。
中華藝苑 13-4 期 50.04	火雞 509 （六唱）	張晴川	光　炯	舊雨書從烽火斷，寒簧月自曉雞沉。
		倪登玉	雲　從	小閣烹茶看火候，中庭舞劍聽雞聲。
詩文之友 14-6 期 50.08	杜少陵 510	張鶴年	林光炯	騷客千年拜下風，傷時斲句氣如虹。 封茅裂士分詩國，半屬青蓮半屬公。
		卓夢庵	李遂初	鼙鼓漁陽起草雄，飄零亂世一孤忠。 誰知憂國匡時淚，灑在夔州北望中。
詩文之友 14-6 期	星燭 511	劉篁村	李遂初	太史無端休薦瑞，殘年有恃不驚風。
		林石崖	鄭雲從	萬點光芒朝北斗，一宵清話剪西窗。
中華藝苑 14-5 期 50.11	覺修宮步月 512	莊幼岳	鄭晃炎	月映招提白似霜，詩情禪味滿雲廊。 草間冷露沾鞋濕，宮外微風拂袖涼。 蟾影共憐今夜好，桂花未減去年香。 清光萬里秋如水，曳杖行吟興正長。

---

[508] 49 年 10 月 6 日祝副社長李建興先生七秩大慶。刊載於《中華藝苑》第 13-3 號。作者有：
林杏蓀、李神義、李遂初、何亞季、張鶴年、林玉山、張晴川、林淇園、周維明、駱子
珊、魏壬貴、周植夫、任博悟、鄭雲從、陳世慶；

[509] 刊載於《中華藝苑》第 13-4 號。作者有：林光炯、鄭雲從、魏潤庵、林淇園、莊幼岳、
張鶴年、許寶亭、劉夢鷗、李遂初、林杏蓀、蘇鴻飛、張晴川、駱子珊、顏戀昌、亦實、
黃湘屏；

[510] 瀛社 52 周年刊載於《詩文之友》第 14-6 號。作者有：林光炯、李遂初、李神義、駱子
珊、李紹唐、張鶴年、李普同、魏潤庵、莊幼岳、周植夫、何亞季、杜迺祥、林杏蓀、
鄭晃炎、魏壬貴；亦載於《中華藝苑》第 13-6 號。作者同上；

[511] 祝紹唐金婚祝夢庵古稀。刊載於《詩文之友》第 14-6 號。作者有：李遂初、鄭雲從、
駱子珊、李紹唐、卓夢庵、劉斌峰、鄭晃炎、林玉山、蘇鴻飛、莊幼岳、杜迺祥、顏戀
昌、魏潤庵、陳友梅、張晴川、周維明；亦載於《中華藝苑》第 14-1 號。作者同上；

[512] 中秋擊缽。刊載於《中華藝苑》第 14-5 號。作者有：鄭晃炎、張晴川、黃湘屏、魏壬
貴、蘇鴻飛、鄭雲從、駱子珊、葉蘊藍、魏清德、劉夢鷗、陳友梅、李遂初、李嘯庵、
李神義、李詩全；亦載於《詩文之友》第 15-3 號。作者同上；

見報日期	詩題	詞宗	掄元	詩作本文
		李逐初	張晴川	覺修宮裡趁秋涼，信步人來樂未央。鶴觀巍峨鐘斷續，龍峒隱約月蒼茫。河山半壁艱難甚，烽火漫天感慨長。獨對蟾光懷故國，徘徊庭畔謁仙堂。
中華藝苑 15-1 期 51.01	教師節 513	蘇鴻飛	葉蘊藍	育才辛苦本難辭，苜蓿盈盤世所知。欲使黔黎尊孔聖，國家頒節慰人師。
		黃啓棠	李嘯庵	欣逢令節合尊師，桃李栽培盡秀枝。爲國樹人功不少，表揚我藉一篇詩。
中華藝苑 15-2 期 51.02	榜上 514	卓夢庵	林杏蓀	登科錄就播行都，萬戶傳觀徧九衢。入彀懸知皆國士，持衡應是得名儒。芸窗苦讀勤研墨，金榜新題認點朱。畢竟文章是真價，好揮翰藻探驪珠。
		黃啓棠	張鶴年	雁塔題名孰與俱，泥金報喜待須臾。棘圍燒尾知龍種，簾外清聲聽鳳雛。進學一期標姓字，出身千載判賢愚。公門桃李多才俊，試看鷹揚誓滅胡。
中華藝苑 15-3 期 51.03	古錢 515	張晴川	李康寧	神通依舊孔方尊，鼓鑄終難辨紀元。歷盡興衰猶國寶，珍藏萬貫付評論。
		葉蘊藍	魏壬貴	蒐集錙銖豈厭煩，鐮錢刀幣至今存。年湮代遠銷銅臭，無復通神尙可尊。
中華藝苑 15-5.6 期	西施 516	李嘯庵	張晴川	落雁沉魚絕世珍，苧蘿村裡一佳人。艷名傾國傳千古，留得浣紗桃李春。

---

513 刊載於《中華藝苑》第 15-1 號。作者有：葉蘊藍、李嘯庵、李神義、林玉山、劉夢鷗、駱子珊、何亞季、黃湘屏、李詩全、魏壬貴、張晴川、鄭晃炎、黃啓棠；亦載於《詩文之友》第 15-4 期。作者同上；

514 刊載於《中華藝苑》第 15-2 號。作者有：林杏蓀、張鶴年、駱子珊、李嘯庵、李逐初、林子惠、陳友梅、鄭晃炎、張季眉、李神義、林光炯、魏壬貴、魏潤庵；亦載於《詩文之友》第 15-6 期。作者有：林杏蓀、張鶴年、駱子珊、李嘯庵、李逐初、林子惠、陳友梅、鄭晃炎、張季眉、李神義、林光炯、魏壬貴、魏潤庵、張晴川、黃啓棠、顏懋昌、李康寧、周維明；

515 刊《中華藝苑》第 15-3 號。作者有：李康寧、魏壬貴、鄭晃炎、李紹唐、李逐初、莊幼岳、陳友梅、林光炯、杜迺祥、李本、李嘯庵、張晴川、駱子珊、周維明；亦載於《詩文之友》第 15-6 期。

516 53 周年。刊於《中華藝苑》第 15-5.6 號。作者有：張晴川、李嘯庵、張鶴年、黃得時、李逐初、倪登玉、魏潤庵、李榕廬、鄭雲從、林杏蓀、鄭香圃、林子惠、黃湘屏、周維明、周植夫、莊幼岳、鄭晃炎、何亞季；亦載於《詩文之友》第 17-1 期。作者同上；

見報日期	詩題	詞宗	掄元	詩作本文
51.05.06		卓夢庵	李嘯庵	當年卑賤浣紗津，一入吳宮作美人。 粉黛偏能亡敵國，論功也算越忠臣。
中華藝苑 16-1 期	花松[517] （分詠格）	劉篁村	李世昌	江淹曾見毫端放，丁固偏從腹上生。
		林佛國	周維明	耐寒梅竹聯三友，放艷庭園鬥百嬌。
中華藝苑 16-2 期 51.08	瑞濱納涼[518]	卓夢庵	張鶴年	消受江風夏似秋，高臺砂畔集群鷗。 日斜龜嶼波猶靜，雲歛雞峰暑盡收。 潛壑魚龍還寂寞，隨潮瓜李任沉浮。 塵纓誰藉滄浪濯，且聽漁歌獨倚樓。
		蘇鴻飛	李遂初	瑞海風光夏若秋，鬱蒸浴罷解無留。 詩情盡自涼中得，禪味還從靜裡求。 一曲漁歌來外嶼，半屏嵐影落中流。 清飆莫遣遊人醉，恐把南疆作禹洲。
中華藝苑 16-3 期	瑞濱[519] 一唱	葉蘊藍	卓夢庵	瑞繞雞峰雲幾朵，濱連龜嶼浪千重。
		張晴川	黃得時	瑞雲綠繞雞峰聳，濱海波浮龜嶼橫。
中華藝苑 16-4 期 51.10	颱後[520]	蘇鴻飛	張鶴年	牽蘿補屋幾家忙，愛美裙裾幸遠颺。 庇廈杜陵何慷慨，恤災卜式亦輸將。 劫餘汐社群鷗聚，風定江亭一鶴翔。 我卻有心綢未雨，狂瀾倒挽鞏隄防。

---

[517] 祝李嘯庵先生七秩。刊載於《中華藝苑》第 16-1 號。作者有：李世昌、周維明、駱子珊、林金標、張振聲、黃湘屏、鄭雲從、顏戇昌、魏潤庵、何亞季、林子惠、李遂初、劉篁村、林杏蓀、張鶴年、蘇鴻飛、鄭水龍；亦載於《詩文之友》第 17-1 期。

[518] 假瑞濱海水浴場。刊載於《中華藝苑》第 16-2 號。作者有：張鶴年、李遂初、駱子珊、張季眉、張晴川、林玉山、杜遁祥、李紹唐、蘇鴻飛、葉蘊藍、林有喬、張芳洲、顏戇昌、卓夢庵、魏潤庵、何亞季；亦載於《詩文之友》第 16-6 期。作者多出：周維明、李詩全、魏壬貴、江阿文、黃得時、林金標；

[519] 假瑞濱海水浴場。刊載於《中華藝苑》第 16-3 號。作者有：卓夢庵、黃得時、周維明、林玉山、張鶴年、張笠雲、魏潤庵、蘇鴻飛、李紹唐、張芳洲、何亞季、林金標、駱子珊、李遂初、魏壬貴；亦載於《詩文之友》第 16-6 期。作者多出：林有喬、江阿文、李詩全、任博悟、葉蘊藍、杜遁祥、顏戇昌；

[520] 51 年秋季擊鉢。刊載於《中華藝苑》第 16-4 號。作者有：張鶴年、黃湘屏、魏壬貴、許寶亭、黃啓棠、卓夢庵、林金標、周蓀園、蘇鴻飛、鄭雲從、張晴川、葉蘊藍、李神義、鄭晃炎；亦載於《詩文之友》第 17-2 期。作者同上：

見報日期	詩題	詞宗	掄元	詩作本文
		張鶴年	黃湘屏	走石飛砂困一場，秋颱昨夜太猖狂。 傾河雨勢魚龍衍，拔樹風威鳥雀藏。 十里良田成氾濫，幾村災戶正徬徨。 殊憐屋破貧家苦，補葺牽蘿費主張。
中華藝苑 16-5 期 51.11	文字債[521]	林杏蓀	蘇鴻飛	老我臺高築，斯文重一身。 煙雲憑契合，筆墨結交親。 風月情偏逸，江山句率真。 縱教還有債，吾道未全貧。
		張鶴年	張晴川	搜盡枯腸日，窮經任苦辛。 養廉還養恥，憂道不憂貧。 文似催租急，詩如索句頻。 年年償未了，老我一吟身。
中華藝苑 16-6 期 51.12	遊赤壁[522]	林杏蓀	林光炯	匏樽相對兩陶然，一葦凌波水接天。 橫槊豈知千載後，大江風月屬坡仙。
		林光炯	黃湘屏	中流一舸住翩然，酒後高歌興欲仙。 皓月今猶輝赤壁，蘇公韻事已千年。
中華藝苑 17-1 期 52.01	信魚[523]	林淇園	莊幼岳	鮮美何曾肯讓魴，每於冬至便登場。 朔風猶報烏魚候，沽酒渾思試一嚐。
		張晴川	張鶴年	群隨潮信繞漁鄉，冬至舟人結網忙。 食肉何如還食卵，烹來鮮味佐傾觴。
中華藝苑 17-2 期 52.02	理想夫人[524]	張晴川	得時	相敬如賓客，千秋重母儀。 治家傳懿德，教子有良規。 甘苦心同受，窮通志不移。 白頭情更篤，形影永追隨。

---

[521]刊載於《中華藝苑》第 16-5 號。作者有：蘇鴻飛、張晴川、魏壬貴、黃湘屏、魏潤庵、周蓀園、李遂初、李普同、李神義、林杏蓀、劉夢鷗、鄭晃炎、何亞季、張鶴年、林淇園、黃啓棠；

[522]秋季擊鉢。刊載於《中華藝苑》第 16-6 號。作者有：林光炯、黃湘屏、李神義、卓夢庵、鄭雲從、陳友梅、黃啓棠、李世昌、許寶亭、張晴川、葉蘊藍、鄭晃炎、駱子珊、張鶴年、黃得時；亦載於《詩文之友》第 17-2 期。作者同上；

[523]刊載於《中華藝苑》第 17-1 號。作者有：莊幼岳、張鶴年、林杏蓀、魏潤庵、李世昌、李普同、黃湘屏、李遂初、李嘯庵、葉蘊藍、李神義、魏壬貴、李詩全；

[524]刊載於《中華藝苑》第 17-2 號。作者有：黃得時、周植夫、張鶴年、李世昌、陳友梅、鄭雲從、魏壬貴；

見報日期	詩　題	詞　宗	掄　元	詩　作　本　文
		張鶴年	植夫	賴爾持中饋，辛勤守婦規。 酸鹹調自適，內外理尤宜。 服侍能迎意，梳妝不畫眉。 君真賢且淑，於我復何期。
中華藝苑 17-3 期 52.03	冬至 525 （魁斗格）	葉蘊藍	張鶴年	至老棟材扶大夏，凌寒松節凜嚴冬。
		駱子珊	蘇鴻飛	至聖珍書崇萬古，豐年瑞雪兆三冬。
中華藝苑 17-5 期 52.05	春酒 526	劉篁村	駱子珊	花朝敞宴共清談，八十高齡樂且耽。 我與劉伶同嗜好，舉杯相祝老猶堪。
		江兆申	魏壬貴	白社鷗盟雅興酣，甕頭春色助清談。 筵中從未分貧富，一例擎杯勸再三。
中華藝苑 17-6 期 52.06	春酒 527 （六唱）	張鶴年	李逐初	漫笑謫仙眠酒肆，且看詩聖典春衣。
		許劍亭	陳友梅	社吟雙慶過春半，人醉孤芳偎酒中。
中華藝苑 18-2 期 52.08	義方居榮獲 總統頒匾 528 瀛社、大同 吟社聯吟	李嘯庵	周植夫	御匾鴻頒豈偶然，宸題孝友世爭傳。 一門高譽令人羨，數頃名園為國捐。 佳節賦詩來遠客，畫堂觀典萃時賢。 李侯此日真榮寵，甲第光生棣萼聯。
		陳曉齋	李嘯庵	元戎頒匾義方懸，無限光榮感萬千。 大孝以身能作則，當仁有志每爭光。 宗風聲價推元禮，家學淵源羨謫仙。 且喜今朝開盛典，滿堂吟友獻詩篇。

---

525 刊載於《中華藝苑》第 17-3 號。作者有：張鶴年、蘇鴻飛、周植夫、黃湘屏、張晴川、陳友梅、葉蘊藍、鄭雲從、駱子珊、李嘯庵、李神義、李世昌、黃啓棠、張振聲；

526 祝劉篁村先生八秩林金標先生七秩榮壽。刊載於《中華藝苑》第 17-5 號。作者有：駱子珊、魏壬貴、李神義、林光炯、張鶴年、林文訪、周蘐園、林金標、何亞季、洪寶昆、張晴川、黃得時、李逐初、魏潤庵、李世昌、葉蘊藍；亦載於《詩文之友》第 18-2.3 期。作者同上；

527 祝劉篁村先生八秩林金標先生七秩榮壽。刊於《中華藝苑》第 17-6 號。作者有：李逐初、陳友梅、周蘐園、張晴川、葉蘊藍、駱子珊、林金標、蘇鴻飛、魏潤庵、李世昌、林光炯、林杏蓀、張振聲、張鶴年；亦載於《詩文之友》第 18-2.3 期。作者同上；

528 刊載於《中華藝苑》第 19-6 號。作者有：周植夫、李嘯庵、劉春亭、張雨村、陳曉齋、陳泰山、鄭雲從、張鶴年、魏壬貴、李逐初、陳焙焜、張季眉、周枝萬、簡穆如；亦載於《詩文之友》第 20-2 期。作者多出：何亞季、陳友梅、顏懋昌、黃得時、張廷魁；

見報日期	詩題	詞宗	掄元	詩作本文
中華藝苑 18-4期 52.10	德風居雅集 529	卓夢庵	駱子珊 雙元	美盡東南笑語頻，偷閒來共鷺鷗親。山城環抱鍾靈性，竹屋幽棲遠市塵。恍若三三開勝會，偏逢七七訪高人。敲詩誰似青蓮健，君子之居德有鄰。
		李嘯庵		
中華藝苑 18-5 52.11	溪光 530	張晴川	卓夢庵	草暖山隈夏日長，紅塵隔絕市囂張。柴橋古渡寒溪水，倒影嵐光亂夕陽。
		黃得時	魏壬貴	一泓涵碧映斜陽，逝者如斯獨感傷。清可濯纓污濯足，但期終古不波揚。
中華藝苑 18-6期 52.12	攀桂 531	張鶴年	鄭雲從	蟾窟香飄樹，青雲有路登。心堅看起蟄，志奮逐飛鵬。金榜題名早，家鄉報喜騰。上林欣獨步，聲價一時增。
		林杏蓀	林光炯	一樹傍蟾窟，瓊樓矗幾層；莫憑吳斧劈，但借漢槎乘。金粟襟前落，天香袖底凝。攀來傲日月，雲路及時登。
中華藝苑 19-1期 53.01	月餅 532	李遂初	張鶴年	詎藉吳剛玉斧裁，圓如兔魄疊千枚。新炊丹竈知非畫，作賦騷人啖幾回。
		周植夫	卓夢奄	團團形似月初開，共慶中秋佳節來。惆悵今年災後慘，幾家啖餅幾家哀。

---

[529] 假基隆北五堵德風居。刊載於《中華藝苑》第 18-4 號。作者有：駱子珊、陳焙焜、林石崖、李神義、黃湘屏、顏懋昌、莊幼岳、蘇鴻飛、李遂初、李本、黃得時、周蓀園、張晴川、葉蘊藍；亦載於《詩文之友》第 19-3 期。作者同上：

[530] 刊載於《中華藝苑》第 18-5 號。作者有：卓夢庵、魏壬貴、張鶴年、周植夫、駱子珊、黃湘屏、陳焙焜、莊幼岳、黃得時、張作梅、杜遂祥、林石崖、葉蘊藍；亦載於《詩文之友》第 19-3 期。作者同上：

[531] 秋季擊鉢。刊載於《中華藝苑》第 18-6 號。作者有：鄭雲從、林光炯、黃得時、李神義、周植夫、魏清德、黃湘屏、卓夢庵、黃啓棠、魏壬貴、李詩全、陳友梅；

[532] 秋季擊鉢。刊載於《中華藝苑》第 19-1 號。作者有：張鶴年、卓夢庵、林光炯、李神義、林杏蓀、鄭雲從、何亞季、魏壬貴、周蓀園、許寶亭、李嘯庵、黃湘屏、李詩全；

見報日期	詩題	詞宗	掄元	詩作本文
中華藝苑 19-2 期 53.02	冬防 533	張鶴年	張作梅	更深森肅氣，寒柝起城闉。 節至冬將半。時荒俗不淳。 危樓嚴下鑰，破甑自生塵。 宵小原無種，俸錢應愧民。
		周植夫	黃湘屏	急景凋年至，衝寒事夜巡。 千家香夢穩，數騎戒心頻。 職守防宵小，身勞護子民。 路遺能不拾，應起世風淳。
中華藝苑 19-3 期 53.03	老人會 534	駱子珊	魏潤庵	耆舊無多歲月更，樂群促膝話平生。 敢將綺皓商山擬，良晤時時自有情。
		鄭雲從	黃湘屏	白頭相聚話蘭盟，風骨棱棱樂晚晴。 尚有橫秋豪氣在，香山九老溯平生。
中華藝苑 20-2 期 53.07	苔痕 535	林石崖	張晴川	斑斑生石上，亂疊滿庭南。 鶴跡浮青黛，蝸涎點翠嵐。 痕疑和雨滑，色似帶煙含。 野草侵階綠，荒園半蔚藍。
		李遂初	何亞季	花徑平鋪綠，尋芳絡繹參。 蘚錢裝勝概，鴻爪認奇嵐。 匝地蒙茸嫩，盈階錦繡涵。 天孫留黦跡，騷客駐吟驂。

---

[533] 刊載於《中華藝苑》第 19-2 號。作者有：張作梅、黃湘屏、莊幼岳、陳友梅、黃得時、許劍亭、何亞季、李遂初、張鶴年、李榕廬、黃啓棠、魏潤庵、陳焙焜、魏壬貴、李嘯庵；

[534] 刊載於《中華藝苑》第 19-3 號。作者有：魏潤庵、黃湘屏、林玉山、張鶴年、莊幼岳、林光炯、卓夢庵、黃得時、林金標、葉蘊藍、林子惠、曾慶豐、許寶亭、何亞季、蘇鴻飛；

[535] 刊載於《中華藝苑》第 20-1 號。作者有：張晴川、何亞季、魏潤庵、黃得時、林杏蓀、李神義、葉蘊藍、蘇鴻飛、黃湘屏、李遂初、黃啓棠、周植夫、劉斌峯、陳友梅；亦載於《詩文之友》21-1 期。作者同上；

見報日期	詩　　題	詞　宗	掄　元	詩　作　本　文
中華藝苑 20-2 期 53.08	征塵 536	張鶴年	周植夫	轉蓬踪跡嘆羈孤，僕僕繁埃老鬢鬚。 萬斛隨風飄驛路，十年作客滯江湖。 沾衣遠較煙痕細，撲面時同雨點麤。 最是軟紅飛不斷，馬蹄聲裡感馳驅。
		周植夫	黃湘屏	收拾行踪起壯圖，不辭霜露在江湖。 愁生旅雁家山遠，夢醒荒鷄野店孤。 客裡回思餘悵惘，燈前檢點總模糊。 風沙萬里歸來日，一拂征衣認故吾。
中華藝苑 20-2 期 53.08	合卺酒 537	陳泰山	周植夫	喜溢華堂鳳燭明，酒香瓊盞笑相傾。 結褵恰值重三節，一醉今宵好夢成。
		蘇鴻飛	劉春亭	鴛鴦聯盞玉雕成，花燭良宵賦定情。 一飲心同山海固，百年琴瑟永和鳴。
中華藝苑 20-3 期 53.09	青年節 538	張鶴年	魏潤庵	黃花岡上弔忠魂，仰止千秋道自尊。 我愧蹉跎無報效，白頭終老在家園。
		張晴川	劉斌峰	英雄壯氣震乾坤，碧血黃花萬世存。 重建中華垂史冊，愧無佳句慰忠魂。
中華藝苑 20-4 期 53.10	商戰 539	林杏蓀	張晴川	貿易年來伏戰機，持籌握算競精微。 商場臨陣揮戈日，家國興衰重起飛。
		林光炯	周植夫	持籌闤闠極知機，操勝居奇似突圍。 貿易于今多格智，蠅頭蝸角鬥纖微。

---

536 刊載於《中華藝苑》第 20-2 號。作者有：周植夫、黃湘屏、張晴川、鄭晃炎、張鶴年、陳友梅、李遂初、陳焙焜、鄭雲從、杜迺祥、魏壬貴、林光炯、卓夢庵、葉蘊藍、駱子珊；亦載於《詩文之友》20-6 期。作者同上；

537 瀛社、大同吟社聯吟擊鉢，祝李建興先生令外孫黃世樞新婚。刊載於《中華藝苑》第 20-2 號。作者有：周植夫、劉春亭、陳泰山、葉蘊藍、駱子珊、陳焙焜、李遂初、周禮成、蘇鴻飛、周枝萬、張雨村；亦載於《詩文之友》第 20-2 期。作者有：周植夫、劉春亭、陳泰山、葉蘊藍、駱子珊、陳焙焜、李遂初、周禮成、蘇鴻飛、周枝萬、張雨村、張鶴年、黃得時、林耀西、陳友梅、魏壬貴、陳曉齋、杜迺祥、劉春亭、鄭雲從、張庭魁、何亞季；

538 刊載於《中華藝苑》第 20-3 號。作者有：魏潤庵、劉斌峯、周植夫、蘇鴻飛、李神義、顏戀昌、陳友梅、林子惠、李普同、何亞季、魏壬貴、張鶴年、曾慶豐、張晴川、黃得時；亦載於《詩文之友》第 21-2 號。作者同上；

539 刊載於《中華藝苑》第 20-4 號。作者有：張晴川、周植夫、卓夢庵、黃湘屏、魏壬貴、李神義、葉蘊藍、許劍亭、李遂初、黃得時、林杏蓀、杜迺祥、林子惠、林光炯、陳焙焜；亦載於《詩文之友》第 20-6 期。作者同上：

見報日期	詩　題	詞　宗	掄　元	詩　作　本　文
中華藝苑 20-5 期 53.11	雨中訪舊 540	王省三	李神義	蕭疏風雨近重陽，竹杖閒尋處士莊。 隔幔紅藏花數點，臨溪青接樹千章。 真心契敘如投璧，濁世功名感釣璜。 今日相逢重握手，不妨乘興啓吟觴。
		蘇鴻飛	魏壬貴	雞黍關心約未償，寧辭細雨濕驊驤。 鷺鷗情重來千里，翰墨緣深共一觴。 白首重逢投契密，青燈相對笑言香。 西窗剪燭欣何限，簷溜聲中興更長。
中華藝苑 20-6 53.12	江楓 541	張晴川	張鶴年	霜林簇錦一江村，遠寺鐘催葉更繁。 紅映漁燈橋畔夜，題詩泊客最銷魂。
		黃得時	林光炯	相尋漁火水邊村，霜染霞蒸絳欲燔。 說與去來船上客，年年江畔認秋痕。
中華藝苑 21-2.3 期 54.02.	春郊訪勝 542	陳皆興	周植夫	出郭逢新霽，東風萬物蘇。 劍潭尋古蹟，貝塚賞名區。 撲蝶花千樹，聽鶯酒一壺。 春光人易醉，詩思滿平蕪。
		林杏蓀	林韓堂	初出都門外，川原似畫圖。 尋幽迷曲徑，覓翠踏平蕪。 陌上花千朵，竻頭酒一壺。 韶華舒錦繡，助我事清娛。
中華藝苑 21-2.3 期 54.02	酒痕 543	張晴川	黃湘屏	呼燈重檢舊春衣，玉液餘香褪已微。 爭向花前拼一醉，十年綺夢尙依稀。
		駱子珊	施學樵	杭州席上染儒衣，酒氣經年浣未稀。 欣得瓊林今賜宴，新沾舊澤兩交輝。

540秋季擊鉢會。刊載於《中華藝苑》第 20-5 號。作者有：李神義、魏壬貴、黃湘屏、周
　植夫、林子惠、張鶴年、黃得時、劉斌峯、陳焙焜、林金標、張晴川、駱子珊、林杏蓀、
　王省三；
541刊於《中華藝苑》第 20-6 號。作者有：張鶴年、林光炯、李逐初、鄭雲從、莊幼岳、
　許劍亭、杜迺祥、周植夫、顏戀昌、駱子珊、黃湘屏、陳焙焜、李神義；
542刊載於《中華藝苑》第 21-2.3 號。作者有：周植夫、林韓堂、蘇鴻飛、林光炯、施學樵、
　張鶴年、鄞強、鄭晃炎、張季眉、李逐初、魏壬貴、李浩如、駱子珊、黃湘屏、張晴川；
543刊載於《中華藝苑》第 21-2.3 號。作者有：黃湘屏、施學樵、林子惠、李嘯庵、鄞強、
　周植夫、李逐初、任博悟、李浩如、鄭晃炎、陳皆興、張鶴年、李天慶、林韓堂、魏壬
　貴；

見報日期	詩題	詞宗	掄元	詩作本文
中華藝苑 21-6期 54.12	延年菊 544	李嘯庵	李紹唐	老圃勤難盡，延年百歲芬。 枝鍾天地氣，葉潤古今雲。 作對聯歡客，吟詩祝壽群。 華封九十載，種德好斯文。
		張鶴年	周植夫	花放東籬晚，凌霜獨不群。 色徵嵩嶽壽，淡似網溪雲。 隱逸持高節，幽清絕俗氛。 祇宜松作友，歲歲異香聞。
中華藝苑 22-1期 55.01	寒郊散策 545 冬季例會	李德和	李嘯庵	曳杖多郊十里長，老來腰腳轉康強。 幾株破臘梅初放，千樹期春竹尚蒼。 聽鳥忍寒來嶺上，觀舟耐冷到潭旁。 殷勤展步尋詩去，收得村光入錦囊。
		張晴川	魏壬貴	飄然曳杖過村莊，朔氣凌人志更揚。 經雨山容如畫譜，迎暉野色入詩囊。 寒梅幾樹臨溪放，冬菊盈籬傲雪香。 根觸故園春又近，覺修宮畔立斜陽。
中華藝苑 22-2期 55.02	迎春 546	卓夢庵	莊幼岳	眾卉經冬冷弗堪，殷期淑氣早回驂。 嶺梅備迓東皇駕，先向南枝綻兩三。
		張鶴年	周植夫	早儲椒酒與黃柑，爲迓東皇一醉酣。 已見梅花先獻頌，熙和氣象滿瀛南。

---

[544] 祝網溪楊嘯霞先生九秩大慶。刊載於《中華藝苑》第 21-6 號。作者有：李紹唐、周植夫、黃湘屏、林光炯、駱子珊、李嘯庵、蘇鴻飛、何亞季、林玉珊、林杏蒸、張晴川、李詩全、陳友梅、李遂初、林翰堂、林鴻音；

[545] 刊載於《中華藝苑》第 22-1 號。作者有：李嘯庵、魏壬貴、張鶴年、鄭晃炎、林金標、鄭鴻音、卓夢庵、林光炯、蘇鴻飛、黃啓棠、許劍亭、何亞季、周植夫、李神義、林子惠；亦載於《詩文之友》第 23-5 期。作者同上。

[546] 刊載於《中華藝苑》第 22-2 號。作者有：莊幼岳、周植夫、許劍亭、林光炯、黃得時、李紹唐、何亞季、鄭晃炎、魏壬貴、蘇鴻飛、李嘯庵、黃湘屏、陳焙焜、林子惠；亦刊於《詩文之友 23-5 期》，作者同上。

見報日期	詩題	詞宗	掄元	詩作本文
中華藝苑 22-3 期 55.03	圓山秋曉 547	李德和	張晴川	破曉橫空一雁馳，西風蕭瑟冷侵肌。 劍潭寺畔秋聲急，太古巢邊曙色遲。 張翰蓴鱸懷故國，陶潛松菊感天涯。 延平遺跡今何在，無復晨鐘渡水湄。
		曾笑雲	鄭雲從	早起郊行趁曉曦，基隆川畔景幽奇。 劍潭跡古名空在，迂谷巢荒史永垂。 露點猶留青芋葉，月痕尚掛碧梧枝。 涼風好是圓山路，空氣澄鮮曙色時。
中華藝苑 22-4 期 55.04	夏夜聞蛙 548	李逐初	蘇鴻飛	蕉窗雨霽靜無塵，閤閤傳來聒耳頻。 遠近三更高格調，官私兩部劇傷神。 夢回池館增離恨，鼓吹槐庭響絕倫。 憐爾不平鳴不已，天涯愁煞未歸人。
		李嘯庵	鄭晃炎	雨餘夏夕爽吟身，坐聽蛙鳴遣俗塵。 兩部聲歌喧遠近，一場鼓吹助精神。 漫言抑鬱私情動，似抱平生正氣伸。 徙倚池塘聞達旦，知音到底屬詩人。
中華藝苑 22-5 期 55.05	花朝志三居 雅集 549	蘇鴻飛	陳友梅	鬥春櫻柳滿牆東，況復花辰處處紅。 日暖吟鬚驚撚斷，風和枯腹愧搜空。 西園韻事今重繼，北海襟懷自不同。 此夕志三逢盛會，詩星朗朗耀蒼穹。
		黃得時	張晴川	志三居宅夕陽紅，爲祝群芳入綺叢。 喜值花朝凝曉露，欣逢社慶趁春風。 敲詩刻燭情何逸，對酒當歌興不窮。 鷗鷺聯歡銷塊磊，題襟人在畫樓中。

---

547 刊載於《中華藝苑》第 22-3 號。作者有：張晴川、鄭雲從、鄭鴻音、魏壬貴、張鶴年、葉蘊藍、林光炯、陳友梅、劉斌峰、陳焙焜、李添福、蘇鴻飛、林韓堂、周植夫、林杏蓀；亦載於《詩文之友》第 23-1 號。作者同上：

548 刊載於《中華藝苑》第 22-4 號。作者有：蘇鴻飛、鄭晃炎、林光炯、陳友梅、黃得時、魏壬貴、鄭雲從、李逐初；亦載於《詩文之友》第 22-6 號。作者多出：張鶴年、李神義、李浩如、李詩全、駱子珊、何亞季、陳焙焜、劉斌峰；

549 刊載於《中華藝苑》第 22-5 號。作者有：陳友梅、張晴川、魏壬貴、鄭晃炎、黃得時、張鶴年、李神義、周植夫、林光炯、鄞耀南、任博悟、李添福、林金標、鄭鴻音、張季眉、陳焙焜；亦載於《詩文之友》第 24-1 期。作者多出：林韓堂、張振聲、鄭雲從、駱子珊、黃啓棠、劉斌峰、林子惠、李嘯庵、林杏蓀、何亞季、蘇鴻飛；

見報日期	詩題	詞宗	掄元	詩作本文
中華藝苑 22-6期 55.06	新燕 550	陳友梅	周植夫	飛飛猶自翦紅霞，社日初看到海涯。燕子似知人事改，銜泥無復覓王家。
		張晴川	魏壬貴	社日初來積善家，呢喃對語興無涯。願君莫棄思源念，報效應師反哺鴉。
中華藝苑 23-2期 55.08	天貺節納涼 551	許寶亭	鄭晃炎	欣逢六六節重臨，降下天書錫福深。我願鷗朋多樂善，長教種德健吟心。
		蘇鴻飛	黃湘屏	天貺佳辰且盍簪，涼風水榭事長吟。冰壺玉液殊清冽，共洗趨炎一片心。
中華藝苑 23-2期 55.08	菊影 552	張鶴年	黃得時	髣疑畫伯墨初濡，三徑留痕色淡臞。簾捲西風人共瘦，幾枝月下認模糊。
		何亞季	蘇鴻飛	東籬重疊認模糊，匝地扶疏幻不孤。一自光明斜照處，天教晚節繪成圖。
中華藝苑 23-3期 55.09	題扇 553 夏季例會	卓夢庵	李浩如	巧製蒲葵一柄新，倩誰妙筆寫傳神。恍然子建珠璣潤，疑是右軍寶墨勻。卻暑徘徊難割愛，送涼出入喜相親。搖時寄語須珍重，書跡未乾恐染塵。
		張鶴年	鄭晃炎	一柄輕搖似月輪，齊紈題句墨猶新。右軍筆潤留神跡，子建才華寄性真。失寵秋來應見棄，招涼夏到最堪珍。可憐扇底佳人恨，賸有桃花蕊蕊春。

---

550 刊載於《中華藝苑》第 22-6 號。作者有：周植夫、魏壬貴、張鶴年、李遂初、李神義、何亞季、蘇鴻飛、鄭晃炎、黃湘屏、陳友梅、李添福、杜洒祥、李詩全、李德和、鄞耀南、任博悟、李榕盧；亦載於《詩文之友》第 24-1 期。作者多出：林子惠、張振聲、鄭鴻音、曾慶豐、黃得時、黃啓棠、林韓堂、鄭雲從；

551 夏季例會。刊載於《中華藝苑》第 23-2 號。作者有：鄭晃炎、黃湘屏、林子惠、魏壬貴、張鶴年、陳友梅、葉蘊藍、駱子珊、林韓堂、曾慶豐、陳焙焜、林杏蓀、何亞季、鄭鴻音、劉斌峰、張晴川、施學樵、黃得時；亦載《詩文之友》第 22-6 號。作者同上。

552 秋季例會。刊於《中華藝苑》第 23-2 號。作者有：黃得時、蘇鴻飛、黃湘屏、林光炯、曾笑雲、李添福、曾逸老、林杏蓀、駱子珊、張晴川、鄭雲從、李遂初、鄭晃炎、李詩全、周植夫、周維明、魏壬貴；亦載於《詩文之友》第 23-2 期。作者同上。

553 刊載於《中華藝苑》第 23-3 號。作者有：李浩如、鄭晃炎、黃湘屏、蘇鴻飛、陳友梅、林萬榮、張晴川、卓夢庵、陳焙焜、鄭鴻音、張鶴年、鄭雲從；亦載於《詩文之友》第 24-6 號。作者多出：卓夢庵、陳焙焜、鄭鴻音、張鶴年、鄭雲從；

見報日期	詩　題	詞　宗	掄　元	詩　作　本　文
詩文之友 25-1 期 55.11	秋晴晚眺 554	林義德	張晴川 雙元	千山黃葉夕陽斜，簾捲西風一望賒。 日暮鴉群飛遠浦，秋高鴈陣落平沙。 登樓王粲情猶切，愛菊陶潛興倍加。 放眼江間懷故國，天涯有客未還家。
		李遂初		
詩文之友 25-1 期 55.11	撲滿 555	何亞季	許劍亭	陶製圖形類小壺，化零爲整信堪娛。 每逢蓄滿分開日，報國捐金喜老奴。
	秋季例會	江紫元	張晴川	笑爾朝朝貯入壺，犧牲願作守財奴。 藏金本爲前途計，積滿焉知竟毀軀。
中華藝苑 23-4 期	蔗漿 556	陳友梅	周植夫 雙元	玉液如脂出蔗林，消炎盛夏見功深。 一杯解渴思何已，老境彌甘共此心。
		鄭晃炎		
詩文之友 25-5 期 56.03.01	錄音機 557	張晴川	黃湘屏	巧設如天造，機靈韻最清。 真音堪引證，僞辯豈能爭。 已適傳宏論，還宜寄遠情。 人間添此器，利賴佈新聲。
		張鶴年	周植夫	一卷留音在，能傳萬里情。 匠心真巧妙，側耳甚分明。 帶裡藏君話，天涯寄友聲。 依稀如晤面，獨播到深更。
詩文之友 25-5 期	星期日 558	林子惠	張晴川	普天七曜定干支，休息讀書正及時。 自古星期稱密日，身心調濟兩相宜。

554秋季例會。刊載於《詩文之友》第 26-1 期。作者有：張晴川、蘇鴻飛、林光炯、鄭晃炎、林杏蓀、黃湘屏、黃鷗波、葉蘊藍、黃得時、李添福、陳友梅、張鶴年、許劍亭、李遂初、鄭鴻音、陳綽然、林韓堂、林義德、鄭雲從、何亞季、卓夢庵、林子惠；亦載於《中華藝苑》第 23-5 號。

555刊載於《詩文之友》第 26-1 期。作者有：許劍亭、張晴川、鄞強、鄭晃炎、江紫元、林杏蓀、林韓堂、李遂初、李添福；

556夏季例會。刊載於《中華藝苑》第 23-4 號。作者有：周植夫、張鶴年、李神義、李紹唐、李浩如、蘇鴻飛、陳友梅、林萬榮、陳焙焜、曾慶豐、黃湘屏、鄭晃炎、林子惠、鄭雲從、陳綽然、卓夢庵；亦載於《詩文之友》第 24-6 號。作者同上。

557刊載於《詩文之友》25-5 期，作者有：黃湘屏、周植夫、黃春亮、李紹唐、張振聲、李少庵、楊君潛、蔡慧明、江紫元、鄞強、許寶亭、何亞季、李詩全、林光炯、蘇鴻飛、林子惠、卓夢庵；亦刊載於《中華藝苑》第 23-6 號。作者同上。

558刊載於《詩文之友》25-5 期，作者有：張晴川、周植夫、鄞強、張鶴年、許寶亭、陳友梅、林韓堂、黃啓棠、林義德、林光炯、陳綽然、楊君潛、張晴川、黃春亮、蔡慧明、蘇鴻飛；

見報日期	詩　　題	詞　宗	掄　元	詩　作　本　文
56.03.01		鄭雲從	周植夫	人道耶穌安息日，我欣騷客醉吟時。 一年五十匆匆過，不是看花便作詩。
詩文之友 26-2 期 56.06	春日遊陽明公園 559 丁未花朝吟會	卓夢庵	李乾三	春風駘蕩草芊芊，雅集陽明別有天。 地近離宮通御輦，花迎曉日弄朱煙。 持杯忽憶新亭淚，載酒還思故國船。 高會來年何處好，石頭城外蔣山巔。
		黃啓棠	倪登玉	草山二月眾芳妍，玩賞人來日萬千。 頌德碑前櫻簇錦，飛泉池畔柳含煙。 峰明水秀鍾靈地，蝶板鶯簧祝嘏天。 難得李家恭進獻，聞名慷慨永流傳。
詩文之友 26-2 期 56.06	杖國年 560	林子惠	黃春亮	所欲從心志自強，閒拖鳩杖有餘光。 並教護國匡時用，壽祝南山歲月長。
		何亞季	鄞耀南	古稀良誕共稱觴，德播人間夙願償。 爲頌三賢延百歲，騷儔擬續九如章。
詩文之友 26-4 期 56.08	試新茶 561 （首唱）	王天賞	高文淵	龍芽雀舌久馳名，新葉呼童掃葉烹。 爲汲石泉燒活火，初融玉乳響瓶笙。 斟來甘露三甌後，頓覺清風兩腋生。 好是精神消夏夜，談詩當酒喜相傾。
		高文淵	張鶴年	揀得新芽付鼎烹，煙絲縷縷颺風輕。 剪春曾試并州利，調水今分顧渚清。 指染甌中知味好，氣蒸花外覺香生。 客來當酒渾閒事，七碗盧仝孰與京。
詩文之友 26-4 期	種梅 562	蘇鴻飛	林韓堂	（內文不清）

---

559 刊載於《詩文之友》第 26-2 期。作者有：李乾三、倪登玉、葉蘊藍、李逢初、張鶴年、鄞耀南、張季眉、魏壬貴、林子惠、卓夢庵、張振聲、駱子珊、李俊德、許寶亭、蔡慧明、倪榮仙、張晴川、張香翰、李本、鄭晃炎、李榕廬、陳夢農、黃湘屏、魏經龍；

560 次唱，兼祝黃啓棠、何亞季、林子惠三詞長七十華誕。刊載於《詩文之友》第 26-2 期。作者有：黃春亮、鄞耀南、黃啓棠、魏壬貴、江紫元、許寶亭、陳友梅、林金標、李俊德、鄭晃炎、倪登玉、李逢初、張晴川、葉蘊藍、劉斌峰、林杏蓀、李本、詹吉辰、鄭鴻音、楊君潛、李詩全、陳綽然、林韓堂、鄭雲從；

561 刊《詩文之友》第 26-4 期。作者有：高文淵、張鶴年、鄞耀南、林光炯、卓夢庵、駱子珊、李神義、張振聲、李添福、李嘯庵、魏壬貴、林韓堂、鄭雲從、葉蘊藍、江紫元；

562 刊載於《詩文之友》第 26-4 期。作者有：林韓堂、陳友梅、張晴川、林子惠、陳焙焜、黃得時、黃春亮、高文淵、李添福；

見報日期	詩　　題	詞　宗	掄　元	詩　作　本　文
56.08	（次唱）	倪登玉	陳友梅	庾嶺分栽舊草堂，數株澆灌日紛忙。待教花放黃昏後，也許稱妻伴夢香。
詩文之友 26-6 期 56.10	凌雲寺避暑[563]	張作梅	陳焙焜	凌雲古刹早馳名，一路林陰澗水清。觀日尋涼多雅興，訪僧覓句壯詩聲。參禪勝地紅塵隔，悟道靈巖紫氣橫。但願年年來逭暑，皈依菩薩度餘生。
		張鶴年	李神義	凌雲寺畔駐吟旌，腳底波光遠近明。咫尺地過平野闊，槎枒樹擁嫩涼生。飛泉斜勢穿蘿急，伐木餘音入耳清。無我禪機誰共領，名山回首赤霞橫。
詩文之友 26-6 期 56.10	花鬚[564]（次唱）	許劍亭	鄭晃炎	花蕊心房吐艷絲，不同俗客養鬚眉。彷如西子飄香鬢，金粉抽成幾縷垂。
		江紫元	倪登玉	花鬚固有莫猜疑，蓮蕊中生世所知。愧我莖莖皆撚斷，願求來續舊吟髭。
詩文之友 27-1 期 56.11	屯山觀潮[565]（首唱）	林義德	鄭晃炎	觀潮屯嶺上，目極興猶酣。澎湃風雷動，喧豗天地涵。淡江波湧白，關渡浪拖藍。彷彿奔千馬，錢塘一例探。
		楊靜淵	李紹唐	八月屯山麓，觀濤興正酣。錢塘烽火阻，淡海暮煙含。寒浪翻關渡，橫流溯劍潭。狂瀾憑孰挽，鼎沸憶江南。

[563]刊於《詩文之友》26-6 期。作者有：陳焙焜、李神義、葉蘊藍、林韓堂、倪登玉、鄭雲從、江紫元、鄭晃炎、鄞強、李添福、張鶴年、鄭鴻音、張晴川、何亞季、楊君潛；

[564]刊載於《詩文之友》第 26-6 期。作者有：鄭晃炎、倪登玉、鄭鴻音、林玉山、張鶴年、卓夢庵、陳綽然、林金標、許劍亭、李添福、葉蘊藍、楊君潛、曾慶豐、黃春亮、江紫元；

[565]刊載於《詩文之友》第 27-1 期。作者有：鄭晃炎、李紹唐、張振聲、魏壬貴、楊靜淵、張晴川、蔡慧明、鄭鴻音、黃得時、葉蘊藍、周維明、林韓堂、劉斌峰、楊君潛、張鶴年、鄞強、許劍亭、林義德、蘇鴻飛、倪登玉、黃春亮、張季眉、何亞季；

見報日期	詩題	詞宗	掄元	詩作本文
詩文之友 27-1 期 56.11	初月 566 （次唱）	張晴川	黃湘屏	蕭蕭爽籟起雲坳，誰把銀鉤掛柳梢。 一抹眉痕新月好，平添畫意到秋郊。
		黃春亮	林義德	望如弓勢掛雲梢，曲似眉彎且莫嘲。 應悟盈虧本天理，團圓有日照衡茅。
詩文之友 27-3 期 57.01	雨中歸帆 567 （首唱）	陳泰山	鄭雲從	鎮日霏霏淡海天，一簑風冷亦怡然。 數聲漁笛傳遙浦，十幅蒲帆掛晚煙。 擊槳隨波仍撒網，得魚寄語莫忘筌。 歸來好趁新潮漲，坐看秋江戰雨船。
		卓夢庵	許劍亭	漫空點點灑歸船，似箭如飛雨滿天。 胡越同心歡共濟，山川作客喜隨緣。 迷濛桂棹孤帆急，淅瀝蘭橈錦纜牽。 竚立淡江江上望，暮煙含送一舟先。
詩文之友 27-3 期 57.01	漁笛 568 （次唱）	張鶴年	周植夫	蒲篷泊處夕陽西，橫吹隨風度石堤。 羨汝江頭老漁隱，數聲催月上東溪。
		張晴川	鄭鴻音	橫吹一曲與雲齊，恰似簫聲引鳳兮。 三弄江天隨浪去，雄心直欲釣鯨鯢。
詩文之友 28-1 期 57.05	屯山殘雪 569 （首唱）	張晴川	林笑岩 雙元	屯嶺瓊花謝，留些玉屑妍。 幾回呈瑞氣，六出兆豐年。 陶穀烹茶飲，袁安閉戶眠。 銷融寒更甚，餘冷簪吟肩。
		劉萬傳		
詩文之友 28-1 期	廉泉 570	葉蘊藍	林笑岩	涓涓石髓有餘寒，潔白長流下急湍。 飲馬投錢千載事，至今人尙說清官。

566 刊載於《詩文之友》第 27-1 期。作者有：黃湘屏、林義德、曾慶豐、莊幼岳、蔡慧明、蘇鴻飛、駱子珊、許劍亭、江紫元、鄭雲從、倪登玉、魏壬貴、林金標、黃鷗波、鄭晃炎、林韓堂、楊靜淵、何亞季、陳友梅、鄞強、林杏蓀、葉蘊藍、張振聲；

567 刊載於《詩文之友》第 27-3 期。作者有：鄭雲從、許劍亭、張鶴年、張晴川、周植夫、蘇鴻飛、楊君潛、周維明、卓夢庵、陳友梅、江紫元；

568 刊載於《詩文之友》第 27-3 期。作者有：周植夫、鄭鴻音、黃湘屏、葉蘊藍、鄭雲從、張鶴年、林玉山、詹吉辰、林韓堂、許劍亭、陳泰山、莊幼岳、黃鷗波、楊君潛、倪登玉、李紹唐；

569 56 年冬季例會。刊載於《詩文之友》第 28-1 期。作者有：林笑岩、鄭雲從、周植夫、張鶴年、李浩如、周維明、張高懷、陳友梅、鄭晃炎、張晴川、魏壬貴、許劍亭、葉蘊藍、李詩全、蔡慧明；

570 刊載於《詩文之友》第 28-1 期。作者有：林笑岩、周植夫、倪登玉、魏壬貴、蘇鴻飛、蔡慧明、張鶴年、李浩如、鄭雲從、陳綽然、駱子珊、林杏蓀、何亞季、劉萬傳；

見報日期	詩　題	詞　宗	掄　元	詩　作　本　文
57.05	（次唱）	張高懷	周植夫	一泓寒碧出層巒，澄澈依稀鏡裡看。 我愛官清同此水，投錢飲馬古今歡。
詩文之友 28-2 期 57.06	臺灣雜詠 571	卓夢庵	陳綽然	臺灣光復廿年期，百廢俱興重設施。 政治修明揚國際，農工勃振駕東夷。 高樓大廈櫛鄰比，聖跡名山遍四陲。 吸取外資謀致富，反攻在望不須疑。
		蘇鴻飛	陳焙焜	鯤瀛勝景早名馳，南北溫泉四季宜。 踏雪都蘭尋寶石，觀雲阿里覓靈芝。 春秋閣外蓮花艷，日月潭邊杵韻遲。 絕好陽明山上路，朱櫻如海且題詩。
詩文之友 28-2 期 57.06	愚園晚眺 572 （次唱）	李逐初	周植夫	主人風雅又謙虛，自闢愚園築石廬。 最愛憑欄吟望處，夕陽帆影去徐徐。
		倪登玉	劉萬傳	踏入愚園一望初，斜陽底事落徐徐。 蒼天有愛留春色，欲待騷人老眼舒。
詩文之友 28-3 期 57.07	瑞三介壽堂 雅集 573	賴子清	李逐初	繼起山陰醉玉觴，天教瑞氣萃基陽。 鏗鏘逸韻沖南極，磅礡金禧繞畫堂。 家教有經傳五子，清平無敵賦三章。 草山碑與元戎區，榮譽千秋說義方。
		陳曉齋	周植夫	百花生日啟華堂，輪奐真堪賦一章。 騷客風流追汐社，主人忠孝重珂鄉。 地名猴硐雲呈瑞，溪接龍潭水自芳。 更喜春晴冠蓋集，頌聲高並鉢聲揚。

571刊《詩文之友》第 28-2 期。作者有：陳綽然、陳焙焜、黃得時、李添福、張振聲、張晴川、曾慶豐、葉蘊藍、倪登玉、鄭鴻音、林韓堂、陳友梅、鄞強、蘇鴻飛、劉斌峰；

572刊載於《詩文之友》第 28-2 期。作者有：周植夫、劉萬傳、鄭晃炎、張振聲、蘇清林、張晴川、林笑岩、李添福、黃湘屏、莊幼岳、魏壬貴、李詩全、卓夢庵、陳友梅、鄞強、林韓堂、李神義、黃自修；

573刊《詩文之友》第 28-3 期。作者有：李逐初、周植夫、葉蘊藍、李嘯庵、賴子清、黃鷗波、張鶴年、李添福、魏壬貴、李本、黃得時、詹吉辰、黃自修、何崧甫、林金標、姚德昌、周維明、卓夢庵、魏經龍、李神義、張高懷、鄭晃炎、張季眉、陳綽然、林玉山、淡如、倪登玉、洪寶昆、曾慶豐、林子惠、駱子珊、蘇鴻飛、蔡惠明、張振聲；

見報日期	詩　題	詞　宗	掄　元	詩　作　本　文
詩文之友 28-4 期 57.08	夏夜聽琴₅₇₄	黃啓棠	陳友梅	梅雨乍晴月上初，誰家焦尾拂徐徐。 情傳流水穿心逸，意託高山入耳舒。 別鶴聲酸驚客夢，離鴻調急惹人慮。 憐他奏到求鳳曲，司馬重來願不虛。
		張鶴年	魏壬貴	薰風習習月明初，入耳琴聲慨有餘。 聽到幾人懷叔夜，彈來一曲憶相如。 韻中流水疑仙樂，絃上清音繞野廬。 撩我鄉心增感喟，無端夜半濕襟裾。
詩文之友 28-4 期	新蒲₅₇₅ （次唱）	許劍亭	劉萬傳	芽抽雨潤兩三面，葉長拖藍傍水隈。 疑是青霜初出匣，驅邪直待挂門來。
		劉斌峰	倪登玉	葉垂如劍絕纖埃，細味靈花尚未開。 準擬辟邪門遍插，農人始覺力耕培。
詩文之友 29-3 期 58.01	中秋雅集₅₇₆	蘇鴻飛	張鶴年	簾捲西風月正明，中秋高會續詩盟。 已饒王粲登樓興，不減袁宏泛渚情。 我把花箋題逸句，人澆壘塊醉深觥。 斯文未喪秦灰冷，韻事鍾山可載賡。
		張晴川	蘇鴻飛	題襟踐約北投行，好趁中秋月倍明。 勝地雅追天寶事，騷風暢敘永和情。 聯歡觴詠敦高誼，嘯傲林泉續舊盟。 我亦筆隨銀漢轉，江山藻繪動吟聲。
詩文之友	月中桂	何亞季	黃啓棠	瓊枝永簪廣寒宮，萬古冰輪樹一叢。

574刊載於《詩文之友》第 28-4 期。作者有：陳友梅、魏壬貴、鄭鴻音、周植夫、鄭雲從、鄭晃炎、倪登玉、林笑岩、廖心育、楊君潛、葉蘊藍、張晴川、黃自修、李添福、周維明、詹聰義；

575刊載於《詩文之友》第 28-4 期。作者有：劉萬傳、倪登玉、黃啓棠、何亞季、張晴川、周維明、黃春亮、鄞強、張鶴年、黃鷗波、李神義、鄭鴻音、劉斌峰、葉蘊藍、蘇鴻飛、鄭晃炎、張高懷、駱子珊、魏壬貴；

576倪登玉召集，中秋節於新北投蓬萊別館。刊載於《詩文之友》第 29-3 期。作者有：張鶴年、蘇鴻飛、張振聲、鄭晃炎、劉斌峰、葉蘊藍、林笑岩、鄭鴻音、陳友梅、李詩全、張高懷、何亞季、周維明、杜迺祥、張晴川、李遂初、楊君潛、鄞耀南、李添福、蔡慧明、倪登玉、黃鷗波、陳綽然、陳焙焜、黃自修、黃啓棠；

577刊載於《詩文之友》第 29-3 期。作者有：黃啓棠、蘇水木、詹吉辰、卓夢庵、黃自修、楊君潛、張鶴年、鄞強、李遂初、李詩全、李神義、葉蘊藍、陳焙焜、倪登玉、張晴川、鄭晃炎、江紫元、駱子珊、劉萬傳、李添福、蔡慧明、蘇鴻飛、曾慶豐、何亞季、廖心育、劉斌峰；

見報日期	詩題	詞宗	掄元	詩作本文
29-3期 58.01	(次唱)⁵⁷⁷	陳友梅	雙元	漫說靈根無寸土，吳剛有斧未曾攻。
詩文之友 29-4期 58.02	促進淡水築港⁵⁷⁸	林義德	周植夫	海防廳設此名區，舊港淒涼長荻蘆。 合爲重開勤浚渫，莫教深塞任荒蕪。 大洋北去通三島，公路東迴近上都。 寄語梧棲休並論，滬江形勝冠蓬壺。
		陳泰山	鄞強	爲容船舶及時須，淡水端宜建港都。 萬國觀光航寶島，群黎沾澤樂方壺。 通商外匯充經濟，大業中興利運輸。 勝景堪期繁貿易，艨艟千艘任馳驅。
詩文之友 29-4期 58.02	喚渡⁵⁷⁹ (次唱)	楊靜淵	劉萬傳	岸畔匆匆叫一場，弄潮兒隱在何方。 傍人漫笑呼聲急，是爲歸心近夕陽。
		吳英林	杜迺祥	呼舟磯畔客思鄉，古渡人來已夕陽。 際此江河悲日下，伊誰共挽怒濤狂。
詩文之友 29-6期 58.04	芝山岩懷古⁵⁸⁰ (首唱)	李乾三	周植夫	指點芝岩路，寒林尙鬱蒼。 日祠餘蔓草，古廟閱滄桑。 勝地遺碑在，春帆舊恨長。 客來尋往跡，無語弔斜陽。
		周植夫	張鶴年	六氏人皆渺，芝岩草又香。 難忘稗史在，漫說義民狂。 日寇身寧免，春祠跡已荒。 山川歸漢甸，酹酒拜元光。

578刊於《詩文之友》29-4期。作者有：周植夫、鄞強、葉蘊藍、鄭雲從、林韓堂、莊幼岳、
吳英林、黃春亮、李添福、李紹唐、許劍亭、蘇鴻飛、倪登玉、張鶴年、江紫元；

579刊載於《詩文之友》第29-4期。作者有：劉萬傳、杜迺祥、陳泰山、周植夫、黃春亮、
鄭雲從、林義德、林韓堂、黃啓棠、李乾三、鄭鴻音、魏壬貴、葉蘊藍、廖心育、張晴
川、蘇鴻飛、張鶴年、周維明、鄞強；

580刊載於《詩文之友》第29-6期。作者有：周植夫、張鶴年、林耀西、魏壬貴、李遂初、
李普同、張晴川、黃春亮、陳友梅、卓夢庵、劉萬傳、蔡慧明、李紹唐、許劍亭、李神
義、黃鷗波、黃自修、施勝隆、李詩全、葉蘊藍、楊君潛、林杏蓀、李添福、陳焙焜、
李遂初；

見報日期	詩題	詞宗	掄元	詩作本文
詩文之友 29-6期 58.04	臘鼓 581 （次唱）	劉萬傳	鄭晃炎	三撾除夕響鼕鼕，送舊迎新意味濃。只恐天涯遊子聽，鄉愁觸起幾千重。
		鄭雲從	張晴川	一年容易剩殘冬，遊子天涯感萬重。窮士幾多愁歲暮，那堪臘鼓又鼕鼕。
詩文之友 30-1期 58.05	瀛社六十週年大會誌盛 582	李步雲	呂英輝	甲籙重周樹鼓旗，蒸蒸社運向榮時。人文薈萃三唐盛，風雅匡扶八代衰。快對金樽傾北海，雄揮彩筆繼南皮。宏揚詩教吾儕責，振起黃魂復漢基。
		吳醉蓮	許遂園	宏開勝會媲南皮，瀛社年週甲子時。銅鉢直敲屯嶺月，文星齊照稻江湄。苔岑契洽詩千首，翰墨緣深酒百巵。濟濟衣冠今日盛，風騷有繼喜揚眉。
詩文之友 30-1期	曉雞聲 583	王省三	陳昌言	喈喈起舞劉琨劍，喔喔催揚祖逖鞭。另有馮驩生巧計，過關不待曉聲傳。

---

581 刊載於《詩文之友》第 29-6 期。作者有：鄭晃炎、張晴川、李遂初、倪登玉、陳友梅、李添福、施勝隆、林笑岩、何亞季、陳焙焜、張鶴年、劉斌峰、張高懷、鄭鴻音、周植夫、何亞季、林光炯、林杏蓀、黃春亮、江紫元、蘇鴻飛、黃自修；

582 刊於《詩文之友》第 30-1 期。作者有：呂英輝、許遂園、孫朝明、蔡攀梅、廖心育、黃聯章、翁文登、蕭嘯濤、陳昌言、王景瑞、溫秀春、馬亦飛、蘇鴻飛、林玉華、林萬榮、張晴川、楊圖南、簡竹村、賴綠水、蘇宜秋、洪耀如、許耕雲、周植夫、張鏡秋、魏壬貴、葉蘊藍、劉學孟、沈桂村、鄞強、洪月嬌、王清渠、黃祈全、李茂鐘、范根燦、詹昭華、曾笑雲、李傳亮、張鶴年、陳紉春、劉斌峰、黃春亮、胡順隆、李勝彥、郭筱雲、黃祉齋、白劍瀾、林義德、呂金錫、陳福助、施少峰、張立卿、謝桂森、顏其昌、魏友山、謝麟驥、楊挺、林笑岩、錢紹偉、陳龍吟、葉桐封、陳錦昌、陳先致、李遂初、朱光雄、李笑霖、王玉川、陳輝玉、賴子清、陳紉香、莊芳池、陳竹峰、姚德昌、王少君、鄭燊生、黃少卿、呂希孟、李可讀、黃雪岩、吳保琛、陳子波、簡長德、陳焙焜、吳英林、林子銘、李清水、張家輝、許金玉、陳琴洲、高宗驥；

583 刊載於《詩文之友》第 30-1 期。作者有：陳昌言、曾其南、李文峰、林文彬、周植夫、張國育、黃春亮、莊根茹、黃亮光、楊君潛、楊圖南、倪登玉、蘇宜秋、陳連捷、江紫元、黃雪岩、蕭嘯濤、張晴川、蔡慧明、李可讀、黃淑敏、李茂鐘、李春榮、方朗白、蔡奕彬、陳皆興、馬亦飛、許金玉、施瘦鶴、杜文鸞、陳慶輝、黃承順、王峰南、蕭振開、羅朝海、胡順卿、黃少卿、林萬榮、李清水、陳國興、胡東海、胡順隆、黃和甫、李俊德、王成隆、葉蘊藍、蔡秋金、林玉山、李神義、高宗驥、張維中、劉翠岩、詹聰義、劉萬傳、邱耀青、李傳亮、林惠民、翁文登、陳鎔經、賴啓誠、洪寶昆、陳志淵、賴劍門、鄭玉波、陳紉香、方榮欽、張鏡秋、簡穆如、葉子宜；

見報日期	詩　　題	詞　宗	掄　元	詩　　作　　本　　文
58.05	（次唱）	蘇宜秋	曾其南	喔喔司晨報曉傳，五更長叫響階前。 何殊具有回天力，黑幕摧殘醒大千。
詩文之友 30-5 期 58.09	登月球 584 （首唱）	何亞季	黃春亮 雙元	火箭開新運，月球盡可奔。 船登寧靜海，人踏廣寒門。 丹桂叢何在，嫦娥跡不存。 太陽神偉大，爭霸一旗翻。
		張高懷		
詩文之友 30-5 期 58.09	擊鉢遇颱風 585 （次唱）	鄭雲從	江紫元	狂風聲雜鉢聲譁，興到何關暴雨加。 權作催詩好資料，句來天外筆生花。
		李天鷿	鄞強	鑒詩風雨正交加，濕透吟襟吐藻葩。 一任狂颱翻墨浪，文瀾鼓起筆生花。
詩文之友 31-2 期 58.12	北投秋色 586 （首唱）	蘇鴻飛	廖心育	北投憑放眼，萬里一天晴。 葉落屯峰赤，雲消淡水清。 磺煙蒸谷底，楓色染金舲。 短鬢驚蘆白，西風動客情。
		張晴川	張鶴年	溫泉新浴罷，頓覺淨塵纓。 淡水寒砧急，屯山暮靄橫。 風高吟子美，菊豔羨淵明。 我有丹青筆，秋光畫已成。
詩文之友 31-2 期 58.12	種菊 587 （次唱）	鄭晃炎	張晴川	東籬勤細護，佳種滿芳庭。 我有樊川癖，耘鋤日未停。
		李天鷿	倪登玉	分得淵明種，攜鋤日不停。 晨昏勤灌漑，待插滿頭馨。

584 刊於《詩文之友》30-5 期。作者有：黃春亮、江紫元、蔡秋金、葉蘊藍、鄞強、蔡慧明、蘇鴻飛、陳焙焜、鄭晃炎、李添福、劉萬傳、施勝隆、李天鷿、周維明、鄭雲從；

585 刊載於《詩文之友》第 30-5 期。作者有：江紫元、鄞強、黃鷗波、陳友梅、陳焙焜、葉蘊藍、黃湘屏、李神義、張晴川、周維明、曾慶豐、鄭鴻音、蔡慧明、呂介夫；

586 刊載於《詩文之友》第 31-4 期。作者有：廖心育、張鶴年、張晴川、蔡秋金、劉萬傳、劉斌峰、曾慶豐、鄞強、黃鷗波、李逐初、林笑岩、杜逎祥、許劍亭、葉蘊藍、王精波、蘇鴻飛、林金標、林韓堂、施勝隆、張晴川、蘇水木、陳綽然、楊君潛、何亞季、張振聲、鄭雲從、周維明、陳友梅、林杏蓀、蔡慧明；

587 刊載於《詩文之友》第 31-2 期。作者有：張晴川、倪登玉、魏壬貴、李天鷿、林笑岩、李逐初、蘇鴻飛、鄭雲從、鄭鴻音、施勝隆、周維明、蔡慧明、劉萬傳、許劍亭、蔡秋金、葉蘊藍、陳綽然、鄞強、劉斌峰、何亞季、曾慶豐、陳友梅、張鶴年、林韓堂；

見報日期	詩題	詞宗	掄元	詩作本文
詩文之友 31-4 期 59.02	北投冬曉[588] （首唱）	倪登玉	周植夫	遠山初日吐還吞，一碧微茫認大屯。 霜氣侵時林影瘦，礦煙起處水聲喧。 尋詩客早寒猶重，買醉人多夢尙溫。 樓閣參差燈漸滅，不勝吟思入孤村。
		蘇鴻飛	鄭晃炎	北投勝地尙冬溫，草木青蒼鳥噪園。 丹鳳山峰煙霧鎖，法藏寺院鼓鐘喧。 雞聲叫曙沉寒月，人跡步虛趁曉曛。 別有小春新氣象，詩家獨得一乾坤。
詩文之友 31-4 期 59.02	砧聲[589] （次唱）	余冠英	陳焙焜	風侵石瀨響溪津，隔岸砧聲入耳頻。 好似山妻敲韻急，閨情萬里促歸人。
		周植夫	林耀西	天涯羈旅異鄉身，何處清砧破夢頻。 寄語搗衣應莫急，玉關猶有未歸人。
詩文之友 31-5 期 59.03	屯山踏雪[590]	洪寶昆	鄭晃炎	雪積屯峰麗，扶筇趁好辰。 三千銀界現，十二玉樓真。 耐凍看梅早，衝寒覓句新。 翻山留屐齒，腳健老吟身。
		張鶴年	周植夫	冒寒攀遞嶺，到處似鋪銀。 杖底冰聲脆，林端霽色新。 尋梅羞白髮，詠絮羨朱脣。 鴻爪他年認，登臨近立春。

[588] 刊載於《詩文之友》第 31-4 期。作者有：周植夫、鄭晃炎、魏壬貴、張高懷、林光炯、林耀西、張晴川、張鶴年、鄭雲從、李添福、廖心育、劉萬傳、鄭鴻音、簡竹村、張振聲、陳友梅、陳焙焜、黃自修、李神義、卓夢庵、金冠英、李天鷥、施勝隆、蘇鴻飛、蘇水木、蔡秋金、江紫元；

[589] 刊載於《詩文之友》第 31-4 期。作者有：陳焙焜、林耀西、蔡秋金、蘇鴻飛、黃春亮、劉萬傳、鄞強、魏壬貴、許劍亭、張鶴年、林杏蓀、江紫元、周維明、鄭晃炎、張振聲、卓夢庵、葉蘊藍、簡竹村、杜迺祥、陳綽然、蔡慧明、黃得時、倪登玉、張高懷、李神義、鄭雲從、陳友梅、李浩如、李天鷥；

[590] 刊載於《詩文之友》第 31-5 期。作者有：鄭晃炎、周植夫、江紫元、陳焙焜、黃鷗波、葉蘊藍、張晴川、林有喬、林杏蓀、李嘯庵、陳友梅、鄭鴻音、李天鷥、張鶴年、蔡慧明、黃得時；

見報日期	詩　題	詞　宗	掄　元	詩　作　本　文
詩文之友 31-5 期 59.03	梅影⁵⁹¹ （次唱）	李添福	李天鷟	蘆簾紙帳映橫斜，玉屑繽紛月色華。 十里孤山痕匝地，爭春又印一枝花。
		劉斌峰	李添福	暗香浮動印參差，玉骨冰肌分外嘉。 莫怪林逋偏愛汝，迷離月下足堪誇。
詩文之友 32-1 期 59.05	慶祝紹唐社 長八秩華誕⁵⁹²		卓夢庵	瑞三大廈主人翁，八十康寧孰與同。 秉性祥和兼孝友。採煤鴻業益興隆。 平生令望長瀛社，報國輸誠冠海東。 此日懸弧齊獻頌。巍巍齒德眾欽崇。
			李嘯庵	壽翁八十主鷗盟，壽宴宏開臘鼓鳴。 壽酒齊呈歌大德。壽詩爭獻表微誠。 壽星朗朗天中照，壽燭輝輝堂上明。 壽缶千秋同不老。壽桃對對祝長生。
詩文之友 32-3 期 59.07	初夏曉行⁵⁹³	蘇鴻飛	張高懷	暑氣初薰愛曉嵐，北郊煙景似江南。 青峰未見先聞鳥，綠柳空垂不繫驂。 人過中山三段路，劍傳大木一方潭。 踏歌歸去雞聲起，背負驕陽興更酣。
		張鶴年	陳焙焜	一鉤殘月吐仍含，何處雞聲度翠嵐。 猶見宿雲封遠寺，微聞暗水瀉空潭。 蘭苞待放薰風拂，荷葉初生曉露湛。 新燕催余吟興發，扶筇覓句過橋南。

591刊載於《詩文之友》第 31-5 期。作者有：李天鷟、李添福、蔡慧明、何亞季、張鶴年、陳焙焜、李紹唐、倪登玉、林笑岩、李嘯庵、鄭雲從、黃鷗波、廖心育、周植夫、劉萬傳、張晴川；

592刊載於《詩文之友》第 32-1 期。作者有：卓夢庵、李嘯庵、林金標、李逯初、葉蘊藍、林子惠、何亞季、倪登玉、李神義、蘇鴻飛、李添福、李詩全、林杏蓀、蘇水木、張晴川、許劍亭、陳友梅、黃自修、鄭晃炎、周維明、陳綽然、張鶴年、林笑岩、鄭鴻音、杜萬吉、黃春亮、魏經龍、詹吉辰、林玉山、張振聲、余冠英、曾慶豐、劉斌峯、劉萬傳、張作梅、林韓堂、江紫元、李劍梘、黃湘屏、黃得時、鄭雲從、林耀西、李天鷟、廖心育、王精波、蔡慧明、莊幼岳、李乾三、林光炯、詹文通、黃鷗波、周植夫、李天慶、詹聰義、魏壬貴、張高懷、陳焙焜、蔡秋金、鄞強、湯君潛，施勝隆；

593首唱，孟夏例會。刊載於《詩文之友》第 32-3 期。作者有：張高懷、陳焙焜、李神義、鄭晃炎、張鶴年、蘇鴻飛、陳友梅、簡竹村、葉蘊藍、何亞季、李紹唐、林有喬、倪登玉、林韓堂、張晴川、魏壬貴；

見報日期	詩題	詞宗	掄元	詩作本文
詩文之友 32-3期 59.07	蕉雨 594 （次唱）	簡竹村	王精波	淅瀝聲中鹿夢殘，鄉心滴碎影形單。 明朝若許開晴霽，鳳尾先書一字安。
		劉萬傳	周植夫	綠雲舒捲覆檐端，葉溜聲聲客夜寒。 鄉夢不成心易碎，那堪和淚滴更殘。
詩文之友 32-5期 59.09	花朝訪成德 軒 595 花朝雅集	張晴川	倪登玉	喜值群芳祝昊天，驅車十里訪名賢。 玉雕坑畔風光楣，成德軒中藻繪妍。 邀友攤箋歡此日，牧牛掛角話當年。 東南美盡忘歸去，蝶板留人興適然。
		陳友梅	張鶴年	踐約芳辰訪謫仙，居然天母好林泉。 老榕綠映簾櫳靜，幽徑花扶屐齒妍。 騷客詞華當世重，主人元氣占春先。 欣逢成德軒高會，設帳平溪話昔年。
詩文之友 32-5期 59.09	綠榕 596 （次唱）	黃自修	劉萬傳	古榕發翠弄春風，壽命千年與柏同。 成德軒前枝葉茂，綠陰長蔭主人翁。
		許劍亭	張高懷	綠陰千畝鬱橋東，翠蓋盤龍聳碧空。 憶自福州城有樹，地名千載至今同。
詩文之友 32-5期 59.09	百齡橋吟月 597 季夏擊鉢	何亞季	劉萬傳	為愛長虹麗，標名百歲尊。 桂花香有影，蟾魄皎無痕。 俯仰尋詩趣，吟哦托意溫。 宵深人靜後，調可入天閽。
		倪登玉	張鶴年	百齡橋上過，水社絕塵繁。 明月懸雲際，長虹隔野原。 薰風消暑盡，藻思逐瀾翻。 恍在西江夜，騷情比謝袁。

---

594 刊載於《詩文之友》第32-3期。作者有：王精波、周植夫、陳友梅、倪登玉、葉蘊藍、蔡慧明、鄭鴻音、許劍亭、林笑岩、鄭雲從、李添福、鄞強、張鶴年、魏壬貴；

595 首唱，兼壽張晴川、陳友梅、黃自修、許劍亭社兄七秩，於李社長別墅成德軒。刊載於《詩文之友》第32-5期。作者有：倪登玉、張鶴年、鄞強、周植夫、葉蘊藍、張高懷、李紹唐、黃自修、林金標、何亞季、林耀西、周維明、魏壬貴、李嘯庵、鄭晃炎、劉萬傳、陳焙焜、黃湘屏、楊君潛、林光炯、張晴川；

596 刊載於《詩文之友》第32-5期。作者有：劉萬傳、張高懷、李嘯庵、曾慶豐、張晴川、周植夫、倪登玉、林光炯、鄭晃炎、葉蘊藍、許劍亭、黃湘屏、余冠英、黃鷗波、蘇鴻飛、卓夢庵、鄭鴻音、張鶴年、黃春亮、黃自修；

597 刊《詩文之友》32-5期。作者有：劉萬傳、張鶴年、林耀西、陳友梅、鄭晃明、詹文通、李嘯庵、江紫元、張晴川、林笑岩、施勝隆、林韓堂、魏壬貴、葉蘊藍、陳綽然；

見報日期	詩　　題	詞　宗	掄　元	詩　　作　　本　　文
詩文之友 32-5 期 59.09	荷蓋 598 （次唱）	李逐初	鄭雲從	芙蓉出水絕纖塵，翠蓋微擎雨點新。 我愛明珠三萬斛，惜花不吝買青春。
		周植夫	張鶴年	田田擎雨一池新，影覆鴛鴦入夢頻。 舒卷臨風香起處，聞歌知有採蓮人。
詩文之友 33-2 期 59.12	博浪椎 599 中秋例會	張晴川	卓夢庵	一椎聲震祖龍聾，天使強秦兩世終。 漫道報韓無偉績，卻教扶漢建奇功。 空餘莽莽浪沙地，共恨蕭蕭易水風。 莫把圯橋呼孺子，留侯畢竟是英雄。
		張鶴年	周植夫	鐵椎揮處氣如虹，誓復韓仇不計功。 誤中副車關運數，更除苛政撥鴻濛。 圯橋有老呼孺子，戎幕何人輔沛公。 秦社動搖憑一擊，留侯畢竟是英雄。
詩文之友 33-2 期 59.12	畫葫蘆 600 （次唱）	李添福	劉萬傳	李邕昔日繪葫蘆，點綴傳神色若朱。 漫笑匏形三兩筆，近今少見此工夫。
		李天鷥	李添福	描成一幅似瓜匏，大腹便便與眾殊。 隱叟曾攜杖頭上，作簞瓢飲亦歡娛。
詩文之友 33-5 期 60.03	八陣圖 601 （首唱）	卓夢庵	黃湘屏	奇陣藏韜略，風雲動鬼神。 江干排亂石，城畔起征塵。 終失吞吳計，空懷報蜀身。 長餘千載恨，遺跡不勝春。
		葉蘊藍	李天鷥	奇謀憑蜀相，頑石疊江濱。 陣勢迷兵馬，威風泣鬼神。 吞吳心未泯，復漢跡長陳。 千古空遺恨，狂流咽暮晨。

598刊載於《詩文之友》第 32-5 期。作者有：鄭雲從、張鶴年、廖心育、劉萬傳、魏壬貴、鄭晃炎、卓夢庵、林笑岩、陳焙焜、林耀西、何亞季、張晴川、施勝隆、曾慶豐、李嘯庵、李逐初；

599刊載於《詩文之友》第 33-2 期。作者分別有 33-2 號：卓夢庵、周植夫、劉萬傳、林笑岩、蔡秋金、陳焙焜、鄭晃炎、黃鷗波、江耕雨、李天鷥、施勝隆、劉斌峰、林杏蓀、葉蘊藍、張高懷；

600刊《詩文之友》第 33-2 期。作者有：劉萬傳、李添福、江紫元、周植夫、陳友梅、簡竹村、鄭雲從、鄞強、張高懷、鄭晃炎、廖心育、蔡慧明、張鶴年、林金標、黃鷗波；

601刊載於《詩文之友》第 33-5 期。作者有：黃湘屏、李天鷥、周維明、鄭晃炎、陳焙焜、蘇鴻飛、黃得時、何亞季、林笑岩、林韓堂、鄭鴻音、李神義、黃鷗波、鄞強、周植夫、李添福、張振聲、簡竹村、葉蘊藍、蔡慧明、張高懷；

見報日期	詩題	詞宗	掄元	詩作本文
詩文之友 33-5 期 60.03	天寒歲暮[602] （次唱）	鄭晃炎	林玉山	冰凋萬木歲將殘，獸炭頻添強禦寒。 節屆圍爐歸未得，思家情緒苦難安。
		張高懷	簡竹村	香飄紅落盡凋殘，只有梅花耐歲寒。 待得春回天下暖，何須大被蓋長安。
詩文之友 34-1 期 60.05	花朝節為社 友壽[603]	卓夢庵	蔡慧明 雙元	欣逢令節百花開，會聚鷺鷗醉幾回。 酒祝岡陵春不老，詩題珠玉句頻催。 古稀學海三高士，大耋儒林一巨才。 此日懸弧延鶴算，騷朋共晉九如杯。
		周維明		
詩文之友 34-1 期	成德軒古松[604] （次唱）	鄭晃炎	張高懷 雙元	成德軒前蔚古松，鱗歡甲動勢如龍。 天生不是尋常事，格比春華壽比峰。
		陳綽然		
詩文之友 34-5 期 60.09	稻江競渡懷 書[605]	何亞季	葉蘊藍	稻江競渡碧波中，弔屈人來表寸衷。 比賽應知依舊例，奪標試看奏奇功。 漢民未敢忘忠藎，楚俗猶存尚古風。 重讀離騷篇十九，吾儒憂國意何窮。
		蘇鴻飛	張鶴年	淡江水與汨羅通，競渡當年跡未空。 馬革裹尸懷壯士，龍舟奪幟亦英雄。 巷稱獅館人如鯽，車歇牛磨爪印鴻。 今日神州猶板蕩，划船誰復弔孤忠。

見報日期	詩　題	詞　宗	掄　元	詩　作　本　文
詩文之友 34-5期 60.09	浴蒲湯 606 （次唱）	鄭雲從	倪登玉	浴蒲還勝浴蘭湯，去穢驅邪逸興長。休怪小兒爭灌頂，三天尚覺一身香。
		張高懷	何亞季	菖蒲銳利薦端陽，戶戶溫湯滌熱腸。節日天中香解慍，一年一浴壽而康。
詩文之友 34-6期 60.10	旗亭話舊 607	張鶴年	周植夫 雙元	半生牢落醉爲鄉，又約登樓共舉觴。酒伴漸稀人向老，詩情未減夢猶香。談心白社知音少，回首紅窗寄意長。誰唱黃河之渙句，至今韻事說三唐。
		江紫元		
詩文之友 34-6期 60.10	啖西瓜 608 （次唱）	倪登玉	李天鶯	青皮紅肉味津津，咀嚼涼生勝藻蘋。笑與邵平同嗜好，何辭逐日喫頻頻。
		李天鶯	魏壬貴	西來佳果味清新，潤我枯腸顆顆珍。剖出丹心堪解渴，嗜餘應謝種瓜人。
詩文之友 35-1期 60.11	行忠 609 （冠首）	林義德	倪登玉	行道遍乾坤，濟急扶危，玄機傳淡水。忠心昭日月，佑民護國，顯蹟鎮奎山。
		林光炯	劉萬傳	行道列仙班，夢醒黃粱，金丹濟世。忠心扶漢室，身騎赤兔，義膽參天。
詩文之友 35-1期 60.11	秋日謁行忠堂 610 （次唱）	葉蘊藍	林光炯	稅駕不虞步履艱，爲探古刹強登山。歸帆海上波如畫，落日渡頭峙作關。未出迷津思寶筏，願求大藥挽朱顏。名韁利鎖除難盡，一枕黃粱兩鬢班。

606刊載於《詩文之友》第 34-5 期。作者有：倪登玉、何亞季、曾慶豐、葉蘊藍、呂介夫、鄭鴻音、林韓堂、張鶴年、廖心育、卓夢庵、張晴川、黃湘屏、黃成春、林笑岩、江耕雨、鄞強、楊君潛、鄭雲從、杜萬吉、黃得時；

607首唱，孟夏例會。刊載於《詩文之友》第 34-6 期。作者有：周植夫、李添福、簡竹村、江紫元、黃湘屏、陳綽然、蘇鴻飛、張高懷、李嘯庵、蔡秋金、黃自修、林笑岩、倪登玉、張鶴年、陳友梅、鄞強、張晴川、李紹唐、陳焙焜、張振聲、葉蘊藍、林玉山；

608刊載於《詩文之友》第 34-6 期。作者分別有 34-6 號：李天鶯、魏壬貴、張振聲、鄭雲從、黃湘屏、林玉山、陳焙焜、廖心育、李紹唐、蔡秋金、周植夫、李劍梶、江紫元、葉蘊藍、陳友梅、張晴川、劉斌峰、林金標、李添福、江耕雨、魏經龍、蘇水木；

609刊載於《詩文之友》第 35-1 期。作者有：倪登玉、劉萬傳、黃春亮、宋慶國、許劍亭、葉蘊藍、鄭雲從、蔡秋金、黃春亮、陳根寶；

610刊載於《詩文之友》第 35-1 期。作者有：林光炯、蔡秋金、鄭雲從、鄭鴻音、倪登玉、廖心育、蔡慧明、黃春亮、鄞強、陳根泉、蘇水木、張高懷、鄭永富、陳根泉、楊君潛、葉蘊藍、劉萬傳；

見報日期	詩　　題	詞　宗	掄　元	詩　作　本　文
		張晴川	蔡秋金	行忠堂聳碧雲山，來拜人逢八月間。 鐘鼓有聲開覺路，塵凡無戀悟禪關。 神庥萬世消民厄，靈感千秋護國艱。 閑趁西風勤頂禮，浮生俗慮一時刪。
詩文之友 35-1 期	淡水郊遊 611	陳根泉 黃春亮	楊君潛	滬尾重遊思渺漫，昔年征戰水猶寒。 怒濤依舊兼天湧，故壘蕭條夕照殘。
詩文之友 35-3 期 61.01	淡江秋色 612 （首唱）	洪寶昆	張晴川	淡水堤邊樹色深，井梧搖落晚涼侵。 江間波浪凝朝靄，塞上風雲急暮砧。 去雁三重迷遠渚，歸鴉八里邈疏林。 中興橋畔懷家國，悵望河山感不禁。
		江耕雨	簡竹村	葉凋楓樹晚寒侵，滬尾風高急暮砧。 兩岸蘆花沾鬢白，一篙秋水寄懷深。 杯空孰買相如賦，世亂誰知子美心。 霜冷觀音嗟欲老，傷時有客獨沈吟。
詩文之友 35-3 期 61.01	蛩聲 613 （次唱）	王精波	陳友梅	唧唧猶如奏凱歌，不勝清韻吐胸羅。 中興鼓吹休偷懶，喚起征人快執戈。
		施勝隆	蔡秋金	如泣如愁感慨多，可憐蟲亦托吟哦。 憂時省識君家意，莫怪淒清訴奈何。
詩文之友 35-4 期 61.02	光孝祠告成 記盛 614	蘇鴻飛	吳鏡村	光孝祠成祀典隆，騷人慶賀滿堂中。 文章史冊千秋仰，祖德功勳萬古崇。 後裔猶追班宋艷，先賢盡有晉唐風。 隴西奕世書香繼，報國名門震海東。

611刊於《詩文之友》35-1 期。作者有：楊君潛、倪登玉、鄞強、林義德、張晴川、簡竹村、張高懷、鄭雲從、陳根泉、杜萬吉、葉蘊藍、廖心育、何亞季、蘇水木、吳鏡村、鄭鴻音、劉萬傳；

612刊載於《詩文之友》第 35-3 期。作者有：張晴川、簡竹村、施勝隆、洪寶昆、何亞季、黃湘屏、蘇鴻飛、林笑岩、陳友梅、魏壬貴、張鶴年、李添福、鄭晃炎、張作梅、魏經龍、葉蘊藍、陳根泉、江紫元、吳鏡村、鄞強、蔡秋金、王精波、楊君潛、林金標、李天鷟、倪登玉、李紹唐、陳綽然；

613刊載於《詩文之友》第 35-3 期。作者有：陳友梅、蔡秋金、張晴川、李天鷟、吳鏡村、洪寶昆、鄞強、張鶴年、周植夫、蔡慧明、魏壬貴、李添福、張作梅、陳焙昆、鄭晃炎、廖心育、江耕雨、蘇鴻飛、黃得時、黃湘屏、余冠英、楊君潛、李普同、葉蘊藍、江紫元、魏經龍、何亞季；

614刊載於《詩文之友》第 35-4 期。作者有：吳鏡村、林義德、林金標、周植夫、張晴川、張振聲、鄭雲從、劉萬傳、魏壬貴、葉蘊藍、黃鷗波、何亞季、鄭鴻音、張鶴年、李紹唐、黃自修、江紫元、陳友梅、余冠英、蘇鴻飛、劉峽峰、鄭晃炎、鄞強、倪登玉、杜迺祥、李添福、陳焙焜、張高懷、廖心育；

見報日期	詩題	詞宗	掄元	詩作本文
		黃得時	林義德	龍門自是舊家風，祠宇翻新氣象雄。 百世宗支綿更盛，千秋禴祀慶無窮。 堂懸褒字流芳遠，客集騷人祝意隆。 深羨祖先能擇地，花開蘭桂一庭豐。
詩文之友 35-5期 61.03	冬日登月樓雅集 615	張晴川	簡竹村	風騷登月客，歡締鷺盟時。 冷凍袁安雪，狂吟李白詩。 不談天下事，莫負掌中卮。 一醉消千慮，焉知歲欲移。
		陳友梅	曾慶豐	歲暮初開醑，聯歡酒與詩。 樓高登月殿，景好醉瓊卮。 雅友多佳侶，騷壇盡故知。 題襟饒韻事，不覺日西移。
詩文之友 35-5期 61.03	登山屐 616 （次唱）	張高懷	簡竹村	齒折登高樂未闌，撥雲依舊上危巒。 最難鴻爪留苔徑，萬古名人仰謝安。
		陳焙焜	江紫元	東山有屐選來難，拾級憑同步履安。 倘使奇形增一齒，下坡庶免感辛酸。
詩文之友 36-2期 61.06	老松 617 （首唱）	李嘯庵	張晴川	千載盤根志節堅，大夫百丈勢擎天。 雪深鱗甲搖山嶽，風冷岩霜響石泉。 耄耋孤翁添鶴壽，古稀四老享龜年。 他時梁棟成材器，歷遍滄桑萬世傳。
		王省三	周植夫	五株鐵榦勢摩天，挺立山中不記年。 飽閱滄桑身愈健，慣凌霜雪節彌堅。 風吹碧鬣龍吟起，月映虬枝鶴夢圓。 惟有靈椿堪伯仲，遐齡應過古彭籛。

---

615 刊載於《詩文之友》第35-5期。作者有：簡竹村、曾慶豐、洪寶昆、張鶴年、卓夢庵、倪登玉、江紫元、李嘯庵、施勝隆、蔡秋金、張振聲、林笑岩、李添福、葉蘊藍、廖心育、何亞季、劉萬傳、陳友梅、張晴川、陳焙焜、鄞強、魏壬貴、陳根泉、林光炯、蘇鴻飛、鄭雲從、鄭鴻音、林杏蓀、江耕雨、蔡慧明、黃鷗波、林玉山；

616 刊載於《詩文之友》第35-5期。作者有：簡竹村、江紫元、葉蘊藍、蔡秋金、張鶴年、呂介夫、倪登玉、吳鏡村、林光炯、李天鷩、鄭鴻音、蔡慧明、劉斌峰、江耕雨、張晴川、劉萬傳、張高懷、林玉山、陳根泉、李添福、李少庵、洪寶昆、余冠英、鄞強；

617 花朝吟會，藉祝李嘯庵詞長八十華誕，簡竹村、鄭鴻音、林笑岩、張鶴年諸社兄古稀揆辰。刊載於《詩文之友》第36-2期。作者有：張晴川、周植夫、何亞季、張高懷、吳鏡村、李添福、魏壬貴、江耕雨、廖心育、蔡秋金、黃鷗波、黃得時、魏經龍、林笑岩、鄭鴻音、劉萬傳、陳焙焜、倪登玉、林韓堂、陳根泉、劉斌峰、鄞強、簡竹村、李嘯庵、張振聲、蘇水木、鄭晃炎、蔡慧明、王省三、蘇鴻飛；

見報日期	詩 題	詞 宗	掄 元	詩 作 本 文
詩文之友 36-2 期 61.06	春酒[618] （次唱）	簡竹村	廖心育	醇醪味熱值春溫，首向東皇晉一樽。 更喜盍簪詩頌壽，干霄筆氣壯乾坤。
		鄭鴻音	周植夫	甕頭香透酒初溫，又趁花朝壽一樽。 髣髴當年桃李宴，醉餘題句記名園。
詩文之友 36-4 期 61.08	臺北橋曉霧[619]	倪登玉	李天鷟	橋頭四界罩迷茫，一角三重市鬱蒼。 水面輕籠舟隱約，江心暗蔽鷺飛翔。 曉來但覺寒威減，春到欣看淑氣揚。 省識昇平先有兆，氤氳翠幕佈鴛樑。
		蘇鴻飛	張晴川	三重橋畔獨徜徉，煙鎖鴛梁罩八荒。 去路鴨頭多隱約，歸程雁齒半迷茫。 過江絡繹人如鯽，倚岸蹣躚客逐驤。 萬里河山猶黯淡，幾時旭日照穹蒼。
詩文之友 36-4 期 61.08	向日葵[620] （次唱）	陳根泉	林笑岩	玩賞仙姿興不窮，高枝綽約小籬東。 花開映日增妖艷，何愧人稱一丈紅。
		鄭雲從	葉蘊藍	錦苞傾日放園中，宛轉如初見始終。 一片丹衷應不改，向陽心地有誰同。
詩文之友 37-2 期 61.12	中秋後二日 觀月會[621]	張晴川	施勝隆	重賞中秋月，何妨過兩天。 觀花懷靖節，縱酒學青蓮。 朗詠霓裳曲，豪吟錦繡篇。 蟾光猶未減，雅會敞瓊筵。

---

[618] 刊載於《詩文之友》第 36-2 期。作者有：廖心育、周植夫、李紹唐、劉萬傳、張高懷、王省三、陳根泉、李嘯庵、魏壬貴、蔡慧明、姚德昌、李天鷟、楊君潛、吳鏡村、王精波、林光炯、張晴川、蘇水木、賴子清、陳友梅、鄞強、蔡秋金、林笑岩、黃得時、黃鷗波、何亞季、曾慶豐、余冠英、陳綽然、蘇鴻飛；

[619] 刊載於《詩文之友》第 36-4 期。作者有：李天鷟、張晴川、陳根泉、蔡慧明、蔡秋金、吳鏡村、葉蘊藍、姚德昌、張高懷、劉萬傳、江紫元、卓夢庵、陳友梅、蘇水木、李添福、林笑岩、鄭晃炎、鄭鴻音、林義德、鄭雲從、魏壬貴、倪登玉、林韓堂、陳綽然、何亞季、廖心育；

[620] 刊載於《詩文之友》第 36-4 期。作者有：林笑岩、葉蘊藍、杜萬吉、江紫元、蔡秋金、倪登玉、張高懷、林義德、張晴川、蘇鴻飛、吳鏡村、曾慶豐、鄭雲從、李添福、姚德昌、林韓堂、鄞強、陳友梅、廖心育、鄭晃炎、余冠英、劉萬傳、鄭逸老、魏經龍、蔡慧明、蘇水木；

[621] 刊載於《詩文之友》第 37-2 期。作者有：施勝隆、黃鷗波、江紫元、蘇水木、陳友梅、陳根泉、陳焙焜、張鶴年、鄭晃炎、李紹唐、周植夫、鄭鴻音、魏壬貴、姚德昌、鄭雲從、王精波、鍾淵木、李添福、林笑岩、林韓堂、何鐵拐、蔡秋金、廖心育、何亞季、倪登玉、蔡慧明、劉萬傳、陳綽然、楊君潛；

見報日期	詩　　題	詞　宗	掄　元	詩　作　本　文
		江紫元	黃鷗波	秋節雙天後，宏開賞月筵。 圓光雖稍減，詩思豈因遷。 樹幟傳佳士，撈形話謫仙。 今宵應盡望，何忍待明年。
詩文之友 37-2 期 61.12	丹桂飄香[622] （次唱）	劉斌峰	王精波	玉宇仙香浥露紅，憑風月夜洒秋空。 盤根蟠窟非凡種，獨占長生造化功。
		李天鷟	李添福	一樹婆娑燦碧空，古香飄出九秋紅。 可憐蟠窟開金粟，蕊結長生豈怕風。
詩文之友 37-3 期 62.01	詩僧[623] （首唱）	葉蘊藍	張鶴年	吟聲嘹喨響浮屠，淨境推敲句似珠。 佳什合邀玄度和，高華應與惠休俱。 虎溪託興還摘藻，雁塔留題亦撚鬚。 風骨稜稜懷老衲，不知曾壓建安無。
		張鶴年	王省三	風吹短鬢坐跏趺，遮莫騷人笑禿驢。 煉道修真惟信佛，談經說法本通儒。 推敲兩字師韓愈，因果三生證曼殊。 悟徹詩禪空色相，明心見性總虛無。
詩文之友 37-3 期 62.01	拾穗[624] （次唱）	林韓堂	王省三	蓬萊九穗可分甘，隔宿無糧豈為貪。 蹴爾予人人不乞，貧農俯拾有何慚。
		姚德昌	林義德	拾穀原知未是慚，田疇走遍苦猶甘。 自勞勝彼嗟來食，莫作窮人一例談。

[622]刊載於《詩文之友》第 37-2 期。作者有：王精波、李添福、黃湘屏、林笑岩、蔡秋金、林耀西、許劍亭、葉蘊藍、鍾淵木、黃自修、張鶴年、卓夢庵、倪登玉、張晴川、許寶亭、林韓堂、劉萬傳、魏壬貴、施勝隆、陳綽然、林杏蓀、鄭晃炎、姚德昌、廖心育、鄭雲從、黃鷗波、陳友梅、陳焙焜、楊君潛、李嘯庵；

[623]載《詩文之友》第 37-3 期。作者有：張鶴年、王省三、蘇鴻飛、葉蘊藍、簡竹村、黃湘屏、倪登玉、卓夢庵、李紹唐、李天鷟、林笑岩、劉斌峰、蔡慧明、張晴川、林義德、陳根泉、黃春亮、黃自修、鄭雲從、黃鷗波、蔡秋金、陳焙焜、劉萬傳、江紫元；

[624]刊載於《詩文之友》第 37-3 期。作者有：王省三、林義德、李紹唐、蔡秋金、呂介夫、江紫元、杜萬吉、黃春亮、吳鏡村、陳焙焜、陳根泉、鄭晃炎、簡竹村、張晴川、倪登玉、黃鷗波、張鶴年、卓夢庵；

見報日期	詩　題	詞宗	掄元	詩　作　本　文
詩文之友 37-5 期 62.03	劍潭懷古 [625] 冬季吟會	張晴川	蘇鴻飛	劫歷潭無恙，延平霸業餘。 波光騰虎視，劍氣化龍初。 正朔延明祚，英魂護漢居。 騎鯨人去杳，憑弔感唏噓。
		王省三	周植夫	名刹移何處，空潭漾太虛。 劍沉千尺水，樹擁數間廬。 王氣寒風裡，鐘聲夕照餘。 延平今已渺，訪古一欷歔。
詩文之友 37-5 期 62.03	陽關柳 [626] （次唱）	陳根泉	江耕雨	拂盡渭城客，纖腰舞未停。 行人攀不住，枉費萬條青。
		張高懷	卓夢庵	細柳營非是，章臺亦不經。 王維三疊曲，渭北唱長亭。
詩文之友 38-1 期 62.5	老鶴 [627] 癸丑花朝	葉蘊藍	周植夫 雙元	身世閒雲外，喬松是爾家。 雞群難比擬，仙侶自高華。 飽閱滄桑變，渾忘歲月賒。 孤山懷舊隱，長與伴梅花。
		倪登玉		
詩文之友 38-1 期 62.5	楓橋客 [628] （次唱）	江紫元	張鶴年	寺外扁舟一泊時，江楓漁火夜眠遲。 騷人身世飄蓬似，忽聽鐘聲便有詩。
		黃得時	姚德昌	船舶橋邊夜半時，旅遊有客動鄉思。 只因一響鐘聲後，千載成為絕唱詩。

[625] 刊載於《詩文之友》第 37-5 期。作者有：蘇鴻飛、周植夫、鍾淵木、張鶴年、張高懷、林笑岩、簡竹村、蘇水木、蔡秋金、張晴川、葉蘊藍、鄭鴻音、姚德昌、黃自修、張高懷；

[626] 刊載於《詩文之友》第 37-5 期。作者有：江耕雨、卓夢庵、鍾淵木、林玉山、黃得時、鄭晃炎、倪登玉、林笑岩、林杏蓀、王省三、余冠英、張晴川、蘇鴻飛、李天鸞、黃鷗波、張鶴年、張振聲、陳根泉；

[627] 並祝林占鰲同社八秩華誕。刊於《詩文之友》第 38-1 期。作者有：周植夫、林耀西、李春榮、姚德昌、黃湘屏、蔡慧明、蘇水木、林韓堂、陳友梅、鄭晃炎、張鶴年、葉蘊藍、李嘯庵、魏壬貴、劉斌峰、卓夢庵、曾慶豐、蘇鴻飛、鍾淵木、張晴川、張振聲、王精波、陳佩坤、劉萬傳、廖心育、江紫元、鄭雲從、鄭鴻音、倪登玉、陳綽然；

[628] 刊載於《詩文之友》第 38-1 期。作者有：張鶴年、姚德昌、陳佩坤、周植夫、吳鏡村、蔡秋金、魏壬貴、葉蘊藍、洪寶昆；劉萬傳、陳根泉、李紹唐、楊君潛、陳綽然、張高懷、李春榮、鄭晃炎、黃湘屏"鄭雲從、呂介夫、陳友梅、蘇水木、魏經龍、蔡秋金、曾慶豐、黃鷗波、王精波、黃得時、劉斌峰、林耀西；

見報日期	詩　　題	詞　宗	掄　元	詩　作　本　文
詩文之友 38-3 期 62.07	鶯聲 629	李天鶯	曾慶豐	金衣出谷趁良辰，婉轉佳音百囀頻。 簧奏風前傳韻美，舌翻雨後唱歌新。 花間啼晝春光滿，柳外呼晴景色珍。 我愛自然天籟調，一心傾聽又相親。
		周植夫	張鶴年	猶聞簧舌弄殘春，巧囀枝頭韻更新。 孃孃歌如金縷艷，交交聲觸翠眉顰。 攜柑聽處吟懷廣，隔葉啼時醒夢頻。 少婦何因嫌側耳，遼西應有未歸人。
詩文之友 38-3 期 62.07	問字 630 （次唱）	陳根泉	林義德	立雪程門弟子心，執經問難兩搜尋。 他時一舉成名日，多謝春風化雨深。
		簡竹村	黃鷗波	一字難明費苦心，執經問義力追尋。 漫云項橐師尼父，千古長留教澤深。
詩文之友 39-1 期 62.11	觀月文宴 631 中秋例會	江耕雨	張晴川	翹首蟾宮絕點埃，騷人薈萃玉樽開。 韻拈瓊閣吟千首，酒滿華筵醉百杯。 歲月艱難增感慨，河山板蕩獨徘徊。 嫦娥不管光圓缺，猶向鯤瀛照幾回。
		張晴川	劉斌峰	不薄今才學古才，清詞良夜好傳杯。 竊攀屈宋登龍閣，且效劉陶醉鳳臺。 舉手飛觴邀月飲，埋頭索句得詩來。 三更紅燭三壺酒，餘興濃濃亦快哉。
詩文之友	秋心 632	黃春亮	李天鶯	西風落葉動江干，一片靈臺感百端。

629 刊載於《詩文之友》第 38-3 期。作者有：曾慶豐、張鶴年、卓夢庵、林耀西、周植夫、林義德、陳友梅、倪登玉、江紫元、葉蘊藍、林韓堂、黃鷗波、姚德昌、鄆強、陳根泉、黃得時、張晴川、鍾淵木、簡竹村、李天鶯；

630 刊載於《詩文之友》第 38-3 期。作者有：林義德、黃鷗波、周植夫、林耀西、張晴川、陳根泉、葉蘊藍、張鶴年、呂介夫、陳焙焜、林笑岩、簡竹村、姚德昌、李天鶯、吳鏡村、劉萬傳、黃自修、卓夢庵、倪登玉、廖心育；

631 刊載於《詩文之友》第 38-3 期。作者有：張晴川、劉斌峰、張鶴年、吳鏡村、陳友梅、倪登玉、鄭鴻音、江紫元、葉蘊藍、楊君潛、林笑岩、黃自修、陳綽然、施勝隆、卓夢庵、簡竹村、蘇鴻飛、蔡慧明、蘇水木、林天駟、林杏蒸、姚德昌、廖心育、江耕雨、劉萬傳、鄭雲從、張振聲；

632 刊載於《詩文之友》第 39-1 期。作者有：李天鶯、張鶴年、張晴川、江紫元、江耕雨、蘇鴻飛、劉萬傳、鄭鴻音、陳友梅、吳鏡村、林杏蒸、施勝隆、鄭雲從、簡竹村、葉蘊藍、林天駟、廖心育、姚德昌、鍾淵木、黃鷗波、蔡慧明、呂介夫、黃春亮、倪登玉、劉斌峰、魏壬貴、林笑岩、曾慶豐、陳根泉、魏靜雲、蘇水木；

見報日期	詩　題	詞　宗	掄　元	詩　作　本　文
39-1 期	（次唱）	鄭晃炎		藉酒難澆方寸靜，思鄉有客似張翰。
詩文之友 39-3 期 63.01	夜半琴聲 633	葉蘊藍	林錫牙 雙元	更深逸韻繞樓前，天籟清泠何處傳。 一闋悠揚情繾綣，七絃瀟灑思纏綿。 穿雲調似鶯聲滑，流水音同燕語圓。 彈者有心聽有意，卓家新寡正嬋娟。
		張晴川		
詩文之友 39-3 期 63.01	飛觴醉月 634	倪登玉	吳鏡村	一輪皓魄客稱觴，美盡東南樂未央。 詩酒聯歡追李杜，玉山頹倒有何妨。
	（次唱）	陳根泉	莊幼岳	閱盡歡場又酒場，金杯交處感興亡。 西施昔日姑蘇夜，曾對姮娥醉幾觴。
詩文之友 39-5.6 期 63.04	瑞雪 635 冬季吟會於 登月樓	林玉青	林金標	繽紛盈尺兆豐年，已逐東風落九天。 幾訝散鹽飄雨後，翻疑飛絮舞風前。 粧成粉尊千巖靜，布滿瓊花萬壑填。 歲稔祇應歌大有，新梅照影遍山川。
		簡竹村	黃鷗波	時到屯峰亦著棉，皚皚白盡滿江天。 祥徵麥稻人皆喜，冷凍梅松節益堅。 十萬農家銀作瓦，三更夜色玉盈田。 世間污穢都遮遍，望裡乾坤大有年。
詩文之友 39-5.6 期 63.04	除夕 636	陳友梅	黃鷗波	驚聞臘鼓韻悠悠，今歲今宵未肯留。 明日明年將接踵，韶華轉瞬感如流。
	（次唱）	姚德昌	林笑岩	圍爐兒女笑凝眸，爆竹聲聲響不休。 今夜祭詩懷賈島，明朝拜歲盡名流。

[633] 刊載於《詩文之友》第 39-3 期。作者有：林錫牙、莊幼岳、簡竹村、李添福、杜萬吉、林笑岩；

[634] 刊載於《詩文之友》第 39-3 期。作者有：吳鏡村、莊幼岳、黃怡陶、江紫元、李天鷟、黃春亮、鄭晃炎、林錫牙、李添福；

[635] 刊載於《詩文之友》第 39-5.6 期。作者有：林金標、黃鷗波、張高懷、呂介夫、黃得時、陳根泉、姚德昌、張振聲、林玉青、王精波、楊君潛、劉萬傳、鍾淵木、林笑岩、鄞強、葉蘊藍、廖心育、林韓堂、蘇鴻飛、黃自修；

[636] 刊載於《詩文之友》第 39-5.6 期。作者有：黃鷗波、林笑岩、蔡秋金、鄭鴻音、蘇水木、林玉青、蘇鴻飛、簡竹村、張晴川、黃自修、楊君潛、王省三、李天鷟、鄭雲從、張高懷、林韓堂、劉斌峰、姚德昌、黃得時、李添福、劉萬傳、鍾淵木、葉蘊藍；

見報日期	詩　　題	詞　宗	掄　元	詩　作　本　文
詩文之友 40-2 期 63.06	初夏野趣 [637] （首唱）	蘇鴻飛	蔡秋金	東君稅駕尚牽情，不讓炎威迫眾生。 遍野已無桃李艷，一江猶有鷺鷗盟。 荷風拂後蠶收繭，梅雨飄時樹落英。 安得閒尋郊外趣，箇中意足傲公卿。
		倪登玉	陳焙焜	散策郊坰載酒行，銜泥燕子剪風輕。 雨餘梅熟添幽興，日暖蘭薰絕俗情。 沙際鷗眠如佛定，村邊犬吠見人驚。 綠陰小憩尋詩好，不覺歸來月滿城。
詩文之友 40-2 期 63.06	時雨 [638] （次唱）	李乾三	蔡秋金	審時應候降甘霖，農事由來寄望深。 海國豐年欣有兆，昭蘇萬物感天心。
		鄭雲從	鄞　強	豐年有兆降甘霖，澤沛須臾值萬金。 天意蘇民逢苦旱，始知潤物聖人心。
詩文之友 40-3 期 63.07	聽蟬 [639] （首唱）	陳根泉	鍾淵木	高枝響遍碧山城，入耳淒涼斷續聲。 脫殼堪誇仙骨換，隨風傾訴道心清。 禁宮曾惹齊王怨，驛路偏教楚客驚。 似喚征人歸去早，異鄉頻觸故園情。
		張鶴年	姚德昌	新秋初唱一聲聲，性喜居高慣自鳴。 西陸風傳添怨慕，南冠客聽動悲情。 每從樹上歌無賴，也向人間訴不平。 我亦舉家清似汝，毋勞相警到殘更。
詩文之友 40-3 期	慈母心 [640]	王精波	蔡慧明	教子三遷意更深，方知斷杼費慈忱。 應褒母範揚中外，今日爭傳萬姓欽。

[637] 刊載於《中國詩文之友》第 40-2 期。作者有：蔡秋金、陳焙焜、林天馴、陳友梅、鄞強、施勝隆、張晴川、姚德昌、張振聲、吳鏡村、蘇鴻飛、張高懷、何亞季；

[638] 刊於《中國詩文之友》40-2 期。作者有：蔡秋金、鄞強、何亞季、蔡慧明、張振聲、李劍棍、倪登玉、鍾淵木、黃鷗波、林玉青、張高懷、鄭晃炎、蘇鴻飛、黃春亮、陳玉枝；

[639] 刊載於《中國詩文之友》第 40-3 期。作者有：鍾淵木、姚德昌、鄭鴻音、鄭雲從、劉萬傳、呂介夫、張鶴年、王省三、林笑岩、陳友梅、張晴川、蘇鴻飛、林韓堂、王精波、李添福、鄭晃炎、葉蘊藍、蔡秋金、何亞季、陳根泉、倪登玉、吳鏡村、林杏蓀、林金標、蔡慧明；

[640] 刊載於《中國詩文之友》第 40-3 期。作者有：蔡慧明、葉蘊藍、張晴川、陳根泉、吳鏡村、蘇水木、李添福、林韓堂、黃得時、姚德昌、陳友梅、廖心育、王省三、蘇鴻飛、呂介夫、劉萬傳、鄭雲從、蔡秋金、鄭晃炎、陳玉枝、楊君潛、林金標、張鶴年、陳綽然；

見報日期	詩　　題	詞　宗	掄　元	詩　作　本　文
63.07	（禁用心字）	張高懷	葉蘊藍	渾如仇氏萬人欽，不厭劬勞愛護深。 望子成龍師孟母，三遷世已作規箴。
詩文之友 41-1 期 63.12	中秋遇雨 641	陳昌言	曾文新	已辜三五樂盤桓，一夜淋漓夢不安。 似待名亭蘇軾記，卻憐破屋杜陵寒。 關山何處明千里，絃管教人感百端。 願挽天河兵甲洗，隔年月在故園看。
		張晴川	張振聲	雨聲敲破似翻瀾，不見如輪發浩歎。 騷客愁生雙鬢白，旅人夢斷半窗寒。 山河萬里秋沉寂，市井千門夜正漫。 月色光埋金闕宴，登樓依舊樂盤桓。
詩文之友 41-1 期 63.12	秋訊 642 （次唱）	蘇成章	劉萬傳 雙元	蕭瑟金風報一番，故將梧葉送黃昏。 可憐寂寞天涯客，無限傷心對雁門。
		葉蘊藍		
詩文之友 41-3 期 64.02	十月菊 643	倪登玉	施子卿	小陽影伴夕陽鮮，老圃霜凝節益堅。 傲世莫流他日淚，孤芳獨賞有誰憐。
		王省三	楊君潛	韓公吟後芳菲在，陶令歸來色澤鮮。 難得黃花標勁節，東籬錦簇小陽天。
詩文之友 41-3 期 64.02	梅痕 644	施子卿	蘇鴻飛	月冷春消息，南枝別有真。 暗香清入夢，疏影淡傳神。 匝地留癯跡，橫窗絕俗塵。 東風憑暖座，粧點壽陽新。

---

[641] 刊載於《中國詩文之友》第 41-1 期。作者有：曾又新、張振聲、張高懷、陳根泉、倪登玉、鄭鴻音、鄭雲從、蘇水木、林韓堂、林笑岩、姚德昌、呂介夫、劉萬傳、蘇鴻飛、鄭晃炎、鍾淵木、簡竹村、蔡慧明、許寶亭、蔡秋金、陳綽然、陳昌言、鄞強；

[642] 刊載於《中國詩文之友》第 41-1 期。作者有：劉萬傳、張晴川、曾文新、鍾淵木、鄭雲從、姚德昌、林杏蓀、張振聲、蔡秋金、林韓堂、林笑岩、蘇鴻飛、葉蘊藍、蔡慧明、陳焙焜、陳昌言、陳玉枝、陳根泉、陳綽然、鄭雲從、林玉青；

[643] 刊載於《中國詩文之友》第 41-3 期。作者有：施子卿、楊君潛、江紫元、鄭雲從、陳友梅、黃湘屏、林天駟、姚德昌、高山客、莊幼岳、張晴川、鍾淵木、林玉青、蔡水木、陳綽然、劉斌峰；

[644] 刊載於《中國詩文之友》第 41-3 期。作者有：蘇鴻飛、施子卿、陳根泉、林玉青、王省三、簡竹村、張晴川、蔡慧明、王精波、倪登玉、黃湘屏、姚德昌、廖心育、葉蘊藍、陳友梅；

見報日期	詩題	詞宗	掄元	詩作本文
		蘇鴻飛	施子卿	竹籬茅舍外，深淺總傳神。 月照孤山影，風吹庾嶺春。 冰心憐皎潔，玉骨認橫陳。 幾點標天地，花尋踏雪人。
詩文之友 41-4 期 64.03	餞歲酒 645	陳友梅	黃鷗波	送臘聯歡豈異常，頻傾綠蟻促飛觴。 詩吟白雪年將逝，酒晉金觥興轉長。 醉裡乾坤忘舊歲，客中日月悷他鄉。 今宵且喜杯中盡，願共鷗盟迓瑞祥。
		張高懷	倪登玉	纔看黑帝束輕裝，蟻綠遙沽不厭忙。 臘鼓頻催歸意切，驪歌欲盡別情長。 已知宛轉重三疊，莫卻殷勤再一觴。 人自送窮吾致富，餞行金盞異尋常。
詩文之友 41-4 期 64.03	冬寒 646 （次唱）	鄭晃炎	蘇鴻飛	三冬窄室一爐紅，獸炭頻添禦朔風。 未許凍成龜樣縮，好教詩思暖和融。
		林玉青	劉萬傳	凍膚臘月雪初融，送炭無人最苦衷。 遊子天涯身上暖，感恩慈母綻衣工。
詩文之友 42-3 期 64.08	風雨故人來 647 （首唱）	李可讀	劉斌峰	處世知音契者稀，推誠相與莫相違。 時來遠客心何悅，話到深更雨轉微。 結不解緣歡對榻，興無辭醉樂忘機。 半枝紅燭三壺酒，休管凡塵有是非。
		張鶴年	林笑岩	上階苔綠映斜暉，整頓吟鞭到翠微。 鎮日雲山迷遠近，連朝風雨濕芳菲。 歡迎故友情猶切，談笑鴻儒願不違。 契闊十年今再會，西窗剪燭戀依依。

---

645 冬季詩會第六組值東。刊載於《中國詩文之友》第 41-4 期。作者有：黃鷗波、倪登玉、林玉青、陳玉枝、江紫元、林韓堂、鄞強、蘇鴻飛、姚德昌、張高懷、王省三、劉萬傳、林笑岩、廖心育、葉蘊藍；

646 刊載於《中國詩文之友》第 41-4 期。作者有：蘇鴻飛、劉萬傳、黃鷗波、張晴川、黃湘屏、鄭雲從、黃得時、林玉山、黃自修、張高懷、張振聲、江紫元、呂介夫、曾慶豐、李添福、鄭晃炎；

647 刊載於《中國詩文之友》第 42-3 期。作者有：劉斌峰、林笑岩、鄭鴻音、李可讀、邱攸同、鄞強、葉蘊藍、陳友梅、蘇鴻飛、陳佩坤、張鏡秋、江紫元、張晴川、何亞季；

見報日期	詩　　題	詞宗	掄元	詩作本文
詩文之友 42-3 期 64.08	世風 648 （次唱）	邱攸同	吳鏡村	歐亞吹來興未闌，移風易俗喜開端。 好將正義傳天下，為作南針壯大觀。
		李春榮	江紫元	幾如羊角起無端，乖理歪倫未忍看。 寄語毋忘漢兒女，吾家道德莫摧殘。
詩文之友 42-4 期 64.09	旗亭鬥句 649 （首唱）	張鶴年	周植夫	賭句浮觴萃勝儔，盛唐諸老太風流。 新詩爭誦臙脂巷，舊事猶傳翡翠樓。 金殿寒鴉宮女怨，玉關楊柳戍人愁。 歌姬終解王郎困，一唱黃河萬古留。
		劉萬傳	林笑岩	旗亭盛會盡名流，乘興吟詩喜唱酬。 之渙佳章傳萬古，昌齡妙句歷千秋。 玉門關外春難渡，羌笛聲中客尚愁。 聽到黃河揚雅調，歌姬畫壁樂悠悠。
詩文之友 42-4 期 64.09	初夏品茗 650 （次唱）	倪登玉 周植夫	陳焙焜 雙元	麥熟梅黃蟹眼芬，乳香烹出樂鷗群。 世間絕品人難識，幾口嘗來等第分。
詩文之友 42-6 64.11	指南宮步月 651	蘇鴻飛 張晴川	楊君潛 雙元	蟾輝萬里遠峰明，鐘磬悠揚俗慮清。 鶴觀巍然堪折桂，猴山小集好傾觥。 行吟忍下新亭淚，顛沛難忘故國情。 散策指南宮外路，招提如水月如鉦。
詩文之友 42-6 64.11	秋夢 652 （次唱）	陳友梅	蘇鴻飛	西風一枕蝶迷離，萬里秋交落葉時。 憶自雞窗魂斷後，白雲親舍更相思。
		陳根泉	劉萬傳	華胥未醒漏遲遲，遮莫西風徹夜吹。 萬里遼陽何處去，為郎枕上慰相思。

648刊載於《中國詩文之友》第 42-3 期。作者有：吳鏡村、江紫元、林笑岩、林韓堂、蘇鴻飛、劉萬傳、陳友梅、張晴川、鄭鴻音、張鶴年、陳佩坤、鍾淵木、李可讀、李庭樞、廖心育、林郁卿、黃得時、倪登玉；

649刊載於《中國詩文之友》第 42-4 期。作者有：周植夫、林笑岩、李春榮、劉斌峰、蔡秋金、吳鏡村、姚德昌、蔡慧明、林郁卿、張高懷、陳焙焜、鄭晃炎、黃鷗波；

650刊載於《中國詩文之友》第 42-4 期。作者有：陳焙焜、李添福、劉斌峰、陳友梅、蔡秋金、蘇水木、劉萬傳、鄭晃炎、張鶴年、江紫元、廖心育、杜萬吉、蔡慧明、吳鏡村、林玉青、張高懷、李春榮；

651中秋例會，倪登玉招集。刊載於《中國詩文之友》第 42-6 期。作者有：楊君潛、鍾淵木、蘇鴻飛、劉萬傳、倪登玉、劉斌峰、陳根泉、江紫元、葉蘊藍、張振聲、何亞季、林笑岩、張高懷；

652刊於《中國詩文之友》第 42-6 期。作者有：蘇鴻飛、劉萬傳、施勝隆、鍾淵木、李添福、張振聲、張晴川、林笑岩、江紫元、倪登玉、鄭晃炎、蘇水木、林杏蓀、張高懷；

見報日期	詩　題	詞　宗	掄　元	詩　作　本　文
詩文之友 43-2 期 65.01	梅魂 ⁶⁵³ （首唱）	林義德	鍾淵木	疏影橫斜花滿叢，竹松爲友氣和融。 含情雪魄孤山放，入夢冰魂處士通。 幽艷還迷千嶂月，暗香猶送一簾風。 癯仙合與林逋配，莫使神交上蕊宮。
		姚德昌	劉萬傳	癯仙酣睡月玲瓏，巧學莊周化蝶工。 一縷芳情騷客繞，三更素影美人同。 江鄉縹緲神偏爽，庾嶺纏綿雪正融。 浮動暗香臨紙帳，夢長那怪趙師雄。
詩文之友 43-2 期 65.01	冬霽 ⁶⁵⁴ （次唱）	倪登玉	曾慶豐	大地雲收梅有影，小陽日照雪無紋。 尋芳輾轉青山上，嘯傲行吟樂十分。
		鍾淵木	蔡秋金	昊天雨歇燦卿雲，正是陽春雪未紛。 從此不教寒范叔，趙衰可愛感人群。
詩文之友 43-4 期 65.03	春滿杏林 ⁶⁵⁵ （首唱）	倪登玉	鄭鴻音	林間春暖杏花芳，才繼董仙製妙方。 鼓吹文風追李杜，研精脈理配岐黃。 出蛇走獺鍼茅砭，起死回生橘井香。 漫道活人兼活國，功同良相德聲揚。
		張晴川	王省三	及第春風意氣揚，騷壇詩友亦沾光。 成林藝苑功夫大，鑿井流泉歲月長。 種杏醫人師董奉，均錢賣藥譽韓康。 廬山一片馨香滿，適合龍宮獻禁方。
詩文之友 43-4 期 65.03	拜歲蘭 ⁶⁵⁶ （次唱）	陳根泉	黃得時	幽香王氣慶長生，叩迓東皇放幾莖。 梅竹椒花同一頌，履端作佩醉金觥。
		張高懷	林玉山	九畹春風得意生，幽香報歲放瓊英。 深藏空谷尊王氣，不媚千紅獨自清。

---

⁶⁵³刊載於《中國詩文之友》第43-2期。作者有：鍾淵木、劉萬傳、黃湘屏、林錫牙、蘇鴻飛、陳根泉、蔡秋金、倪登玉、張高懷、林杏蓀、黃得時、鄭雲從、林笑岩、姚德昌、林義德；

⁶⁵⁴刊載於《中國詩文之友》第43-2期。作者有：曾慶豐、蔡秋金、曾耀南、劉萬傳、廖心育、姚德昌、黃湘屏、蘇水木、吳鏡村、張高懷、林錫牙、林笑岩、蘇鴻飛、李添福、林玉青、鄭晃炎；

⁶⁵⁵冬季例會祝林韓堂社友及格中醫師。刊載於《中國詩文之友》第43-4期。作者有：鄭鴻音、王省三、黃得時、蘇鴻飛、簡竹村、黃湘屏、劉斌峰、劉萬傳、黃自修、曾慶豐、黃春亮、張高懷、鄞強、陳友梅；

⁶⁵⁶刊載於《中國詩文之友》第43-4期。作者有：黃得時、林玉山、蘇鴻飛、陳友梅、劉斌峰、李劍梶、姚德昌、劉萬傳、簡竹村、鄭晃炎、李春榮、林韓堂、黃湘屏、蘇水木、林玉青、張振聲、林笑岩；

見報日期	詩　　題	詞　宗	掄　元	詩　作　　本　　文
詩文之友 44-1 期 65.06	怪手機（挖土機）657	王精波	鄭鴻音	郊野崎嶇任設施，靈機挖土自新奇。開山不怕峰千仞，載物全憑手一枝。欲建高樓除劣跡，修成大路展宏基。而今科學文明盛，利國利人正及時。
		姚德昌	倪登玉	鐵手伸張挖地基，勝人百倍眾稱奇。延遲技術差前日，快捷工程擅此時。填海非難經奏效，移山最易已無疑。崎嶇路藉成平坦，開闢端憑力不貲。
詩文之友 44-1 期 65.06	領帶658（次唱）	鄭鴻音	黃鷗波	襯君領下艷西裝，色澤花紋費酌量。人品尤關毋濫選，一條猶繫舊綱常。
		王精波	黃得時	胸前一結態端莊，西服穿來氣更揚。文質彬彬人握手，珍珠有粒閃銀光。
詩文之友 44-3 期 65.08	漁父辭劍659（首唱）	簡竹村	蔡秋金 雙元	高超骨格似冰清，寶劍輕辭博令名。江上漁夫酬一死，蘆中窮士獲重生。終揚大義存天地，欲使深仇雪父兄。最是風懷同漂母，得宜野史亦光榮。
		周植夫		
詩文之友 44-3 期 65.08	採艾660（次唱）	張高懷	倪登玉	編虎裝人一樣雄，秘方應驗覓天中。七年病療三年蓄，採擷心懷濟世功。
		蔡秋金	陳焙焜	世俗千秋襲楚風，冰臺編虎佩兒童。採來待到端陽日，好與蒲觴弔屈公。

657 六月十三日假臺北市登月樓大飯店二樓。刊載於《詩文之友》第 44-1 期。作者有：倪登玉、鄭鴻音、張振聲、簡竹村、林韓堂、林笑岩、姚德昌、黃鷗波、林玉山、蔡慧明、黃自修、廖心育、鄭晃炎

658 刊載於《詩文之友》第 44-1 期。作者有：黃鷗波、黃得時、曾慶豐、劉斌峰、林韓堂、鄭鴻音、蔡慧明、蘇水木、廖心育、鄭晃炎、何亞季、李添福、張振聲、黃春亮、王精波

659 刊於《中國詩文之友》44-3 期。作者有：蔡秋金、姚德昌、陳焙焜、王精波、林韓堂、鄞強、黃得時、張振聲、張高懷、林玉青、蔡慧明、廖心育、吳鏡村、鄭晃炎；

660 刊載於《中國詩文之友》第 44-3 期。作者有：倪登玉、陳焙焜、蔡秋金、李添福、魏壬貴、王精波、簡竹村、蘇水木、陳根泉、黃自修、鄭晃炎、李春榮、林玉青、黃得時、鄭雲從；

見報日期	詩　　題	詞　宗	掄　元	詩　作　本　文
詩文之友 44-6 期 65.11	公證結婚[661]	蘇鴻飛	蔡秋金	婚姻改革賴青年，琴瑟和鳴小洞天。欲締鴛盟除舊例，行看鶱譜寫新篇。秋官證禮三生夢，春榜登科百世緣。易俗移風敦政教，諧時眷屬亦神仙。
		張鶴年	黃春亮	自由戀愛有情天，公證聯姻豈偶然。鸞鳳和鳴循國法，鴛鴦合巹締良緣。不將彩線針添艷，雅藉官章字更妍。一院香濃春似海，白頭偕老紀紅箋。
詩文之友 44-6 期 65.11	轎車[662]（次唱）	張晴川	姚德昌	也似輕軺御阿香，懸紅結彩載新娘。如飛輦快心尤快，佳藕今宵締孟梁。
		黃鐵松	劉斌峰	的時馳快逐康莊，利便交通應接良。倘使孟嘗能客我，馮驩那嘆渺恩光。
詩文之友 45-4 期 66.03	信魚[663]（首唱）	張鶴年	陳玉枝	羨他守信利漁人，不失如期是此鱗。翻藻知時辭北海，隨波應候入南津。子香有價樽前美，肉嫩無腥席上珍。且待新正開擊缽，春杯絕好薦嘉賓。
		劉萬傳	張高懷	漁舟撒網小陽春，爭說烏魚到海濱。滿載榮歸欣有價，集群守信豈無因。母能解食鱸難美，子作乾烹酒更醇。若論抱橋同一死，魚兒猶勝古今人。
詩文之友 45-4 期	按摩笛[664]	張晴川	陳友梅	一聲吹去行雲遏，三弄傳來入耳幽。莫笑盲婆生計賤，為儂摩按爽心頭。

[661]中秋例會，首唱，倪登玉招集。刊載於《中國詩文之友》第 44-6 期。作者有：蔡秋金、黃春亮、張晴川、陳焙焜、張鶴年、李春榮、倪登玉、江紫元、林韓堂、張振聲、林玉青、姚德昌、黃鐵松、許寶亭、蘇鴻飛、鄭鴻音、林笑岩；

[662]刊載於《中國詩文之友》第 44-6 期。作者有：姚德昌、劉斌峰、張鶴年、劉萬傳、蔡慧明、黃春亮、張振聲、江紫元、吳鏡村、蘇鴻飛、何亞季、陳焙焜、林杏蓀、蘇水木、倪登玉、蔡秋金；

[663]刊載於《中國詩文之友》第 45-4 期。作者有：陳玉枝、張高懷、張世昌、簡竹村、陳友梅、鍾淵木、張鶴年、林玉青、蔡秋金、林笑岩、蘇鴻飛、曾慶豐、倪登玉、蔡慧明、林韓堂；

[664]刊載於《中國詩文之友》第 45-4 期。作者有：陳友梅、張高懷、張世昌、廖心育、莊幼岳、李添福、黃湘屏、林杏蓀、林玉青、蔡秋金、劉萬傳、張鶴年、蔡慧明、陳玉枝、林韓堂；

見報日期	詩題	詞宗	掄元	詩作本文
66.03	（次唱）	倪登玉	張高懷	瞎眼謀生弱女流，漫天星斗韻悠悠。 纖纖十指非針巧，一管聲中萬斛愁。
詩文之友 45-5 期 66.04	除夕圍爐[665] （首唱）	張晴川	魏經龍	舊歲今宵盡，新年翌日傳。 爐邊開宴席，室內樂團圓。 臘鼓頻催夜，椒花頌啓筵。 檢詩同賈島，卻愛誦千篇。
		張鶴年	林笑岩	爆竹聲聲響，兒分壓歲錢。 圍爐斟美酒，除夕啓華筵。 花紙題新句，桃符換舊聯。 祭詩懷賈島，我欲效高賢。
詩文之友 45-5 期 66.04	消防車[666] （次唱）	倪登玉	張鶴年	聞警輪飛去救災，轟轟聲似挾奔雷。 秦時遺恨無斯輛，一炬阿房付劫灰。
		張高懷	陳春松	祝融能滅護三臺，到處聞聲即刻開。 爲國爲民功絕頂，物資賴汝減分災。
詩文之友 45-6 期 66.05	月圓人壽[667]	何亞季	張世昌	騷壇耆宿祝延年，佳節蟾宮月正圓。 壽比南山神更旺，樽傾北海興無邊。 高風亮節欽詩老，養晦韜光仰大賢。 雅頌九如春色好，萬花艷放慶三仙。
		賴子清	張鶴年	良夜雲間玉鏡懸，志三居裡萃耆賢。 花辰高詠人忘老，兔魄爭探客亦仙。 垂釣子牙閒日月，摘華夢得絢山川。 壽星光並蟾輝麗，合頌岡陵賦錦篇。

[665]刊載於《中國詩文之友》第 45-5 期。作者有：魏經龍、林笑岩、蘇鴻飛、陳焙焜、陳春松、黃得時、林玉青、王省三、張晴川、李春榮、黃自修、張高懷、吳鏡村、倪登玉、姚德昌、黃錠明、鄭晃炎、曾慶豐、鄭鴻音、劉萬傳、張振聲、蔡慧明；

[666]刊載於《中國詩文之友》第 45-5 期。作者有：張鶴年、陳春松、張晴川、蘇鴻飛、鄭晃炎、王精波、蔡慧明、陳佩坤、鍾淵木、魏經龍、張振聲、林玉山、王省三、吳鏡村、李天慶、林韓堂、黃鷗波、鄭鴻音、劉萬傳；

[667]並祝何亞季詞長八秩，劉斌峰暨劉萬傳古稀榮壽。刊載於《中國詩文之友》第 45-6 期。作者有：張世昌、張鶴年、姚德昌、鄭雲從、黃鷗波、黃春亮、陳根泉、張晴川、林耀西、賴子清、魏壬貴、江紫元、張高懷、李乾三、張振聲、倪登玉、魏經龍；

見報日期	詩　題	詞　宗	掄　元	詩　作　本　文
詩文之友 45-6 期 66.05	花朝酒 668 （次唱）	劉斌峰	蔡秋金	春濃芳草寄王孫，欲壽花神醉李園。 不與蝶魂沉艷夢，布衣終古一壺尊。
		劉萬傳	江紫元	爲壽花神釀一樽，甕頭春暖味長存。 延齡有酒休傾盡，留待收京付子孫。
詩文之友 46-1 期 66.06	母親節思鄉 669 （首唱）	曾文新	陳焙焜	堂堂母節又來臨，遊子天涯感倍深。 眼望故山家萬里，身披舊襖線千鍼。 劬勞未報平生恨，鞠養長懷寸草心。 淹滯海壖人已老，白雲親舍夢中尋。
		鄭晃炎	林玉青	每逢佳節感恩深，養育劬勞重古今。 翠柏鴉兒能反顧，白雲親舍繫離忱。 未酬慈愛三年乳，難報春暉寸草心。 萬里思鄉情更切，天涯遊子望歸林。
詩文之友 46-1 期 66.06	苦旱 670 （次唱）	倪登玉	鄭晃炎	仰天長嘆感無涯，龜裂田園日已賒。 應急燃眉人造雨，乍能潤遍救農家。
		張晴川	曾文新	燒空日灑海東涯，不舞商羊信可嗟。 我欲倒傾天上水，稻田一潤盡萌芽。
詩文之友 46-2 期 66.07	人造雨 671	倪登玉	劉萬傳	田園龜裂苦難禁，鑑古昌明不及今。 散去空中鹽與雪，化來地上雨如金。 解開愁悶千家爽，救急耕耘萬眾愔。 際此應知科學者，奪天功力使人欽。
		蘇鴻飛	鄭晃炎	人能造雨及時臨，巧奪天工惠澤深。 鹽液調和重霧裡，乾冰散遍起雲心。 相將化學凝成水，一片迷茫降作霖。 此去文明無止境，免教久旱苦難禁。

---

668 刊載於《中國詩文之友》第 45-6 期。作者有：蔡秋金、江紫元、魏壬貴、倪登玉、鍾淵木、張晴川、鄭雲從、張鶴年、吳鏡村、賴子清、陳根泉、蘇水木、廖心育、鄭晃炎、鄭鴻音；

669 刊於《中國詩文之友》第 46-1 期。作者有：陳焙焜、林玉青、劉斌峰、張高懷、林錦銘、張晴川、楊圖南、陳根泉、鄭雲從、鍾淵木、王精波、張振聲、吳鏡村、蘇鴻飛；

670 刊載於《中國詩文之友》第 46-1 期。作者有：鄭晃炎、曾文新、張振聲、倪登玉、魏經龍、蘇鴻飛、張晴川、張高懷、鄭鴻音、鄞強、陳焙焜、林玉青、黃自修、何亞季、黃錠明、吳鏡村、傅秋鏞；

671 刊載於《中國詩文之友》第 46-2 期。作者有：劉萬傳、鄭晃炎、張高懷、蔡慧明、林玉青、何亞季、張晴川、張振聲、陳友梅、陳焙焜、李春榮、林韓堂、吳鏡村、蘇鴻飛、蘇水木；

見報日期	詩　題	詞　宗	掄　元	詩　作　本　文
詩文之友 46-2 期 66.07	吸塵車 672 （掃路車）	黃春亮	張晴川	路上馳驅任去回，免教清道掃塵灰。 文明如此新機械，吸盡街衢絕點埃。
		張高懷	蔡秋金	輪車過處淨塵埃，生面於今別樣開。 倘使囂氛能屬滌，超凡豈許讓如來。
詩文之友 46-4.5 期 66.10	中秋翌日逢 聖誕 673	蘇鴻飛	蔡秋金	聖誕重逢仰大成，登樓庾亮一宵更。 窮途尚有傷麟筆，憂道寧無嘆鳳情。 定禮刪詩風復古，尊王賤霸史留名。 鯉庭肅立中秋後，猶記當年木鐸聲。
		張高懷	蘇鴻飛	中秋韻事昨宵賡，聖誕欣逢隔日迎。 大雅扶輪懷雅範，尊師重道感師情。 震聾啓瞶金聲響，入室升堂木鐸鳴。 魯殿門牆高仰止，靈光萬古繞書城。
詩文之友 46-4.5 期 66.10	火車電氣化 674 （次唱）	傅秋鏞	蔡秋金	千秋德政仰中樞，電化交通立壯圖。 不用歸途心似箭，長房縮地更何殊。
		蔡秋金	張高懷	車行鐵軌本馳驅，電化新興作壯圖。 速捷猶超千里馬，高雄臺北慶須臾。
中國詩文 280 期 67.03	風雨催詩 675	李冰人	蔡秋金	旗鼓堂堂瞥海東，重陽韻事此時同。 筆成壁壘千鈞鐵，鉢響乾坤一杵銅。 錦繡詞華開濁世，壇墠才氣貫長虹。 天公留客非無意，風雨催來句更工。
		林義德	吳鏡村	滴瀝吹來感不窮，江山藻繪振騷風。 淋漓揮筆催詩急，飄渺穿簾得句工。 對酒豪吟懷杜老，題襟雅興憶蘇翁。 蒼天助我添奇意，繡出珠璣七字雄。

672刊載於《中國詩文之友》第 46-2 期。作者有：張晴川、蔡秋金、簡竹村、張世昌、許寶亭、陳友梅、陳根泉、鄭晃炎、劉萬傳、林玉青、蘇鴻飛、黃春亮、林韓堂、姚德昌、黃錠明；

673倪登玉召集。刊載於《中國詩文之友》第 46-4、5 期。作者有：蔡秋金、蘇鴻飛、張振聲、陳榮琚、鍾淵木、楊君潛、江紫元、姚德昌、黃得時、鄭雲從、張世昌、倪登玉、劉萬傳、黃鐵松、黃自修、鄭晃炎、林玉青；

674刊《中國詩文之友》第 46-4.5 期。作者有：蔡秋金、張高懷、鄭晃炎、黃錠明、黃得時、黃鐵松、劉萬傳、江紫元、陳榮琚、杜酒祥、張振聲、鍾淵木、蘇鴻飛、黃自修；

675刊載於《中國詩文》第 280 期。作者有：蔡秋金、吳鏡村、張高懷、林韓堂、黃春亮、黃湘屏、姚德昌、陳榮琚、江紫元、張世昌、陳玉枝、黃得時、黃艷泉、李松浦、簡竹村、黃錠明；

見報日期	詩　　題	詞　宗	掄　元	詩　作　　本　　文
中國詩文 280 期 67.03	秋砧 676	張晴川	黃得時	聲摧落葉映夕暉，含淚寒江獨浣衣。搗斷閨情人萬里，遼陽征戍幾時歸。
		劉萬傳	黃湘屏	塞外征人久未歸，香閨頻念送寒衣。江邊斷續砧聲起，玉杵秋心碎落暉。
中國詩文 282 期 67.05	恭祝蔣經國謝東閔先生膺選中華民國第六任總統副總統 677	倪登玉	劉萬傳	膺登寶座值芳春，正副元良慶得人。鐵石心堅思伐暴，雲霓眼望必歸仁。丕承達孝山河動，竭盡精忠日月新。錦繡神州資再造，群黎佇聽凱歌頻。
		陳曉齋	魏壬貴	元良元輔富經綸，大統承天慶得人。四海歸心崇碩德，全民受惠頌深仁。下鄉頻解漁農困，興夏還期雨露均。行看新猷將展布，蔣山告廟待明春。
中國詩文 282 期 67.05	松鶴圖 678 （次唱）	林義德	江紫元	丹頂分明墨有光，虯枝高聳耐風霜。大夫能得仙禽伴，合頌延年福壽長。
		林韓堂	鄭福圳	白翎蒼鬣舞洪荒，酬世風徽日月長。一幅丹青徵上壽，九皋濤韻叶禎祥。
中國詩文 285 期 67.11	萬方多難懷屈原 679	陳瞻園	張鶴年	中原群醜太猖狂，遙弔忠魂自激昂。節近詩人思正則，讒聽奸佞痛懷王。蘭荃入詠香猶遠，薪膽回甘氣益揚。一旅敉平兵亂日，凱歌聲裡好還鄉。

---

676 刊於《中國詩文》280 期。作者有：黃得時、黃湘屏、張世昌、簡竹村、黃錠明、倪登玉、林韓堂、黃自修、蔡秋金、黃艷泉、姚德昌、鄭晃炎、林義德、鄞強、楊君潛；

677 花朝吟會。刊載於《中國詩文》第 282 期。作者有：劉萬傳、魏壬貴、張鶴年、鄭晃炎、鄭鴻音、林義德、許哲雄、黃錠明、吳鏡村、廖心育、鄞強、張高懷、楊君潛、姚德昌、張季眉、鄭福圳、黃得時、何亞季、蔡慧明、鄭福圳、黃自修、江紫元、陳曉齋、張晴川、陳榮弡；

678 刊載於《中國詩文》第 282 期。作者有：江紫元、鄭福圳、魏壬貴、林耀西、鄭晃炎、黃鐵松、許哲雄、黃湘屏、姚德昌、鄭雲從、陳英驥、倪登玉、黃鷗波、吳鏡村、陳焙焜、蔡秋金、黃鷗波、林玉青、陳友梅、張振聲、蘇水木、李春榮、林韓堂、王精波、李劍棍、蘇鴻飛；

679 67 年 5 月 21 日於茂林餐廳。刊載於《中國詩文》第 285 期。作者有：張鶴年、張振聲、蔡秋金、陳榮弡、林韓堂、蔡慧明、林玉青、吳鏡村、周植夫、鄞強、蘇鴻飛、黃鷗波、江紫元、簡竹村、蘇水木、姚德昌、劉萬傳、陳友梅、張晴川、鄭雲從、鄭鴻音、高文淵、黃鐵松、倪登玉、黃自修；

見報日期	詩題	詞宗	掄元	詩作本文
		高文淵	張振聲	烽煙遍野實堪傷，萬難方殷感慨長。 北望神州餘老淚，南來寶島斷吟腸。 楚江有恨悲孤客，湘水無情弔夕陽。 永憶離騷光百世，揮戈滅暴紀忠良。
中國詩文 285期 67.11	向日葵 680 （次唱）	蘇鴻飛	林韓堂	翻黃吐萼獨新妍，一朵輕盈映日先。 不讓梅花爭氣節，赤心耿耿耀青天。
		張鶴年	周植夫	色帶鵝黃絕可憐，向陽開處獨鮮妍。 此花畢竟非凡品，傾慕心如鐵石堅。
詩文之友 286期 67.11	柳塘聽鶯 681 （首唱）	張鶴年	林韓堂	池塘裊娜未藏鴉，惟聽交交舞影斜。 織雨遷喬歌未老，穿梭出谷語來嘉。 隨條囀遍三春日，隔葉聲傳五柳家。 正可攜柑時帶酒，怡情萬縷襯煙霞。
		周植夫	蔡秋金	柳邊坐聽醉流霞，斗酒雙柑逸興賒。 出谷吟成三疊曲，穿雲織就一春花。 渾同曉日鳴新燕，不似寒林噪暮鴉。 蝶板能諧聲更滑，東風獨占水之涯。
詩文之友 286期 67.11	扶輪手 682 （次唱）	杜迺祥	林天駟	騷壇共仰老宗師，大雅端憑巨擘持。 學海狂瀾能獨挽，論功合豎紀功碑。
		江耕雨	曾文新	力扶文運借匡時，無奈麟傷鳳亦悲。 我有起衰韓愈筆，一肩獨挺海東涯。
詩文之友 287期	攀月桂 683	鍾淵木	倪登玉	雲梯直上會吳剛，得折高枝夙願償。 榮幸果能蒙殿試，名標虎榜喜還鄉。

---

[680]刊載於《中國詩文》第285期。作者有：林韓堂、周植夫、蔡慧明、張振聲、魏壬貴、劉萬傳、蘇鴻飛、簡竹村、廖心育、張晴川、高文淵、許哲雄、姚德昌、黃鐵松、江紫元、陳友梅、張鶴年、蔡秋金、鄭雲從、倪登玉、林玉青、陳焙焜、曾慶豐、鄭鴻音、陳榮弲、鄞強、蘇水木、黃得時、黃鷗波；

[681]刊載於《中國詩文》第286期。作者有：林韓堂、蔡秋金、鍾淵木、曾文新、林義德、張鶴年、陳榮弲、江紫元、黃鷗波、林天駟、鄞強、黃錠明、黃自修、張振聲、陳焙焜、蔡慧明；

[682]祝杜迺祥先生膺任瀛社社長。刊載於《中國詩文》第286期。作者有：林天駟、曾文新、楊圖南、陳玉枝、陳焙焜、江紫元、林玉青、蔡慧明、張晴川、蔡秋金、黃自修、魏壬貴、劉萬傳、張鶴年、黃鷗波、許哲雄；

[683]刊於《中國詩文》第287期。作者有：倪登玉、林義德、杜迺祥、陳友梅、黃春亮、蔡慧明、劉萬傳、張世昌、張鶴年、吳鏡村、黃自修、鄭雲從、何亞季、鄭鴻音、楊圖南、張高懷、楊君潛、黃湘屏、鍾淵木、鄞強、王精波、魏經龍、張晴川；

見報日期	詩　題	詞　宗	掄　元	詩　作　本　文
	（次唱）	張高懷	林義德	雲梯直上豈尋常，為愛蟾宮桂正香。 折得一枝光耀祖，春風得意馬蹄忙。
詩文之友 295 期 68.08	老松 684	社員作品 未參加評 選以齒序	何亞季	萬載凌虛碧，千秋引鶴臨。 征人驅酷暑，騷客愛清音。 繫馬憑濃影，敲詩發浩吟。 親仁兼厚德，壽世勝黃金。
詩文之友 295 期 68.08	老松 685	杜負翁	謝麟驥	歷盡滄桑劫，龍蟠發浩吟。 但欣梅竹契，豈畏雪霜侵。 拔地經年久，參天閱世深。 風標比瀛社，長抱歲寒心。
		李步雲	曾笑雲	大器欣成晚，秦封直到今。 孫枝繁簇簇，神木共森森。 白鶴巢長穩，紅羊劫幾侵。 後凋當益壯，蒼翠萬年欽。

---

684 瀛社創立 70 週年紀念大會，社員課題未參加評選。刊於《中國詩文》第 295 期。作者有：何亞季、倪登玉、蘇水木、李添福、蘇鴻飛、張晴川、陳友梅、陳玉枝、鄭鴻音、簡竹村、杜萬吉、黃春亮、王省三、曾慶豐、魏經龍、張振聲、張世昌、劉萬傳、林韓堂、林義德、李劍棍、黃得時、黃湘屏、鍾淵木、林耀西、鄭雲從、姚德昌、黃鐵松、王精波、蔡智、吳鏡村、周金土、林德志、李乾三、楊圖南、黃鷗波、黃錠明、陳榮岠、魏壬貴、陳焙焜、蔡秋金、鄞強、楊君潛、王文育、許哲雄；

685 創立 70 週年。刊於《中國詩文》第 295 期。作者有：謝麟驥、曾笑雲、李客夢、邱天來、丁鏡湖、林本泉、黃秀峰、林秀貞、王少君、林萬舉、張達修、呂碧銓、黃聯章、林文彬、馬亦飛、廖育麟、林福堂、吳素娥、羅炳梧、施銀、陳昌言、吳醉如、林則誠、林寄華、張獻武、盧少白、李庭樞、林惠民、顏大豪、高添福、施學樵、陳其寅、李鶯輝、劉清和、張雲程、方延豪、李步雲、李茂鐘、許啓懍、楊道豫、丁潤如、劉福麟、鄭華林、何崧甫、高惠然、吳仙化、林繼文、胡東海、陳增祥、黃微風、萬古愚、翁廷山、郭阿壽、蔡錦棟、張清輝、范根燦、陳基侯、林榮生、羅朝海、蔡坤元、劉彥甫、李勝彥、邱水謨、劉逸心、吳水秋、李可讀、曾英夫、陳進雄、蘇忠仁、蔡月華、游象新、陳兆康、楊嘯天、曾兆春、陳國興、黃天補、李春榮、陳龍吟、陳泰山、吳中、張蒲園、盧戀青、洪溪河、林修、林欽貴、黃宏介、賴仁壽、江俊夫、陳錫津、張白翎、陳連捷、周俊卿、邱錦福、張奎五、莊木火、施天福、陳香、汪洋、羅吉旺、胡玉櫻、陳槐庭、黃艷泉、魏道遠、吳柏華、林仲筦、邱攸同、陳紉香、高宗驥、陳福助、邱雅琴、宋慶國、陳進東、黃火盛、郭湯盛、吳鴻爐、曾子賢、王前、朱鶴翔、許金玉、魏叔持、陳義山、陳朝海、黃德順、丁滌凡、曾文新、李登源、吳應民、胡順卿、林萬榮、施炎城、林劍泉、張國裕、陳琴州、魏金鐘、楊挺、黃福全、林錫牙、施劍峰、陳慶輝、黃祉齋、王梓聖、王定傳、高文淵、吳清號、蔡連中、王清斌、邱伯村、吳伯陵、林荊南、陳子波、王友芬、呂筆、王翼豐、胡順隆、賴子清、陳燦榕、白再益、李宗波；

見報日期	詩　　題	詞　宗	掄　元	詩　作　本　文
詩文之友 295 期 68.08	瀛社創立七十週年紀念詩集 686	王國璠	羅樹生	搜羅珠玉遍瀛洲，學海珊瑚一網收。 漢晉詞章唐格律，明清典雅宋溫柔。 三千里外悲秦火，七十年前類楚囚。 紀念篇成天籟響，作家編者共千秋。
		陳進東	施文炳	愛國興詩七十秋，功高瀛社頌鷗儔。 風騷喜共金蘭永，珠玉重看鐵網收。 名世佳篇輸熱血，回天巨柱障狂流。 三臺當日遺民淚，孕育心聲萬古留。
詩文之友 296 期 68.09	初夏小集 687 （首唱）	林義德	黃錠明	喜見橫塘貼水荷，垂楊乳燕剪輕波。 暮春已過猶酣飲，孟夏初逢又唱和。 莫嘆文章知已少，依然風雨故人多。 豪情鬱作名流慨，綠蟻三甌一曲歌。
		周金土	楊圖南	春歸何處喚鸚哥，大地輕衣試葛羅。 壇坫鏖詩聯舊雨，池塘出水展新荷。 貪杯子美賒醇酒，操筆羲之字換鵝。 有約鷺鷗歡聚首，清和時節共吟哦。

686刊載於《中國詩文》第 295 期。作者有：羅樹生、施文炳、劉逸心、劉英、黃聯章、黃平山、夏國輔、吳素娥、何國揚、陳鏡勳、林惠民、曾笑雲、林萬舉、蘇成章、邱天來、林寄華、張清輝、黃坤楨、王世英、李勝彥、張其彬、李鶯輝、王前、吳劍亭、柯慶逢、陳焙焜、楊君潛、張振聲、李庭樞、張高懷、林秀貞、陳玉枝、陳昌言、羅綠洲、吳松柏、陳增祥、高文淵、陳祖舜、謝麟驤、鄞有功、劉清河、黃火盛、蔡元亨、李茂鐘、詹昭華、趙育麟、陳連捷、曹重詞、楊秀鍾、陳龍吟、吳應民、謝靜、吳仙化、洪溪河、劉文徵、林榮生、黃天爵、倪登玉、宋慶國、戴維南、陳鏡波、陳進雄、陳輝玉、陳敏能、陳慶輝、林文彬、姚德昌、陳國興、張柏根、陳泰山、方延豪、黃艷泉、李傳芳、黃朝福、魏淡如、方朗白、鄭雲從、郭阿壽、陳燦榕、林凌秋、江紫元、林則誠、吳水秋、邱雅琴、何亞季、張白翎、李宗波、曾子賢、陳寶珠、劉福麟、林繼文、洪月嬌、曾慶豐、魏叔持、莊火陣、蘇鏡平、王梓聖、莊木火、謝清淵、黃義君、陳紉香、戴星橋、林仲篪、林欽貴、陳竹峰、王定傳、何南史、陳進東、范根燦、蘇鴻飛、施銀、萬古愚、郭湯盛、鍾淵木、林本泉、林劍泉、林玉青、張獻武、林修、賴仁壽、林秋琴、黃祉齋、蔡秋金、楊伯英、江俊夫、黃春亮、謝振東、陳如南、曾水泌、林福堂、吳應民、王少君、朱鶴翔、施勝隆、黃德順、陳綿芳、王翼漢、黃湘屏、楊伯西、許金玉、蔡慧明、黃水木、翁廷山、張樹德、王少滄、陳嵩峰、張國裕、吳伯華、周精金、鄭福圳、簡竹村、林常熙、胡東海、鄭鴻音、謝山水、吳醉蓮；

687刊於《中國詩文》296 期。作者有：黃錠明、楊圖南、周植夫、鄭鴻音、倪登玉、鄞強、姚德昌、張高懷、陳根泉、蔡秋金、陳友梅、陳榮岠、張振聲、王精波、陳焙焜；

見報日期	詩 題	詞 宗	掄 元	詩 作 本 文
詩文之友 297 期 68.10	茶煙 [688] （次唱）	黃錠明	周植夫	雨後新芽自揀挑，花瓷裊裊異香飄。 最憐輕颭能明目，一縷薰人睡意消。
		陳榮弨	蔡秋金	縷縷清香陣陣飄，客來當酒話寒宵。 遶爐三匝旃檀外，誰比盧仝韻更饒。
詩文之友 299 期 68.12	每逢佳節倍思親 [689] （首唱）	蘇鴻飛	周植夫	時序推移感慨新，而今何處覓慈親。 春暉寸草空遺恨，令節他鄉倍愴神。 身上青衫橫海客，夢中白髮倚閭人。 傷心愧乏烏私報，此際追懷淚滿巾。
		周植夫	黃錠明	卅載南天寄此身，羅裳猶帶舊征塵。 已嗟兄弟秋蓬散，安忍妻兒餓腹頻。 每度新年皆灑淚，未逢佳節亦傷神。 還鄉待看風雷發，誓舉王師滅暴秦。
詩文之友 299 期 68.12	夏夜獨坐 [690] （次唱）	黃春亮	黃錠明	梅雨初晴月色輝，生逢亂世豈忘機。 寧無席地思潮起，獨向人情嘆式微。
		蔡秋金	黃湘屏	草際斜看螢火飛，招涼蒲扇手頻揮。 宵來獨向幽篁裏，坐忘人間有是非。
詩文之友 300 期 69.01	客中待月 [691] （首唱）	姚德昌	陳榮弨	中秋節近嘆離巢，甚愛冰輪挂柳梢。 望月騷懷頻蕩起，憶鱸鄉思更難拋。 心馳指日嬋娟共，神往當年莫逆交。 喜是團圓期不遠，蟾光滿待出雲坳。
		蔡秋金	黃湘屏	雞窗有酒少佳肴，遣興聊將客思拋。 暫待微雲消海嶠，行看明月掛林梢。 萍浮羈旅憑誰伴，老困風塵暗自嘲。 惆悵團圓秋節近，十年仍負菊花苞。

---

[688] 刊載於《中國詩文》第 297 期。作者有：周植夫、蔡秋金、王精波、何亞季、陳根泉、鄞強、倪登玉、吳鏡村、黃得時、鄭雲從、陳焙焜、張高懷、林義德、林韓堂、林玉青、黃鷗波、黃錠明；

[689] 刊載於《中國詩文》第 299 期。作者有：周植夫、黃錠明、鄭雲從、蔡秋金、黃春亮、林韓堂、曾慶豐、陳榮弨、黃自修、倪登玉、姚德昌、黃湘屏、蘇鴻飛、黃鐵松；

[690] 刊於《中國詩文》第 299 期。作者有：黃錠明、黃湘屏、黃鐵松、周植夫、倪登玉、張晴川、黃得時、林韓堂、鄭雲從、姚德昌、陳榮弨、陳玉枝、黃鷗波；

[691] 刊於《中國詩文》第 300 期。作者有：陳榮弨、黃湘屏、楊君潛、黃錠明、李劍梶、姚德昌、林義德、陳友梅、楊圖南、劉萬傳、林玉青、黃鐵松、蘇水木、鄭雲從、林韓堂；

見報日期	詩題	詞宗	掄元	詩作本文
詩文之友 301 期 69.02	賓雁 692 （次唱）	鍾淵木	林玉青	忽來嘉客影婆娑，群雁同游戲水波。玉趾光臨添爪蹟，緣深翰墨共吟哦。
		黃鐵松	楊圖南	衡陽關塞幾飛過，隻影江湖奈老何。客地風光雖是好，銜蘆不捨漢山河。
詩文之友 303 期 69.04	冬日 693 （首唱）	鍾淵木	姚德昌	光昭上下暖和烘，解凍驅寒並化功。昔日趙衰人獨似，今時蔣琬道相同。一輪高掛消冰雪，四境平安順雨風。大地回春期不遠，迎曦齊望海門東。
		李春榮	蔡慧明	趙衰千載布仁風，白日青天一例同。正看雪花連日出，還聞麥浪報年豐。星移月轉春將近，冬至陽生運不窮。且坐爐邊添獸炭，敲詩品茗樂融融。
詩文之友 303 期 69.04	凱旋歌 694	劉萬傳	蔡秋金	凱歌喧處慶詩盟，得勝全憑託管城。卻似榮歸諸葛鼓，豈同瓦缶作雷鳴。
		楊君潛	失名	獨占鰲頭奏凱聲，騷壇健將震東瀛。知君早有生花筆，絕好文章七步成。
詩文之友 304 期 69.05	冬日尋梅 695 （首唱）	王省三	李添福	不怕酸風凜，衝寒訪古梅。孤山宜覓句，庾嶺好銜杯。和靖牽情去，師雄入夢來。暗香欣鬥雪，識賞幾忘回。

---

692 刊載於《中國詩文之友》第 301 期。作者有：林玉青、楊圖南、陳友梅、莊幼岳、黃錠明、姚德昌、鍾淵木、蔡秋金、倪登玉、黃得時、吳鏡村、王晴波、楊君潛、曾慶豐、陳榮岠；

693 刊載於《中國詩文之友》第 303 期。作者有：姚德昌、蔡慧明、陳玉枝、黃錠明、黃自修、楊君潛、鄭雲從、曾慶豐、鄭鴻音、劉萬傳、倪登玉、黃金樹、林玉青、黃湘屏、黃鷗波、陳榮岠；

694 慶祝本社社員楊君潛先生於南投全國詩人大會掄元。刊載於《中國詩文之友》第 303 期。作者有：蔡秋金、黃鷗波、黃春亮、陳焙焜、黃錠明、蔡慧明、鄭鴻音、黃湘屏、陳榮岠、鄞強、倪登玉、黃金樹、林玉青；

695 刊載於《中國詩文之友》第 304 期。作者有：李添福、黃鷗波、陳玉枝、林韓堂、黃錠明、黃鐵松、蔡秋金、鄭雲從、陳榮岠、黃湘屏、黃自修、倪登玉、吳鏡村、周金土、黃得時、黃鷗波；

見報日期	詩題	詞宗	掄元	詩作本文
		張振聲	黃鷗波	破臘聞芳信，殷勤覓早梅。 暗香浮動處，疏影縱斜來。 屐印寒煙濕，衣沾香露皚。 愛他異凡卉，標國重花魁。
詩文之友 304 期 69.05	寒燈[696] （次唱）	陳焙焜	杜萬吉	冰天一盞露光明，伴讀縹緗十載更。 愛爾嚴冬風雪夜，丹心燃盡爲書生。
		黃錠明	蔡秋金	照徹芸窗到五更，助人夜讀最多情。 寒宵長伴書生外，更愛清輝共月明。
詩文之友 307 期 69.08	花朝漫興[697] （第一組）	陳友梅	黃鷗波	人花逢壽旦，聚慶幼園中。 騷客眉齊白，奇葩蕊盡紅。 舉觴延歲月，祝嘏頌衡嵩。 長願鷗朋健，佳辰醉碧筒。
		陳玉枝	杜萬吉	稱觴香國裡，爛漫燦長空。 萬卉開黃白，群芳鬥紫紅。 防蜂雲作帨，撲蝶扇生風。 祇恐花神醉，金鈴細護中。
詩文之友 307 期 69.08	千歲鶴[698] （次唱）	黃自修	何亞季	朱冠銀翼自千秋，好與蒼松永作儔。 不入雞群誇獨立，青雲萬里任優遊。
		曾笑雲	許哲雄	豈獨雞群莫與儔，昂藏丹頂幾千秋。 騷壇七老精神健，振翼芝田物外游。
詩文之友 307 期 69.08	暮春遊艋津[699] （第二組）	倪登玉	楊圖南	華江韶景水粼粼，鶯花老殘已暮春。 飄袖長堤人散策，順流小艇客垂綸。 新街艷窟稱歡聚，古渡豐碑勒艋津。 稍立中興橋上望，穿梭車馬往來頻。

---

[696]刊載於《中國詩文之友》第 304 期。作者有：杜萬吉、蔡秋金、魏壬貴、楊圖南、許哲雄、黃鷗波、倪登玉、蘇鴻飛、陳榮弨、劉萬傳、黃得時、姚德昌、周金土、黃湘屏、林玉山、王精波；

[697]刊載於《中國詩文之友》第 307 期。作者有：黃鷗波、杜萬吉、吳鏡村、倪登玉、盧懋青、張高懷、陳友梅、劉萬傳、鄞強、張世昌、曾笑雲、黃得時、林文彬；

[698]刊載於《中國詩文之友》第 307 期。作者有：何亞季、許哲雄、蔡秋金、莊幼岳、黃得時、杜萬吉、林玉青、陳榮弨、蘇鴻飛、黃湘屏、周植夫、曾文新、曾慶豐、張振聲、倪登玉、盧懋青、鍾淵木；

[699]刊載於《中國詩文之友》第 307 期。作者有：楊圖南、蔡秋金、蘇水木、莊幼岳、黃德順、黃錠明、周金土、黃聖智、劉萬傳、黃鷗波、鍾淵木、陳玉枝、黃得時、王精波、何亞季、吳鏡村；

見報日期	詩題	詞宗	掄元	詩作本文
		林義德	蔡秋金	莫漫優遊詡逸民，誰知世有未亡秦。望中不盡滄茫感，眼底驚殘浩蕩春。青磬聲幽龍寺古，淡江水漲鴨頭新。枇杷巷口煙花散，頓醒揚州夢裡人。
詩文之友307期69.08	桃花香[700]（次唱）	周植夫	莊幼岳	馥郁分明出絳綃，開同紅杏向人嬌。武陵溪畔春風裡，盡日清芬四處飄。
		蔡秋金	黃湘屏	凝香穠艷欲魂消，人面曾經互映嬌。昔日玄都千樹杏，無言但聽雨瀟瀟。
詩文之友307期69.08	稻花浪[701]（第三組）	林玉青	蔡秋金	渾同麥浪疊蒼蒼，眼落田間寄意長。擊壤高歌欣足食，興農遠計在屯糧。波翻嫩蕊搖雲影，花挹清風散稻香。好孕黃金登大有，古來耕鑿慕陶唐。
		蔡秋金	陳榮弡	隴頭遠望似汪洋，萬頃連天更有香。風靜竟無光瀲灩，疇平惟見綠蒼茫。滿畦花報農功著，一片濤翻穡事彰。額慶蓬萊徵歲稔，阜康謳頌海之疆。
詩文之友307期69.08	驚艷[702]（次唱）	周植夫	王省三	絕代佳人忽降臨，何期艷遇惹驚心。秋波一轉勾魂魄，浪子回頭已戒淫。
		黃錠明	蔡秋金	驚看紅粉映花深，彷彿飄飄閬苑臨。不亂坐懷空復爾，伊誰博得美人心。
詩文之友313期70.02	寒門賢母[703]（首唱）	林義德	黃湘屏雙元	白屋孤寒甚，糧無隔宿炊。擇鄰常徙宅，畫荻每兼師。不厭慈心苦，似愁母範虧。劬勞終穫報，教子化龍時。
		莊幼岳		

---

[700] 刊載於《中國詩文之友》第307期。作者有：莊幼岳、黃湘屏、林玉青、劉萬傳、黃錠明、楊圖南、林韓堂、陳友梅、陳榮弡、吳德燦、鄭鴻音、周金土；

[701] 刊載於《中國詩文之友》第307期。作者有：蔡秋金、陳榮弡、劉萬傳、張振聲、黃錠明、吳鏡村、蘇水木、倪登玉、姚德昌、黃德順、陳焙焜、何亞季、楊圖南、黃得時、蔡慧明、黃鷗波、鍾淵木、周金土、蘇鴻飛；

[702] 刊載於《中國詩文之友》第307期。作者有：王省三、蔡秋金、鄭晃炎、周植夫、黃德順、陳焙焜、周金土、蘇鴻飛、林韓堂、倪登玉、姚德昌、吳德燦、陳友梅、楊圖南、蔡慧明；

[703] 刊載於《中國詩文之友》第313期。作者有：黃湘屏、陳榮弡、林義德、陳友梅、黃錠明、倪登玉、劉萬傳、鄞強、黃德順、莊幼岳、吳德燦、鄭鴻音、蘇水木、楊圖南；

見報日期	詩　題	詞　宗	掄　元	詩　作　本　文
詩文之友 313 期 70.02	浪子回頭[704] （次唱）	楊圖南	倪登玉	惡朋同伍亂爲非，浪跡天涯與世違。 忽見鴉禽能反哺，及時回首報春暉。
		黃錠明	劉萬傳	鴉能反哺願無違，浪子何堪久未歸。 彼岸思登回故里，漫嘲似鳥出籠飛。
詩文之友 318 期 70.07	北投春浴[705] （建國七十年花朝吟會）	黃鐵松	周植夫 雙元	泉鄉嘉樹碧參差，隱約樓臺見酒旗。 水滑煙輕人試浴，鳥吟風暖客題詩。
		盧懋青		塵氛遠隔春流咽，礦氣微侵午夢遲。 儘有茗香醒薄醉，海棠花外夕陽時。
詩文之友 318 期 70.07	春曉[706] （次唱）	鄭晃炎	張高懷	勝日紅光溜，群山草木妍。 葩心蜂浥露，柳眼鳥吟煙。 紫氣添春色，黃金滿地氈。 今朝瀛社侶，詩酒杏花天。
		姚德昌	蘇鴻飛	大地春回暖，蒼茫欲曙天。 陽明徐吐日，關渡遠生煙。 蝶夢方酣枕，雞聲促著鞭。 龍門賡韻事，盛繼永和年。
詩文之友 320 期 70.09	待端陽[707]	倪登玉	林韓堂	紛紛梅雨下江城，時近端陽百感生。 待到詩人佳節日，蒲觴角黍弔忠貞。
		劉萬傳	鍾淵木	梅雨瀟瀟感慨生，端陽在望繫深情。 詩人投黍期來日，好向湘江弔屈平。

[704]刊於《中國詩文之友》第 313 期。作者有：倪登玉、劉萬傳、黃湘屏、林義德、吳德燦、林玉青、蘇水木、黃德順、陳玉枝、莊幼岳、黃得時、陳友梅、陳榮弶、張世昌；

[705]刊載於《中國詩文之友》第 318 期。作者有：周植夫、倪登玉、蔡秋金、楊君潛、張振聲、莊幼岳、吳鏡村、曾慶豐、李劍梲、黃得時、黃錠明、林韓堂、劉萬傳、周金土、陳榮弶、許哲雄、鄭晃炎、姚德昌、鄞強、林文彬、鍾淵木、鄭鴻音、張高懷、楊圖南、黃鷗波；

[706]刊載於《中國詩文之友》第 318 期。作者有：張高懷、蘇鴻飛、周植夫、魏淡如、黃湘屏、鄭鴻音、倪登玉、魏壬貴、王精波、黃錠明、楊圖南、鍾淵木、黃鷗波、林義德、劉萬傳、姚德昌、林文彬、李乾三、黃鐵松、吳鏡村、杜萬吉、張世昌、陳榮弶、曾慶豐、張振聲、林韓堂、楊君潛、蘇水木、許哲雄、李劍梲、陳焙焜、黃得時；

[707]刊載於《中國詩文之友》第 320 期。作者有：林韓堂、鍾淵木、詹吉辰、曾慶豐、張振聲、黃德順、莊幼岳、許哲雄、蘇水木、吳鏡村、林玉山、黃鷗波、楊圖南、魏壬貴、劉萬傳、鄭鴻音、倪登玉；

見報日期	詩　題	詞　宗	掄　元	詩　作　本　文
詩文之友 322期 70.11	秋望 708 （中秋例會）	蘇鴻飛 莊幼岳	黃錠明 雙元	節序渾如幻海桑，忽看天末起新涼。 霜凝菊圃饒秋味，霞襯楓林已夕陽。 望裡江山鴉數點，愁邊風露雁孤翔。 歸心欲動烽煙阻，故國淪胥感慨長。
詩文之友 322期 70.11	颱警 709 （次唱）	李春榮	黃錠明	麒麟妖颺到江干，應作防空警報看。 未雨綢繆宜早備，不教萬物任摧殘。
		鍾淵木	王精波	警報頻傳膽欲寒，振威箕伯鼓狂瀾。 天號海嘯無情極，早與綢繆得轉安。
詩文之友 326期 71.03	風雨同舟 710	倪登玉	李添福	淋漓猶未歇，艇上客心憂。 擊楫推翻浪，開帆渡逆流。 扶危應共濟，克難好同籌。 只待晴光放，何殊赤壁遊。
		莊幼岳	黃湘屏	江上雷轟處，傾盆雨未休。 狂風頻折楫，駭浪欲吞舟。 險象時時現，群情戚戚憂。 淮南兵略訓，共濟是良謀。
詩文之友 326期 71.03	行憲紀念日 書懷 711	蔡策勳	楊圖南	中華立憲話來長，義主三民勝帝王。 寸土必收興漢族，割台遺恨李鴻章。
		林韓堂	莊幼岳	行憲多年未敢忘，群黎樂利願初償。 還期一卷三民法，頒向神州制虎狼。

---

[708] 刊載於《中國詩文之友》第322期。作者有：黃錠明、黃湘屏、鍾淵木、鄞強、曾慶豐、楊君潛、吳鏡村、李添福、陳焙焜、黃德順、蔡秋金、倪登玉、周金土、蔡秋金、蘇水木、黃鐵松、黃鷗波、李春榮；

[709] 刊載於《中國詩文之友》第322期。作者有：黃錠明、王精波、周金土、黃得時、吳鏡村、楊君潛、倪登玉、鄞強、莊幼岳、黃湘屏、李松蒲、吳德燦、黃鐵松、陳玉枝、林韓堂、鄭鴻音、曾慶豐、黃鷗波、蘇水木、劉萬傳；

[710] 70年冬至吟會。刊載於《中國詩文之友》第326期。作者有：李添福、黃湘屏、周金土、楊君潛、杜萬吉、蔡秋金、黃春亮、蔡策勳、林韓堂、鍾淵木、陳玉枝、蘇水木、莊幼岳、蘇鴻飛、楊圖南、林玉山、倪登玉、黃錠明、黃鐵松、黃德順、陳焙焜、鄭鴻音、黃鷗波、王精波；

[711] 刊載於《中國詩文之友》第326期。作者有：楊圖南、莊幼岳、陳友梅、蔡策勳、林玉山、王精波、黃德順、楊君潛、蘇鴻飛、鍾淵木、黃湘屏、曾慶豐、黃自修、鄭鴻音、黃錠明、蔡秋金、廖春長、黃鐵松、陳焙焜、黃春亮、吳鏡村、姚德昌、倪登玉、李添福；

見報日期	詩題	詞宗	掄元	詩作本文
詩文之友 329 期 71.06	北海春望 712	鄭鴻音	劉萬傳	吹放浪花二月風，龜山巧妙在波中。驅車沿岸遊終日，眼福欣欣屬老翁。
		黃錠明	李乾三	花時訪勝過基隆，煙水蒼茫接遠空。望盡夕陽渾不去，欲知鄉訊待來鴻。
詩文之友 330 期 71.07	屈原 713 端陽吟會（首唱）	倪登玉	劉萬傳	屈子風遺擅美名，懷襄底事耳偏輕。納讒昏主傳千古，飲恨騷人痛一生。拯溺龍舟江上賽，驅邪虎艾牖邊縈。眾家角黍端陽節，為弔孤忠表寸情。
		蘇鴻飛	黃錠明	三閭風範世無雙，力挽狂瀾事蹟龐。卻嘆忠言翻逆主，難消義憤祇投江。窮邊作賦身何壯，澤畔行吟恨豈降。破碎河山餘血淚，空令化雨濕蒲窗。
詩文之友 330 期 71.07	乍晴 714 （次唱）	莊木火	陳榮弼	鵓鳩聲促霽淋漓，送暖南薰起及時。滿眼清和新氣象，陰霾掃盡愜吟脾。
		李春榮	魏壬貴	簷前鵲噪現朝曦，梅雨初收一展眉。池柳園花猶帶濕，忽看屋角掛蛛絲。
詩文之友 339 期 72.04	國旗 715	王前	莊木火	尊嚴一幟萬民崇，白日青天耀海東。四海歸心齊揭起，神州揮遍慰元戎。
		莊幼岳	蔡秋金	製作當年紀皓東，中華標誌萬邦崇。乾坤卓立飄揚處，儘看軍民拜下風。

---

712 壬戌花朝。刊載於《中國詩文之友》第 329 期。作者有：劉萬傳、李乾三、黃湘屏、蔡秋金、魏壬貴、楊圖南、許金玉、鄭鴻音、莊幼岳、蘇水木、蘇鴻飛、黃德順、許哲雄、周金土、黃得時、廖春長、康保延、魏淡如、傅紫真、陳友梅、陳焙焜、鄞強、黃湘屏、陳榮弼；

713 壬戌端陽吟會。刊載於《中國詩文之友》第 330 期。作者有：劉萬傳、黃錠明、黃德順、黃鷗波、楊圖南、王精波、周金土、莊木火、蘇鴻飛、陳榮弼、杜迺祥、李春榮、黃得時、鄞強、林韓堂、吳鏡村、陳友梅、陳焙焜、黃湘屏、蘇水木、倪登玉；

714 刊《中國詩文之友》第 330 期。作者有：陳榮弼、魏壬貴、黃德順、黃湘屏、許哲雄、陳焙焜、鄞強、林韓堂、李春榮、魏經龍、吳鏡村、倪登玉、黃鷗波、蘇水木、劉萬傳、陳友梅、莊幼岳、楊圖南、吳德燦、曾慶豐、黃錠明、周金土、王精波、莊木火；

715 冬至吟會。刊載於《中國詩文之友》第 339 期。作者有：莊木火、蔡秋金、陳兆康、周金土、鄞強、陳榮弼、黃錠明、魏壬貴、鍾淵木、黃湘屏、黃得時、楊圖南、吳鏡村、莊幼岳、陳佩坤、曾慶豐、林韓堂、倪登玉、李劍梶、蘇鴻飛、黃得時、李繼宗、杜萬吉、林清正；

見報日期	詩　　題	詞　宗	掄　元	詩　　作　　本　　文
詩文之友 339 期 72.04	荒城夕照 716 冬至吟會	江耕雨	莊木火	鳴堞何荒廢，凄涼暮色紛。空門涵返照，破瓦落斜曛。煙景猶堪睹，滄桑未忍聞。餘暉頻射影，殘壘委塵氛。
		陳兆康	蔡秋金	擅濟傷心處，居然欲暮分。引來班婕怨，空羨魯陽勳。廢雉餘殘碣，歸鴉載夕曛。銅駝荊棘外，人世感浮雲。
詩文之友 344 期 72.09	癸亥花朝北泉讌集 717	林義德	松浦八郎	歲序更新景物饒，北泉高會值花朝。芝蘭投味襟懷爽，風月迷人壘塊銷。能辟春寒碘水潤，得滋時雨野櫻嬌。壺中天地開今日，酒量看余迫海潮。
		黃錠明	蔡秋金	交情誰似鷺鷗饒，況春芝蘭俗盡銷。太歲司權逢癸亥，高朋滿座值花朝。徵歌急撥紅牙板，倒酒如奔白馬潮。欲踐北泉今日約，管他一路雨瀟瀟。
詩文之友 344 期 72.09	岳少保 718 （次唱）	王精波	黃德順	青年佳節紀嘉辰，武穆追懷百感臻。報國精忠誰匹敵，勳垂萬世仰尊神。
		林韓堂	周金土	滿江紅唱仰完人，南宋安危繫一身。國步艱難應奮起，河山還我慰忠臣。

716 刊載於《中國詩文之友》第 339 期。作者有：莊木火、蔡秋金、莊幼岳、黃錠明、莊幼岳、蘇鴻飛、周金土、楊圖南、李繼宗、倪登玉、黃湘屏、陳佩坤、吳鏡村、陳友梅、黃得時、林清正、黃鷗波、李普同、杜迺祥、周金土、陳榮弨、鄞強、曾慶豐、高雪芬、鍾淵木；

717 刊載於《中國詩文之友》第 344 期。作者有：松浦八郎、蔡秋金、黃德順、莊幼岳、張高懷、黃湘屏、李乾三、倪登玉、蘇鴻飛、姚德昌、黃得時、許哲雄、劉萬傳、鍾淵木、楊君潛、鄭鴻音、張世昌、周金土、曾慶豐、杜萬吉、莊木火、楊圖南、吳鏡村、幸園、林韓堂、黃春亮、張高懷、黃錠明、許金玉、王精波、陳榮弨、黃錠明、陳焙焜；

718 刊載於《中國詩文之友》第 344 期。作者有：黃德順、周金土、楊君潛、魏壬貴、吳鏡村、莊木火、陳榮弨、黃錠明、陳焙焜、劉萬傳、蘇鴻飛、黃得時、蔡秋金、江擎雨、鄭晃炎、張世昌、鄭鴻音、李乾三、楊圖南、倪登玉、莊幼岳；

見報日期	詩　　題	詞　宗	掄　元	詩　作　本　文
詩文之友 344 期 72.09	近端陽 [719] 端陽吟會	蘇鴻飛	楊圖南	再經幾日是端陽，趕造龍舟泛楚湘。 碩士角巾包角黍，美人香草入香囊。 艾旗插戶消瘟瘴，蒲劍懸門辟虎狼。 靜待祈求午時水，驅邪解毒浴蘭湯。
		江耕雨	黃錠明	艾綠蒲青角黍香，客中明日又端陽。 哀時偏覺關山遠，謀國從知歲月長。 憂患躬經憐屈子，謗讒引納怨懷王。 紅塵十丈江城路，多少詩人鬢已霜。
詩文之友 344 期 72.09	槐陰觀奕 [720] （次唱）	李春榮	黃錠明	壁壘分明對峙時，槐公深處鬥心思。 風雲變幻渾難測，注視紛爭一局碁。
		倪登玉	楊圖南	濃陰槐下看圍棋，對壘攻防出制奇。 默默旁觀人袖手，無權解困指安危。
詩文之友 349 期 73.02	秋庭坐月 [721]	莊幼岳	黃湘屏	風露今宵冷拂肌，坐看蟾彩落秋池。 笛飛隔院心偏靜，月滿中庭睡正遲。 挾訊孤鴻來海外，去家遊子在天涯。 素娥縱有常新魄，祇是人情世態移。
		姚德昌	楊圖南	消夜庭中坐故知，天高氣爽話襟期。 論文贊賞歐蘇賦，摘句褒揚李杜詩。 搗杵人家聲細細，越牆螢火影離離。 涼宵推出蕁鑪膾，邀飲嫦娥對酒巵。

---

[719] 刊載於《中國詩文之友》第 344 期。作者有：楊圖南、黃錠明、杜萬吉、林文彬、鍾淵木、莊木火、鄭鴻音、蔡秋金、黃得時、劉萬傳、陳焙焜、曾慶豐、林韓堂、許哲雄、李春榮、倪登玉、姚德昌、陳榮弨、莊幼岳、周金土、蘇鴻飛、李松蒲、黃鷗波、黃湘屏、吳鏡村；

[720] 刊載於《中國詩文之友》第 344 期。作者有：黃錠明、楊圖南、林文彬、周金土、黃得時、莊幼岳、倪登玉、楊圖南、黃湘屏、蔡秋金、姚德昌、鍾淵木、陳焙焜、鄭鴻音、曾慶豐、魏壬貴、莊木火、許哲雄、江耕雨、魏淡如、劉萬傳、李春榮、蘇水木、吳鏡村、黃鷗波、陳榮弨、林韓堂；

[721] 中秋吟會。刊載於《中國詩文之友》第 349 期。作者有：黃湘屏、楊圖南、黃錠明、倪登玉、黃義君、莊木火、鍾淵木、黃得時、陳榮弨、鄭鴻音、姚德昌、杜迺祥、曾慶豐、吳鏡村、陳友梅、蘇鴻飛、許哲雄；

見報日期	詩　題	詞　宗	掄　元	詩　作　本　文
詩文之友 349期 73.02	月餅[722] （次唱）	黃春亮	黃湘屏	狀似金盤四面圓，並陳瓜果拜嬋娟。 廣寒仙子應無憾，依舊人間古俗延。
		黃鷗波	陳榮弨	巧計誅元事久傳，功高此餅象團圓。 家家過節嘗甘味，已遠爐中受苦煎。
詩文之友 354期 73.07	雞聲村店月[723]	謝鴻軒	黃錠明	冬至愁聞吹朔風，鄉心起伏逐歸鴻。 繁華轉瞬都成夢，色相回頭總是空。 瘦馬衝寒霜凜冽，荒雞催曉月朦朧。 酒帘野店橋邊路，遙指東峰欲吐紅。
		倪登玉	劉萬傳	喔喔司晨入耳中，嫦娥未閉廣寒宮。 當爐紅粉心情爽，舞劍青衫意氣雄。 邀飲舉杯成絕句，假啼良策建奇功。 如斯鄉鎮如斯景，引起騷人興不窮。
詩文之友 354期 73.07	冬晴[724] （次唱）	林義德	陳焙焜	碧空如洗朔風寒，曝背簷前歲欲闌。 忽憶尋梅吟白雪，詩成又覺酒腸寬。
		莊木火	周金土	鵓鳩停叫朔風寒，喜沐陽光歲欲闌。 我自傷時人愛日，庭前曝背覺心寬。
詩文之友 369期 74.10	夏柳[725]	蘇鴻飛	陳榮弨	十里長堤蔚綠雲，婆娑起舞趁南薰。 枝垂映水千條曳，眉細撩人一片殷。 婀娜直將迷赤帝，嬌柔已不媚東君。 風華喜得紅蕖襯，爭與庭槐並出群。

---

[722]刊載於《中國詩文之友》第 349 期。作者有：黃湘屏、陳榮弨、黃得時、陳佩坤、許哲雄、鄭鴻音、林韓堂、姚德昌、莊木火、魏壬貴、曾慶豐、魏淡如、陳榮弨、周金土、劉萬傳、黃錠明、鍾淵木、黃得時、王精波、黃鷗波、楊圖南、蘇鴻飛、吳鏡村、李劍棍、莊幼岳；

[723]冬至吟會。刊載於《中國詩文之友》第 354 期。作者有：黃錠明、劉萬傳、蘇鴻飛、吳鏡村、周金土、莊幼岳、姚德昌、倪登玉、楊圖南、黃得時、莊木火、林韓堂、陳榮弨、蘇水木、江耕雨、黃德順、陳友梅、鍾淵木、曾慶豐；

[724]刊載於《中國詩文之友》第 354 期。作者有：陳焙焜、周金土、魏壬貴、吳鏡村、江耕雨、楊圖南、劉萬傳、陳榮弨、姚德昌、黃德順、蘇鴻飛、黃鷗波、蘇水木、陳友梅、林韓堂、黃得時、鄭鴻音、許哲雄、莊木火、鍾淵木、莊幼岳、倪登玉；

[725]觀蓮吟會。刊載於《中國詩文之友》第 369 期。作者有：陳榮弨、魏壬貴、鍾淵木、許哲雄、高雪芬、莊幼岳、莊木火、黃錠明、黃德順、王翼豐、劉萬傳、黃義君、楊圖南、王精波、黃得時、杜迺祥、蘇水木、鄞強、黃鷗波、周金土、吳鏡村、蘇鴻飛、施學僑、江清山、李傳芳、林韓堂、陳友梅、鄭指薪、林文彬、姚德昌、倪登玉；

見報日期	詩　　題	詞　宗	掄　元	詩　作　本　文
		周植夫	魏壬貴	吟儔避暑正風薰，繫馬柔條媚夕曛。 灞岸留情詩未就，陽關離恨酒初醺。 垂堤嫋娜千絲翠，拂檻婆娑萬縷紛。 漫向章臺尋艷跡，宜隨元亮事耕耘。
詩文之友 369 期 74.10	驟雨⁷²⁶ （次唱）	莊幼岳	劉萬傳	雷電交加震耳鳴，沛然倒瀉若盆傾。 可憐窪地成災日，餘悸教人百感生。
		林文彬	陳榮弡	沛然一瀉若盆傾，閃電狂雷震耳轟。 但願消炎兼洗甲，莫教氾濫虐蒼生。
詩文之友 369 期 74.10	榴火⁷²⁷ （首唱）	蘇鴻飛	蔣孟樑	仲夏薰風裡，丹葩映日妍。 眾芳看遜色，奇艷欲生煙。 西域傳佳種，騷壇頌錦篇。 羅裙曾拜倒，韻事感纏綿。
		翁正雄	蘇水木	榴花開五月，似火噴紅鮮。 色奪山桃艷，嬌疑野杏妍。 千葩迎夏日，百子結秋天。 每屆詩人節，丹心照眼前。
詩文之友 369 期 74.10	長流畫廊雅集⁷²⁸ （次唱）	蔡策勳	李傳芳	金山畫閣會鷗盟，江夏騷人擅寫生。 百幅輞川神妙筆，岩光水色總詩情。
		鍾淵木	莊幼岳	高樓一角續鷗盟，四壁丹青照眼明。 難得畫廊供雅聚，長流瀛社共傳名。

726刊載於《中國詩文之友》第 369 期。作者有：劉萬傳、陳榮弡、施學僑、魏壬貴、許哲
　雄、吳鏡村、鄭晃炎、莊幼岳、林振盛、黃得時、楊圖南、倪登玉、周金土、姚德昌、
　李松蒲、黃義君、蘇水木、林春生、李傳芳、鄭指薪、黃德順、鍾榮木、王翼豐、林韓
　堂、蘇鴻飛、陳友梅、倪登玉、黃鷗波；

727乙丑端陽吟會於長流畫廊。刊載於《中國詩文之友》369 期，作者有：蔣孟樑、蘇水木、
　魏壬貴、鄭水同、鄭鴻音、黃鷗波、倪登玉、林承郁、翁正雄、林文彬、陳焙焜、黃
　寶珠、史元欽、林承郁、吳鏡村、陳福、陳兆康、楊圖南、林振盛；

728刊載於《中國詩文之友》369 期，作者有：李傳芳、莊幼岳、黃寶珠、史元欽、黃德順、
　莊木火、黃得時、盧坤、魏壬貴、黃春亮、吳鏡村、鄞強、林承郁、倪登玉、陳友梅、
　蘇鴻飛、陳兆康、周金土；

見報日期	詩 題	詞 宗	掄 元	詩 作 本 文
擊鉢錄	夏日訪大佛禪院 729	許君武	林麗珠	夏木扶疏石磴深，巍然一刹聳千尋。 波間白鳥自來去，江上青山無古今。 貝葉幾篇飄淨域，雲鐘一杵出祇林。 世人妄想痴頑甚，獨抱慈悲見佛心。
		羅 尙	陳 福	名園高處闢禪林，大士慈悲俯碧潯。 隔水遠浮金鷀影，好風時送木魚音。 老僧已逝開山久，騷客重來閱世深。 綠樹陰濃經院靜，茗甌香裡共題襟。
擊鉢錄	海潮音 730 （次唱）	王獎卿	陳榮岠	雞籠港上起奔濤，澎湃聲傳振耳高。 合與梵鐘同警世，更添逸韻振風騷。
		蔡策勳	曾慶豐	千層波浪似狂濤，雷捲聲傳入耳號。 砥柱中流吾輩責，扶輪大雅振風騷。
詩文之友 371 期 74.12	選戰 731 （首唱）	李春榮	黃錠明 雙元	經綸待展戰群英，實踐民權出甲兵。 胸有機先韜略定，目無餘子慎謀精。 動員請託聯親友，助陣宣傳仗弟兄。 此日龍門欣鯉躍，還期為政福蒼生。
		陳兆康		
詩文之友 371 期 74.12	萬華福德宮雅集 732 （次唱）	羅 尙	鄭指薪	環河隄下鉢聲催，橐筆人多倚馬才。 宮借社公開雅會，看誰奪得錦袍回。
		黃錠明	陳兆康	都門十月綻新梅，福德宮中鉢韻催。 翰墨有緣賡雅會，江山無恙且銜杯。

---

729 觀蓮組 74 年 8 月 4 日於基隆。作者有：林麗珠、陳福、林文彬、姚德昌、史元欽、康懷、涂榮華、陳連捷、陳焙焜、蔡策勳、王翼豐、莊幼岳、吳鏡村、蘇水木、黃國雄、鄭水同、陳榮岠等；

730 同上。作者有：陳榮岠、曾慶豐、魏壬貴、魏淡如、史元欽、陳兆康、王翼豐、蔣孟檪、羅尙、鄭水同、林文彬、鄭鴻音、鄞強、蔡策勳、邱天來、姚德昌等；

731 刊載於《中國詩文之友》第 371 期。作者有：黃錠明、吳漫沙、黃義君、陳兆康、邱天來、曾慶豐、黃國雄、鄭水同、林文彬、杜萬吉、王前、蘇水木、林正三、莊幼岳、蔣夢龍、蘇鴻飛、張高懷、魏仁德、林韓堂、史元欽、楊圖南、莊木火、陳榮岠、鄭鴻音、盧坤、鄭指薪、黃鷗波、陳友梅、張福星、陳佳慶；

732 刊載於《中國詩文之友》第 371 期。作者有：鄭指薪、陳兆康、盧坤、曾慶豐、倪登玉、邱天來、吳漫沙、林文彬、林韓堂、高丁貴、蔣夢龍、吳鏡村、陳福、陳榮岠、曾慶豐、王前、翁正雄、莊木火、黃國雄、李春榮、鄞強、蘇鴻飛、黃鷗波、楊圖南、魏仁德、黃錠明、史元欽、林正三；

見報日期	詩 題	詞 宗	掄 元	詩 作 本 文
詩文之友 376 期 75.05	賽馬 733 乙丑 冬至例會	林韓堂	周金土	逐電奔雷去，霜蹄出賽場。 奪標非善策，制勝是良驥。 著意中原躍，毋忘我武揚。 痴人因賭注，得彩喜如狂。
		張高懷	林韓堂	本是神駒駿，如何入賽場。 嘶風空有夢，伏櫪嘆無光。 制勝人爭頌，驅先志更揚。 愧同參競戲，畢竟為誰忙。
詩文之友 376 期 75.05	冬至圓 734 （次唱）	周金土	王翼豐	葭灰已動歲將殘，糯米搓成粒粒丸。 酬節千珠紅與白，甜鹹風味獻神壇。
		黃錠明	黃德順	葭飛陽動轉春寒，帶雪梅花蕊吐丹。 我愛團員冬至夜，搓丸兒女一家歡。
詩文之友 382 期 75.11	荷塘待月 735 （首唱）	許君武	康濟時	方塘堤畔萃詩家，望眼將穿盼月華。 未見池中浮玉兔，已聞波上沁蓮花。 期添清影吟懷暢，不染淤泥濁世嘉。 照水芙蓉鵷鷺伴，拈來好景向人誇。
		王 勉	莊幼岳	皓魄遲遲上水涯，一池菡萏正開花。 佇期碧宇冰輪現，來照銀塘翠蓋斜。 素影可能驚露冷，清輝還恐被雲遮。 更闌忍睡凝望久，擬挽姮娥共泛槎。
詩文之友 382 期	蛛網 736	林義德	魏壬貴	牽絲屋角隱機心，萬縷張羅用意深。 結網猶宜開一面，休教異己盡成擒。

733刊於《中國詩文之友》第 376 期。作者有：周金土、林韓堂、鄭指薪、吳鏡村、江青山、曾慶豐、魏仁德、蘇鴻飛、陳友梅、王翼豐、黃鷗波、黃德順、鄭水同、黃國雄；

734刊載於《中國詩文之友》第 376 期。作者有：王翼豐、黃德順、江青山、鍾淵木、陳友梅、楊圖南、周金土、張高懷、鄭指薪、林韓堂、翁正雄、黃鷗波、陳焙焜、吳鏡村、倪登玉；

73575 年觀蓮組例會。刊載於《中國詩文之友》第 382 期。作者有：康濟時、莊幼岳、盧坤、高丁貴、康懷、黃義君、鄭指薪、邱天來、林月娥、周金土、鄭水同、史元欽、林正三、陳兆康、黃鷗波、陳佳慶、姚德昌、魏壬貴；

736同上。刊載於《中國詩文之友》第 382 期。作者有：魏壬貴、鄭指薪、林月娥、黃蕙蘭、周金土、陳兆康、康懷、施學樵、黃義君、楊阿本、莊幼岳、魏仁德、吳漫沙、康濟時、吳鏡村、王前、黃錠明、王翼豐；

見報日期	詩　　題	詞　　宗	掄　　元	詩　　作　　本　　文
75.11	（首唱）	黃錠明	鄭指薪	縈枝罝蝶蓄機心，巧佈天羅屋角尋。 輸與蠶絲勤作繭，織成衣被濟黎黔。
擊鉢錄	觀蓮節小集[737]	莊幼岳 羅　尚	陳兆康 雙元	觀蓮節屆興偏長，遐祝花辰共泛觴。 逭暑端宜離鬧市，分箋獨愛近芳塘。 盈池出水千枝艷，滿座搖風六月涼。 最是亭亭嬌欲語，幾疑紅袖爲添香。
擊鉢錄	夏蟬[738] （次唱）	李春榮	楊圖南	抱槐嘒嘒韻淒清，熾日薰風斷續鳴。 脫殼難消齊女恨，情牽古驛與荒城。
		陳榮弫	王　前	薰風直送嘒聲清，亂耳枝頭得意鳴。 豈識塵囂猶動盪，居高安作譜昇平。
詩文之友 395 期 76.12	滿階梧葉月明中[739]	姚德昌	莊木火	颯爽西來一夜風，滿階梧葉月明中。 天邊過雁憐孤影，塞外悲笳響暮空。 鱸美思鄉懷翰老，秋深賞菊效陶公。 飄零萬木山容瘦，喜我吟軀益壯雄。
		李春榮	蔡秋金	憂時卻與杜陵同，忍看飄蕭井上桐。 大地涼飆悲去雁，遠方信息繫來鴻。 蟬聲又起寒林外，月色偏明落葉中。 獨立階前無限思，石鯨何事動秋風。
詩文之友 397 期 77.02	林家花園[740]	莊幼岳 蔡秋金	黃錠明 雙元	欣訪當年處士廬，煙霞領略駐吟車。 來青閣富蘭亭帖，汲古軒藏閬苑書。 徑列排雲修綠竹，池空照水種紅蕖。 林園重構聲華著，賢辛勳勞博美譽。

[737] 76 年觀蓮組。作者有：陳兆康、魏壬貴、倪登玉、林文彬、林正三、陳榮弫、鄭指薪、黃寶珠、姚德昌、林文彬、盧坤、施學樵、鄭水同、周金土、羅尚；

[738] 同上：作者有：楊圖南、王前、黃鷗波、施學樵、黃錠明、蘇水木、吳鏡材、李春榮、楊承達、史元欽、倪登玉、黃寶珠；

[739] 刊於《中國詩文之友》395 期。作者有：莊木火、蔡秋金、林韓堂、林文彬、陳焙焜、楊阿本、鄭水同、黃錠明、杜萬吉、莊幼岳、史元欽、陳榮弫、蘇鴻飛、黃義君、盧坤；

[740] 刊載於《中國詩文之友》第 397 期。作者有：黃錠明、林錦銘、黃義君、魏壬貴、盧浴坤、李傳芳、莊木火、陳焙焜、李春榮、蔣夢龍、鄭指薪、康濟時、楊阿本、王前、吳餘鑑、王勉、林文彬、鄭水同、許哲雄、鄞強、王精波；

見報日期	詩　題	詞　宗	掄　元	詩　作　本　文
詩文之友 399 期 77.04	暮秋江城題襟 ⁷⁴¹	陳焙焜	王　前	乍過重陽感不窮，滿城殘葉宛飄蓬。 稻江水冷寒煙碧，屯嶺雲高夕照紅。 把酒人歌三島月，攤箋客詠九秋風。 論交翰墨詩心契，坦蕩吟情氣貫虹。
		黃錠明	莊幼岳	楓岸經霜已漸紅，鷺鷗有約聚城東。 人來江閣天初冷，詩寫濤箋句競工。 南宋詞章推務觀，西園觴詠慕坡公。 一時宴集多才俊，倚醉高吟興靡窮。
詩文之友 399 期 77.04	戒賭 ⁷⁴²	鍾淵木	莊幼岳	喝雉呼盧事可哀，都緣貪念賺橫財。 大家樂與樗蒲戲，一樣坑人破產來。
		盧　坤	莊木火	沉迷賭局不應該，蕩產傾家築債台。 宜效聖賢歸正道，洗心悔戒莫徘徊。
詩文之友 399 期 77.04	歸燕 ⁷⁴³	羅　尚	吳鏡村	春到知還倦亦飛，重尋故壘願無違。 穿花度柳循煙渚，掠水啣泥近夕暉。 構就香巢情款款，棲來金閣戀依依。 趙家姊妹盧家歸，簾捲窗開待汝歸。
		蔡秋金	楊圖南	曲巷巢荒嘆式微，歸來燕子誘烏衣。 啣泥補壘營金屋，度柳穿花玩石磯。 聚散煙雲同逝水，繁華色景快流暉。 長安雖好桑滄變，不及家邦啖蕨薇。

⁷⁴¹刊載於《中國詩文之友》第 399 期。作者有：王前、莊幼岳、蔡秋金、鄭水同、楊圖南、莊木火、林韓堂、王勉、倪登玉、陳榮岠、蘇水木、吳鏡村、林文彬、蘇鴻飛、陳友梅、吳漫沙、鍾淵木、黃春亮、陳福、吳蘊輝、黃得時、黃錠明、陳兆康、康濟時、康保延、鄞強、林春煌、工精波、曾慶豐、吳鏡村、楊阿本；

⁷⁴²刊載於《中國詩文之友》第 399 期。作者有：莊幼岳、莊木火、陳焙焜、盧坤、陳榮岠、鄭水同、黃錠明、蔡秋金、康濟時、陳友梅、林正三、王精波、黃春亮、林春煌、蘇水木、黃德順、黃得時、鄭指薪、鍾淵木、林韓堂、曾慶豐、吳漫沙、楊圖南、楊阿本、李傳芳、陳福、盧坤、林正三、倪登玉、鄞強、吳漫沙；

⁷⁴³刊於《中國詩文之友》399 期。作者有：吳鏡村、楊圖南、鄭水同、楊阿本、黃得時、黃錠明、陳兆康、魏壬貴、蘇水木、淡如、鍾淵木、康濟時、林文彬、黃義君、姚德昌、林正三、李傳芳、盧坤、王前、魏仁德、林韓堂、黃鷗波、王翼豐、莊幼岳、曾慶豐、莊木火、蘇鴻飛、許哲雄、蔡秋金、杜迺祥、陳福、鄭指薪、康保延；

見報日期	詩題	詞宗	掄元	詩作本文
詩文之友 401 期 77.06	古茶壺⁷⁴⁴ （次唱）	鄭指薪	林文彬	齋中一只沕龍團，幾代傳來寶物看。 質異金樽吾輩好，真堪當酒與驅寒。
		蔡秋金	陳焙焜	茗瓷千載淪龍團，精巧玲瓏足美觀。 長伴騷人增綺思，雀芽沕處酒腸寬。
詩文之友 401 期 77.06	尋梅⁷⁴⁵	周金土	蔡秋金	孤山神獨往，嶺外覓花魁。 玉蕊涵貞魄，冰姿絕俗埃。 冒寒攜筆訪，踏雪策驢來。 倘共師雄遇，羅浮夢幾回。
		黃錠明	魏壬貴	載酒探疏影，騎驢亦快哉。 孤山曾躑躅，庾嶺共徘徊。 鐵幹臨風挺，瓊姿傲雪開。 國花饒勁節，老我喜栽培。
詩文之友 402 期 77.07	介壽詞⁷⁴⁶	莊木火	楊圖南	句寫南山詩介壽，樽開北海酒傾后。 吟軀願與岡陵壯，恭頌桃顏不老姿。
		黃錠明	蔡秋金	南山獻瑞酒盈后，一語欣然頌介眉。 壽相喜徵瀛社侶，客來同詠九如詩。
擊鉢錄	夏雨喧荷⁷⁴⁷ 觀蓮組	莊幼岳	魏壬貴	黑雲翻墨鎖江湄，俄頃滂沱灑綠池。 翠蓋田田珠萬顆，紅衣點點淚千絲。 水亭陡覺微香透，煙樹迴看落照遲。 一陣如催騷客興，賞花令節共題詩。

⁷⁴⁴刊載於《中國詩文之友》第 401 期。作者有：林文彬、陳焙焜、陳榮弳、蔡秋金、楊圖南、史元欽、黃鷗波、林韓堂、李傳芳、黃義君、曾慶豐、陳福、吳鏡村、林春煌、林玉山、莊木火、盧坤、陳友梅、鍾淵木、林正三、鄭指薪；

⁷⁴⁵刊於《中國詩文之友》第 401 期。作者有：蔡秋金、魏壬貴、李劍棍、鍾淵木、曾慶豐、陳榮弳、林韓堂、黃義君、蘇鴻飛、王前、莊木火、黃錠明、黃得時、周金土、林正三、王翼豐、盧坤、史元欽、楊圖南、莊幼岳、莊水木、陳友梅、楊阿本；

⁷⁴⁶戊辰花朝吟會。刊載於《中國詩文之友》第 402 期。作者有：楊圖南、蔡秋金、林文彬、鍾淵木、姚德昌、黃義君、黃得時、陳福、蘇水木、楊阿本、鄞強、康濟時、李傳芳、王翼豐、羅尚、蘇鴻飛、莊幼岳、莊木火、吳鏡村；

⁷⁴⁷77 年觀蓮組。作者有：魏壬貴、莊幼岳、林文彬、蔡秋金、黃錠明、李春榮、蘇鴻飛、陳兆康、莊木火、吳漫沙、黃錠明、陳祖舜、王勉、王翼豐、魏仁德、黃義君；

見報日期	詩　題	詞　宗	掄　元	詩　作　本　文
		黃錠明	莊幼岳	曲榭涼多暑不知，俄聞淅瀝響蓮地。風拋珠顆跳青蓋，天擲銀梭攪綠漪。灑葉渾疑聲似樂，傾盆真覺雨成陂。採菱歌歇山塘暮，尚聽瀟瀟滴水芝。
擊鉢錄	槐陰 748 （次唱）	傅紫真	王　前	遮天槐樹翠陰涼，逭暑人來午夢長。閒日傍觀棋一局，蟬聲亂耳噪斜陽。
		蔡秋金	林正三	滿庭槐葉鬱蒼蒼，自有清陰蔽晝堂。欹枕南柯尋午夢，幽情差可傲羲皇。
擊鉢錄	瀛社創立八十週年社慶 749 己巳花朝吟會	蘇鴻飛	鍾淵木	瀛社風揚八十年，縱橫筆陣賦瑤篇。稻江鄒魯龍吟地，艋舺波濤鷺序緣。晚歲欣逢同社慶，良辰喜得共班聯。元宵前夕歡觴詠，鉢韻鏗鏘繞碧天。
		曾慶豐	魏壬貴	瀛嶠騷盟八十年，移風易俗著先鞭。憂時詞賦追工部，壽世才華媲謫仙。鉢韻長飄屯嶺外，吟聲不輟稻江邊。杜翁善繼前賢志，社運欣看萬代延。
擊鉢錄	元宵啖糰 750 （次唱）	黃錠明	莊幼岳	花市燈光歲復更，元宵顆顆最晶瑩。何當故里酬佳節，細領湯丸共弟兄。
		陳焙焜	黃寶珠	終宵爆竹萬燈明，人海鰲山不夜城。兒女啖糰歡此刻，開懷暢敍滿溫情。

748同上。作者有：王前、林正三、高丁貴、陳兆康、盧坤、鄭指薪、吳鏡村、黃寶珠、莊木火、蔣孟樑、陳祖舜、林文彬、莊幼岳、黃寶珠、黃德順；

749作者有：鍾淵木、魏壬貴、王翼豐、陳兆康、黃鷗波、蘇鴻飛、周金土、鄭指薪、杜萬吉、吳漫沙、林正三、楊阿本、曾慶豐、李松蒲、盧坤、楊圖南、康濟時；

750己巳花朝吟會。作者有：莊幼岳、黃寶珠、許哲雄、魏壬貴、羅尚、杜萬吉、王前、王翼豐、林春煌、林文彬、蔣孟樑、康濟時、李傳芳、林韓堂、陳兆康、林正三；

見報日期	詩　　題	詞　宗	掄　元	詩　　作　　本　　文
詩文之友 409 期 78.02	瀛社八十週年誌盛[751]	方子丹	黃聖智	花朝欣雅集，紀盛萃群朋。 酌酒豪猶昔，鏖詩老尚能。 句皆隨意發，興欲逐雲騰。 佳節盟鷗鷺，渾同旭日昇。
		陳紹香	吳子健	盛會追唐晉，稻埕集鷺朋。 江山三代易，歲月八旬登。 矯俗師中散，揚風繼少陵。 洪公勳績懋，社運日蒸蒸。

[751] 刊載於《中國詩文之友》第 409 期。作者有：黃聖智、吳子健、傅秋鏞、陳竹峰、曾煥灶、黃啓隆、莊幼岳、李少娥、孟金柔、邱伯村、姚德昌、陳廣平、張白翎、蔡策勳、林文彬、蔡崇文、蔡如玉、林素月、黃坤楨、鍾淵木、藍朝瑞、王富敬、簡國俊、黃進文、王貴尊、黃德順、陳穎達、高堛元、吳振清、趙豈器、簡錦松、蔡政聰、李明泰、詹癸乙、林劍泉、蔡奕彬、羅永春、陳梅、陳兆康、蔡錦帆、陳槐庭、蔡義方、李東峰、莊玉釵、范焗亭、蘇鏡平、蘇忠仁、陳朝炘、劉英、成麟昭、曾石閣、李岳峰、羅陳玉、鄭指薪、戴燈煌、蘇水木、吳春景、鍾常遂、黃鏡、戴星橋、施學樵、洪一年、游象新、劉福麟、紀翠琼、林彥助、紀文山、胡東海、林恒洲、張明月、吳孟純、蔡仙桃、張彬彬、賴力瑞、呂友鶴、李權、李慧琴、蔡秋金、曾子容、李清愷、盧坤、徐金水、陳進雄、羅朝海、葉桂英、陳德盛、吳蘊輝、陳俊儒、劉錦花、郭湯盛、黃祉齋、林青松、鍾蓮英、周武英、黃啓隆、陳福助、卓阿良、陳敏慎、陳輝玉、吳春景、黃致堯、吳揚誠、詹昭華、呂輝鳳、詹癸乙、李文峰、楊世輝、莊文惠、林承郁、柯慶瑞、吳子健、許美滿、陳守權、陳子波、鄞強、黃火盛、楊慶昌、黃淑珍、黃金郎、陳時美、鄧壁、許啓懍、陳紹香、陳敏能、黃正雄、林春煌、莊火陣、紀振聲、吳東源、王武運、蔡茂亮、邱創祿、林文龍、葉金員、吳協賜、黃水文、丁滌凡、、江青山、李玉水、蘇鴻飛、許涵卿、蔣亦龍、陳穎源、莫月娥、陳穎璋、黃秀峰、鄭清泉、陳榮岠、陳燦榕、康濟時、邱錦福、周精金、蔡政昌、李志方、陳十同、李慧琴、陳國威、邱天來；

見報日期	詩　題	詞宗	掄元	詩　作　本　文
詩文之友 409 期 78.02	花朝雨 752 （次唱）	邱伯邨	李春生	擬祝花辰壽一觥，適逢霖雨助春耕。 蒼天亦解憐芳意，潤物知時萬物萌。
		陳進雄	戴文滄	洗淨祠梅魂伴鄭，潤餘塚桂澤思明。 百花生日廉纖雨，合頌天心灌溉情。
詩文之友 418 期 78.11	紅毛城覽古 753	莊幼岳	盧　坤	柔山殘照落孤城，無復紅毛鼓角鳴。 禦法礮臺懷壯肅，驅荷功績憶延平。 北門鎖鑰今何在，故壘滄桑歲幾更。 歷代興亡遺史跡，騷人憑弔不勝情。
		陳焙焜	呂介夫	遶郭波濤一望平，戍樓號角寂無聲。 入侵西寇徒勞築，佔領荷番漫費營。 國姓開疆終抱恨，清廷割地竟求榮。 紅毛城外人如鯽，十丈高竿樹漢旌。

752刊載於《中國詩文之友》第 409 期。作者有：李春生、戴文滄、陳兆康、黃得利、宋偉凡、孫朝明、黃水文、李玉水、莊幼岳、楊挺、吳素娥、俞淑鳳、鄭孝卿、黃祈金、詹獻煌、趙宣器、劉新民、呂輝鳳、許涵卿、陳竹峰、邱錦福、劉福麟、高雪芬、陳紉香、黃啓隆、蘇鏡平、陳俊儒、郭啓東、劉錦花、莫月娥、陳輝玉、黃祉齊、林玉山、魏壬貴、陳友梅、許美滿、黃銀漢、詹昭華、黃坤禎、陳敏慎、黃致堯、黃鷗波、莊忠仁、周金土、陳穎全、洪玉璋、胡納流、鄭水同、楊慶昌、吳協賜、成麟昭、林文龍、吳振清、鄭清泉、林永義、郭清標、陳木川、柯慶瑞、李成康、劉鈺霞、曾寬地、蔡仙桃、李客夢、張獻武、李宗波、江朝富、陳俊儒、張煌堅、陳煒玲、李靜江、曾文新、莊木水、林英貞、郭茂松、李成康、陳木川、吳厚藩、曾煥灶、黃文興、蔣亦龍、林青松、游象新、鄧壁、葉金員、郭湯盛、葉亦助、顏寶環、劉鈺霞、曾子容、林天泉、李佩儒、李春緞、蔡秋寶、紀振聲、丁潤如、簡國俊、鍾淵木、陳燦榕、邱清琴、林韓堂、吳春景、李明泰、鄭清泉、黃鷗波、黃德順、張彬彬、陳礎材、詹癸乙、吳春景、劉宗、徐偉元、戴燈煌、洪一平、王武運、陳槐庭、黃得時、卓阿良、吳子健、許啓憬、林玉華、莊火陣、邱伯村、吳漫沙、陳福、陳兆康、孫靜芝、袁安東、李傳芳、盧坤、莊朝國、蔡政昌、黃客英、施學樵、黃淑珍、陳廣星、陳德盛、陳時美、孫朝明、莊文惠、李清愷、林朝枝、李鶯輝、呂介夫、林麗珠、林正三、邱創祿、林長福、楊瑞儒、曾名閣、傅秋鏞、李春榮、楊瑞楢、黃存棠、劉鈺霞、黃正雄；

753觀蓮組，78 年 7 月 13 日例會。刊載於《中國詩文之友》第 418 期。作者有：盧坤、呂介夫、魏壬貴、陳兆康、鄭素葉、王翼豐、林春煌、蔣夢龍、林文彬、周金土、莊幼岳、李佩儒、蘇水木、鄭水同、林正三、康濟時、王前、楊阿本、李傳芳、高丁貴、黃鷗波、黃寶珠、李宗波、蔡秋金、曾慶豐、蔡秋金；

見報日期	詩　題	詞　宗	掄　元	詩　　作　　本　　文
詩文之友 418 期 78.11	秋蟬 754 （次唱）	蔡秋金	高丁貴	霜落秋山黃葉深，寒蜩抱樹發哀吟。 渾如騷客尋詩苦，向晚淒淒韻更沉。
		王翼豐	陳兆康	翼因露濕飛難過，聲爲風高響易沉。 韻轉淒清尤急促，宛如齊女訴哀音。
詩文之友 424 期 79.05	秋聲 755	莊幼岳	黃錠明	秋中玉露感淒清，坐定蕭齋對短檠。 絡緯幾時樓外咽，蟋蟀何處月中鳴。 千叢紅蓼迎風舞，萬葉寒蘆作雨聲。 耳際人家砧杵急，商音角調繞江城。
		姚德昌	鄭指薪	底向西風訴不平，寒蟬淒斷咽秋聲。 星殘遠塞孤鴻度，人倚高樓一笛橫。 羈客易生鱸蟹思，歸心催起杵砧鳴。 瑤階蛩韻聽傾耳，爽籟時隨入戶清。
詩文之友 424 期 79.05	殘暑 756 （次唱）	曾慶豐	蘇水木	瀟瀟驟雨洗炎威，三伏凌人事已非。 扶杖迎秋無限好，奚囊得句樂忘歸。
		盧　坤	林正三	盾日無慚勢已微，猶從禹甸逞餘威。 佇看一夕涼風起，逐盡炎氛迥不歸。
詩文之友 434 期 80.03	光復節吉祥 樓雅集 757	姚德昌	林文彬	光復台澎卅五秋，又逢佳節憶神州。 人來白社釐長句，會繼紅橋聚勝流。 立足每懷安樂地，傾樽共愛吉祥樓。 珠還合浦行新政，其奈儒風悵少留。

---

754 刊於《中國詩文之友》第 418 期。作者有：高丁貴、陳兆康、莊幼岳、魏壬貴、鄭水同、黃國雄、王翼豐、呂介夫、楊阿本、魏壬貴、李傳芳、王前、黃寶珠、蘇水木、李宗波、黃鷗波、林月娥、曾慶豐、李佩儒、蔣孟樑、楊阿本、盧坤、林文彬、林正三、陳焙焜、蔡秋金、康濟時；

755 刊於《中國詩文之友》第 424 期。作者有：黃錠明、鄭指薪、王勉、吳漫沙、陳兆康、姚德昌、蘇水木、黃鷗波、林正三、林韓堂、盧坤、李傳芳、黃錠明、莊幼岳、曾慶豐、蘇鴻飛、陳福、王精波、黃義君、康濟時、許哲雄、史元欽、李劍棍、莊幼岳；

756 刊載於《中國詩文之友》第 424 期。作者有：蘇水木、林正三、王勉、陳福、姚德昌、李傳芳、盧坤、王精波、史元欽、曾慶豐、羅尙、吳漫沙、王勉、林韓堂、許哲雄、黃義君、莊幼岳、黃錠明、鄭指薪、康濟時、李劍棍；

757 79 年光復組。刊於《中國詩文之友》第 434 期。作者有：林文彬、鄞強、林韓堂、林承郁、王翼豐、黃鷗波、周金土、林正三、姚德昌、翁正雄、鍾淵木、陳兆康、李傳芳、陳福、曾慶豐、王前、王勉、吳漫沙、盧坤；

見報日期	詩　　題	詞　宗	掄　元	詩　作　本　文
		李清水	鄞　強	群賢畢至凱城樓，寶島重光樂唱酬。 輩出人才能郅治，功成政革樹勳猷。 軍民鼓舞趨平等，老幼騰歡獲自由。 奮起椎秦同敵愾，恢宏禹甸好誅讎。
詩文之友 434 期 80.03	凱城大飯店 品海鮮 758	陳兆康	鄞　強	李氏賢才眾所知，凱城飯店美名馳。 天祥路畔騷人萃，品味新鮮快朵頤。
		王　勉	林承郁	凱城樓上撚吟髭，海上鮮鱗試盡奇。 今日誇人饒口福，舌嘗更獲到西施。
詩文之友 437 期 80.06	歲歲花朝憶 舊盟 759	羅　尙	黃鷗波	天成樓上慶佳辰，此日題襟八一春。 懷鷺懷鷗懷舊侶，壽花壽社壽騷人。 開來先哲才無敵，繼往英賢筆有神。 祝嘏猶祈長健樂，年年道統永振振。
		林文彬	蔣夢龍	鶯喧蝶舞滿園春，妊紫嫣紅迓吉辰。 花影遲遲迎曉日，騷朋歲歲憶先人。 江山歷劫今猶昔，事物逢時舊換新。 矍鑠詩翁登耄耋，南山獻頌健精神。
詩文之友 437 期 80.06	春光 760	黃錠明	鄭水同	暉騰旖旎眼重迷，普照蓬瀛綠萬畦。 似倩黃荃開粉本，化工得悟勝醍醐。
		陳兆康	林正三	日照晴巒花滿谿，鮮紅嫩綠乳鶯啼。 陽和自是多情物，映入吟眸付品題。

---

758 79 年庚午光復組例會。刊於《中國詩文之友》第 434 期（次序與花朝組錯置，見〈活動記事〉）。作者有：鄞強、林承郁、林正三、羅尙、王前、林文彬、王翼豐、鄭指薪、盧坤、黃鷗波、李清水、陳兆康、翁正雄、李傳芳、吳漫沙、曾慶豐、王前、周金土、林韓堂；

759 庚午花朝吟會。刊載於《中國詩文之友》第 437 期。作者有：黃鷗波、蔣夢龍、吳漫沙、陳兆康、王勉、黃錠明、蔡秋金、王翼豐、林韓堂、魏壬貴、鄞強、鄭水同、林正三、盧坤、陳兆康、周金土、姚德昌、林文彬、曾慶豐、黃得時、陳福、蘇水木、鍾淵木、許哲雄、王前、楊阿本；

760 刊載於《中國詩文之友》第 437 期。作者有：鄭水同、林正三、陳福、周金土、黃義君、蔡秋金、王勉、黃錠明、鄭指薪、施學樵、盧坤、林文彬、林韓堂、陳兆康、李傳芳、姚德昌、許哲雄、羅尙、曾慶豐、吳漫沙、蘇水木、康濟時；

見報日期	詩題	詞宗	掄元	詩作本文
擊鉢錄	夏夜 761 79.8.26	周植夫	黃錠明	雨霽雲開喜晚晴，水亭風過葛衣輕。 螢燈低映寒光淡，蚓笛微吹爽氣生。 且進浮瓜嘗雅士，漫敲餘子落棋枰。 嫩涼溪館荷香透，竹影橫窗亂月明。
		黃錠明	陳兆康	日暮憑欄暑氣清，薰風習習拂衣輕。 荷塘處處聞蛙鼓，槐樹啾啾雜鳥聲。 萬點螢光飛草際，一天蟾影落瓜棚。 誰言長夏無詩思，美景當前句自生。
擊鉢錄	七夕 762 （次唱）	施學樵	王勉	此夕風清乞巧來，情人節喜鵲橋媒。 長生殿指雙星笑，孰料他年泣馬嵬。
		王勉	林韓堂	鵲橋月下好徘徊，天上雙星夜色開。 共說今宵人乞巧，不知巧自那方來。
擊鉢錄 80年壬申	百花生日 763	吳漫沙	周金土	社慶群芳誕，雙重祝嘏中。 尊傾崇嶺北，詩唱大江東。 香豔超班宋，妖嬌吐紫紅。 黃花崗遠望，革命頌英雄。
		姚德昌	盧坤	節屆群芳誕，騷壇喜氣融。 稱觴鷗鷺侶，設帨蕊珠宮。 詩詠崗陵句，籌添福祿翁。 人花同祝嘏，社運永興隆。
同上 擊鉢錄	壽酒 764	王勉	鄭水同	爵獻花雕客滿堂，醉吟今夕盡知章。 甕頭春滿心頭暖，喜看騷翁壽且康。
		魏壬貴	林文彬	花朝客萃杜陵莊，欣祝添籌共舉觴。 喜是杖朝兼杖國，壽朋壽世壽群芳。

[761] 79 年 8 月 26 日於吉祥樓。作者有：黃錠明、陳兆康、陳焙焜、林正三、蔣孟樑、王勉、王前、鄭指薪、吳漫沙、盧坤、林正三、周金土、蘇水木、林韓堂；

[762] 作者有：王勉、林韓堂、陳兆康、林青雲、黃鷗波、鄭指薪、黃錠明、鍾淵木、黃寶珠、黃義君、李宗波、王翼豐、吳漫沙、蔣孟樑、林韓堂、王前；

[763] 80 年花朝組例會。作者有：周金土、盧坤、翁正雄、王翼豐、李宗波、林文彬、魏壬貴、周金土、黃鷗波、魏經龍、鄭指薪、莊幼岳、楊阿本、白玉崑等；

[764] 80 年花朝組例會。作者有：鄭水同、林文彬、羅尚、杜迺祥、陳兆康、王勉、魏壬貴、翁正雄、黃義君、白玉崑、吳漫沙、盧坤等；

見報日期	詩 題	詞 宗	掄 元	詩 作 本 文
擊鉢錄	酷暑765	羅 尚	吳漫沙	流金爍石熱難當，疑是栖身近太陽。 佈雨蒼龍潛未起，燎空赤帝氣宏張。 終宵似炙烘爐火，竟日如淋鼎沸湯。 節候輪迴原有序，了然因果自清涼。
		黃祈全	王翼豐	炎威鎮日熱難當，沸鼎燒空火傘張。 疑是波灣油戰禍，引來寶島旱災殃。 不辭拭汗推詩苦，合覓開懷解惱方。 欲抱冰心何處去，溪頭避暑最清涼。
擊鉢錄	睡蓮766	黃錠明	蔣孟樑	莊嚴睡態眾芳殊，盛夏爭開到海隅。 碧沼無波塵不染，涅盤妙相自清腴。
		王 勉	鄭水同	絕色奇葩寄水都，蘧蘧莫笑醉仙姑。 態堪警世心如佛，一睹芳容夢盡蘇。
擊鉢錄	秋夜767 （次唱）	鄭指薪	陳兆康	節近中秋夜氣清，冰輪瀉影落吟舲。 空階掃葉迎知己，對酒談詩坐到明。
		羅 尚	林文彬	良宵絕妙雨初晴，月色如銀夜氣清。 耿耿星稀霜露重，卻教頓憶老詩盟。
擊鉢錄 光復例會	新梅768 （首唱）	吳漫沙	陳 福	玉骨逢寒活潑生，梅開點點若珠瑩。 幽香滿室欣新蕊，佳氣籠園慶早英。 國色冰肌魁百卉，仙姿素雅冠群菁。 長年老樹今先發，春訊來鴻第一名。
		黃錠明	陳兆康	隴頭忽見一枝橫，嫩蕊新姿倍有情。 疏影乍看憐骨瘦，暗香初遞滿階盈。 恥從百卉爭嬌艷，喜向三多露潔貞。 竟惹騷人舒逸興，撚鬚把酒以詩評。

---

[765] 80 年 8 月 4 日觀蓮組例會。作者有：吳漫沙、王翼豐、王勉、林文彬、康濟時、盧坤、顏寶環、曾慶豐、鍾淵木、陳焙焜、莊幼岳、黃鷗波、陳兆康、陳福；

[766] 同上。作者有：蔣孟樑、鄭水同、陳兆康、莊幼岳、陳焙焜、王勉、李清水、吳漫沙、李傳芳、高丁貴、曾慶豐、盧坤、羅尚、康濟時、王前、黃得時；

[767] 中秋組例會。作者有：陳兆康、林文彬、康濟時、林青雲、鄞強、林正三、李宗波、黃鷗波、周金土、黃錠明、林韓堂、鄞強、李權、蘇水木；

[768] 80 年光復組例會。作者有：陳福、陳兆康、黃錠明、吳漫沙、康濟時、鄭水同、簡國俊、盧坤、林韓堂、顏寶環、王勉、林正三、王精波、李傳芳、林青雲等；

見報日期	詩　題	詞宗	掄元	詩　作　本　文
擊鉢錄 同上	初冬雅集 769 （次唱）	陳焙焜	康濟時	梅報陽春沁故知，稻江盛會繼南皮。 霜寒難阻鷗盟契，一片雄心振我詩。
		王翼豐	顏寶環	小陽嫩蕊綻新枝，都邑多涼事事宜。 鷗鷺今朝敦雅契，伊誰筆寫少陵詩。
81年癸酉 花朝組	春日遊陽明 山 770	鄭指薪	王翼豐	花盛陽明譽早馳，嬌櫻二月逞芳姿。 春風勾引王維筆，詞賦追尋杜牧詩。 柳眼含情穿紫燕，桃腮迎笑囀黃鸝。 東皇也解遊人興，山鎖煙霞映酒厄。
		羅尚	莊幼岳	久雨初晴萬象熙，一年容易又花時。 便攜靈運登山屐，來覓陽明寫景詩。 鶯燕媚春啼遠樹，櫻桃鬥豔綴盈枝。 紹公昔日捐茲地，長記旌功有石碑。
擊鉢錄 同上	壽椿 771 （次唱）	黃義君	林春煌	八千歲紀歷風霜，此樹人間壽最長。 祝嘏今朝逢社慶，詩翁合共醉霞觴。
		陳焙焜	王前	一株椿樹正籠蒼，仙種千秋耐雪霜。 好共詩翁欣祝嘏，壽星高照浣花堂。
擊鉢錄 觀蓮例會	綠陰 772	羅尚	黃錠明	火雲槐日抑憂深，竹徑風清去復臨。 人到無愁真是福，詩能除俗不妨吟。 無邊古木森華蓋，一澗流泉瀉玉琴。 葉底蟬聲猶獨奏，南薰韻叶愜吾心。
		鍾淵木	黃寶珠	迂迴小徑覆濃陰，翠影遮天蔚茂林。 新柳長堤雙燕舞，古槐夾道一蟬吟。 地靈佳木多生氣，山靜嬌鶯有好音。 最憶樊川詩句好，乘涼坐愛碧雲深。

769 80年光復組例會。作者有：康濟時、顏寶環、林正三、黃錠明、盧坤、姚德昌、蔣孟
樑、林彥助、鄞強、王翼豐、陳兆康、蘇水木、李清水、鄭水同等；

770 81年花朝例會。作者有：王翼豐、莊幼岳、陳兆康、魏壬貴、林春煌、陳焙焜、楊阿
本、林文彬、盧坤、吳蘊輝、黃錠明、李清水、吳漫沙、陳福、林彥助、曾慶豐。

771 同上。作者有：林春煌、王前、王武運、李傳芳、簡國俊、顏寶環、黃錠明、楊阿本、
林正三、王翼豐、李傳芳、林玉山、陳兆康、陳針筒、陳焙焜；

772 81年7月12日觀蓮組例會。作者有：黃錠明、黃寶珠、陳兆康、簡國俊、林青雲、王
前、林文彬、林玉山、黃錠明、黃鷗波、林正三、王武運、陳針銅、林彥助、吳蘊輝、
李清水；

見報日期	詩　　題	詞　宗	掄　元	詩　作　本　文
擊鉢錄 同上	丹荔 773 （次唱）	黃錠明	陳　福	顆顆猩紅六月時，嶺南佳種古今知。 明皇為博楊妃笑，一騎如飛日夜馳。
		黃鷗波	王　前	丹殼珠紅萬顆垂，生津玉液夏時宜。 可憐單騎奔千里，博得楊妃一笑之。
擊鉢錄 中秋例會	鵲橋 774	黃鷗波	吳漫沙	銀河阻隔恨羅胸，牛女堅貞愛愈濃。 天上歡期唯一夕，人間好夢亦難逢。 八年救國家園破，卅載思鄉海嶽封。 佇待鵲橋填兩岸，羽車渡盡有情儂。
		羅　尚	林承郁	烏鵲輿梁架要衝，會開瀛社誌芳蹤。 題橋畢竟同司馬，鞭石居然勝祖龍。 柱訒中流瀾倒挽，財誇萬派水朝宗。 辛酸話到雙星會，闕失緣何未彌縫。
同上 擊鉢錄	割席 775 （次唱）	陳兆康	黃義君	道義今朝值幾多，華歆其奈管寧何。 忘恩背信看韓國，翻向紅朝唱媚歌。
		陳俊儒	林青雲	世局由來詭譎多，輕仁重利感如何。 中韓本是同文種，割蓆寧無管華訶。
81 年壬申 光復例會 擊鉢錄	光復節感懷 776	曾慶豐	鄞　強	輝煌十月樂群黎，合浦珠還史可稽。 茁壯中華聞國際，恢宏大雅與天齊。 何人不愛文傳世，願我無慚氣吐霓。 喜值壬申光復節，會參瀛社共留題。
		王　勉	林正三	年年佳節慶還珠，四十餘年感也無。 抗侮精神猶可憶，同仇心跡已難圖。 盡誇府庫財源足，其奈黎民教化殊。 世變當前宜趨厲，肩承興廢是吾徒。

---

[773]同上。作者有：陳福、王前、鄭指薪、林玉山、魏壬貴、黃義君、黃鷗波、陳兆康、羅
尚、黃寶珠、吳漫沙、鍾淵木、蔣夢樑、黃錠明、黃義君、顏寶環；

[774]中秋組例會。作者有：吳漫沙、林承郁、王武運、蕭煥彩、王翼豐、翁正雄、林玉山、
陳俊儒、康濟時、王前、羅尚、李傳芳、黃錠明。

[775]黃義君、林青雲、簡國俊、楊阿本、鍾淵木、林韓堂、顏寶環、姚德昌、林振盛、蕭煥
彩、吳漫沙、陳俊儒、史元欽、李清水、鄭水同、黃鷗波、李傳芳；

[776]81 年光復組於吉祥樓。作者有：鄞強、林正三、李春榮、王前、盧坤、陳兆康、陳焙
焜、李權、王翼豐、李宗波、黃寶珠、高丁貴、楊阿本、張添財、曾慶豐、鍾淵木、王
武運、林承郁等；

見報日期	詩　　題	詞　宗	掄　元	詩　作　　本　　文
光復例會擊鉢錄	秋飲黃花酒 777（次唱）	楊阿本	王武運	社侶聯歡值九秋，杯傾菊釀潤詩喉。吉祥樓上吟聲壯，光復佳辰樂唱酬。
		蔡秋金	林正三	騷人雅會吉祥樓，佳節當前共唱酬。菊釀千鍾詩萬首，渾忘時序已深秋。
82年癸酉花朝例會擊鉢錄	群芳鬥艷 778	王精波	陳　福	癸酉陽春續舊盟，鷗儔薈萃賞群英。梅櫻燦爛香風暖，桃杏芬芳錦浪明。畫伯攤箋描艷景，騷人覓句入詩情。花神詞老今嵩壽，同慶康寧酒滿觥。
		蔡秋金	杜洒祥	春來員嶠競群英，萬紫千紅費品評。桃李齊妍疑有意，鵑櫻角媚太多情。臨風躑躅誰能賞，浥露薔薇孰與京。劉蹶嬴顛渾擾攘，宅心敢信濟蒼生。
同上擊鉢錄	春雲 779	顏寶環	蔡秋金	片片紛披二月時，從龍有意挾風姨。最難野鶴能相處，出岫無心自不移。
		陳俊儒	林炤燄	出岫祥雲五色奇，蘇生萬物共和熙。從龍化雨襄春事，五穀豐登大可期。
擊鉢錄觀蓮例會	夏日海邊紀遊 780	黃錠明	簡炤堃	習習南薰難解慍，遨遊北海最怡情。觀潮起落禪機蘊，逐浪浮沈逸趣生。落日迴舟催過客，披星戴月賦歸程。波濤已在千山外，夢裡猶聞拍岸聲。

[777] 81 年光復組於吉祥樓。作者有：王武運、林正三、鄞強、莊幼岳、陳俊儒、林承郁、曾慶豐、黃錠明、林韓堂、李權、陳兆康、李清水、蔣孟楔、陳福、陳焙焜、黃錠明、李傳芳、黃鷗波；

[778] 82 年花朝例會。作者有：陳福、杜洒祥、林韓堂、莊幼岳、吳漫沙、林春煌、蘇水木、李權、陳兆康、黃鷗波、施學樵、蔣夢龍、吳蘊輝、王前、林炤燄、簡國俊、鄭水同；

[779] 同上。作者有：蔡秋金、林炤燄、李權、陳兆康、魏仁德、簡國俊、黃鷗波、李傳芳、黃錠明、鄭水同、楊阿本、康保延、顏寶環、陳俊儒、王前、鍾淵木、蘇水木、黃義君、林正三等；

[780] 82 年 8 月 15 日觀蓮組例會。作者有：簡炤堃、李清水、王前、陳焙焜、陳兆康、盧坤、鄭水同、蘇水木、鄞強、鄭指薪、蔣孟楔、黃國雄、吳蘊輝、林韓堂、李宗波、李梅庵、杜文祥；

見報日期	詩 題	詞 宗	掄 元	詩 作 本 文
		王翼豐	李清水	尋涼避暑趁天晴,北海邀遊結伴行。 野柳風翻群石怪,沙灣日落遠山明。 觀濤萬里幽情暢,烤肉三芝逸興生。 絕好休閒兼渡假,流連不忍整歸程。
同上 觀蓮例會 擊鉢錄	雨絲 781 (次唱)	黃鷗波	陳俊儒	染衣欲濕爽吟身,意景增添藻思新。 縷縷渾如慈母線,潤沾草木浥輕塵。
		楊道生	曾慶豐	坐對窗前細雨頻,簾纖滴點景翻新。 知時潤物天恩沐,來補河山蔭萬民。
端陽例會 擊鉢錄	警世鐘 782 中秋組	羅尚	魏壬貴	古剎鐘聲起,悠揚度碧岑。 音洪驚俗夢,響逸愓塵心。 魯鑄垂規遠,齊懸用意深。 痴頑憑喚醒,一杵值千金。
		蔣孟樑	翁正雄	杵鐘傳警世,一擊一長吟。 曉霧迷山徑,清音遍野林。 無驚僧入定,不礙客鳴琴。 醒俗非凡響,聲聲寄意深。
擊鉢錄 同上	祈雨 783 (次唱)	王翼豐	陳福	乾涸無源難再賒,基隆市長自披麻。 虔誠祈祝甘霖降,好振蒼生振國家。
		李清水	王翼豐	久旱憂心眾怨嗟,源泉涸急亂如麻。 願祈早瀉天河水,潤物甘霖喜萬家。
擊鉢錄 觀蓮例會 83.7.31	夏夜聞簫 784	羅尚	黃寶珠	誰家尺八暗飛聲,瀏亮參差入夢縈。 古調撩人心欲振,新腔觸我耳頻傾。 韻中流水疑仙樂,管上清音動客情。 習習薰風明月夜,悠揚一曲覺涼生。

---

[781] 同上。作者有:陳俊儒、曾慶豐、簡炤堃、李清水、陳焙焜、李宗波、林玉山、王翼豐、盧坤、簡國俊、李政村、黃鷗波、陳針銅;

[782] 82 年端陽例會。作者有:魏壬貴、翁正雄、林韓堂、林正三、鄭指薪、李傳芳、黃鷗波、吳蘊輝、顏寶環、姚德昌、李清水、盧坤、李權、王前;

[783] 年端陽例會。作者有:陳福、王翼豐、羅尚、陳針銅、林韓堂、李傳芳、蔣孟樑、曾慶豐、盧坤、陳俊儒、顏寶環、李清水、施學樵、蔡秋金、蘇水木、林韓堂、李權;

[784] 83 年 7 月 31 日觀蓮例會。作者有:黃寶珠、李權、蔡秋金、羅尚、盧坤、吳漫沙、翁正雄、陳兆康、張開龍、魏仁德、王前、史元欽、陳焙焜、李梅庵、蔣孟樑、李宗波;

見報日期	詩題	詞宗	掄元	詩作本文
		黃錠明	李權	窗外炎威尚未平，忽傳尺八韻淒清。調隨夜雨征人淚，腸斷春閨怨婦情。但解哀音深自苦，不知心事向誰傾。無端卻雜淋鈴曲，坐聽燈前百感生。
擊鉢錄同上	消夏[785]（次唱）	黃鷗波	黃寶珠	登臨虎嶺暑全無，步入羊腸拭汗珠。照善寺前禪境淨，頓忘三伏火雲區。
		楊阿本	簡國俊	大地流金草春枯，驕陽晒背汗如珠。蒼天有德甘霖賜，一雨成秋暑氣無。
中秋例會擊鉢錄	玩月[786]中秋組	羅尙	陳焙焜	一輪如鏡照江城，覓句騷人雅趣生。喜弄月華詩百首，醉酣花影酒千觥。倍增庾亮登樓興，未減袁宏泛渚情。最是嫦娥來對飲，流連美景到天明。
		王勉	李宗波	鷺鷗秋節聚江城，坐領蟾宮仰太清。庾亮登樓杯似海，袁宏泛渚筆含情。詩人有約騷風盛，玉宇無塵月色明。對影成三歡此夕，豪懷豈遜李長庚。
擊鉢錄同上	客心[787]（次唱）	王前	李傳芳	歲深猶滯異鄉身，佳節重逢更憶親。日冷晨昏誰侍奉，心牽故里白頭人。
		陳俊儒	黃錠明	客地淹留四十春，溫陵回首倍傷神。思潮起伏如江水，枕畔猶餘淚漬新。
臺灣古典詩4期84.05	海嶠春望[788]（首唱）	曾慶豐	杜萬吉	爭春梅雪燦瀛東，開遍山園點綴紅。施政三民期郅治，經商兩岸要和融。簷前補壘來雛燕，郊外尋芳策小驄。最是滿前新氣象，西疇連陌卜年豐。

[785]作者有：黃寶珠、簡國俊、盧坤、林青雲、李傳芳、姚德昌、簡炤堃、李清水、翁正雄、魏壬貴、陳福、鄭指薪、羅尙、蔣孟樑、顏寶環、王翼豐、陳兆康；

[786]83年中秋。作者有：陳焙焜、李宗波、黃錠明、蔡秋金、林青雲、王前、黃義君、李權、簡炤堃、杜文祥、林正三、陳兆康、張開龍、顏寶環、李梅庵、吳漫沙、林韓堂；

[787]同上。作者有：李傳芳、黃錠明、陳焙焜、李權、黃義君、吳蘊輝、陳針銅、陳福、陳兆康、黃鷗波、羅尙、王前、林彥助、盧坤、李梅庵

[788]84年花朝組。刊載於《台灣古典詩》第4期。作者有：杜萬吉、魏壬貴、蔡秋金、翁正雄、陳兆康、盧坤、楊天財、林振盛、李梅庵、簡國俊、林韓堂、黃義君、陳穎全、李權、蔣孟樑、王武運、王前、姚德昌；

見報日期	詩　　題	詞　宗	掄　元	詩　　作　　本　　文
		莊幼岳	魏壬貴	鯤島春回一望中，韶光照眼景玲瓏。 玉山積雪豐年兆，汐社催詩淑氣融。 海水無情分兩岸，黎民有意促三通。 行看社稷安寧日，叶奏塤箎進大同。
臺灣古典詩 4 期 84.05	春暖 789 （次唱）	黃錠明	蔡秋金	雨霽江城二月天，又聽喜鵲報簷前。 凍雲一散寒風歇，絕好朝陽掛嶺巔。
		羅　尚	簡國俊	風和日麗柳含煙，節近花朝百卉妍。 瀛社詩翁同暖壽，文星燦爛耀南天。
臺灣古典詩 5 期 84.07	五日吟聲 790	王勉	李宗波	湘江嗚咽水，猶似哭忠貞。 天地無邪氣，詩詞發正聲。 聯吟逢五日，轟醉到三更。 心比懷沙潔，同來弔屈平。
		陳兆康	陳俊儒	雅頌天中節，臨流鉢韻鳴。 江含千古恨，浪夾九歌聲。 磅礡元音起，鏗鏘正氣生。 有詩吟五日，響徹稻江城。
臺灣古典詩 5 期 84.07	全民健保 791 （次唱）	陳焙焜	林正三	全民共願老而康，療疾攤資著意長。 儻得善才行善政，定教良法久彌章。
		陳俊儒	楊阿本	三民德政破天荒，全國施行保健康。 黎庶就醫無後顧，仁風遠勝昔虞唐。
臺灣古典詩 6 期 84.09	山堂銷夏 792	黃錠明	王　前	薰風十里拂林塘，何處鐘聲度嶺旁。 古樹擎天環寶地，新蟬引我上高岡。 避炎山寺塵心靜，託興溪雲藻思張。 閒坐飛霞斜照裡，直收佳景滿奚囊。

[789] 刊載於《台灣古典詩》第 4 期。作者有：蔡秋金、簡國俊、陳俊儒、許哲雄、王勉、林振盛、黃義君、李傳芳、莊幼岳、陳兆康、杜萬吉、簡昭塋、陳穎全、陳俊儒、陳福、施學樵；張壎爐；

[790] 刊載於《台灣古典詩》第 5 期。作者有：李宗波、陳俊儒、黃義君、黃錠明、王前、顏寶環、陳焙焜、陳針銅、李權、鄭水同、張開龍、陳天鵬、林青雲、簡炤塋；

[791] 刊載於《台灣古典詩》第 5 期。作者有：林正三、楊阿本、黃鷗波、陳兆康、王武運、王前、顏寶環、李普同；

[792] 刊載於《台灣古典詩》第 6 期。作者有：王前、姚德昌、黃義君、林彥助、陳焙焜、吳蘊輝、林正三、張開龍、曾慶豐、黃寶珠、黃錠明、吳漫沙、陳針銅、蔡秋金、蔣孟樑、陳兆康；

見報日期	詩題	詞宗	搵元	詩作本文
		陳焙焜	姚德昌	山居避暑好風涼，雅友聯吟集一堂。 寫作新詩兼賦曲，吹彈古樂合宮商。 丹楓樹蔭人群坐，碧澗泉清眾試嘗。 來此蓬瀛名勝地，寒溫適度等仙鄉。
臺灣古典 詩 6 期 84.09	飲冰 793 （次唱）	王　勉	蔡秋金	也似佳人雪藕情，調來公子技猶精。 飲冰倘解任公意，世道何愁不自清。
		蔡秋金	吳漫沙	驕陽爍石酷江城，斗室如爐熱浪生。 客室調冰同一笑，沁心爽口氣清平。
臺灣古典 詩 8 期 85.01	吟秋 794 （首唱）	羅　尚	林玉山	渡海西風若報秋，郊坰氣爽好清遊。 疏籬瘦菊舒寒蕊，荒渚長蘆宿野鷗。 玩月騷人閒泛艇，尋詩逸客喜登樓。 秋江玉笛凌雲漢，把酒幽亭望斗牛。
		蔡秋金	陳焙焜	菊醑芬芳醉鷺鷗，金風颯爽展詩喉。 鉢聲響徹三更月，吟韻遙傳萬里秋。 野外聞砧驚客夢，天邊過雁引鄉愁。 攤箋莫寫含悲句，共唾珠璣好唱酬。
臺灣古典 詩 8 期 85.01	江樓話舊 795 （次唱）	陳焙焜	盧　坤	江樓秋半月光明，舊友傾談逸趣生。 句句忠誠多慷慨，最難知己吐真情。
		蔣孟樑	林正三	秋深雅侶集江城，金饗樓中敘舊情。 劇愴大成師誕日，一朝遽逝兩騷盟。
臺灣古典 詩 9 期 85.03	乙亥光復節 瀛社雅集 796	施學樵 林青雲	蘇水木	瀛社吟朋萃一堂，節逢光復話滄桑。 江山搖落青衫老，歲月棲遲白髮長。 國運蒸蒸能啓泰，人才濟濟更加強。 年經五秩衣冠盛，大漢精神賴發揚。

793刊《台灣古典詩》第 6 期。作者有：蔡秋金、吳漫沙、林正三、盧坤、黃錠明、林振盛、林青雲、楊阿本、王前、吳蘊輝、鄭水同、黃義君、姚德昌、鄞強；

79484 年中秋組例會，假復興北路民生東路口金饗餐廳舉開。刊載於《台灣古典詩》第 8 期。作者有：林玉山、陳焙焜、林韓堂、陳兆康、吳蘊輝、李權、黃錠明、蘇水木、黃義君、顏寶環、簡國俊、康濟時、蔣孟樑、魏壬貴、盧坤；

795刊載於《台灣古典詩》第 8 期。作者有：盧坤、林正三、蔣孟樑、蔡秋金、吳漫沙、莊幼岳、王前、黃錠明、張壇爐、陳焙焜、黃鷗波、黃義君、蘇水木、顏寶環、史元欽、林韓堂、鄞強、施學樵；

796刊載於《台灣古典詩》第 9 期。作者有：蘇水木、蔡秋金、黃錠明、李權、林韓堂、王前、王精波、張開龍、林正三、李宗波、魏壬貴、康保延、林青雲、吳蘊輝；

見報日期	詩　　題	詞　宗	掄　元	詩　作　本　文
臺灣古典詩 9 期 85.03	雁字[797]（次唱）	王　前	林正三	西風衡浦氣蕭然，征雁南旋九月天。恰似元常傳筆法，橫空排陣破寒煙。
		林正三	吳蘊輝	排行整陣向南天，朔塞衡陽一日旋。作客思鄉家萬里，欲勞賓雁帶書傳。
臺灣古典詩 10 期 85.05	長夜[798]	黃錠明		作品佚失
		蔡秋金	顏寶環	萬籟無聲夜幕伸，難能入夢苦吟身。寒梅點點凝霜艷，古柏蒼蒼傲雪新。敧枕影孤書作伴，倚欄人靜月為鄰。宵長似歲何時旦，忽聽金雞漫報寅。
臺灣古典詩 10 期 85.05	凍雲[799]（次唱）	陳兆康	李宗波	寒流帶雪水無煙，出岫何堪滯斗躔。待看他時春日暖，陰霾一掃見青天。
		楊阿本	林韓堂	無心出岫罩山巔，朵朵催寒冷氣綿。甚望天開來致雨，早應解凍助耕田。
臺灣古典詩 11 期 85.07	丙子花朝雅集[800]（首唱）	林玉山	盧　坤	曆逢丙子錦韶光，瀛社騷朋萃一堂。令旦懸弧迎眾老，佳辰設帨慶群芳。祥徵勁柏根枝健，瑞獻蟠桃歲月長。雅誼聯歡宜進酒，人花祝嘏壽無疆。
		黃鷗波	陳焙焜	丙子春晴蝶翅忙，芳辰聚首好尋芳。各揮妙筆詩爭艷，共詠瓊葩句亦香。懷酒慶生懷李杜，壽花祝福壽林黃。象徵瀛社皆人瑞，大宴群儒醉百觴。

---

[797]刊《台灣古典詩》第 9 期。作者有：林正三、吳蘊輝、陳俊儒、蔡秋金、陳賢儒、蔣孟樑、李權、魏壬貴、鄭指薪、陳焙焜、林韓堂、曾慶豐、林玉山、蘇水木、李傳芳；

[798]刊《台灣古典詩》第 10 期。作者有：顏寶環、簡炤塋、張開龍、林正三、李宗波、蔡秋金、陳兆康、黃義君、李權、陳炳澤、李普同、林玉山、李梅庵、楊阿本、林韓堂；

[799]刊載於《台灣古典詩》第 10 期。作者有：李宗波、林韓堂、王前、蔡秋金、蔣孟樑、李傳芳、陳賢儒、吳蘊輝、簡炤塋、陳兆康、張埴爐、鄭水同、陳炳澤、李梅庵、李權、楊阿本；

[800]刊載於《台灣古典詩》第 11 期。作者有：盧坤、陳焙焜、陳炳澤、李傳芳、駱金榜、吳漫沙、陳兆康、李梅庵、蔡秋金、陳賢儒、魏壬貴、楊阿本、莊幼岳、許哲雄、陳福、杜萬吉、吳蘊輝、鄞強、李權、曾慶豐、簡國俊、王前；

見報日期	詩　題	詞　宗	掄　元	詩　作　本　文
臺灣古典詩 11 期 85.07	題松鶴圖 801 （次唱）	陳兆康	盧　坤	一幅錦堂懸，如真妙筆傳。蒼髯綿歲月，丹頂舞雲天。勁竹常爲伴，凡禽不結緣。斯圖恭獻上，社慶壽詩仙。
		楊阿本	林正三	尺幅開生面，凝眸意肅然。霜翎鳴皓月，雪幹蔽蒼天。節勁宜標社，齡高合媲仙。佳辰欣落筆，持獻老彭籛。
臺灣古典詩 13 期 85.11	民主政治告屈原 802	陳焙焜	陳賢儒	李連仁德史長存，政治清明告屈原。哀郢猶留千古恨，歌功喜聽萬人喧。含冤投水忠魂在，白日青天國幟翻。最是元良黎庶選，自由民主世同尊。
		蔡秋金	簡炤堃	騷客欲消詩祖恨，員嶠喚醒汨羅魂。元戎直選民心順，國祚綿延世界尊。端正政風行德政，廣開言路納忠言。楚天當日如今日，屈子何來萬古冤。
臺灣古典詩 13 期 85.11	騷風 803	黃錠明	蔡秋金	三百無邪作準繩，葩經而後楚騷承。吾儕不負先賢訓，要看文風日再興。
		陳兆康	黃義君	詩祖詩風敢不承，褒揚針貶有規繩。心存輔世應無物，始是瓊樓最上層。

801 刊載於《台灣古典詩》第 11 期。作者有：盧坤、林正三、吳蘊輝、林彥助、黃寶珠、蔣孟樑、陳焙焜、魏壬貴、李梅庵、簡國俊、林振盛、曾慶豐、黃鷗波、駱金榜、陳賢儒、黃錠明、王前、蔡秋金、鄭水同、陳欽財、李傳芳、林韓堂；

802 刊載於《台灣古典詩》第 13 期。作者有：陳賢儒、簡炤堃、李天慶、李宗波、蔣孟樑、陳兆康、吳蘊輝、李權、黃調森、蔡秋金、黃義君、李梅庵、盧坤、駱金榜、簡國俊、陳焙焜、張開龍、張添財、黃錠明、楊阿本、曾慶豐；

803 刊載於《台灣古典詩》第 13 期。作者有：蔡秋金、黃義君、李傳芳、楊阿本、陳兆康、盧坤、王前、黃調森、簡國俊、黃錠明、林韓堂、簡炤堃、李宗波、李權、莊德川、陳炳澤、陳焙焜、張壇爐、吳天送、陳福、鄞強、蔣孟樑；

見報日期	詩　題	詞　宗	掄　元	詩　作　本　文
臺灣古典詩 13 期 85.11	荷風 804	黃綻明	陳兆康	短柄微搖翠蓋張，無瑕無玷綽銀塘。憑夷扶起嬌姿現，宗愨輕篩艷態揚。萬葉迎風驅溽暑，千枝蔽日散清香。詩人多有濂溪癖，慣愛觀蓮賦一章。
		黃義君	康濟時	不因世態向炎陽，畝畝芙藻倍送香。翠弄南薰裙屐舞，紅開君子冕旒妝。無絃拂暑三更晚，有韻生風十里涼。若許芬芳融兩岸，或消民惱解詩腸。
臺灣古典詩 13 期 85.11 （次唱）	詠竹 805	林青雲	李　權	勁節參天勢拔群，風枝搖曳送清芬。琅玕早具凌霄志，時起龍吟靜夜聞。
		康濟時	吳蘊輝	勁直扶疏聳嶺雲，迎風弄月葉紛紛。聯翩君子成宏筏，喜輔漁民建一軍。
臺灣古典詩 14 期 86.01 （首唱）	秋景 806	莊幼岳	黃綻明	金莖帶露點涼秋，葉自飄蕭水自流。孤鷺飛來霞欲落，群鷗聚處日將收。儘多雨氣三更下，仍有星光五夜悠。詞客尋幽虛踽步，無邊風月酒家樓。
		蔡秋金	林正三	西風誰信到瀛洲，桂子香濃暑未收。近水蘆新空帶露，遙山樹古尙如油。人居福地情偏愜，老戀明時志儻酬。也似黃花堅晚節，衝寒耐冷興悠悠。
灣古典詩 14 期 86.01 （次唱）	保釣 807	林韓堂	黃綻明	國恥新添又一章，驚看釣嶼欲淪亡。護疆奮起全民責，來頌成仁陳毓祥。
		李　權	蔡秋金	漢家兒女氣軒昂，誓保魚臺固國疆。莫讓馬關同一轍，當年遺恨豈能忘。

804刊載於《台灣古典詩》第 13 期。作者有：陳兆康、康濟時、陳焙焜、蔡秋金、張開龍、李梅庵、簡炤堃、黃義君、張添財、黃鷗波、蔣孟樑、李宗波、陳炳澤、林彥助、林正三、吳蘊輝、林韓堂、林玉山、王前、林青雲；

805刊載於《台灣古典詩》第 13 期。作者有：李權、吳蘊輝、李梅庵、林正三、陳兆康、蔡秋金、黃寶珠、簡炤堃、鄭水同、楊道生、林麗玉、張壇爐、黃鷗波；

806刊載於《台灣古典詩》第 14 期。作者有：黃綻明、林正三、魏壬貴、張添財、林韓堂、吳漫沙、李權、吳蘊輝、駱金榜、莊幼岳、盧坤、陳焙焜、蔡秋金、張開龍、莊德川、黃鷗波、黃義君、李梅庵、曾慶豐；

807刊載於《台灣古典詩》第 14 期。作者有：黃綻明、蔡秋金、黃義君、李權、盧坤、莊德川、魏壬貴、黃調森、張添財、李普同、吳漫沙、杜文祥、吳蘊輝、駱金榜、陳炳澤、鄞強、莊幼岳、李傳芳、李梅庵；

見報日期	詩題	詞宗	掄元	詩作本文
臺灣古典詩 14 期 86.01	臺灣808（首唱）	林恭祖	陳兆康	溯自延平霸氣休，清廷繼惹馬關羞。倭夷北遁降旛舉，國府東遷庶政修。百業繁榮誇寶島，中興戀績壯金甌。任憑對岸施高壓，依舊雄姿傲亞洲。
		林正三	張添財	屹立東南海上城，黃魂凝聚眾堅貞。人文昔記仙寰號，經濟今膺寶島名。合浦珠還揚正氣，馬關約廢振天聲。更逢民主開新運，鼓腹而歌兆太平。
臺灣古典詩 14 期 86.01	破除迷信809（次唱）	李春榮	黃錠明	妙諦壺天選佛場，長生舍利本荒唐。愚夫受惑身財損，莫信邪言滿一筐。
		王前	陳兆康	邪教坑人令致狂，斂財使詐類貪狼。深期掃穴須蠲盡，淨化民心國乃昌。
臺灣古典詩 15 期 86.03	導盲犬810	蔡秋金	李宗波	雲埋銀海感淒清，視障瞢瞢倚杖行。無語問天空怨命，有獒帶路莫嗟盲。富貧不計唯忠主，水火何辭導失明。更羨傳書黃耳好，思家能解陸機情。
		許漢卿	陳焙焜	豈唯守夜博嘉評，導引盲胞智可驚。燈轉綠紅知進退，徑逢曲折解迴縈。身雖是畜超於畜，瞎本無睛若有睛。漫把識途誇老馬，靈獒機警孰能京。
臺灣古典詩 15 期 86.03	小陽春811（次唱）	陳兆康	吳蘊輝	已過初冬未覺寒，鶯鷗有約聚吟壇。夷州十月如春暖，詩料能裁壯大觀。
		楊阿本	鄞強	小春光景雪梅寒，緹室飛灰帶笑看。冬至陽生新氣象，憑誰健筆泛文瀾。

808刊載於《台灣古典詩》第 14 期。作者有：陳兆康、張添財、張開龍、魏壬貴、林振盛、吳蘊輝、蔡秋金、黃錠明、陳福、林韓堂、蔣孟樑、王前、林玉山、吳漫沙、鄭指薪、李權、翁正權、李傳芳、黃調森、曾慶豐、盧坤、陳焙焜、鄞強；

809刊載於《台灣古典詩》第 14 期。作者有：黃錠明、陳兆康、林韓堂、盧坤、吳蘊輝、鄭水同、鄭指薪、王前、黃義君、蔡秋金、翁正雄、陳欽財、林彥助、李權、蔣孟樑、林振盛、張開龍、黃鷗波、陳福、張壇爐、陳焙焜、林正三；

810刊載於《台灣古典詩》第 15 期。作者有：李宗波、陳焙焜、吳蘊輝、陳兆康、李權、張添財、黃鷗波、林玉山、盧坤、蔣孟樑、楊阿本、林彥助、李普同、曾慶豐、林振盛、黃義君、王前、駱金榜、鄞強；

811刊載於《台灣古典詩》第 15 期。作者有：吳蘊輝、鄞強、陳焙焜、李宗波、王前、陳福、蔣孟樑、盧坤、施學樵、駱金榜、莊德川、黃鷗波、曾慶豐、李權、許漢卿、陳炳澤、黃義君、翁正雄、林韓堂；

見報日期	詩題	詞宗	掄元	詩作本文
臺灣古典詩 17 期 86.07	望晴 [812]	李傳芳	盧坤	雨寒翹首望雲天，喜見陽光照大千。南苑蕊宮欣悅設，北臺瀛社慶弧懸。鶯歌叶奏長春曲，燕語如吟不老篇。日暖芳辰同晉酒，壽花壽國壽詩仙。
		黃錠明	蔡秋金	只因雨意尚綿綿，待現晴空望眼穿。獨怕政權淪黑道，更堪淳俗陷深淵。願期麗日長開霽，未許陰霾久蔽天。群醜欲除憑藉取，管城銳氣勝龍泉。
臺灣古典詩 17 期 86.07	春風拂柳 [813]	楊阿本	魏壬貴	東風淡蕩柳千絲，十里長堤翠色垂。瀛社吟儔春不老，柔條篆出介眉詩。
		陳兆康	王前	萬縷柔條拂水湄，臨風搖曳展嬌姿。鶯穿葉底嚶鳴日，好剪春容入小詩。
臺灣古典詩 18 期 86.09	懲惡安民 [814]	黃錠明	簡炤堃	黑金商宦一家親，手辣心狠駭鬼神。罪狀滔天終必報，官箴掃地豈無因。肅貪懲惡綱常振，易俗移風教化臻。殷待有司施鐵腕，莫遺奸宄禍良民。
		許漢卿	陳兆康	劇嘆三臺禍亂頻，姦淫擄殺慣人神。重重積案遲難破，處處含冤苦未伸。懲暴安良當務急，鏟邪揚善莫因循。心靈改革宜同勉，社稷雍熙樂庶民。
臺灣古典詩 18 期 86.09	四獸山採艾 [815]	李春榮		非《臺灣古典詩》訂戶，作品未刊 [816]
		陳兆康	黃鷗波	雲開雨霽獸山行，香艾扶疏到處榮。採摘門前蒲劍配，端陽釀酒醉騷盟。

---

[812] 刊載於《台灣古典詩》第 17 期。作者有：盧坤、蔡秋金、林韓堂、魏壬貴、吳蘊輝、吳漫沙、莊幼岳、陳焙焜、黃鷗波、陳炳澤、楊阿本、李梅庵、李普同、陳兆康、張添財、張壇爐、鄭指薪、林彥助、林振盛、簡炤堃；

[813] 刊載於《台灣古典詩》第 17 期。作者有：魏壬貴、王前、莊幼岳、洪玉璋、林韓堂、唐溶、李傳芳、陳兆康、林振盛、許漢卿、陳焙焜、簡炤堃、蔡秋金、駱金榜；

[814] 刊載於《台灣古典詩》第 18 期。作者有：簡炤堃、陳兆康、駱金榜、莊德川、李梅庵、林振盛、魏壬貴、李春榮、蔣孟樑、王前、陳槐庭、盧坤、許漢卿、楊阿本、吳天送、陳焙焜、黃鷗波；

[815] 刊載於《台灣古典詩》第 18 期。作者有：黃鷗波、陳炳澤、洪玉璋、吳蘊輝、陳針銅、魏壬貴、李梅庵、林振盛、陳槐庭、高銘祿、陳焙焜、盧坤、許漢卿、王前、林韓堂、簡炤堃、李春榮、駱金榜、莊德川、張添財；

[816] 參閱《台灣古典詩》雙月刊第 17 期（1997.07）頁 21〈本刊重要聲明〉。

見報日期	詩題	詞宗	掄元	詩作本文
臺灣古典詩 19 期 86.11	全民望治[817]	許漢卿	陳兆康	道既昏蒙德亦傾，三台亂象感頻生。爭權逐利趨若蟻，附臭沾腥集似蚊。不顧治安空廢省，猶憑修憲各分羹。全民翹首蒼天問，何日邦家庶政明。
		林正三	鄭水同	三台亂象感頻呈，既毀黃鐘瓦釜鳴。功利擡頭狐鼠聚，權謀著眼虎狼爭。未容賢者雄才展，卻許貪官黑道生。寄語當今諸執政，全民殷切望河清。
臺灣古典詩 19 期 86.11	消暑[818]	陳焙焜		非《臺灣古典詩》訂戶，作品未刊
		蔡秋金	李宗波	不管高張火傘燒，一樓涼味有空調。南薰偏聚天祥路，足使吾儕戾氣消。
臺灣古典詩 19 期 86.11	颱威[819]	陳兆康	蔡秋金	排空颶母氣高張，凌厲安教讓阿香。勢似群龍攪雲夢，力驅萬馬蹴滄浪。引來豪雨沉層閣，忍對災黎哭一場。又使市廛成澤國，天心此際可無傷。
		蔡秋金	魏壬貴	颱風肆虐禍臺陽，驚悉災情數死傷。海峽濤翻吞舴艋，山坡地滑毀樓房。流狂溪澗橋梁斷，水沒田園果菜荒。未雨綢繆誰負責，莫教黎庶屢遭殃。
臺灣古典詩 19 期 86.11	吟秋[820]	蔣孟樑		非《臺灣古典詩》訂戶，作品未刊
		洪玉璋	許漢卿	蟋蟀鳴階風動竹，梧桐落葉月當樓。蓴鱸故里歸無計，怕聽蛩聲惹客愁。

[817]刊載於《台灣古典詩》第 19 期。作者有：陳兆康、鄭水同、林韓堂、鄞強、李宗波、蔡秋金、李普同、張添財、陳焙焜、盧坤、高丁貴、王前、駱金榜、楊阿本、吳蘊輝、陳欽財、李梅庵；

[818]刊載於《台灣古典詩》第 19 期。作者有：李宗波、林正三、陳兆康、鄭水同、王前、陳炳澤、莊德川、黃鷗波、蔣孟樑、李傳芳、吳蘊輝、李普同、盧坤、陳欽財、林韓堂、鄭指薪、杜文祥、陳炳澤、高丁貴、駱金榜；

[819]刊載於《台灣古典詩》第 19 期。作者有：蔡秋金、魏壬貴、許漢卿、林振盛、王前、吳蘊輝、駱金榜、蔣孟樑、林正三、黃鷗波、張添財、陳炳澤、盧坤、莊德川；

[820]刊載於《台灣古典詩》第 19 期。作者有：許漢卿、魏壬貴、蔡秋金、莊德川、吳蘊輝、王前、陳兆康、黃鷗波、盧坤、林正三、蔣孟樑、陳焙焜；

見報日期	詩　　題	詞　宗	掄　元	詩　作　本　文
臺灣古典詩 21 期 87.03	導遊小姐[821]	黃錠明	林正三	生成皓齒并明眸，日日攜團作勝遊。乍啟朱唇鶯出谷，頻揮彩幟馬當頭。行蹤不下三千里，活計居然五大洲。絕好旅程隨轉轂，詎曾倩影久淹留。
		蔡秋金		非《臺灣古典詩》訂戶，作品未刊
臺灣古典詩 21 期 87.03	冬曉[822]（次唱）	陳兆康	陳焙焜	一鉤殘月掛霜晨，松竹含煙曙色新。雪映寒梅舒老眼，詩成煮酒醉吟身。
		王　前	陳兆康	律入黃鐘曙色新，隴梅香透拂清晨。更逢長至搓丸日，敬祖寧忘起早身。
臺灣古典詩 23 期 87.07	戊寅花朝瀛社雅集[823]	林韓堂	翁正雄	瑞氣盈門五福臻，花朝團拜慶生辰。宏開瓊宴同添壽，暢飲香醪共醉春。一社情融歡席上，千秋文盛蔚江濱。虎年爭把瑤章獻，莫使群芳笑俗人。
		黃錠明	杜洒祥	勸農佳節萃騷人，勝會攤箋笑語親。鉢韻敲開枝上蕚，吟情陶醉甕頭春。宏揚儒教詩無敵，鼓吹淳風筆有神。社慶鷗儔齊不老，期頤在望最堪珍。
臺灣古典詩 23 期 87.07	勸農[824]（次唱）	陳子波	林青雲	稼穡由來繫治平，豐穰自可裕民生。忽聞布穀催耕急，一片嘉禾汗滴成。
		許漢卿	張開龍	由來為政重民生，足食咸知勝足兵。好趁連朝春雨足，聲聲布穀共催耕。

[821]刊載於《台灣古典詩》第 21 期。作者有：林正三、蔣孟樑、李宗波、林振盛、陳兆康、陳焙焜、王前、張添財、許漢卿、翁正雄、黃鷗波；

[822]刊載於《台灣古典詩》第 21 期。作者有：陳焙焜、陳兆康、許漢卿、林玉山、李宗波、楊阿本、翁正雄、李普同、林正三、駱金榜、陳炳澤、蔡秋金、張塆爐；

[823]戊寅花朝於杜社長公館（松江路）。刊載於《台灣古典詩》第 23 期。作者有：翁正雄、杜洒祥、蔡秋金、莊幼岳、楊阿本、綸洋、吳漫沙、鄭指薪、黃鷗波、陳兆康、吳蘊輝、陳欽財、鄞強、林正三、莊德川、王前、李梅庵、魏壬貴、張開龍、黃錠明、林彥助、林青雲；

[824]刊載於《台灣古典詩》第 23 期。作者有：林青雲、陳焙焜、蔡秋金、王前、莊幼岳、魏壬貴、陳欽財、許漢卿、張塇爐、陳兆康、林韓堂、張開龍、黃義君、洪玉璋、黃鷗波；

見報日期	詩　題	詞宗	掄元	詩　作　本　文
臺灣古典詩23期 87.07	午夜牛郎 825（首唱）	陳兆康	林玉山	七尺之軀志氣昂，甘心墮落作牛郎。乾坤顛倒埋倫理，道德沉淪失紀綱。送往迎來多怨婦，甜言蜜語伴騷娘。邪風一熾危邦國，豈任橫流害善良。
		蔡秋金	黃義君	社會沈淪失正常，男兒午夜作牛郎。存身懶向樵漁地，托跡憎從風月場。未見蜜成蜂不保，應知粉播蝶將亡。尚期豎子迷途返，莫使親人痛斷腸。
臺灣古典詩23期 87.07	清明掃墓 826（次唱）	王　勉	黃錠明	槐煙榆火白雲層，遊子清明感不勝。隔岸天涯坵墓遠，新愁復上老眉凝。
		楊阿本	張添財	久雨初晴冷氣崩，清明祭掃紙灰升。香煙化蝶莊周夢，一點虔誠達祖陵。
臺灣古典詩23期 87.07	公德心 827（首唱）	李春榮	林韓堂	難安時下禍相連，邪念未除欲火煎。亂世不知敦禮節，興邦應用起才賢。人心性惡私心蔽，古道誰修聖道遷。克己利群公德見，須強教化義爲先。
		許漢卿	林青雲	世態澆漓德不宜，淳風安仰百煩煎。逞私飫慾招危兆，慕義依仁弭蹶顛。社稷蒙塵憑孰拯，邦家郅治仗誰肩？若教愛樂存方寸，不信難回朗大千。
臺灣古典詩23期	夏日 828	陳焙焜	洪玉璋	消炎日午扇頻揮，句覓鏗鏘調入微。更愛荷塘邊散策，香擷滿袖足忘歸。

[825]刊載於《台灣古典詩》第23期。作者有：林玉山、黃義君、鄞強、陳子波、王前、楊阿本、翁正雄、陳兆康、吳蘊輝、李傳芳、蔡秋金、張開龍、林彥助、許哲雄、洪玉璋、陳針銅；

[826]刊載於《台灣古典詩》第23期。作者有：黃錠明、張添財、蔡秋金、盧坤、鄞強、洪玉璋、魏壬貴、王前、陳針銅、黃錠明、林玉山、駱金榜、黃鷗波、張壇爐；

[827]刊載於《台灣古典詩》第23期。作者有：林韓堂、林青雲、蔡秋金、吳漫沙、陳焙焜、陳兆康、許欽南、林彥助、吳淵源、吳蘊輝、駱金榜、蔣孟樑、黃錠明、王富美、張添財、陳欽財、盧坤；

[828]刊載於《台灣古典詩》第23期。作者有：洪玉璋、邱素月、張添財、蔡秋金、吳有、吳淵源、鄞強、盧坤、陳兆康、黃錠明、黃義君、許欽南、陳欽財、高丁貴、蔣孟樑；

見報日期	詩題	詞宗	掄元	詩作本文
87.07	（次唱）	林正三	邱素月	赤帝司權暑氣圍，蒸人欲醉展炎威。 尋詩獨愛山居住，一枕溪聲半掩扉。
臺灣古典 詩 25 期 87.11	秋聲 829	陳兆康	王富美	聒耳西風掃葉輕，暮砧敲月韻偏清。 知時旅雁排行叫，徹夜寒蛩擾夢鳴。 萬壑颼颼吹地籟，三秋瑟瑟咽商聲。 追懷一賦歐陽子，迥異人間瓦釜砰。
		翁正雄	陳焙焜	颯颯西風送晚晴，遠空寒雁去來鳴。 蛩吟秋月添鄉思，鶴唳霜天繫客情。 野際頻傳砧韻響，田間又聽笛音清。 更深遊子家山夢，彷彿雙親訓誨聲。
臺灣古典 詩 25 期 87.11	兩岸息爭 830 （次唱）	林青雲	施良英	同氣連枝世業存，和諧無間轉乾坤。 血濃於水親情摯，戢止干戈振漢魂。
		洪玉璋	陳兆康	劫波渡盡弟兄存，何苦相爭論併吞。 分治由來成事實，應消敵意沐春溫。
臺灣古典 詩 27 期 88.03	初冬即事 831	黃錠明	林正三	水冷風淒十月時，早梅消息到南枝。 放懷屯嶺山容瘦，信步滄江夕照遲。 紅葉霜雲晴更好，詩情酒興晚偏宜。 滿城選戰喧豗甚，欲舉廉能究有誰？
		林正三	蔡秋金 832	亂山落木動鄉愁，隴上梅開野徑幽。 雁陣書傳滄海客，鯉魚風颱白蘋秋。 論壇自古無清派，選戰於今盡濁流。 省識多來霜雪冷。勸君莫上最高樓。
臺灣古典 詩 27 期	晚菊 833	陳焙焜	洪玉璋	倦倚西風冷落翔，故遲著蕊瘦何妨。 黃花只合高人賞，味勝梅蘭一段香。

---

829 87 年 10 月 18 日光復組例會。刊載於《台灣古典詩》第 25 期。作者有：王富美、陳焙焜、黃義君、莊幼岳、蔣孟樑、林正三、莊德川、王前、陳兆康、邱素月、許漢卿、鄞強、駱金榜、洪玉璋、陳欽財、黃錠明、許欽南；

830 刊載於《台灣古典詩》第 25 期。作者有：施良英、陳兆康、陳欽財、王勉、翁正雄、李傳芳、莊幼岳、陳炳澤、陳焙焜、吳蘊輝、許欽南、駱金榜、魏壬貴、鄭指薪；

831 刊載於《台灣古典詩》第 27 期。作者有：林正三、吳漫沙、陳焙焜、黃義君、施良英、張添財、鄞強、許漢卿、洪玉璋、楊阿本、王前、陳兆康、李傳芳、莊德川；

832 《臺灣古典詩》誤植為「林正三」，林乃詞宗，掄元為「蔡秋金」。

833 刊載於《台灣古典詩》第 27 期。作者有：洪玉璋、黃錠明、陳焙焜、林正三、駱金榜、吳蘊輝、張垣爐、王前、施良英、許漢卿、吳漫沙、鄞強；

見報日期	詩題	詞宗	掄元	詩作本文
88.03		蔣孟樑	黃錠明	東籬霜壓幾枝黃，三徑歸來尚未荒。 偕汝相期標晚節，歲寒傲世吐孤芳。
臺灣古典詩 27 期 88.03	創立九十週年壽杜社長 834	黃錠明	魏壬貴	吟旌高聳稻江濱，瀛社開基九十春。 丕振文風除末俗，宏揚詩教勵騷人。 盍簪還契苔岑誼，觴詠寧忘道義真。 虔祝杜翁長不老，承先啟後樂傳薪。
		陳兆康	蔡秋金	邵窩安樂媲神仙，又向瓶笙起茗煙。 仁者果然登上壽，賀詞欣聽徹中天。 少陵家學詩如錦，北海吟筵酒似泉。 今日還逢瀛社慶，是真雙喜報坤乾。
臺灣古典詩 27 期 88.03	餞年 835	許漢卿	張開龍	寒梅帶雪吐芳妍，虎尾危機奮一鞭。 同爇心香祈上界，相期海宇靖狼煙。
		洪玉璋	洪玉璋 836	歲暮鏖詩餞舊年，欣逢臘八夕陽妍。 都門書館留鴻爪，一社菁英萬古傳。
臺灣古典詩 31 期 88.11	江城秋望 837	黃錠明	許欽南	屯峰瘦削入秋寒，極目江城感百端。 關渡潮翻歸棹急，淡江浪捲夕陽殘。 歷諳世事胸為闊，久閱人情眼亦寬。 根觸不勝憂國恨，那堪蟹蟹盡朝官。
		蘇逢時	林正三	扶筇獨自上江亭，放眼蒼茫任醉醒。 紆結情懷縈北渚，支離樓閣憶東星。 望中秋水猶嗚咽，劫外西風盡帶腥。 蓬島山川陵谷變，騷辭強以慰生靈。

<hr>

834 88 年 1 月 24 日國家圖書館地下樓餐廳。刊載於《台灣古典詩》第 27 期。作者有：魏壬貴、蔡秋金、鄭指新、林玉山、陳焙焜、蔣夢龍、施良英、王前、吳漫沙、鄞強、黃義君、林春煌、莊幼岳、許欽南、陳兆康、林正三；

835 刊載於《台灣古典詩》第 27 期。作者有：張開龍、蔣夢龍、洪玉璋、陳欽財、許漢卿、黃錠明、林青雲、吳漫沙、黃鷗波，陳焙焜、林玉山，陳炳澤、王前、林春煌；

836 《臺灣古典詩》誤植為「洪玉璋」，洪乃詞宗，掄元為「蔣夢龍」。

837 88 年中秋組例會開於吉祥樓餐廳。刊載於《台灣古典詩》第 31 期。作者有：許欽南、林正三、吳漫沙、李宗波、賴添雲、陳炳澤、蕭煥彩、施良英、駱金榜、許漢卿、翁正雄、蘇逢時、曾銘輝、黃鷗波；

見報日期	詩　題	詞　宗	掄　元	詩　作　本　文
臺灣古典詩 31 期 88.11	震災[838]（次唱）	許漢卿	黃錠明	地覆天旋日色昏，震區到處是啼痕。救生卹死和衷貴，義助災黎建故園。
		蔣夢龍	蘇逢時	搖搖一震轉乾坤，屋倒山崩地裂痕。未忍同胞淪浩劫，亦須鼎力拯元元。
臺灣古典詩 31 期	訪陽明書屋[839]	陳榮弨 劉榮生	陳榮弨 合點元	名山書屋勝蘭亭，境遠紅塵近七星。曾是元戎棲息處，一花一木挹餘馨。
臺灣古典詩 31 期 88.11	迎接千禧年[840]（首唱）	許漢卿	陳焙焜	起元基督誕生年，世紀曾經十九遷。迎接千禧興社稷，招來百祿蔭山川。潮流競學新科技，政績還追古聖賢。喜待王春開泰運，人人發跡福綿綿。
		林青雲	吳漫沙	笑余缺舌話潮流，迎接千禧酒滿甌。海島縱橫爭逐鹿，廟堂變幻望封侯。登高怕睹瘡痍局，遣興驚逢勢利儔。政治無緣心自泰，把竿穩坐釣魚舟。
臺灣古典詩 31 期 88.11	懷念詩人周植夫先生[841]	黃錠明	林正三	利名不慕慕風騷，致力傳經不憚勞。聲韻詩文稱並美，詞壇長憶一人豪。
		陳焙焜	蔡秋金	天不留人痛我曹，周郎才調筆如刀。君歸獨嘆工詩少，合供春秋一字褒。

[838]刊載於《台灣古典詩》第 31 期。作者有：黃錠明、蘇逢時、黃鷗波、曾銘輝、陳欽財、許欽南、施良英、楊振福、馮家格、蘇心絃、林正三、莊德川、駱金榜、李傳芳、許又勻、翁正雄；

[839]9 月 11 日於陽明書屋。刊載於《台灣古典詩》第 31 期。作者有：陳榮弨、陳欽財、姚孝彥、李春榮、許漢卿、蔣孟樑、許欽南、林麗珠、翁正雄、陳焙焜、林青雲、邱素月、王連壁、吳漫沙、陳炳澤、李宗波、林韓堂、黃錠明、張國裕、黃鶴仁；

[840]光復組例會開於吉祥樓餐廳。刊載於《台灣古典詩》第 31 期。作者有：陳焙焜、吳漫沙、陳欽財、林正三、蘇逢時、張耀仁、莊德川、李梅庵、許又勻、翁正雄、許欽南、黃鷗波、王前、林玉山、黃義君、蔣孟樑；

[841]刊載於《台灣古典詩》第 31 期。作者有：林正三、蔡秋金、駱金榜、王前、黃義君、施良英、林振盛、蔣孟樑、莊德川、李宗波；

見報日期	詩　　題	詞　宗	掄　元	詩　作　　本　　文
臺灣古典詩 32 期 89.01	冬夜窗前琢句 842	翁正雄	洪玉璋	綺窗坐對電燈調，霜月移梅瘦影搖。便引吟魂天外去，況當酒氣腦中燒。一詩千改猶難穩，半句深思未易描。因恐失真遲落筆，文章敢謂勝瓊瑤。
		林正三	許漢卿	寒宵夜寂靜敲詩，雪案螢窗細索疵。好語修來矜雅麗，陳言務去見雄奇。清新共許雕龍句，秀逸惟工繡虎辭。得意聳肩忘苦累，欣成傑作飲瓊卮。
臺灣古典詩 32 期	劍氣 843	林彥助 許欽南	蔡柏棟 雙元	三尺龍泉吐彩霓，揮來劍氣與天齊。青霜紫電鋒芒銳，斬惡除妖護庶黎。
臺灣古典詩 33 期 89.03	尖峰遠眺 844	黃鷗波 鄞強	駱金榜 合點元	平生痼癖近巖阿，放眼尖峰勝景多。西北車流環國道，東南巒脈映基河。七星對峙蒼茫繞，五指相望翠黛羅。汐市風光無限好，撩吾詩興且高歌。
臺灣古典詩 33 期 89.03	灘音憶往 845	黃錠明 陳焙焜	林正三 合點元	峰崎流長著夙名，記曾蹀躞聽溪聲。潮回乍見汀沙白，月上頻添水色明。瀨韻淙淙疑漱玉，幽絃咽咽似聞箏。悵懷絕好高秋夜，不復當年古調清。
臺灣古典詩 34 期 89.05	履新宴 846 88 年花朝	許漢卿	莊德川	黃公履任宴聯歡，弘道扶輪李杜壇。斗酒十千詩百首，同揮彩筆振文瀾。
		林彥助	楊振福	碩儒重整漢衣冠，排宴履新鷗鷺歡。瀛社共推黃教授，高飄詩幟壯騷壇。

842刊載於《台灣古典詩》第 32 期。作者有：洪玉璋、許漢卿、黃錠明、蔡秋金、張耀仁、黃天賜、蔣夢龍、陳炳澤、林正三、林彥助、陳麗卿、馮嘉格、黃鶴仁、蘇心絃、黃鷗波、林振盛、陳欽財；

843刊載於《台灣古典詩》第 32 期。作者有：蔡柏棟、楊振福、蔣孟樑、蕭煥彩、李宗波、林正三、洪玉璋、陳欽財、曾銘輝、蘇逢時、陳麗卿、吳裕仁、翁正雄；

844刊載於《台灣古典詩》第 33 期。作者有：駱金榜、陳炳澤、許漢卿、陳榮弼、許欽南、黃鷗波、黃錠明、林正三、賴添雲、張耀仁、楊振福、陳焙焜、曾銘輝、鄞強、林麗珠、翁正雄、林振盛、林世奇；

845刊載於《台灣古典詩》第 33 期。作者有：林正三、林韓堂、陳欽財、林麗珠、陳連璧、王錫圳、陳榮弼、許欽南、鄞強、蕭煥彩；

846刊載於《台灣古典詩》第 34 期。作者有：莊德川、楊振福、林振盛、李宗波、林玉山、唐溶、蔣夢龍、許欽南、駱金榜、黃錠明、許又匀、李梅庵、吳玉、洪玉璋、吳漫沙、曾銘輝、許漢卿、林韓堂；

見報日期	詩　　題	詞　宗	掄　元	詩　作　本　文
臺灣古典詩 34 期 89.05	銷夏詞[847]（首唱）	蔡秋金	洪玉璋	雲作縑緗地作箋，一番拈出一番玄。納涼句拾青山外，逃熱杯浮綠水前。六月江城來俊彥，千秋翰墨証因緣。何多勝事添幽思，曉寫荷花暮聽蟬。
		林正三	黃錠明	赤帝司權溽暑天，冰紈雪藕共流連。座中宜締斯文客，世外常攀翰墨緣。扇引清風圖卻熱，棋消永晝漫攤箋。詩家不學趨炎輩，笑指清涼近酒邊。
臺灣古典詩 34 期 89.05	慎言[848]（次唱）	陳焙焜	馮嘉格	言忠信不損公私，眷吉招祥在即時。立命安身謙致福，當仁豈敢背先師。
		楊振福	林正三	快語休教呈出奇，肩承大任費覃思。時而後說邦家福，佇願元戎善自持。
臺灣古典詩 35 期 89.07	詩幟飄揚九十秋[849]（首唱）	方子丹	蔡武揚	高飄吟幟稻江阪，瀛社嚶鳴九十周。擷藻手欣扶大雅，凌雲筆可抵中流。繞樑有韻追元白，醒世無邪萃鷺鷗。禊繼斐亭于此盛，憑誰妙句占鰲頭。
		龔嘉英	柏蔚鵬	瀛社高張正義旌，宣揚文化早馳名。百年亂世滄桑變，九秩騷壇雅韻清。詩教原爲崇道德，吟鞭卻可退戎兵。鷗盟廣結如椽筆，兩岸同心頌太平。

[847] 觀蓮例會。刊載於《台灣古典詩》第 34 期。作者有：洪玉璋、黃錠明、張開龍、林彥助、林振盛、李宗波、許欽南、陳焙焜、林玉山、蘇逢時、黃鷗波、施良英、許漢卿、吳漫沙、楊振福；

[848] 刊載於《台灣古典詩》第 34 期。作者有：馮嘉格、林正三、李梅庵、林麗珠、蘇逢時、張壇爐、許又勾、黃鷗波；

[849] 88 年 3 月 28 日（農曆 2 月 11），創社 90 週年全國詩人聯吟大會，假開南商工大禮堂舉開。作者有：蔡武揚、柏蔚鵬、陳月琴、劉美雲、陳梅、栗由思、劉金城、劉駿逸、陳榮弡、王前、李登順、吳玉書、劉邦慶、呂筆、林雄騏、歐陽炯、吳振清、楊紋生；

見報日期	詩題	詞宗	掄元	詩作本文
臺灣古典詩 35 期 89.07	詩人杖 850（次唱）	林欽貴	陳秋瑩	騷人皆健朗，攜杖陟高岡。 踏月尋佳興，穿雲覓綺章。 敲門迎摯友，懸酒潤詩腸。 樂道安天命，吟軀得壽康。
		陳俊儒	陳淑清	覓句欣相伴，追隨日月長。 柳間持聽鳥，花下扙聞香。 曾曳孤山雪，還沾庾嶺霜。 尋芳常在手，自笑為詩忙。
臺灣古典詩 36 期瀛社消息 89.09	歡迎日本「曉」吟詠愛好會蒞臺交流	合點 851 未署詞宗	吳玉合點元	臺日交流喜締盟，扶桑客至最歡迎。 曉團高詠聲猶壯，瀛社豪吟韻亦清。 弄扇和詩聯舞劍，彈琴配樂並吹笙。 千杯美酒今同醉，金石芝蘭固友情。
臺灣古典詩 36 期 89.09	鵲橋 852	未署詞宗	駱金榜	盈盈一水界情天，此夕橋勞喜鵲填。 滿岸漪漪波瀲灩，雙星耿耿意纏綿。 由來碧落銀河靜，正值金風玉露鮮。 佳節如斯能有幾，女牛恩愛慶團圓。
		未署詞宗	蔡秋金	天上人間共寂寥，客來吳市效吹簫。 怕看兩淚旋成雨，欲渡雙星只架橋。 鵲造鼇樑情小重，牛思織女恨難銷。 滿腔愁思還相伴，只對銀河藉酒澆。
臺灣古典詩 36 期	藍色公路 853	未署詞宗	許漢卿	煙波萬里快舟乘，曉泛鯤溟海氣徵。 藍色航途瞻浩蕩，喜師宗憨壯心騰。

---

850 同上。作者有：陳秋瑩、陳淑清、江沛、黃坤楨、高去帆、陳珠碧、鄧璧、林振盛、呂碧銓、蔡仙桃、呂淑卿、張國裕、曾銘輝、饒呈榮、陳友竹、陳福助、陳芙蓉、陳進步；

851 89 年 9 月 30 日於吉祥樓。作者有：吳玉、林正三、林玉山、鄞強、許漢卿、陳焙焜、林麗珠、林彥助、蔣夢龍、邱天來；

852 刊載於《台灣古典詩》第 36 期。作者有：駱金榜、蔡秋金、洪玉璋、黃鷗波、陳炳澤、李梅庵、許漢卿、林麗珠、莊德川、黃義君、黃錠明、蘇逢時、施良英、李珮玉、馮嘉格、葛佑民、蕭煥彩、許欽南、鄭水同；

853 刊載於《台灣古典詩》第 36 期。作者有：許漢卿、駱金榜、蘇逢時、王前、葛佑民、施良英、楊振福、莊德川、黃義君、陳焙焜、陳欽財、蔣夢龍、許欽南、曾銘輝、黃錠明、蕭煥彩、張耀仁、洪玉璋、許又勾、蔡秋金、李梅庵、翁正雄、吳裕仁、林正三、陳麗卿、林彥助、鄞強、張塇爐、李珮玉；

見報日期	詩　　題	詞　宗	掄　元	詩　作　本　文
89.09		未署詞宗	駱金榜	天際遙遙玉宇徵，御風破浪快舟乘。 旅程迤邐航千里，藍海揚帆壯志騰。
題襟集 花朝例會	人花並壽 854	吳漫沙	黃鷗波	壽花壽社壽知音，三祝吉祥喜共鳴。 此日聯歡同祝嘏，欣期歲歲作題襟。
		楊振福	王　前	騷朋賀壽起高吟，並向群芳酒一斟。 九秩吳翁楊七十，庚星炯炯耀林深。
題襟集 清和例會	詠捷運 855 （首唱）	黃錠明	黃天賜	捷運興奇蹟，江城變市妝。 東西乘載快，南北往來忙。 效率無煙染，繁榮有景揚。 政經如是作，民樂且安康。
		蔣孟樑	李珮玉	捷運開新景，江城改舊妝。 搭乘多驛站，接駁省時光。 旅客車中憩，商家地下忙。 暢行吾意快，便利美名揚。
題襟集 端陽例會	學而習時之 856 （首唱）	林正三	洪淑珍	獨對孤燈雅興長，潛心覽讀以圖強。 窮通萬卷修才德，勤習群經究典常。 溫故乃臻周禮樂，知新莫棄漢文章。 希賢慕聖情何悅，翰墨欣聞一室香。
		洪玉璋	黃義君	至聖先師揭錦囊，學而時習放光芒。 丁丁漏盡三餘立，乙乙眠遲七略張。 不近西山疏治亂，能親東壁解興亡。 推移氣質除無味，一卷薰人骨也香。
題襟集 同上	苦熱 857 （次唱）	蘇逢時	張壇爐	炎威暑氣熱風吹，連日高溫苦悶時。 一陣似盆雷雨降，涼生神爽笑開眉。
		王　前	蔣夢龍	酷暑薰人遍海涯，避炎無地欲何之。 虔祈天降甘霖雨，普減高溫景物滋。

---

[854] 作者有：黃鷗波、王前、許欽南、黃錠明、黃義君、林韓堂、張壇爐、賴添雲、吳漫沙、葛佑民、蔣孟樑、蘇逢時、陳焙焜、李宗波、許又匀、林彥助、黃調森；

[855] 5月6日於吉祥樓舉開。作者有：黃天賜、李珮玉、施良英、林韓堂、鄞強、駱金榜、林振盛、林正三、許又匀、黃鷗波、趙松喬、張壇爐、許欽南、陳麗卿、黃義君；

[856] 7月15日開於吉祥樓。作者有：洪淑珍、黃義君、張添財、李梅庵、黃錠明、陳麗卿、吳漫沙、葛佑民、蘇蓬時、蕭煥彩、翁正雄、蔡業成、王前、蔣夢龍、鄞強；

[857] 作者有：張壇爐、蔣夢龍、陳麗卿、洪玉璋、張耀仁、陳焙焜、楊振福、蔡業成、駱金榜、李梅庵、蕭煥彩、林彥助、許欽南、林振盛、鄞強、李天香、林韓堂、歐陽開代；

見報日期	詩 題	詞 宗	掄 元	詩 作 本 文
題襟集觀蓮例會	蓮亭話舊 858 （首唱）	黃錠明	涂國瑞	紅衣翠蓋艷芳辰，滌暑欣尋曲水濱。巧遇良朋賓主樂，相逢賞勝鷺鷗親。談心促膝留鴻爪，覓句伸懷勵膽薪。好共盤桓花塢裏，薰風解慍爽吟身。
		許漢卿	吳漫沙	有約蓮亭樂趣真，橫塘菡萏晚晴新。相求同氣如昆仲，交到無形孰主賓。坐上稀來趨利客，眼中盡是摯情人。文星環拱吟聲起，把臂聯歡一片春。
題襟集同上	海國驚秋 859 （次唱）	蘇逢時	鄞強	肆虐桃芝土石翻，臨秋災變愴騷魂。憑誰推動安邦策，寶島民寧笑語溫。
		洪玉璋	駱金榜	西風海島暗驚魂，凶悍桃芝帶雨奔。花縣南投災慘重，狂流土石毀家園。
題襟集中秋例會	醉中秋 860 （首唱）	李春榮	王前	蓬瀛八月露凝深，三五清輝照滿林。良夜無詩人自俗，邀朋有酒我狂吟。東籬放豔情懷逸，玉宇高寒雅興侵。豪氣干雲傾百斗，朦朧醉眼問天心。
		許欽南	李宗波	吾來細草微風岸，人上危檣獨夜舟。萬點星垂平野曠，滿輪月湧大江流。事到獨邀三影醉，醒來依舊一身休。自忖飄然何所重，茫茫天地老沙鷗。
題襟集同上	酒杯 861 （次唱）	林正三	李春榮	飛渡蓬萊認此卮，愁城可破白奚疑。待將玉液瓊漿貯，花月雙雙倩影移。
		許漢卿	姚孝彥	琢玉雕瓊美酒卮，流霞泛蟻爽詩脾。人生但使樽常滿，豪飲長鯨醉不辭。

858 8月6日開於吉祥樓餐廳。作者有：涂國瑞、吳漫沙、李宗波、陳麗卿、楊振福、施良英、王前、翁正雄、黃天賜、許哲雄、葛佑民、李佩玉、張耀仁、陳焙焜、駱金榜、蕭煥彩；

859 同上。作者有：鄞強、駱金榜、蔣夢龍、蔡柏棟、陳欽財、林麗珠、蘇心絃、葛佑民、王前、林正三、張明萊、李珮玉、楊振福、蕭煥彩；

860 10月10日於吉祥樓。作者有：王前、李宗波、翁正雄、姚孝彥、鄞強、張壇爐、陳焙焜、陳麗卿、駱金榜、許欽南、李珮玉、蘇逢時、洪淑珍、黃義君、張耀仁、蔣夢龍、李春榮；

861 同上。作者有：李春榮、姚孝彥、鄞強、蘇逢時、李珮玉、蔣夢龍、許欽南、陳欽財、張壇爐、許又勻、王前、陳焙焜、姚孝齊、張耀仁、林振盛、林正三；

見報日期	詩　題	詞　宗	掄　元	詩　作　本　文
題襟集 光復例會	女詩人 862 （首唱）	許漢卿	陳麗卿	采蘋渾未讓鬚眉，才智相乘蘊玉姿。 竇婦織圖誇繡閣，謝家詠絮耀門楣。 詞章揮灑誰堪匹，聲律鏗鏘獨擅奇。 睥睨群雄椽筆健，騷壇鏖戰一英雌。
		蔣孟樑	洪玉璋	謝家詠雪盛名傳，不讓鬚眉獨占先。 詞著十香蕭后巧，文回片錦竇妻賢。 揮毫玉指如荑嫩，舉盞朱顏似杏妍。 自是風流吟未輟，騷壇付與日周旋。
題襟集 同上	米酒荒 863 （次唱）	楊振福	黃天賜	米酒鬧荒堪笑奇，一瓶難覓幾人悲。 成仙成鬼都無計，空向杯前忍渴飢。
		翁正雄	林正三	麴米釀成調味宜，庖廚日用闕如斯。 爲貪小利爭屯積，平準無功實可悲。
題襟集 91年 花朝例會 03.30	桃觴壽群賢 864	羅　尙	陳焙焜	庚星十顆射光芒，桃醑花辰獻百觴。 杖國杖朝同九秩，壽人壽社壽無疆。
		蘇逢時	李春榮	欣從瀛社醉桃觴，來獻岡陵上壽章。 媲美香山多一老，騷壇十哲正康強。
題襟集 清和例會	母語傳承 865 （首唱）	李春榮	賴添雲	花開萬朵果千千，物衍天行是自然。 母語情傳親不斷，人文氣接意相連。 萬家互重多生趣，百族和融各逞妍。 先日若無施錯政，薪承何費苦揮鞭。
		洪玉璋	洪淑珍	閩南一脈自炎黃，母語千秋豈可忘。 萬卷雄渾文錦繡，八聲優美韻琳瑯。 遴編雅句研唐典，制訂音標註漢章。 藜火傳承吾有責，並期朝野共推揚。

862 11月25日開於吉祥樓餐廳。作者有：陳麗卿、洪玉璋、張耀仁、翁正雄、蘇心絃、許漢卿、楊振福、王前、許欽南、蘇逢時、駱金榜、蔣夢龍、林正三、陳炳澤、洪淑珍、陳焙焜；

863 同上。作者有：黃天賜、林正三、蘇心弦、許欽南、蘇逢時、陳焙焜、許文彬、楊振福、黃鷗波、陳麗卿、陳炳澤、李珮玉、洪淑珍、鄞強、許漢卿、蕭煥彩；

864 3月30日於吉祥樓。作者：陳焙焜、李春榮、許漢卿、黃鷗波、張耀仁、陳欽財、翁正雄、王前、駱金榜、吳蘊輝、蕭煥彩、林振盛、李珮玉、陳麗華、張垣爐、蘇心弦；

865 5月26日於吉祥樓。作者：賴添雲、洪淑珍、楊振福、蔣夢龍、許欽南、蕭煥彩、蘇心絃、吳裕仁、陳炳澤、李宗波、鄞強、林彥助、駱金榜、許又勻、李珮玉、葛佑民；

見報日期	詩　　題	詞　宗	掄　元	詩　作　本　文
題襟集 同上	空難 866 （次唱）	楊振福	翁正雄	華航空難報頭刊，怵目驚心不忍觀。 筆伐口誅詩共譴，亟須整治是飛安。
		許漢卿	陳麗卿	驚傳噩耗痛心肝，又見銀鵬墜海殘。 急救厭聽濤怒吼，廟堂應亟重飛安。
題襟集 觀蓮例會	望雲霓 867 （首唱）	翁正雄	林麗珠	極盼雲霓帶雨來，蓬嶠南北暖如煨。 焚風撲面燒山野，天際投冰未起雷。 田地休耕農事廢，鄉城限水病原媒。 謁神鑿井尋良策，黎首同心抗旱災。
		康濟時	許漢卿	不雨多時旱魃臨，雲霓渴望盼甘霖。 滂然澤潤禾苗秀，沛若膏腴草木深。 大地欣消缺水怨，蒼天幸發濟時心。 昭蘇萬類施恩溥，起死回生滴滴金。
題襟集 同上	螢火 868 （次唱）	楊振福	王　前	飛螢浥露滿籬前，閃爍高低點點妍。 藉汝微光輝大地，免教濁世暗無邊。
		黃天賜	陳欽財	薰風習習夜情妍，閃爍星流宛似仙。 飄動火花吹不滅，入詩壯景盡怡然。
題襟集 板橋扶輪 社合辦瀛 社貂山吟	板橋展望 869 （首唱）	張國裕	鄞　強	百葉咸亨喜可期，枋橋今見奠鴻基。 全台眾譽精謀略，北縣多方富設施。 開闢舊街興善政，建成新站展宏規。 本源園邸名千載，鼎盛繁榮入史詩。

---

866 同上。作者有：翁正雄、陳麗卿、**龔家庭**、蔣孟樑、許又勻、洪玉璋、陳麗華、吳東晟、林正三、黃天賜、駱金榜、林振盛、葛佑民、賴添雲、張壇爐、許漢卿、洪淑珍；

867 7月14日（農曆6月4日）開於吉祥樓。作者有：林麗珠、許漢卿、蔣夢龍、洪玉璋、張耀仁、鄞強、翁正雄、楊振福、林彥助、曾銘輝、陳麗卿、黃義君、蘇逢時、許又勻、李珮玉、王前；

868 同上。作者有：王前、陳欽財、張壇爐、曾銘輝、洪若谷、許又勻、吳裕仁、許漢卿、李珮玉、黃義君、張添財、林彥助、黃鶴仁、蔣孟樑、葛佑民、康濟時、謝玉卿、許欽南；

869 板橋扶輪社舉辦，瀛社、貂山聯吟，日期失記。作者有：鄞強、林正三、嚴素月、張明萊、駱金榜、簡華祥、蘇心絃、陳欽財、黃義君、許欽南、洪玉璋、黃天賜、洪淑珍、許漢卿、林彥助、李宗波；

見報日期	詩　題	詞　宗	掄　元	詩　作　本　文
社聯吟		姚孝彥	林正三	改制於今歷卅年，枋橋麗景燦中天。亭園跡認流源遠，書社碑傳禮教先。逵道通津成輻輳，層樓聳漢復駢聯。政經北縣歸樞紐，日見繁榮是必然。
題襟集同上	族群融和 870 （次唱）	許漢卿	黃義君	兄弟追源血不殊，族群融合享歡愉。莫分外省與台省，相愛相親步坦途。
題襟集中秋例會	八月十六夜賞月 871 （首唱）	蔣夢龍	陳焙焜	冰輪皎潔挂雲霄，時值中秋過一朝。銀色精光同昨夜，金風爽籟遍今宵。樓頭再賞南天月，岸畔猶觀北海潮。觴詠最憐新缺後，當歌酩酊樂逍遙。
		許欽南	翁正雄	中秋節後契知音，坐賞江樓酒共斟。兔魄漫從今夜減，詩情更比昨宵深。一輪皎潔天邊望，千古風流月下尋。二八嫦娥姿特美，婆娑起舞對高吟。
題襟集同上	賞菊 872 （次唱）	許漢卿	林正三	浥露凌霜志亦雄，秋來艷放小籬東。閑心我亦師陶隱，把酒悠悠坐菊叢。
		洪玉璋	李宗波	閒來信步叩籬東，入眼黃花吐艷中。我與淵明原共好，賞心孰並老夫同。
題襟集 91 年端陽例會（延開）	秋夜品茗 873 （首唱）	蔡秋金	王　前	庭梧葉落感微涼，煮茗烹泉顧渚香。皓月窺窗聲靜寂，疏星倚樹影迷茫。傾聽萬籟秋懷動，細品終宵藻思長。情景融和茶味好，清談徹夜興飛揚。

[870]同上。作者有：黃義君、林正三、張耀仁、駱金榜、周明宏、陳焙焜、曾銘輝、黃調森、姚孝彥、蕭煥彩；

[871]9 月 29 日開於吉祥樓。作者有：陳焙焜、翁正雄、王前、楊振福、許漢卿、陳麗卿、駱金榜、蔣夢龍、林正三、鄞強、蕭煥彩、洪淑珍、李春榮、陳欽財、姚孝彥；

[872]同上。作者有：林正三、李宗波、張耀仁、蘇逢時、姚孝彥、葛佑民、陳麗卿、駱金榜、陳欽財、蔣夢龍、鄞強、黃鷗波、黃天賜、黃義君、翁正雄、王前、洪淑珍；

[873]端陽組例會因故延開，10 月 13 日開於吉祥樓。作者有：王前、許漢卿、李宗波、蕭煥彩、黃義君、鄞強、駱金榜、姚李彥、楊振福、張耀仁、張壇爐、陳麗華、陳麗卿、許欽南、洪玉璋、翁正雄、蔣夢龍；

見報日期	詩 題	詞 宗	掄 元	詩 作 本 文
		林正三	許漢卿	嫩擘龍芽石鼎煎，秋宵茗座聚高賢。 一甌香蕩情懷美，兩腋風生氣味妍。 解渴除煩孤悶破，清神醒酒俗塵蠲。 姮娥伴我詩腸潤，逸興遄飛似謫仙。
題襟集 同上	江城秋望⁸⁷⁴ （次唱）	王 前	洪玉璋	一年又見雁來天，獨上層樓思渺然。 因恐浮雲遮望眼，更攀屯嶺最高巔。
		翁正雄	蔣夢龍	一望都門秋色妍，黃花老圃麗江天。 登樓覽遠思王粲，無限斜陽愛暮年。
題襟集 光復例會	望鄉⁸⁷⁵ （首唱）	許漢卿	曾銘輝	棲遲為客幾星霜，身寄他鄉念故鄉。 眼斷屯山雲漠漠，心縈瑪水路茫茫。 蓴鱸常繫思歸里，雁信頻傳待叩堂。 怯上高樓生悵意，羈離無那最神傷。
		王 前	許漢卿	衣錦還鄉願屢空，白雲親舍夢魂中。 登樓作賦悲王粲，旅夜書懷感杜公。 琴劍飄零傷去國，關山迢遞盼來鴻。 家園北望生歸思，不盡蓴鱸繫客衷。
題襟集 同上	賞雪⁸⁷⁶ （次唱）	李春榮	駱金榜	合歡山上朔風吹，片片飛花六出奇。 銀界三千樓十二，騷人得句入新詩。
		翁正雄	吳裕仁	人來絕嶺立多時，玉屑飄來染鬢絲。 頃刻峰巒頭點白，不知我亦老垂垂。
92年癸未 花朝例會 中華詩壇 13期	花誕迎賓⁸⁷⁷ 無課題	駱金榜	蔡秋金	飛揚吟唱響穹蒼，金叵羅開酒味香。 最是花辰逢此日，客來攜筆共傾觴。
		陳進雄	陳焙焜	花辰翰墨賀群芳，歡迓吟朋自浙杭。 一詠一觴同一醉，獻詩互祝壽而康。

---

[874] 同上。作者有：洪玉璋、蔣夢龍、許哲雄、楊振福、張耀仁、王前、黃天賜、陳彩嬌、李宗波、蕭煥彩、蔡秋金、姚孝彥、許又勻、林正三、林振盛、謝玉卿、駱金榜；

[875] 12月29日開於吉祥樓。作者有：曾銘輝、許漢卿、陳炳澤、蕭煥彩、翁正雄、李春榮、駱金榜、葛佑民、蔡秋金、蘇心絃、陳麗華、蘇逢時、王前、蔡秋金、陳欽財、張慧民；

[876] 同上。作者有：駱金榜、吳裕仁、張添財、黃義君、張慧民、張耀仁、許欽南、陳彩嬌、曾銘輝、鄞強、醉佛、陳欽財、謝玉卿；

[877] 92年3月8日（夏曆2月6日）於吉祥樓。作者有：蔡秋金、陳焙焜、許漢卿、陳麗卿、吳素娥、洪玉璋、蕭煥彩、楊振福、康濟時、洪淑珍、黃天賜、翁正雄、李珮玉、張塯爐、楊錦秀、張耀仁、王前；

見報日期	詩題	詞宗	掄元	詩　作　本　文
清和例會 中華詩壇 13 期 93.01	感時 878 （首唱）	李春榮	洪玉璋	故鄉念切滯天涯，旅況淒涼老更悲。 世局厭看龍虎鬥，人心易受利名移。 鴉聲亂耳由來久，日影斜林任去遲。 家國事憂惆悵甚，不堪重讀少陵詩。
		陳焙焜	張耀仁	榴花盛放吉羊年，國事蜩螗感萬千。 朝野爭權忘重擔，財經失策墜深淵。 囂張立委當淘汰，憤怒公民勿醉眠。 法治修明珍一票，全憑理智選能賢。
同上 中華詩壇 13 期	柳風 879 （次唱）	蘇逢時	洪淑珍	搖曳長隄翠色濃，微風飛絮豁心胸。 涼生兩腋增吟興，數句拈來意萬重。
		許漢卿	許欽南	柔條嫩葉共蔥籠，一樹依依綠蔭濃。 頻送夷和風不息，人間吹遍豁心胸。
觀蓮例會 中華詩壇 13 期 93.01	流浪犬 880 （首唱）	王　前	洪玉璋	靈獒遭棄食無糧，餓闖街頭怒目張。 性發攻人凶似虎，心殘噬兔猛於狼。 吠聲永夜安寧擾，行跡終年污穢藏。 狗黨施闈晶片植，便尋飼主罰加強。
		林正三	許欽南	赤心耿耿不居功，守戶防偷稟性忠。 歲老蹉跎形尚猛，力衰困頓氣猶雄。 喪家吠破三更月，戀主聲悲五夜風。 最是堪憐流浪犬，遭烹運命痛吾衷。
同上 中華詩壇 14 期 93.03	公投 881 （次唱）	蔣孟樑	許欽南	不分黨派不循私，向背民心總未知。 一例公投堪作主，邦家大計莫遲疑。
		洪玉璋	陳麗卿	攸關國政眾分歧，導入公投扁策宜。 撻伐議壇終偃鼓，依歸民意計堪施。

878 92 年 6 月 22 日（農曆 5 月 23 日）於吉祥樓餐廳。作者有：洪玉璋、張耀仁、駱金榜、葛佑民、陳焙焜、洪淑珍、黃義君、楊振福、蔣夢龍、羅尚、李珮玉、翁正雄、陳彩嬌、王前、許漢卿、林彥助；
879 同上。作者有：洪淑珍、許欽南、許漢卿、楊振福、駱金榜、翁正雄、蕭煥彩、黃調森、蔣夢龍、陳麗華、蘇心絃、蔡秋金、林正三、李春榮、陳麗卿；
880 92 年 7 月 6 日於吉祥樓。作者有：洪玉璋、許欽南、翁正雄、張耀仁、蕭煥彩、陳麗卿、陳麗華、蔣夢龍、郭明陽、王前、林麗珠、蘇逢時、林振盛、黃調森、蘇心絃、林彥助；
881 同上。作者有：許欽南、陳麗卿、林麗珠、林正三、張耀仁、林彥助、鄞強、蘇心絃、許漢卿、蔣夢龍、翁正雄、李宗波、林振盛、蘇逢時、洪玉璋；

見報日期	詩　題	詞宗	掄元	詩作本文
中秋例會 中華詩壇 14期 93.03	花蓮選戰有感[882] （首唱）	翁正雄	陳麗華	花蓮逐鹿起三雄，旗幟鮮明戰火紅。 游謝爭鋒情最烈，綠藍對決勢如虹。 孤軍下跪終難勝，兩黨提名竟奏功。 只望賢能登縣座，深期民主淨乖風。
		林正三	陳炳澤	擇良執政促邦興，派系和諧福祉增。 懇懇高呼防賄賂，頻頻回應反欺凌。 爭權奪利招家毀，霸業營私致國崩。 奉勸忠心謀社稷，仁人不黨選賢能。
同上 中華詩壇 14期 93.03	敬悼黃社長[883] （次唱）	張耀仁	陳彩嬌	驚聞社長返仙鄉，學海沉珠映夕陽。 三載領盟功顯赫，遺文千古化龍驤。
		許欽南	蔣夢龍	社長才華海國揚，一朝化鶴最堪傷。 廣陵逸韻成遺響，追悼宗師欲斷腸。
光復例會 中華詩壇 15期 93.05	江城秋望[884] （首唱）	羅　尙	陳焙焜	遶城波浪麗江天，載酒磯頭效謫仙。 放眼丹楓吟岸上，賞心黃菊醉籬邊。 橫秋雁影千山過，噪晚鴉聲數里傳。 又見歸舟浮落日，盡收佳景入詩篇。
		許漢卿	王　前	持螯把酒上層樓，俯瞰溪山萬里秋。 拄杖眼看屯嶺靜，憑欄筆寫稻江幽。 雲遮遠浦聽濤壯，風送寒潮拍岸悠。 一雁橫飛拖落日，漫天星斗引鄉愁。
同上 中華詩壇 15期	秋郊拾句[885] （次唱）	蔣夢龍	黃調森	探景尋詩明壯志，開懷無酒苦吟身。 卻緣殘菊連楓葉，霞絢飄丹襯白蘋。
		翁正雄	張壇爐	金風萬里氣清新，信步尋詩往返頻。 寫罷晴郊諸勝景，老來快樂似仙神。

---

[882]92年8月30日於吉祥樓。作者有：陳麗華、陳炳澤、葛佑民、蔡秋金、蔣夢龍、蘇心絃、翁正雄、蕭煥彩、張耀仁、黃義君、李宗波、王前、陳彩嬌、洪淑珍、張壇爐、許欽南；

[883]同上。作者有：陳彩嬌、蔣夢龍、楊振福、蘇逢時、李珮玉、楊錦秀、黃調森、蔡秋金、王前、林正三、黃義君、陳欽財、李天香、許欽南、葛佑民、洪淑珍、張壇爐；

[884]92年10月26日於吉祥樓。作者有：陳焙焜、王前、林正三、張添財、翁正雄、洪玉璋、蘇逢時、黃義君、陳麗卿、蕭煥彩、鄞強、李宗波、駱金榜、洪淑珍、許欽南、陳彩嬌、蔣夢龍；

[885]同上。作者有：黃調森、張壇爐、許漢卿、許又勻、王前、洪玉璋、葛佑民、黃天賜、黃義君、蘇心絃、陳麗卿、陳麗華、蔣夢龍、翁正雄；

見報日期	詩題	詞宗	掄元	詩作本文
題襟集 冬至例會	閒餘談詩 886 （首唱）	陳焙焜	蔣夢龍	閒來無事欲何之，三五吟朋且談詩。 爐火正溫欣促膝，湯茶慢品喜揚眉。 蘇黃麗句勤斟酌，李杜雄文探偉奇。 太息騷風衰颯甚，天聲共振費深思。
		蘇逢時	洪玉璋	每逢公假或私休，邀友江城樂唱酬。 赴會晨經承德路，論文夜飲吉祥樓。 興來思壯風雲幻，話到情高意氣投。 吾輩切磋鞭共策，遣懷述志史編修。
題襟集 同上	搓圓夜 887 （次唱）	王　前	甄寶玉	北風凜烈歲蕭條，陰極陽生待翌朝。 此夜合家搓玉粒，年豐國盛凍全消。
		洪淑珍	黃義君	濾漿揉粿付阿嬌，搓得如珠累盡銷。 預見明晨團聚樂，奴家轉怨夜迢迢。
同上	吉祥一唱 888	林正三	翁正雄	吉事詩題華錦貴，祥樓酒飲玉壺清。
93 甲申 花朝例會 中華詩壇 15 期 93.05	漢光武帝 889 （首唱）	羅　尙	張耀仁	昆陽一戰定江山，破賊王師慶凱還。 敘舊欣留子陵宿，鍾情博得麗華攀。 雲臺甲帳埋塵裡，翰苑文章蓋世間。 好是中興恢漢祚，賢君盛舉史斑斑。
		李舒揚	陳賢儒	一自西亡國號東，王朝建業洛陽中。 莽平仁治河山德，邦復儒修竹帛功。 寇匪豈容眉染赤，賊兵盡掃馬披銅。 千秋史筆歌光武，大節長徵後漢風。

---

[886] 92 年 12 月 21 日（農曆 11 月 28）開於吉祥樓。作者有：蔣夢龍、洪玉璋、蘇心絃、許哲雄、黃義君、李宗波、曾銘輝、洪淑珍、許欽南、陳彩嬌、楊振福、翁正雄、蕭煥彩、張耀仁；

[887] 同上。作者有：**甄寶玉**、黃義君、陳焙焜、林振盛、蕭煥彩、楊振福、陳炳澤、林正三、陳彩嬌、蘇心絃、林麗珠、許又勻、陳麗華、李珮玉、許欽南、陳欽財、曾銘輝；

[888] 同上。作者有：翁正雄、陳焙焜、邱進丁、蘇逢時、洪玉璋、許漢卿、甄寶玉、許欽南、許哲雄、許又勻；

[889] 3 月 7 日（農曆 2 月 17）於吉祥樓餐廳。作者有：張耀仁、陳賢儒、陳焙焜、李宗波、簡華祥、陳麗卿、連嚴素月、洪澤南、許欽南、翁正雄、駱金榜、蔡秋金、張壇爐、蘇心絃、洪淑珍、陳碧霞、蔡業成、陳彩嬌；

見報日期	詩　　題	詞　宗	掄　元	詩　作　　本　　文
中華詩壇 15 期 93.05	春神 890 （次唱）	簡華祥	李春榮	一年好景仰東皇，錦繡其懷抱眾芳。 長願司春延職守，江山永沐美風光。
		鄞　強	許漢卿	造化真神肇吉祥，君臨大地氣靈彰。 東皇法雨群生潤，萬物昭蘇錦繡香。
同上	花月二唱 891	蔡秋金	洪澤南	繁花合織三春錦，淡月孤懸一夜燈。
清和例會 中華詩壇 16 期 93.07	臺北竹枝詞 892	王　前	陳麗華	蛇湯鱉肉引人來，艋舺繁華夜店開。 多少老饕涎欲滴，邀群吃喝共拳猜。
		洪玉璋	甄寶玉	華西夜市世揚名，山產蛇湯烈火烹。 外客觀光頻咋舌，老饕醉飲到三更。
同上 中華詩壇 16 期 93.07	臺北竹枝詞 893	蘇逢時	翁正雄	北臺一社壯瀛東，代有人才氣派雄。 老少吟詩追李杜，清新直起晉唐風。
		楊振福	陳麗卿	稻江五月迎城隍，置酒陳殽戶戶忙。 那管阮囊羞澀甚，豁然日耗一年糧。
同上	風雨三唱 894	許漢卿	蕭煥彩	偃草風行君子德，濯枝雨潤帝王恩。
觀蓮例會 中華詩壇 17 期 93.09	北城懷古 895	翁正雄	林正三	歲歷雙周甲，興懷望北門。 江山誰是主，睥睨更何言。 人事三朝易，樓臺一角存。 依稀屯嶺月，猶照舊承恩。

---

890 同上。作者有：李春榮、許漢卿、邱進丁、陳欽財、洪澤南、蔣夢龍、蔡業成、洪玉璋、王前、連嚴素月、陳焙焜、林麗玉、張耀仁、康濟時、陳賢儒；

891 作者：洪澤南、李佩玉、蔣夢龍、蔡業成、王前、駱金榜、張耀仁、翁正雄、李宗波；

892 5 月 30 日於吉祥樓。作者有：陳麗華、甄寶玉、陳炳澤、許又勻、許哲雄、鄞強、陳麗卿、蔣夢龍、張民選、蕭煥彩、歐陽開代、黃義君、陳妧姈、陳彩嬌、洪世謀、王前、蘇逢時、蕭煥彩；

893 同上。作者有：翁正雄、陳麗卿、洪世謀、廖碧華、許欽南、王前、洪玉璋、陳彩嬌、陳炳澤、李珮玉、葉金全、許哲雄、歐陽開代、張民選、陳炳澤、邱進丁、蔡業成、康濟時、甄寶玉、張耀仁；

894 同上。作者有：蕭煥彩、駱金榜、黃義君、葉金全、蔡業成、翁正雄、邱進丁、洪玉璋、王前、李珮玉；

895 7 月 18 日於吉祥樓。林正三、翁正雄、黃義君、王前、陳炳澤、張民選、楊振福、李珮玉、洪淑珍、蕭煥彩、洪玉璋、許欽南、張耀仁、洪世謀、葉金全；

見報日期	詩題	詞宗	掄元	詩作本文
		林正三	翁正雄	貝塚殘碑在，江城捷運通。 興衰傷往事，造化憶前功。 淡水河流遠，澄潭劍氣沖。 重來參孔廟，同振聖人風。
同上 中華詩壇 17期 93.09	友情 896	楊振福	張耀仁	左儒死諫感星文，義合之交哲士殷。 痛失知音琴韻絕，高山流水復誰聞。
		蔣孟樑	蕭煥彩	左儒投契誼情殷，贈紵分金更可欣。 置腹推心誇管鮑，桃園結義美名聞。
中秋例會 中華詩壇 18期 93.11	懷邱逢甲先生 897	楊振福	張耀仁	割地求和事不宜，回天乏術枉奔馳。 景崧志短慵籌策，逢甲情長慨賦詩。 盾曳基津空抱恨，舟橫臺海有餘悲。 孤臣報國身家許，倘使重生哭此時。
		洪玉璋	蕭煥彩	仙根飽學一書生，詩酒相酬結義盟。 號令保臺宜自主，興師抗日表全貞。 宜追可法孤軍戰，當恥承疇晚節更。 瑕不掩瑜滄海志，是非成敗有公評。
同上 中華詩壇 18期 93.11	中秋餅 898	翁正雄	許哲雄	畫可充飢我弗狂，半秋時節正登場。 萬錢沽得團圓味，分與霓宮素女嚐。
		康濟時	陳彩嬌	日夜平分爽氣涼，中秋送禮往來忙。 銀盤似餅人如餅，天地團圓叶夢祥。

---

[896] 同上。作者有：張耀仁、蕭煥彩、蘇心絃、姚啓甲、許欽南、翁正雄、陳碧霞、許哲雄、洪淑珍、蔡業成、楊振福、黃義君、陳彩嬌、歐陽開代、陳炳澤、洪玉璋、陳麗華、陳麗卿；

[897] 9月19日於吉祥樓。張耀仁、蕭煥彩、蔡業成、廖碧華、蔣夢樑、洪淑珍、陳賢儒、蘇逢時、黃天賜、翁正雄、歐陽開代、許欽南、陳彩嬌、陳欽財、陳焙焜、林正三、黃義君；

[898] 同上。作者有：許哲雄、陳彩嬌、林正三、林振盛、邱進丁、陳賢儒、林麗玉、陳麗華、黃義君、葛佑民、李政村、蔡業成、張耀仁、林麗珠、陳焙焜、陳麗卿；

見報日期	詩　題	詞　宗	掄　元	詩　作　本　文
光復例會 中華詩壇 19 期 94.01	重陽紀興[899]	林振盛	翁正雄	大屯嶺上碧雲莊，佳節群賢引興長。 九日題襟同作賦，三秋敬老共稱殤。 騷風振起文風盛，國運興隆世運昌。 把酒高吟追李杜，詩情豪邁壯鯤洋。
		翁正雄	張民選	瘦骨凌霜菊蕊鮮，節逢重九迓群賢。 杯中酒藉秋風馥，籬畔花為舊雨妍。 笑向煙霞忘歲月，喜從詩賦結因緣。 佳辰句寫登高外，紀勝誰誇筆似椽。
同上 中華詩壇 19 期 94.01	小陽春[900]	洪玉璋	蘇逢時	小陽時節集名流，敢效蘭亭禊事修。 有待東風頻送暖，鏖詩我愛吉祥樓。
		蔣孟梁	翁正雄	小春雅集吉祥樓，愛國詩吟媲陸游。 十月迎寒誇汗馬，一篇傑出占鰲頭。
冬至例會 中華詩壇 20 期 94.03	甲申回顧[901]	陳兆康	張民選	飲罷屠蘇憶去年，萬般愁緒觸心田。 驚看南亞逢奇禍，殷望東寧出大賢。 兩岸三通機乍現，層峰對話夢將圓。 金雞唱遍春消息，朗朗新陽耀眼前。
		林正三	蔣夢龍	甲申歲末感無窮，逐鹿鯤瀛沸海東。 選戰看他爭一席，和談卻見假三通。 書生亦有憂時局，權位尤應改政風。 只願來年新氣象，晨雞報喜建奇功。
同上 中華詩壇 20 期 94.03	新春述懷[902]	王　前	楊錦秀	喜迓靈雞瑞色敷，韶光淑景遍江隅。 深期藍綠調和象，人壽年豐萬物蘇。
		康濟時	洪玉璋	春到人間興不孤，吉祥樓上萃鴻儒。 樽前翻憶黃陳老，面命提時最起予。

[899] 93 年 11 月 21 日於吉祥樓。作者有：翁正雄、張民選、黃義君、林正三、洪淑珍、許欽南、黃天賜、楊振福、駱金榜、蘇逢時、蕭煥彩、曾銘輝、葉金全、張耀仁、陳麗卿、蔣夢龍、洪玉璋、游振鏗；

[900] 同上。作者有：蘇逢時、翁正雄、林正三、張耀仁、蔡業成、許哲雄、黃義君、駱金榜、邱進丁、張民選、李佩玉、葛佑民、洪世謀、鄞強；

[901] 冬至例會因故延開，94 年 2 月 20 日於吉祥樓餐廳。作者有：張民選、蔣夢龍、李建成、邱進丁、黃天賜、蔡業成、洪玉璋、陳麗卿、李宗波、甄寶玉、洪淑珍、蕭煥彩、楊振福、蘇心絃、蘇逢時、張耀仁、王前、許欽南；

[902] 同上。作者有：楊錦秀、洪玉璋、蔣夢龍、鄞強、楊振福、陳碧霞、許欽南、蘇心絃、陳兆康、洪淑珍、康濟時、李建成、王前、蔡業成、黃天賜、李珮玉、陳欽財；

見報日期	詩　　題	詞　宗	掄　元	詩　　作　　本　　文
94年乙酉花朝例會中華詩壇21期94.05	詞人風骨903（首唱）	洪玉璋	林正三	利祿當前志不移，芳型陶孟是吾師。 立身首在言行正，處世毋教德義虧。 墳典潛心探突奧，詞章著手務雄奇。 吟壇此日邪風熾，墜緒茫茫賴秉持。
		康濟時	羅尙	詩要溫柔氣要豪，義兼風雅視離騷。 心無玉帛詞方妙，腹有詩書品自高。 窮後尤工唐杜甫，軍前發興漢曹操。 東寧代有人才出，佇望來賢奪錦袍。
同上中華詩壇21期94.05	春郊散策904（次唱）	李春榮	蕭煥彩	東風拂柳野人家，信步芳郊翠色斜。 十里鶯啼春意鬧，香隨杖履樂無涯。
		王前	鄞強	節過花朝豔百花，扶筇野外訪詩家。 草山香郁群芳競，那怕齡高健步差。
清和例會中華詩壇23期94.09	慈母手905（首唱）	翁正雄	歐陽開代	竹床未暖起聞雞，冉冉慈萱郁祖畦。 長主寒廚炊蕨菜，三遷倚戶接龍兒。 纖纖玉手衣裳作，煦煦高堂詩畫題。 紅紫萬千繁野外，那枝幽勝此柔荑。
		洪玉璋	甄寶玉	北堂麗日眾葵傾，感念牽攜舐犢情。 父渡重洋謀活計，母持中饋作湯羹。 諄諄教字連三載，密密縫衣到五更。 老愈思親恩未報，海天遠隔夢長縈。
同上中華詩壇23期94.09	憶童年906（次唱）	蘇逢時	蘇心絃	風雨淒淒憶故巢，童年最愛約知交。 青梅竹馬情猶在，海角天涯未許拋。
		楊振福	洪玉璋	兒時猶記任人嘲，混跡江湖學業拋。 垂老於今如倦鳥，天涯直欲急歸巢。

---

[903] 94年3月27日（農曆2月18日）於吉祥樓餐廳。作者有：林正三、羅尙、黃義君、
駱金榜、王前、歐陽開代、蔡業成、蕭煥彩、翁正雄、李珮玉、葛佑民、蔣夢龍、
蘇逢時、張民選、張耀仁、陳麗卿、康濟時、林振盛；

[904] 同上。作者有：蕭煥彩、鄞強、蔡業成、葉金全、洪淑珍、羅尙、陳欽財、李宗波、
黃義君、駱金榜、黃天賜、甄寶玉、許欽南、戴麗美、陳碧霞、陳柄澤；

[905] 94年5月22日於吉祥樓。作者有：歐陽開代、甄寶玉、邱進丁、姚啓甲、蕭煥彩、駱
金榜、許哲雄、李珮玉、陳賢儒、李宗波、陳麗卿、洪世謀、許秉行、張耀仁、陳彩嬌、
吳茂盛、蘇逢時、葛佑民；

[906] 同上。作者：蘇心絃、洪玉璋、陳彩嬌、徐世澤、林振盛、林麗玉、葉金全、歐陽開代、
楊振福、陳麗華、葛佑民、陳麗卿、游振鏗、張耀仁、廖碧華、陳素真、許乂勻；

見報日期	詩題	詞宗	掄元	詩作本文
觀蓮例會 中華詩壇 24 期 94.11	觀蓮銷夏 907 （首唱）	洪玉璋	李宗波	尋涼池畔步漫漫，逭暑人來興未闌。 香出朱華飄遠近，露沾紅粉樂盤桓。 滿塘艷態莖拖綠，一沼芳心蕊吐丹。 羞向塵寰誇色相，情同茂叔靜中看。
		康濟時	許哲雄	日畏江風白羽鄉，藕花怡目卻炎光。 吳牛息喘三秋早，越女傳歌七月涼。 揮扇疑將遭冷眼，凌波豈忍怨清香。 不甘群睞憐西子，逭暑分明是陸郎。
同上 中華詩壇 24 期 94.11	仲夏夜 908 （次唱）	王前	蘇逢時	四面薰風萬籟吟，敲詩遣興到更深。 欲消仲夏蒸炎氣，菡萏池邊鼓舜琴。
		胡其德	陳彩嬌	夜池蛙鼓夢中侵，暑盛難眠最不禁。 底事吳牛頻喘月，莫非疑日未西沉。
中秋例會 中華詩壇 26 期 95.03	民隱 909 （首唱）	李春榮	陳碧霞	閭閻疾苦孰關心，為政當須細察尋。 黨閥紛爭緣底事，黔黎塗炭究何深。 輿情但願層峰聽，民意休教大海沈。 上下溝通期暢達，宏開郅治萬方欽。
		楊振福	蘇逢時	種竹栽花未算勞，為民安隱感清高。 晨柴晚釣生涯足，雨讀晴耕興趣豪。 人自扶犁時布穀，我耽橐筆待題饕。 那關宦海浮沉事，將賦歸來效老陶。
同上 中華詩壇 26 期 95.03	馬屁文化 910 （次唱）	許漢卿	葛佑民	政壇今日喜逢迎，拍馬吹噓應運生。 欲進仕途循正道，官場文化自清明。
		洪玉璋	黃義君	讚揚如果失真誠，縱是鏹金四座驚。 違反文章千古事，雖騰當世究無成。

---

907 94 年 7 月月 24 日於吉祥樓。作者有：李宗波、許哲雄、陳麗卿、王前、羅尚、蔡業成、翁正雄、洪淑珍、許又勻、張民選、陳彩嬌、張耀仁、賴添雲、蘇逢時、姚啓甲、游振鏗、黃柏誠、李春榮、甄寶玉；

908 同上。作者有：蘇逢時、陳彩嬌、洪玉璋、康濟時、林麗玉、蔡業成、張耀仁、許秉行、姚啓甲、蘇心絃、葉金全、蕭煥彩、陳麗卿、駱金榜、張錦雲、許欽南；

909 94 年 9 月 25 日於吉祥樓。作者有：陳碧霞、蘇逢時、葛佑民、李宗波、陳麗華、蔡業成、蕭煥彩、張民選、駱金榜、林禎輝、林振盛、葉金全、洪玉璋、許又勻、許漢卿、羅尚、徐世澤、黃廖碧華；

910 同上。作者有：葛佑民、黃義君、陳麗卿、羅尚、黃天賜、洪淑珍、駱金榜、蘇心絃、姚啓甲、李珮玉、林禎輝、陳麗華、王前、張錦雲、蔣夢龍、蕭煥彩；

見報日期	詩 題	詞 宗	掄 元	詩 作 本 文
冬至例會 中華詩壇 26期 95.03	燈橋 911 （首唱）	李春榮	李宗波	投射光芒望彩虹，橫空影速奪神工。 輝搖馬祖千條白，燄吐閩江萬點紅。 海跨和平融兩岸，經商貿易惠三通。 燈橋化作天橋渡，利涉中台不市功。
		康濟時	陳碧霞	教授生徒儘出招，新奇創意彩虹橋。 明燈火砲由誰選，光束兵戎任己挑。 兩岸千軍休對峙，九州百姓自逍遙。 閩江馬祖先開步，締造和平邁富饒。
同上 中華詩壇 26期 95.03	冬望 912 （次唱）	羅 尙	翁正雄	冷日遙空起白鷗，波平八里渡船頭。 觀音山上凝眸遠，漠漠寒江入海流。
		王 前	陳炳澤	寒風颯颯襲輕裘，紅葉飄飄野景優。 雖覺衰齡欣老健，轉憐貧戶缺糧憂。
光復例會 中華詩壇 26期 95.03	詩心墨趣 913 （首唱）	陳兆康	洪淑珍	藝海優游樂，吟情契墨緣。 風騷胸次蘊，草隸筆端傳。 揮洒成真趣，賡歌得妙詮。 萬芳開首展，詩道藉綿延。
		張國裕	陳麗卿	藝苑崇三絕，優游歲月長。 詩鑒詞藻富，筆縱墨花香。 胸次存風雅，毫端振紀綱。 騷魂延一脈，瀛社綻光芒。
同上 中華詩壇 26期	春滿杏林 914 （次唱）	許漢卿 簡華祥	翁正雄 雙元	雅士醫師博好評，弘揚社教締佳盟。 詩書畫展開新境，春滿文山譽滿城。

---

[911] 94年11月月6日於吉祥樓。作者有：李宗波、陳碧霞、張錦雲、陳麗卿、蕭煥彩、邱進丁、陳兆康、許欽南、康濟時、洪淑珍、許秉行、許哲雄、游振鏗、李政村、鄞強、古槐、張耀仁、林麗珠；

[912] 同上。作者有：翁正雄、陳炳澤、洪淑珍、李政村、林振盛、陳麗華、邱進丁、黃義君、洪玉璋、許欽南、許哲雄、李珮玉、葛佑民、張耀仁、姚啓甲、鄞強、王前；

[913] 95年1月7日於萬芳醫院統一商場。由於舉辦社友詩書畫聯展，故與冬至組順序對調。作者有：翁正雄、陳炳澤、翁正雄、蔡業成、陳碧霞、陳彩嬌、洪世謀、陳兆康、王前、甄寶玉、張耀仁、林振盛、許漢卿、康濟時、姚啓甲、許秉行、蕭煥彩、張錦雲；

[914] 作者有：翁正雄、陳欽財、許文彬、盧陳對、廖碧華、姚啓甲、葉金全、蔡業成、王前、游振鏗、陳素貞、洪淑珍、陳彩嬌、邱進丁、黃天賜、李珮玉、黃義君、洪玉璋；

見報日期	詩 題	詞 宗	掄 元	詩 作 本 文
95年丙戌 題襟錄 成立大會 中華詩壇 28期 95.07	臺灣瀛社詩 學會成立 915 （首唱）	莫月娥	洪嘉惠	九七春秋盛，更顏慶典隆。 開基苗盡秀，立案陣尤雄。 筆氣凌雲外，文光耀日中。 臺灣旗鼓壯，瀛社振騷風。
		吳振清	吳子健	稻江鷗鷺集，詩學會功成。 筆寫三唐句，旗飄五字城。 揚風堂偃草，立案社題瀛。 桃李新生面，欣欣日向榮。
同上 中華詩壇 28期 95.07	新 聲 916 （次唱）	邱天來	張麗美	大漢天聲未許陳，無邪風骨力求新。 今朝瀛社騰朝氣，欣看斯文佈海濱。
		劉清河	楊維仁	初試嬌喉趁錦春，枝頭巧囀醉佳辰。 莫嫌黃口聲猶嫩，雛鳳清鳴韻最真。
元春例會 中華詩壇 29期 95.09	詩卷永留天 地間 917 （首唱）	陳兆康	黃明輝	雅客豪吟意自閒，生花夢筆豈容刪。 少陵亂世憂君國，太白清平解聖顏。 文采飄然多仰慕，風流俊逸喜追攀。 銜華佩實誠為貴，詩卷永留天地間。
		簡華祥	甄寶玉	歲月滔滔不復還，浮雲名利莫追攀。 鏗金述志幽懷樂，振管怡情俗慮刪。 赤壁文章傳世代，蘭亭翰墨式塵寰。 人生至寶為何物，詩卷永留天地間。
同上 中華詩壇	讀書樂 918	翁正雄	廖茂松	人生最樂讀書翁，展卷晨昏似學童。 智慧由來無此快，精明事理受人崇。

915臺灣瀛社詩學會成立大會95年4月16日於臺北市大同區國慶區民活動中心。作者有：洪嘉惠、吳子健、吳振清、洪澤南、張民選、吳東源、蘇逢時、邱天來、張國裕、楊維仁、陳祖舜、許秉行、李舒揚、黃仁虯、蔡業成、莫月娥等；

916同上。作者有：張麗美、楊維仁、羅尚、許欽南、簡華祥、王前、林劍鏢、李玲玲、陳麗華、陳賢儒、劉清河、廖明輝、葉世榮、楊龍潭、張錦雲、蘇逢時、林秀梫、游振鏗等；

9176月25五日於吉祥樓餐廳。作者有：黃明輝、甄寶玉、周福南、葛佑民、蘇逢時、楊錦秀、林麗珠、蔡業成、洪淑珍、游正鏗、林禎輝、張耀仁、鄞強、許哲雄、駱金榜、葉金全；

918同上。作者有：廖茂松、李玲玲、王前、蔣夢龍、李宗波、楊東慶、洪龍溪、周福南、洪世謀、唐玹櫂、姚啓甲、蘇逢時、蕭煥彩、邱進丁、蘇心絃、羅尚、林麗珠；

見報日期	詩題	詞宗	掄元	詩作本文
29期 95.09	（次唱）	洪玉璋	李玲玲	詩書禮樂啓蒙童，理察心存萬類通。夜誦晨吟難釋卷，且拋俗慮樂其中。
端陽例會 中華詩壇 30期 95.11	所思 919 （首唱）	許欽南	葉金全	竹潭清澈韻鏗鏘，詩學薪傳講課忙。幾處栽苗桃李盛，百年樹木梓楠香。聆聽十載遺音在，灌錄千時碟片藏。瑰寶長留滋弟子，永懷植老澤流芳。
		劉清河	許哲雄	少懷名利總蹉跎，老却窮途絕蒬蘿。憤世搖唇亡社稷，憂時託足遯山河。心孤莫冀三年艾，耳順偏聞五子歌。豈意封侯非作鯁，惟期鼎鼐有廉頗。
同上 中華詩壇 30期 95.11	秋懷 920 （次唱）	蘇逢時	陳麗華	客詠三秋翰墨娛，喜拋塵事到江衢。襟懷欲託秋聲賦，自笑耽詩一俗儒。
		康濟時	翁正雄	愛國情深屬我儒，興觀遣句怨仍須。感懷秋賦蓬萊島，爭問生民樂利無。
中秋例會 中華詩壇 31期 96.01	望海 921 （首唱）	王前	洪玉璋	極目滄溟壯，狂濤去復還。聲疑人擊鼓，勢若雪崩山。浪濺防堤外，舟沉反掌間。鄭和經歷險，航史不容刪。
		陳麗卿	林瑞龍	秋日臨滄海，馳思世事遷。之罘秦古蹟，碣石魏遺篇。狂浪猶奔馬，梟雄化碎煙。波濤空幻變，幾度易桑田。
中華詩壇 31期	靈泉寺紀遊 922	簡華祥 姚孝彥	許欽南 雙元	遠上靈泉不計程，最欣方丈笑相迎。煙霞深處清遊好，詩趣禪機筆底生。

[919] 95年8月20日於吉祥樓餐廳。作者有：葉金全、許哲雄、葉昌嶽、陳麗華、李玲玲、羅尙、古槐、洪玉璋、洪淑珍、葛佑民、許欽南、古自立、陳碧霞、高銘貴、李珮玉；
[920] 同上。作者有：陳麗華、翁正雄、羅尙、張錦雲、林瑞龍、陳賢儒、蕭煥彩、歐陽開代、林振盛、李宗波、葉金全、劉清河、洪淑珍、林禎輝、洪龍溪、張堉爐、李珮玉、蘇逢時；
[921] 95年10月22日於基隆市月眉山靈泉禪寺。作者有：洪玉璋、林瑞龍、甄寶玉、古槐、許欽南、陳保琳、陳兆康、簡華祥、邱天來、張耀仁、李珮玉、洪淑珍、駱金榜、高銘貴、鄞強、許哲雄；
[922] 同上。作者有：許欽南、蘇逢時、許哲雄、古槐、陳麗卿、陳麗華、邱天來、洪玉璋、蔡業成、姚啓甲、許又勻、徐世澤、洪淑珍、葉金全、陳保琳、李珮玉；

見報日期	詩　題	詞　宗	掄　元	詩　作　本　文
冬至例會 中華詩壇 33期 96.05	冬日即事 923 （首唱）	蘇逢時	洪玉璋	百年罕見暖冬時，草木欣欣別有姿。 引我吟魂天外去，拋人梅影月西移。 愁來只為無佳釀，興至其如有好詩。 可賀北高新市長，一英雄配一英雌。
		蔣夢龍	林瑞龍	凜冽淒風昨轉溫，簷前凍雀噪朝暾。 負暄騁目山林寂，信步馳思世事煩。 杜甫憫寒懷廣廈，袁安達理臥閉門。 綠藍惡鬥猶霜雪，何罪蒼生受苦冤。
同上 中華詩壇 33期 96.05	力霸風暴 924 （次唱）	蔡業成	楊錦秀	力霸掏空豈不知，有司姑息養奸時。 鯨吞巨款逍遙去，政府無能百姓悲。
		林正三	洪淑珍	奸商擅舞鉅金移，超貸掏空盡為私。 力霸風波非一日，廟堂善策是深期。
96年丁亥 元春例會 中華詩壇 33期 96.05	春訊 925 （首唱）	洪玉璋	陳麗卿	信有花風報，先他驛使來。 新鶯喉乍囀，嫩柳眼初開。 探勝懷和靖，遊園憶子才。 如斯詩畫境，焉用問春回。
		康濟時	翁正雄	金豬來送喜，蓬島又逢春。 淑景桃花嫩，韶光柳葉新。 名家爭作賦，妙句自傳神。 感時城外路，還憶草堂身。
同上 中華詩壇	心花 926	楊振福	許欽南	此花原與眾花殊，不怕蜂針並蝶鬚。 開在靈台方寸裡，歡時綻放怒時無。

923 96年1月14日於吉祥樓餐廳。作者有：洪玉璋、林瑞龍、陳碧霞、葉金全、駱金榜、李玲玲、李珮玉、游振鏗、李政村、羅尚、陳麗卿、古自立、陳欽財、蔡業成、陳麗華、蔣夢龍；

924 同上。作者有：楊錦秀、洪淑珍、陳麗華、洪龍溪、陳碧霞、李玲玲、葉昌嶽、游振鏗、李珮玉、駱金榜、楊東慶、蕭煥彩、葛佑民、李政村、邱進丁、古槐、張耀仁、蔡業成；

925 96年3月11日於吉祥樓。作者有：陳麗卿、翁正雄、甄寶玉、張錦雲、林瑞龍、陳麗華、唐玹櫂、蕭煥彩、李春榮、蘇心絃、姚啓甲、洪嘉惠、李宗波、蘇逢時、楊東慶、洪淑珍、許又匀；

926 刊載於《中華詩壇》第33期。作者有：許欽南、甄寶玉、林瑞龍、陳賢儒、康濟時、蕭煥彩、陳保琳、葉昌嶽、洪玉璋、黃天賜、黃祖蔭、蔣夢龍、翁正雄、李宗波、陳麗卿、洪淑珍、蔡柏棟、游振鏗；

見報日期	詩　　題	詞　宗	掄　元	詩　　作　　本　　文
33 期 96.05	（次唱）	翁正雄	甄寶玉	平生詩夢有藍圖，春日耕耘不敢蕪。 勿忘時時勤灌漑，他朝花綻錦成鋪。
會員大會 中華詩壇 34 期 98.07	鵑城之美 927 （首唱）	李春榮	楊錦秀	躑躅繽紛照眼明，惠風和暢麗鵑城。 交通便捷街衢美，科技先驅網路榮。 遊賞琳宮談盛事，徘徊古蹟發幽情。 人文薈萃揚寰宇，好景怡人到處迎。
		陳榮弨	許哲雄	北邑嫣紅豔九隅，年年啼血染花都。 樓臺巷裡芬芳地，車馬聲中錦繡圖。 景勝武陵稱樂土，人懷金谷望康衢。 如歸仁里山河麗，一縷春魂萬蕊朱。
同上 中華詩壇 34 期 96.07	民聲 928 （次唱）	王　前	洪嘉惠	官箴景氣盡低迷，民怨聲聲帶血啼。 淚頌貞觀風範遠，天聽早達吐虹霓。
		劉清河	洪龍溪	國家多難萬民悽，經濟衰微景氣低。 朝野紛爭聲怨急，伊誰奮起恤烝黎。
端陽例會 中華詩壇 35 期 96.09	圓山懷古 929 （首唱）	蔣孟樑	鄭中中	碧岑不老共蒼穹，看盡斜陽幾度紅。 擲劍澄潭傳說在，架橋跨浪昔今通。 朱樓點破青山色，貝塚埋藏遠古風。 信步追懷今是我，來年誰與此心同。
		張錦雲	洪玉璋	山枕基河接淡津，內湖相擁士林鄰。 巢尋太古痕終杳，劍墜寒潭跡已陳。 歷代興亡徒感慨，割台奸佞任沉淪。 登臨我對招魂塚，低首無心話劫塵。
中華詩壇 35 期	江城覓句 930	黃祖蔭	陳麗卿	長流迤邐繞樓臺，臨岸聽潮賞景來。 欲覓珠璣何處好，稻江風月莫須猜

---

[927] 4 月 1 日於吉祥樓餐廳。作者有：楊錦秀、許哲雄、林麗珠、蔣孟樑、李宗波、林正男、甄寶玉、張民選、許欽南、洪嘉惠、游振鏗、陳麗華、蔡業成、葛佑民、陳麗卿；

[928] 刊載於《中華詩壇》第 34 期。作者有：洪嘉惠、洪龍溪、蔣孟樑、陳欽財、李宗波、葛佑民、唐玹櫂、洪世謀、蕭煥彩、葉昌嶽、林禎輝、陳麗卿、林瑞龍；

[929] 7 月 1 日於吉祥樓餐廳。刊載於《中華詩壇》第 35 期。作者有：鄭中中、洪玉璋、游振鏗、張民選、陳炳澤、黃義君、孫秀珠、李珮玉、許哲雄、陳麗卿、林瑞龍、葉昌嶽、賴添雲、陳麗華、姚啓甲、黃祖蔭；

[930] 刊載於《中華詩壇》第 35 期。作者有：陳麗卿、游振鏗、周福南、陳碧霞、楊東慶、高銘貴、李宗波、王啓文、劉清河、蔡業成、葉金全、駱金榜、洪淑珍、許秉行、吳錫昌、蘇心絃、姚啓甲、林瑞龍；

見報日期	詩　　題	詞　宗	擷　元	詩　　作　　本　　文
96.09	（次唱）	蔡業成	游振鏗	承恩門外一徘徊，無限詩情逐面來。 不畏薰風尋好句，奚囊滿貯費心裁。
中秋例會 中華詩壇 37期 97.01	網路科技[931]	黃鶴仁	陳保琳	網路神奇世界通，多元效用越時空。 聲傳海角迢遙達，訊遞天涯咫尺同。 奧理交流欣有賴，新知教學喜無窮。 尖端科技嘉猷創，造福人群建偉功。
	（首唱）	吳東晟	黃祖蔭	夢想成真不費猜，而今湧向眼前來。 移山倒海三千界，喚雨呼風一獨裁。 待兔螢屏多訊息，亡羊網路任徘徊。 研機數位憑君慧，古怪稀奇面壁開。
同上 中華詩壇 37期 97.01	秋月吟[932]	蘇逢時	蔣夢龍	今夜西廂玉兔新，飄香桂子更宜人。 行吟且和青蓮句，獨酌徘徊與月親。
	（次唱）	張錦雲	鄭中中	萬里長空掛一輪，三更如水夜無塵。 蟾光公道惟知爾，不獨朱門亦照貧。
題襟集 冬至例會	解憂[933]	洪龍溪	甄寶玉	人生難百歲，卻有萬般憂。 愛恨纏綿苦，功名夢寐求。 惟飛觴共醉，或秉燭同遊。 底事吾堪託，琴書俗慮休。
	（首唱）	許又匀	林禎輝	人生無滿百，執著苦煩稠。 萬事能看破，千般不用愁。 謙和容眾物，禮讓敬朋儔。 知足常為樂，清心必改憂。
同上	冬暖[934] （次唱）	黃祖蔭 劉清河	孫秀珠 雙元	今年臘月暖如春，不見遙山點點銀。 應是有情天地闊，留些淑氣厚吾人。

[931]9月23日於台北吉祥樓餐廳。刊載於《中華詩壇》第37期。作者有：陳保琳、黃祖蔭、古槐、歐陽開代、李珮玉、陳麗華、余美瑛、張耀仁、葉金全、林瑞龍、陳麗卿、張民選、姚啟甲、蔣夢龍、王啟文、葉昌嶽；

[932]同上。作者：蔣夢龍、鄭中中、古槐、張耀仁鄭強、許欽南、杜美華、邱進丁、周福南、葉昌嶽、黃祖蔭、林振盛、陳保琳、蘇心絃、洪淑珍、駱金榜、徐世澤、洪玉璋；

[933]12月23日於吉祥樓餐廳。作者有：甄寶玉、林禎輝、許欽南、洪嘉惠、陳保琳、李玲玲、許又匀、林瑞龍、蘇逢時、翁正雄、徐世澤、洪純義、黃廖碧華、王尚義、黃祖蔭、蕭煥彩、洪玉璋、高清文；

[934]同上。作者有：孫秀珠、陳漢津、葉金全、林振盛、許秉行、洪玉璋、陳麗卿、楊東慶、蘇逢時、許又匀、邱進丁、余美瑛、黃廖碧華、洪龍溪、翁政雄、許欽南、黃祖蔭；

見報日期	詩題	詞宗	掄元	詩作本文
97年戊子會員大會題襟集	百花生日壽花神 935（首唱）	黃祖蔭	王前	心香一炷酒千卮，壽頌花神二月時。 人謁蕊宮欣紀節，客探瓊苑競題詩。 願天急詔春光駐，浥露常憂夜雨欺。 每到佳辰齊祝嘏，芳齡欲問有誰知。
		林正三	蕭煥彩	鶯啼宛轉放晴空，二月鵑城瑞氣融。 祝嘏人來歡席上，稱觴酒飲賦樓中。 還登史館吟高調，更訪名園賞嫩紅。 佳節壽花人並壽，群芳競艷舞春風。
同上題襟集	稻江春晴 936（次唱）	劉清河	蔣孟樑	日麗風和百鳥鳴，稻江景物最多情。 高吟猶憶維英句，閒步長隄夕照明。
		翁正雄	張錦雲	陽和氣暖天地清，紅紫舒苞萬物榮。 更盼春暉同大選，稻江瑞色象昇平。
元春例會題襟集	理想國 937（首唱）	揚振福	游振鏗	莫分藍綠力圖強，禮運大同如意方。 民步豳風堯舜日，政謀憲治漢唐鄉。 工商拓展財經旺，文教宏興禮樂揚。 四境安和煙景麗，家家樂利享禎祥。
		李舒揚	楊錦秀	理想之邦在海東，四時都見萬花紅。 山川靈秀民淳樸，政治清平物富豐。 科學昌明資訊速，人文發達貨財通。 自由信仰興宗教。道德推行進大同。
題襟集同上	蒲酒 938（次唱）	林正三	洪淑珍	酒泛菖蒲香滿樽，淺斟應節更祛瘟。 吾人善俗欣猶在，持向中天祭楚魂。
		洪玉璋	葛佑民	香蒲製酒注芳樽，憑弔靈均振國魂。 正是詩人逢令節，愚忠千載壯乾坤。

---

935 97年3月16日開於天祥路吉祥樓。作者有：王前、蕭煥彩、張耀仁、張民選、洪嘉惠、林玉枝、李珮玉、洪玉璋、許欽南、孫秀珠、蔣孟樑、余美瑛、蔡業成、甄寶玉、陳麗卿、賴添雲、洪淑珍；

936 同上。作者有：蔣孟樑、張錦雲、蔡業成、陳漢津、洪世謀、楊東慶、邱進丁、歐陽開代、許欽南、徐世澤、洪淑珍、劉清河、孫秀珠、葉金全、王前、黃祖蔭、黃廖碧華；

937 97年5月18日於吉祥樓餐廳。作者有：陳欽財、王前、許又勻、洪世謀、張耀仁、李宗波、李政村、蔣夢龍、蕭煥彩、葉金全；

938 同上。作者有：洪淑珍、葛佑民、游振鏗、楊錦秀、鄞強、李宗波、余美瑛、張耀仁、蔣夢龍、楊錦秀、蔡飛燕、林瑞龍、鄭中中、許又勻、曾銘輝、洪龍溪、蕭煥彩、陳欽財、游振鏗、葉金全；

見報日期	詩　　題	詞　宗	掄　元	詩　　作　　本　　文
題襟集 端陽例會	逍遙一夏₉₃₉ （首唱）	陳欽財	蕭煥彩	薰風習習駕輕舟，也學逍遙莊子遊。 北海賞豚頻逐浪，中台禮佛喜隨流。 尋涼靜坐幽簹裡，覓句清吟古渡頭。 無受物遷人自在，閒情一夏勝王侯。
		翁正雄	張耀仁	逍遙我愛野人家，盛夏尋涼綠水涯。 乘興吟詩兼作畫，投閒舉酒又煎茶。 山園處處栽柑橘，梯圃層層植李瓜。 好是有緣探麗景，渾忘歸去月光斜。
題襟集 同上	大稻埕巡禮₉₄₀ （次唱）	黃祖蔭	許欽南	桑田雖變總難遷，迪化商機達萬千。 多少樓台因致富，稻江往事感當年。
		洪玉璋	翁正雄	稻江重過訪高賢，虔謁城隍會酒仙。 詩詠江山瀛社美，千秋詞賦永承傳。

---

939 97 年端陽組 7 月 13 日於吉祥樓。作者有：蕭煥彩、張耀仁、翁正雄、林玉枝、洪龍溪、
　陳麗卿、楊東慶、李宗波、洪淑珍、洪玉璋、楊錦秀、黃明輝、陳麗華、余美瑛、廖碧
　華、吳東晟；
940 同上。作者有：許欽南、翁正雄、陳麗卿、李宗波、楊東慶、游振鏗、蕭煥彩、張耀仁、
　甄寶玉、陳碧霞、陳麗華、賴添雲、葛佑民、孫秀珠、張錦雲、李珮玉；

國家圖書館出版品預行編目資料

歷屆詩題便覽 / 林正三總編纂;許惠玟執行
編輯.--初版.-- 臺北市:文史哲, 民 97.10
頁: 公分(臺灣瀛社詩學會叢書;特2)
ISBN 978-957-549-810-8(平裝)

1.臺灣詩 2.中國詩 3.目錄

863.51021 97019360

臺灣瀛社詩學會叢書 2

歷屆詩題便覽

總 編 纂:林 正 三
執行編輯:許 惠 玟
出 版 者:文 史 哲 出 版 社
http://www.lapen.com.tw
E-mail:lapen@ms74.hinet.net
登記證字號:行政院新聞局版臺業字 五三三七號
發 行 人:彭 正 雄
印 刷 者:文 史 哲 出 版 社
發 行 所:文 史 哲 出 版 社
臺北市羅斯福路一段七十二巷四號
郵政劃撥帳號:一六一八〇一七五
電話886-2-23511028‧傳真886-2-23965656
實價新臺幣五〇〇元
中華民國九十七年(2008)十月初版